Ed.／No. 2 BOOK

致力于实用有效的企业创新政策！
为创新者及产业人士提供一本简单明了的政策手册！

企业创新
政策体系与使用指南
（第二版）

张赤东　潘教峰◎主编

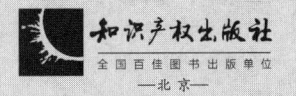

知识产权出版社
全国百佳图书出版单位
—北京—

图书在版编目（CIP）数据

企业创新政策体系与使用指南/张赤东，潘教峰主编. —2版. —北京：知识产权出版社，2024.3
ISBN 978-7-5130-9149-7

Ⅰ.①企… Ⅱ.①张…②潘… Ⅲ.①企业创新—经济政策—中国—指南 Ⅳ.①F279.2-62

中国国家版本馆CIP数据核字（2024）第016637号

责任编辑：林竹鸣　　　　　　　　　责任校对：谷　洋
文字编辑：刘林波　　　　　　　　　责任印制：刘译文
封面设计：杨杨工作室·张　冀

企业创新政策体系与使用指南（第二版）

张赤东　潘教峰　主编

出版发行：知识产权出版社有限责任公司	网　　址：http://www.ipph.cn
社　　址：北京市海淀区气象路50号院	邮　　编：100081
责编电话：010-82000860 转 8792	责编邮箱：linzhuming@cnipr.com
发行电话：010-82000860 转 8101/8102	发行传真：010-82000893/82005070/82000270
印　　刷：三河市国英印务有限公司	经　　销：新华书店、各大网上书店及相关专业书店
开　　本：787mm×1092mm　1/16	印　　张：24
版　　次：2024年3月第1版	印　　次：2024年3月第1次印刷
字　　数：520千字	定　　价：96.00元
ISBN 978-7-5130-9149-7	

出版权专有　侵权必究
如有印装质量问题，本社负责调换。

本书编写组

主　编　张赤东　潘教峰

副主编　彭晓艺　刘海波　薛俊波　邱晓燕

成　员　邱雨荷　谢　雯　刘文婕　袁　琳
　　　　　冉玲于　吴　凡　刘心言　李国强
　　　　　李依凝　王　超　吴　彤　丘栩华

| 推荐序 |

王一鸣（中国国际经济交流中心副理事长，第十三届全国政协委员、经济委员会委员，国务院发展研究中心原副主任）

《企业创新政策体系与使用指南（第二版）》是中国科学院科技战略咨询研究院企业创新研究团队新推出的一部力作。他们历时多年，全面系统梳理并深入研究我国企业创新政策，提出了企业创新政策体系"三梁五柱"的逻辑框架，构建了企业可以按图索骥的创新政策"地图"。这项成果的工作量之大，复杂度之高，超出想象，体现了团队严谨的治学精神！

本书的出版可以说是恰逢其时。在全面建设社会主义现代化国家新征程上，科技创新不仅是推动我国现代化建设全局的核心力量，还是培育发展新质生产力的核心要素，更是我国在全球竞争中赢得战略主动的关键所在。党的十八大以来，为了充分发挥科技创新的引领与支撑作用，我国不断增强企业的创新主体地位，出台了一系列激励企业创新的政策措施。本书正是企业创新政策的集成研究和为企业提供咨询服务的成果。

阅读本书，能够感受到四个鲜明特点。

第一，这是一本有价值的政策工具书。我们知道，企业创新政策的制定和发布，并不意味着政策实施过程的结束而是开始，真正的挑战在于如何让这些政策落地生根，转化为企业的创新成果和国家的竞争优势。正如书中所言，企业面临的一个主要障碍是信息"鸿沟"，尽管政府已经出台了诸多创新政策，但企业在获取和理解这些政策时仍面临很多困难。这导致许多创新政策并没有被广泛知晓和充分利用。正是因为看准并抓住了政策信息"鸿沟"这个关键问题，本书构建了一个有效的政策信息传递载体，助力企业快速、准确地获取和理解政策信息，这正是本书的价值所在。

第二，这是一本有态度的政策工具书。严谨认真，不求快、不怕烦、不贪功，但求内容准确，这是本书传递的治学态度。读者可以在《再版前言》中读到政策收集、整理及分析、校核等情况介绍，更可以浏览和研读从第三篇开始的各类创新政策内容。这些翔实的政策内容都是研究团队在浩繁的政策文件中反复筛选、认真校对和综合分析基础上提炼编撰的，其中大部分都是枯燥的基础性工作。这些工作如此烦琐，只有秉持坚韧、严谨的态度，才可能出色完成。

第三，这是一本有深度的政策工具书。本书大部分内容虽是政策内容的编撰，但仍不失为一本有研究深度的政策工具书佳作。全书的开篇——"中国企业创新政策体系概述",界定了企业创新政策概念,分析了企业创新政策体系演进过程,构建了企业创新政策体系框架,总结了企业创新政策体系发展的特征,并对企业创新政策体系发展趋势进行了前瞻。这部分内容画龙点睛,统领全书,也是关于企业创新政策体系的凝练和总结,尤其是基于企业创新动力微观激励视角的政策分析,令人印象深刻,展示了研究团队的深厚功底。

第四,这是一本有体系的政策工具书。正是得益于长期的研究积累和工作深度,本书在介绍浩繁的政策内容时做到了层次分明、井然有序,具有突出的体系化特征。按照所构建的企业创新政策体系的逻辑框架,从综合性政策、普适性政策、专项政策、产业政策和区域政策等五个维度展开,并对每一个章节中的政策按其属性类型、影响力和相互关系进行排序。这样的体系化结构,令人易读易懂,也让那些关注某一类政策的读者可以快速找到所需要的政策信息。

总之,在政策研究领域,一本好书不仅要具有知识性,能够启发人的思考或深化人的认知,还要具有实践指导性,能够对人的行为或对组织的运行产生影响。本书既是一本企业创新政策体系的集成性研究成果,又是一本面向企业的指导性很强的实用书籍。中国科学院科技战略咨询研究院作为高端智库平台,长期致力于国家创新政策研究,积累了深厚的理论基础和丰富的实践经验。我相信,本书的出版将有助于企业弥补政策信息"鸿沟",促进企业更好地理解和用好国家支持企业创新的政策。

在新征程上,让我们携手共进,坚持创新在我国现代化建设全局中的核心地位,以科技创新为高质量发展注入强劲动力,为实现强国建设、民族复兴伟业贡献力量。

是为序。

2024 年 2 月 28 日

再版前言

党的二十大开启了全面推进中华民族伟大复兴的新征程。在新征程中，科技创新在我国现代化建设全局中的核心地位日益凸显。发挥创新第一动力作用、强化企业创新主体地位已成为深入实施国家创新驱动发展战略的根本，更是应对国际百年变局、建成世界科技强国的保障。

为了进一步增强企业创新动力、激发企业创新活力和提升企业创新能力，我国政府相继出台了一系列促进企业技术创新的政策措施，在从基础研究到成果转化、创新创业等创新活动的全链条上，在从农业、工业、服务业到数字经济、网络经济、绿色经济、健康经济、知识经济等产业技术的全领域上，在从资金、人才、仪器设备到数据、市场等创新投入的全要素上，在从科技计划支持、技术转移转化到基金投资、创业辅导等创新激励的全方位上，不断丰富、发展我国的企业创新政策体系，以释放企业创新潜能，强化企业创新主导作用。

政策的意义在于实践。创新政策的价值在于真正促进企业创新、提升国家创新竞争力。我国企业创新政策体系在与社会经济发展现实需求相匹配的过程中不断发展和演进，逐步实现创新政策主导功能的重心调整，同时扩展政策功能范围——向更细、更新、更远的领域延伸。在这个过程中，充分发挥企业创新政策体系作用就需要帮助企业更快、更准、更高效地获取政策信息、理解政策目标、把握政策工具和享受政策优惠。这正是我们再版《企业创新政策体系与使用指南》的目的，也是与时俱进地再次全面、系统梳理并分析企业创新政策体系的初衷。

启动再版工作也针对这样一个问题，也是一个不得不面对的现实——在政策制定发布与政策享受之间存在一个信息"鸿沟"——虽然当前信息网络日益发达，企业要快速获取政策信息并享受政策激励仍遭遇诸多障碍，如不能及时获知政策出台信息、在海量政策文本内容中难以快速捕捉到有效信息等。其结果是，现实中只有少数的创新企业了解并及时享受了部分的优惠政策。这表明，要充分发挥企业创新政策体系的功用需要更多汇集并解读创新政策的信息平台、渠道和载体，更需要有简要、明了、准确、有效且专业的政策信息传递。这样，再版目标便确定为促进创新政策更便捷地被企业知晓并付诸于实践。

中国科学院科技战略咨询研究院（以下简称战略咨询院）是我们编撰本书并致力于打造一个弥补信息"鸿沟"的创新政策信息传递平台的机构组织条件。作为中国科学院开展国家高端智库建设试点的综合集成平台，战略咨询院长期关注企业创新问题并持续研究企业创新政策，承担了诸多关于企业创新政策的重大研究任务，形成了对企业创新政策历史域、现实域和未来域的研究积累。近年来，在潘教峰院长所提出的"智库双螺旋法"理论指导下，以张赤东为牵头人的企业创新政策研究团队对我国企业创新政策体系进行了全面、系统、持续而深入的研究，形成了关于企业创新政策体系结构优化、发展趋势及关键要点等系列研究成果，产生了广泛的社会影响。

成功再版得益于两个方面的工作。其一是在第一版《企业创新政策体系与使用指南》（2017年）出版发行后，数十家企业（包括中央企业、地方国企、民营科技企业、科技型中小企业及上市公司等）积极反馈意见，并鼓励我们持续研究和出版这类书籍。其二是在战略咨询院的研究积累让我们对国家创新战略有了更明晰深入的理解，对当前及未来企业创新政策需求和供给趋势有了更全面系统的把握，对企业创新活动特征及政企互动特点有了更客观理性的认识；也让我们更加迫切地感受到发挥企业创新政策体系作用的重要性与必要性——企业创新需要政策支持，国家也需要企业创新能力快速提升，特别是当前内外交困的创新发展形势更加凸显了这一需求。这些也突出了再版工作在弥补企业创新政策信息"鸿沟"上的价值，还让我们更有信心。

明确本书目标定位后，编写组开展了大量深入研究工作，耗时两年才完成了本书内容的再版更新修改工作。工作中，我们坚持五个原则：一是政策内容全面准确性原则，以国家层面为基准，力求全面梳理并摘录国家层面的有效企业创新政策信息，采用"多点校对原理"反复校对以保证政策信息的准确性，查补遗漏并新增政策，校核并剔除冗余政策；二是政策信息时效性原则，如上所述，在梳理与校对过程中及时更新并剔除失效政策信息，致力于为企业提供最新的创新政策信息，助力企业快速了解并响应政策，促进企业创新政策尽快、尽量落地，促使政策变成企业创新的催化剂和润滑剂；三是结构逻辑严谨性原则，从企业实用视角出发去构建政策体系内在结构性逻辑，并与政府部门基于职能划分的政策结构进行关联比对，对所提出的企业创新政策体系"三梁五柱"框架进行反复研讨论证，既逐步深化理论探析，又以思维导图进行直观展示；四是阅读理解简明性原则，系统梳理不同层级间的关联政策而简要摘编，力求通过简单明了的写作体例设计，让读者可以快速上手，快速锁定自己所需的政策条款，并可以轻松地全面理解政策内容，把握住政策要点，以便于充分利用政策工具；五是理论与实践兼容性原则，追求打造一本好的政策工具书或政策手册，作为创新政策信息的传递载体，不能只是政策信息的搬运工，仅仅罗列政策信息，而是要努力建立一个基本逻辑，赋予书以灵魂，让读者在翻阅中不仅可以找到信息，更能够深化企业对政策体系的认识与理解。这是高水平企业读者的诉求，也是作为企业创新政策研究者的基本专业要求，更是国家高端智库建设的工作需要。

本书所收集的企业创新政策的范围，初定目标范围是截至2022年12月31日国家层面的所有涉及企业创新活动的政策；而实际上为了保证信息时效性，先是适当增添了2023年5月31日前若干新的政策信息，后在出版审校中又对2024年3月前的政策进行了重点更新。初定目标范围的政策按时间节点分为三个部分：一是2012年及以前的企业创新政策，由于时间较久且考虑到早期相关网站建设及后期网站政策内容调整等影响因素，主要以第一版《企业创新政策体系与使用指南》为基础，结合相关政策数据库和在相关文献、专家访谈中获取的信息进行部分修正；二是2013年至2016年的企业创新政策，虽与本书第一版内容相重叠，编写组仍组织力量进行了全面的校核检索，是本次再版更新修改工作的一个重点；三是2017年至2022年的企业创新政策，检索、收集、整理、清洗及分析、校核等工作量最多，相关政策收集整理工作最早可追溯至2019年"科技进步法修改"研究任务中关于企业创新政策的整理，全面开展是自2021年12月开始的小组式分部门政策汇集工作，至2023年5月基本完成，在后续编写及审校中又有少量政策的填补、更新与剔除修改，至2024年3月初方完成。

为把握党的十八大以来涉及企业创新政策的最新动态，编写组对党中央、国务院及所属各部委等国家层面于2012年1月1日至2022年12月31日通过政府官方网站发布的企业创新政策文件及相关行政措施（含认定、备案、行动方案等通知）等进行全面梳理。这些网站按如下次序检索：首先是检索中央政府网站，若有则以此为准；若无相关政策信息，则依次检索部委政府网站政策信息、地方政府网站转发政策信息、其他政府下属机构与派出机构网站政策信息，以及相关政策数据库网站政策信息、新华社与人民网等政策报道信息。在此过程中，政策收集、数据清洗与处理分析等工作分为四个阶段：第一，对国家层面的各个政府官方网站进行企业创新政策查询收集，直接得到符合以"企业 & 创新 & 研发 & 研究 & 开发"为关键词检索的反馈信息条目，并经人工初步筛选判断，得到共计超过3万条信息；第二，在此基础上对照相关政策库网站（如北大法宝）进行线上政策查比，完成第一轮政策信息的核对，得到相关有效信息2万余条；第三，经过政策文件名称分析及政策标识信息筛选，得到符合企业创新政策（一般意义上的）条件的政策，共计11 370项，此阶段中按部门划分工业和信息化部政策最多，达6000多项；第四，进行政策文本专家细筛，去除年度性、例行性通知等低效政策，遴选出与企业技术创新紧密关联且具有明确性、实质性内容的政策，得到有效的政策合计2149项，此时按部门划分科技部的政策数量最多，而工业和信息化部退居第二位。

相对于本书第一版而言，再版编写工作重点首要是在企业创新政策内容更新、修订和补充上，合计有大小16个方面的政策内容更新修补工作；其次是写作体例的规范化工作；最后是对企业创新政策体系的理论化工作。其中，政策内容更新修补工作重点如下：

- 总体上，本书再版内容拓展至45章，其中新增7个章节，删并1个章节，删掉1个完整章节，由于五年多来相关法律、战略、规划乃至具体政策措施出台修订量大，每个已有章节修改量占比不低于60%，最高占比超过80%。
- 考虑到对政策的理解问题，新增企业创新政策的界定与范围一章。
- 基于产业变革新发展情况，新增数字产业、绿色产业二章。
- 基于区域战略，新增国家科技创新中心、京津冀协同、成渝地区双城经济圈和粤港澳大湾区四章，删并原东湖、张江等国家自主创新示范区一章。

- 新增政策数量大，仅自本书第一版后的 2017 年至 2022 年，检索并遴选出的有效政策高达 1726 项（2017.1.1—2022.12.29）。
- 考虑到时效性，在 2023 年统稿撰写阶段发现的个别十分重要的新政策，也一并录入以便企业查用，如《关于民营经济发展壮大的意见》，共计增补了新政策 7 项（2023.1.1—2023.5.31）；之后，在 2024 年编写校核中又增加了新政策（含修订更新）20 余项（2023.1.1—2024.3.1）。
- 补充了 2017 年以前发布且当前有效的遗漏政策数项（<10）。
- 剔除冗余政策，反复比对查出并删掉已废止（宣布无效）政策文件，合计 269 项（含暂停实施政策 1 项）。
- 去掉过期政策，如截至 2022 年的相关规划或行动方案、实施时间在 2022 年 12 月 31 日前（含）的财税政策等，合计近 50 项。
- 删除针对过去发展阶段的政策任务内容，如在"十二五"或"十三五"期间发布且目前有效的政策中提出的"现阶段……"等条款内容。
- 对已有文件中所摘录的政策内容进行认真、仔细核对，删除已无用的政策信息，如截至 2020 年的相关政策措施条款内容等。
- 对已被（部分）修改的政策文件进行更新，以新发的完整文件代入，同时将原文件名随后标注而删除其原具体的内容。
- 调整内容结构，基于政策功能或面向对象进行重新归集，重点是对生产力促进中心和大学科技园两类政策的调整，考虑到二者实际都面向中小企业创新创业活动，将其调至中小企业章节中并按新修订法律等进行修改，而原产学研章节仅在导图中列出，以便于政策延续性查找。
- 对政策内容的再梳理，去掉一些五年前改革方向性措施而今已有具体措施文件出台的内容，如原科技金融小节中关于国有创业投资、民间资本创业投资等方面的内容。
- 为聚焦于公开的民口创新政策内容，经编写组内审慎讨论后决定删去"军民融合科技创新政策"章节，若有对此关注或有研究需求者，欢迎与编写组单独联系（邮箱 AI_china201714@126.com）。
- 规范了文件名的写法，主要包括：①去掉发文部门；②统一加书名号；③无文号者标注了发文日期；④将文号中的部分"［ ］"统一成"〔 〕"。需说明的是，个别政策文件虽有文号，书中仅列出了发文日期。
- 规范了政策思维导图的绘制，加强政策思维导图展示政策演进和衔接不同章节的功能，前者要求保留一些展示重要政策变化的先前政策，后者要求出现与其他章节重复的内容。同时考虑正文篇幅受限而无法穷尽相关政策，政策思维导图中的政策文件可能会多于正文的政策文件。

再版编写工作量是浩繁巨大的，效果也是显著的。相信本书会成为一本受创新企业欢迎的高质量的政策工具书！

这是一个集体贡献的成果。在战略咨询院企业创新政策团队的研究基础上，潘教峰与张赤东作为主编商定全书再版目标与原则、修订规范与方法、内容框架及选摘条件等，并组建书稿再版修订编撰小组，统领再版编撰工作及最后的统稿定稿；彭晓艺、刘海波、薛俊波和邱晓燕作为副主编负责统领政策收集、内容结构设计、章节板块审校等；各成员具体完成政策收集、数据清洗、整理分析、思维导图设计、书稿编写及配合编辑进行法文校核、规范格式等工作。章节修订编写主要执笔人如下：第1—6章，张赤东；第7章，张赤东和彭晓艺；第8章、第14章、第27—29章、第36章和第42章，彭晓艺；第9章、第11章、第19—20章、第24章、第26章、第33—35章，谢雯；第10章、第22—23章、第30—32章、第37章、第43章和第45章，邱雨荷；第12章，张赤东、彭晓艺和刘文婕；第13章、第25章，张赤东和刘文婕；第15—18章、第21章、第39—40章，刘文婕；第38章，袁琳和彭晓艺；第41章，邱雨荷、谢雯和彭晓艺；第44章，邱雨荷和彭晓艺。另因出版规范要求，在书稿审校中编写组协助开展了全书所有政策内容的校核规范与溯源留痕工作，这些浩繁而紧急的工作由彭晓艺、李依凝、冉玲于、吴凡、邱雨荷、谢雯和刘文婕等完成。彭晓艺、谢雯和邱雨荷完成了本书的思维导图设计。彭晓艺完成了全书思维导图的最后修定，并协助统稿。在此，感谢编写组所有人员的辛勤努力和细心工作！特别感谢那些参加政策收集整理及研讨但未执笔编写书稿的编写组成员！

在即将付梓之际，谨向所有关心、支持本书出版的各位人士表示衷心的感谢！特别感谢战略咨询院相关各研究课题组专家和研究人员的支持！特别感谢那些在相关研讨中提出宝贵意见的各位专家学者！同时特别感谢知识产权出版社刘爽、林竹鸣和刘林波等编辑的耐心等待与负责任的细心工作！

企业创新政策体系在持续演进。以战略咨询院为平台，我们将持续加强企业创新政策研究，致力于不断推出更加符合企业需求、弥补信息"鸿沟"的政策工具书，打造一个创新政策信息传递与互动平台。编写组虽矢志不渝、不辞劳苦和尽职尽责，深知本书难以做到十全十美，肯定存在纰漏谬误，还请各位专家、读者不吝赐教，以求日臻完善。

潘教峰　张赤东
2023年8月28日初稿
2024年3月1日修定

导言（第一版）

企业经济发展要创新，创新不能不了解创新政策。

在政策研究和与企业交流中，我们发现这样一个问题：对于在市场竞争中分秒必争的创新企业而言，出台创新政策的政府部门如此之多，出台的创新政策类型如此之多、创新政策数量如此之多、速度如此之快，一时间难以把握，更不知道如何才能更好地利用创新政策，克服企业创新中的阻碍和困难。从另一方面来讲，政府下如此大的努力所出台的企业创新政策在实际应用中却遇到了一个具体的困难——如何让企业更快、更全面地知悉创新政策？这一问题是如此重要，它决定了创新政策的成败存亡。

鉴于此，本书对当前中国企业创新政策进行全面、系统梳理，旨在构建起一张中国企业创新政策体系的"地图"，并对重要政策的要点进行"标注"，让企业对创新政策有一个一目了然的认识，一下子就可以知道到底有多少政策，哪些政策是与我相关的，哪些政策是影响未来发展的，哪些政策是解决招贤引才的，哪些政策是给我带来直接经济利益的……，因此，企业可以轻松地知道该去申请什么，该去找哪些部门，该怎么利用政策。故，本书的写作原则是：什么政策对企业最有用，就把什么政策突出出来。真心希望这本书能够成为一本企业用得上的政策工具书。

自改革开放以来，中国企业创新政策从无到有、从少到多、从简到繁地快速发展，逐步形成了基于中国社会主义市场经济的企业创新政策体系，数量规模化、结构体系化和功能全面化是这一体系发展的典型特点。

本书所收集的政策以国家立法机关、中央政府及各部委发布的现行、有效的企业创新政策为边界，包括法律、行政法规、部门规章、规范性文件及具有明确政策内涵和实践指导意义的其他类政策文件，以及经国务院等转发的地方政策文件等。其内容涵盖发展战略与科技体制改革、科技计划与投入、财政、税收、政府采购、知识产权、研发机构建设、科技人才、科技服务、科技奖励、资本市场与金融支持、市场竞争与政府监管、国际化等诸多方面，涉及大、中、小、微企业，国有企业、民营企业和外资企业，以及军民企业等各类企业。

在内容结构上，基于对中国企业创新政策体系研究，将所有政策划分为五个方面（大类）：综合性政策、普适性政策、专项政策、产业政策和重点区域政策。首先，对企业而言，只要市场环境与技术条件确定，企业总能创造出新的资源配置方式，重新组合各种要素而完成生产与服务，实现创新。因此，决定市场环境和技术条件发展变化的

"方向性"政策对企业创新具有根本性的影响,所以,将综合性政策置于五方面政策之首。其次是所有企业都可以享受的普适性政策,这是创新政策环境的基本,而其中以财税优惠和知识产权政策最为突出。再次是激励横跨多个产业、具有某种共同特征企业(如规模上的中小企业、经济类型上的国有企业)创新的专项政策,最后是产业政策和区域政策。我们认为构建创新政策体系至关重要,能够更好地服务企业,让企业对创新政策有通盘的把握。故将中国企业创新政策体系研究置于综合性政策之前,统领全书。

在写作体例上,考虑到已有政策汇编类书籍或繁重冗余或过于简单,既要避免出现要想了解这个政策与企业是否有关都需看半天的弊病,又要避免只知其名不知其所用的问题,本书首先是将政策体系及各部分政策都画成政策框架结构图而置于篇章之前,有助于按图索骥,快速找到所需政策;其次,在各章节中对于繁复的政策条款表述进行简化,在充分的政策解析基础上择其要点,而不再是整篇文件的大片文字;最后,对不同政策要点条目按对企业创新的影响力进行排序,突出重点政策。

每个政策要点条目按如下格式表述:政策文件名用"**黑体加粗字体**"标识,其后是文件号或政府部门与发布时间,然后是政策要点的具体内容。对于单一政策文件(如高新技术企业认定),仅在一处出现;对于多条政策文件(如意见),在不同政策章节中将会有多次引用。

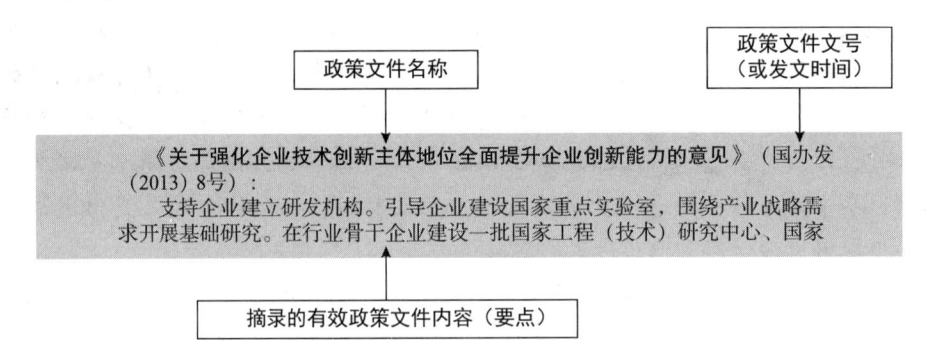

政策文件名称　　　　　　　　　　　政策文件文号
　　　　　　　　　　　　　　　　　（或发文时间）

《关于强化企业技术创新主体地位全面提升企业创新能力的意见》(国办发(2013)8号):
支持企业建立研发机构。引导企业建设国家重点实验室,围绕产业战略需求开展基础研究。在行业骨干企业建设一批国家工程(技术)研究中心、国家

摘录的有效政策文件内容(要点)

之所以强调中国企业创新政策体系,还因为它能更有效地反馈给政府部门,促使政策优化,真正形成创新政策"合力",促进企业创新发展。它实际存在,却一直没有展现在世人面前。这些创新政策之间存在着自然的密切关联,然而又散落在各个政策文件之中,需要我们花足够多的时间、有足够大的耐心去一个一个地找到它们,然后再有条理地进行梳理、筛选和分类,分析政策的重要性,进而从公共政策理论和创新理论视角出发构建起它们之间的内在逻辑,确定政策之间的关联关系,建立创新政策体系。这是一个繁复、细致、艰辛而又具有挑战性的过程。

从最初的政策收集工作开始,到落笔成文,足足用了三年的时间,收集到国家层面的各类企业创新政策合计1031条(以企业为题或作为主要部分的政策,若将涉及企业的创新政策都包含在内则政策总数将近万条),涉及55个国家政府部门(含已撤并部门),最终筛选出现行有效的企业创新政策719条。其间我们不断梳理政策脉络,分析创新政策,构建政策体系框架,形成了两篇文章分别载于《中国企业技术创新主体地位评价》

(张赤东等著，知识产权出版社：2015.10，章节名为"以企业为主体的创新政策：演进、挑战与建议")和《科技资源优化配置与中国发展》(国务院参事室科技资源优化配置课题组编著，浙江教育出版社：2015.8，章节名为"企业创新扶植政策")。后又经一年整理、分析，才最终定稿，而今方将付梓以出。

这里，要感谢在对本书提出宝贵意见的中国科学技术发展战略研究院马驰研究员和赵捷研究员、北京化工大学邱晓燕副教授、神州数码赵家栋经理，以及阿里巴巴李俊平总监和李树翀总监！更要感谢参与政策收集、整理分析工作的北京化工大学研究生刘心言、北京工业大学研究生吴彤和北京邮电大学研究生王超！要特别感谢刘心言同学！她坚持到底，参与了政策分析和产业政策、区域政策部分章节的撰写工作。最后，要特别感谢知识产权出版社刘爽编辑的大力支持！

总之，这本政策书还只是一个开始，重在构建中国企业创新政策的体系，画出政策"地图"，点出政策要点，旨在引导企业快速找到有用的政策，然后就可以着手重点突破了。当然，由于学力有限、时间有限，加之对政策的研读理解亦有不足，书中还可能存在政策遗漏、要点缺失等情况，还请不吝赐教，以期不断完善。

张赤东
2017年4月19日

目 录

第一篇 中国企业创新政策体系概述

第1章 企业创新政策的界定与范围 ……… 3
第2章 企业创新政策体系的历史演进 ……… 5
第3章 当前企业创新政策体系的基本框架 ……… 11
第4章 企业创新政策体系发展的主要特征 ……… 15
第5章 企业创新政策体系的发展趋势 ……… 18
　一、社会主义市场经济下政策激励创新的艰巨性 ……… 18
　二、加强政策制定与实施中的系统性和战略性 ……… 18
　三、加强政策对企业创新动力的微观激励 ……… 19
　四、加强需求面创新政策以促进供给侧结构性改革 ……… 20

第二篇 综合性政策

第6章 法律的条目指引与政策要点 ……… 23
　一、法定的国家创新方略 ……… 23
　二、法定的对科学技术创新活动的支持 ……… 24
　三、法定的对企业技术进步的扶持 ……… 25
　四、对市场竞争的法律保护 ……… 27
第7章 发展战略和改革文件的方针指引与政策要点 ……… 28
　一、国家创新驱动发展战略 ……… 29
　二、知识产权 ……… 29
　三、市场竞争与政府监管 ……… 30
　四、企业创新主体地位 ……… 31
　五、科技计划 ……… 32
　六、企业研发机构 ……… 33
　七、财税支持 ……… 34
　八、政府采购 ……… 34
　九、资本市场与金融支持 ……… 35
　十、国有企业 ……… 36
　十一、高新技术企业 ……… 37
　十二、中小企业 ……… 38
　十三、产学研与中试 ……… 38
　十四、战略性新兴产业与传统产业 ……… 39
　十五、科技服务业 ……… 40
　十六、国际化发展 ……… 40
　十七、人才 ……… 41
　十八、科技奖励 ……… 42
第8章 发展规划的任务部署与政策要点 ……… 43
　一、国民经济和社会发展"十四五"规划 ……… 44
　二、"十三五"国家科技创新规划 ……… 45

三、"十四五"技术要素市场专项规划…………46

四、"十四五"促进中小企业发展规划…………46

五、其他若干重要发展规划…………47

第三篇　普适性政策

第9章　财税政策…………51
一、企业所得税…………52
二、个人所得税…………56
三、资产加速折旧…………57
四、增值税…………59
五、进出口税收…………59
六、房产税和城镇土地使用税…………61
七、研发费用税前加计扣除…………61

第10章　知识产权与技术标准…………69
一、知识产权创造使用…………70
二、知识产权管理…………72
三、知识产权保护…………73
四、强制许可…………76
五、知识产权服务…………76
六、技术标准化…………77

第11章　政府公共采购…………78
一、政府采购法…………78
二、政府采购支持自主创新…………79
三、政府采购支持中小企业…………80
四、政府采购与市场公平…………81
五、其他…………82

第12章　科技计划与投入…………83
一、科技计划管理改革…………84
二、经费管理…………85
三、计划管理…………89
四、计划评价…………93
五、国家科技报告制度…………94
六、国家自然科学基金…………96
七、国家科技重大专项…………96
八、国家重点研发计划…………97

九、技术创新引导专项（基金）…………98
十、国家重大科技基础设施…………99
十一、支持某一产业或领域发展的专项资金…………99
十二、基地和人才专项…………99

第13章　企业研发机构建设…………101
一、全国/国家重点实验室…………101
二、国家工程技术研究中心…………103
三、国家工程研究中心/国家工程实验室…………104
四、国家企业技术中心…………104
五、国家技术创新中心…………105
六、国家制造业创新中心…………107
七、国家产业创新中心…………108
八、新型研发机构…………109
九、其他…………110

第14章　科技成果转化…………112
一、法律基础…………112
二、科技成果信息发布…………113
三、成果评价与机构授权…………114
四、金融支持政策…………115
五、机构/示范区/基地支持…………116
六、税收优惠政策…………117
七、科研人员激励…………117
八、科技成果出资入股确认股权…………119

第15章　技术市场…………120
一、技术市场管理…………120
二、技术转移转让…………121
三、技术合同…………124
四、技术保密…………127
五、技术进出口…………128

第16章　人才政策…………130

一、人才培育 ······ 131	五、外商投资 ······ 155
二、人才流动 ······ 132	六、引进国外智力成果 ······ 155
三、人才评价 ······ 133	第19章 国际化（对外交流） ······ 157
四、人才激励和保障 ······ 136	一、促进国际合作 ······ 157
五、高技能人才 ······ 137	二、跨境电子商务 ······ 158
六、高层次人才 ······ 140	三、"一带一路" ······ 159
七、专业技术人才"653工程" ······ 141	四、国际人才交流 ······ 160
八、企业新型学徒制 ······ 141	五、合作专项资金 ······ 160
第17章 产学研合作 ······ 144	六、国际合作基地 ······ 161
一、产教融合 ······ 144	第20章 金融政策 ······ 164
二、平台和基础设施建设 ······ 145	一、融资 ······ 165
三、产业技术创新战略联盟 ······ 146	二、投资 ······ 169
四、现代产业学院 ······ 148	三、互联网金融 ······ 171
五、创新联合体 ······ 149	四、基金资金管理 ······ 172
六、国家技术创新中心 ······ 149	五、信贷支持 ······ 174
第18章 技术引进及消化吸收再创新 ······ 150	第21章 科技奖励 ······ 175
一、技术引进 ······ 150	一、国家科技奖励 ······ 175
二、技术改造 ······ 152	二、省部级科技奖 ······ 178
三、首台（套）技术装备开发 ······ 153	三、社会力量设立科学技术奖 ······ 178
四、技术贸易资金支持 ······ 154	

第四篇　专项政策

第22章 中小企业创新政策 ······ 183	十二、小微企业 ······ 194
一、法律保障 ······ 184	第23章 国有企业创新政策 ······ 200
二、科技型中小企业评价 ······ 184	一、国有企业改革 ······ 201
三、专精特新中小企业认定 ······ 185	二、国有资产管理制度 ······ 202
四、研发支持政策 ······ 186	三、加强央企科技创新 ······ 206
五、基金支持 ······ 189	四、建设现代企业制度 ······ 207
六、税收优惠 ······ 190	五、股权分红激励 ······ 209
七、金融服务 ······ 191	六、评价激励 ······ 214
八、政府采购支持 ······ 192	第24章 外资企业政策 ······ 216
九、服务平台与国际化 ······ 193	一、外商投资企业 ······ 216
十、生产力促进中心 ······ 194	二、外商投资设立研发中心 ······ 218
十一、国家大学科技园 ······ 194	三、外商投资创业投资 ······ 219

四、税收优惠 …………………… 222
第25章　民营企业政策 …………… 223
　　一、自主创新与科技计划 ………… 224
　　二、研发机构 …………………… 227
　　三、科技金融 …………………… 228
　　四、税收优惠 …………………… 230
　　五、人才培育与职称评审 ………… 231
　　六、国际化 ……………………… 231
　　七、民营科技型企业 ……………… 232

第26章　创新创业服务政策 ……… 233
　　一、企业创立 …………………… 234
　　二、众创空间与示范基地 ………… 234
　　三、税收优惠 …………………… 238
　　四、知识产权 …………………… 240
　　五、创业投资与上市 ……………… 241
　　六、创业投资（引导）基金 ……… 243
　　七、债券发行与贷款贴息 ………… 245

第五篇　产业政策

第27章　综合政策 ………………… 249
　　一、产业融合与高质量发展 ……… 249
　　二、结构调整与产业升级 ………… 254
　　三、工业强基 …………………… 255
　　四、促进工业设计 ……………… 256
　　五、增强制造业核心竞争力 ……… 256
第28章　高技术产业（含高企）政策 …… 258
　　一、高技术产业化 ……………… 258
　　二、高新技术企业认定 …………… 259
　　三、税收优惠 …………………… 261
　　四、金融支持 …………………… 262
第29章　软件和集成电路产业 …… 264
　　一、发展规划及综合政策 ………… 265
　　二、软件企业认定 ……………… 266
　　三、集成电路企业认定 …………… 267
　　四、税费优惠 …………………… 269
　　五、其他 ………………………… 273
第30章　战略性新兴产业 ………… 274
　　一、综合政策 …………………… 275
　　二、专项基金支持 ……………… 277
　　三、新一代信息技术产业 ………… 278
　　四、节能环保产业 ……………… 284
　　五、新能源产业 ………………… 286

　　六、生物产业 …………………… 287
　　七、新材料产业 ………………… 289
　　八、新能源汽车产业 ……………… 290
第31章　数字产业 ………………… 293
　　一、新型基础设施 ……………… 294
　　二、数据要素 …………………… 295
　　三、数字经济 …………………… 296
　　四、终端应用与服务 ……………… 297
　　五、数据安全 …………………… 299
第32章　动漫产业 ………………… 301
　　一、鼓励动漫创新 ……………… 301
　　二、动漫企业认定 ……………… 302
　　三、税收优惠 …………………… 303
第33章　服务业 …………………… 304
　　一、生产性服务业 ……………… 305
　　二、科技服务业 ………………… 306
　　三、生活性服务业 ……………… 306
　　四、技术先进型服务企业 ………… 307
第34章　文体产业 ………………… 309
　　一、文化产业 …………………… 309
　　二、体育产业 …………………… 311
第35章　农林业 …………………… 313
　　一、农林业科技创新 ……………… 313

二、农业科技园区 …………… 316
三、供给侧结构性改革 ………… 316
四、资金支持 …………………… 318

第36章 绿色产业 319
一、发展规划和产业指导 ……… 320
二、典型产业 …………………… 321

三、绿色金融 …………………… 322
四、碳市场 ……………………… 323

第37章 其他产业政策摘选 …… 324
一、装备制造业 ………………… 324
二、稀土产业 …………………… 324
三、流通产业 …………………… 325

第六篇 重点区域政策

第38章 中关村国家自主创新示范区 …… 329
一、宏观综合政策 ……………… 329
二、税收优惠 …………………… 330
三、人才管理 …………………… 332
四、科技成果转化 ……………… 332
五、知识产权 …………………… 333
六、集成电路产业 ……………… 334

第39章 国家高新技术产业开发区 …… 336

第40章 国家级新区与经开区 …… 338
一、国家级新区 ………………… 338
二、国家级经开区 ……………… 340

第41章 国家科技创新中心 …… 342
一、北京全国/国际科技创新中心 ………… 342

二、上海具有全球影响力的科技创新中心 …… 344
三、粤港澳大湾区国际科创中心 …… 346
四、成渝科技创新中心 ………… 347
五、武汉具有全国影响力的科技创新中心 …… 347

第42章 京津冀协同 349

第43章 成渝地区双城经济圈 351

第44章 粤港澳大湾区 354

第45章 其他区域创新战略与政策 …… 356
一、东北老工业基地 …………… 356
二、西部大开发 ………………… 357
三、中部崛起 …………………… 358
四、长江三角洲区域一体化 …… 358

第一篇　中国企业创新政策体系概述

2023年4月29日,中共中央政治局召开会议分析研究当前经济形势和经济工作,会议强调:全面深化改革开放,把发挥政策效力和激发经营主体活力结合起来,形成推动高质量发展的强大动力,统筹推动经济运行持续好转、内生动力持续增强、社会预期持续改善、风险隐患持续化解,乘势而上,推动经济实现质的有效提升和量的合理增长。[①] 这是进入新征程,为完整、准确、全面贯彻新发展理念和加快构建新发展格局,对企业创新政策提出的最新要求。

实际上,自2006年《国家中长期科学和技术发展规划纲要(2006—2020年)》(以下简称科技规划纲要)实施以来,2012年召开全国科技创新大会及发布《中共中央国务院关于深化科技体制改革加快国家创新体系建设的意见》(中发〔2012〕6号,以下简称6号文),2015年发布《中共中央国务院关于深化体制机制改革加快实施创新驱动发展战略的若干意见》和《深化科技体制改革实施方案》,至2016年全国科技创新大会、两院院士大会、中国科学技术协会代表大会三会合一召开,中共中央、国务院印发《国家创新驱动发展战略纲要》,再至2021年再次修订《科学技术进步法》,以及在2013年发布的《国务院办公厅关于强化企业技术创新主体地位全面提升企业创新能力的意见》(国办发〔2013〕8号)、2022年发布的《企业技术创新能力提升行动方案(2022—2023年)》等,我国已经初步形成内容全面、层次清晰、结构严谨的企业创新政策体系。在这其中,科技领军企业已被确立为我国创新型国家建设与实现科技自立自强过程中的战略科技力量,提升企业技术创新能力已成为国家创新政策的核心焦点。

踏上新征程,企业创新政策体系将会进一步健全,并随着现实发展需求而不断优化演进,以保证创新政策能够充分发挥进一步激发企业创新活力、提升企业技术创新能力和促进迈向全球产业价值链中高端的作用。

---

① 新华社.中共中央政治局召开会议　分析研究当前经济形势和经济工作　中共中央总书记习近平主持会议〔EB/OL〕.(2023-04-28)〔2023-07-24〕.http://www.news.cn/2023-04/28/c_1129576764.htm.

第1章 企业创新政策的界定与范围

本书中所谓的"企业创新政策",是指政府通过采取科学、技术、产业、教育、财税、金融、贸易等一系列手段,促进企业开展创新、提升企业创新能力的各类政策的总和。

关于企业创新政策界定的提出基于如下分析,即通过对现有政策及相关研究文献梳理发现,当前在企业创新政策研究与实践中至今虽仍没有明确的创新政策概念及范围,通过相关文献[1]比较分析可总结出几点基本共识:

(1) 创新政策是科技进步与经济发展相互协调的产物,是充分发挥"科技第一生产力"作用和坚持"创新是引领发展第一动力"的制度保障;

(2) 创新政策是以技术创新活动作为政策对象的,科学技术可视为它的源头,每一个具体的产业应用场景是其落点,但是并不应因此就将创新政策简单等同于科技政策加上产业政策;

(3) 创新政策的内容范围广泛,明显不同于科学政策和技术政策,虽然三者之间存在交叉和重叠并且其主管部门可能是科技部门,却不应将其片面地定位在科学技术活动上,而忽视创新的经济活动本质属性;

(4) 创新政策是多个方面的政策的综合,涉及科技、教育、经济、贸易、金融等诸多领域;

(5) 创新政策是一个"整合"的概念,突出表现在各种相关政策的有机结合与相互协调,这种系统性特征常决定了创新政策的作用效果。

中国企业创新政策始于科技体制改革。随着科技体制改革的不断深入,企业创新政策也逐步向经济主战场拓展,而日益成为我国经济发展的核心政策。国内学者研究显示,自改革开放以来,国家及各部委颁布的企业创新政策(不包括各省市颁布的地方法规)日益增多,总体上呈现出一种加速的增长态势。针对上述研究结论,我们重新进行全面的政策梳理,发现已有相关研究中可能存在比较突出的企业创新政策概念界定不清、部门政策查找不全等问题。

为把握党的十八大以来的涉及企业创新政策的最新动态,中国科学院科技战略咨询研究院课题组[2]曾组织力量对国家层

---

[1] 武欣. 国内外创新政策研究的评述 [J]. 经济研究参考, 2010 (42): 45-46.
[2] 在中国科学院科技战略咨询研究院近年来的相关智库研究工作中,潘教峰、张赤东等牵头负责了多个关于企业创新政策的研究任务,如2020年关于激发企业研究活力方面的政策研究任务、2021年关于《中华人民共和国科技进步法》修改研究支撑工作、2022年关于激发企业创新活力政策方面的研究任务。

面（包括党中央、国务院及所属各部委）颁布的企业创新政策进行多次梳理，例如2020年曾对激励企业R&D活动的创新政策进行专项梳理，又如2022年对于2012年1月1日至2021年12月31日通过政府官方网站发布的企业创新政策文件及相关行政措施（含认定、备案等通知）等进行系统、全面的梳理，等等。在相关企业创新政策梳理过程中，一般需经过政策收集、信息清洗、信息比对与校核、数据处理与分析、组织科技政策专家分领域开展政策条目的逐一筛选等一系列工作环节，以遴选出所需分析的政策。

需指出的是，由于研究目标、研究方法、研究途径乃至于研究态度的差异性，不同学者所整理出来的国家层面的企业创新政策数量差距较大[1]。事实上，随着创新政策手段的日益丰富，国家层面出台的创新政策也日益多样化，例如关于评价作为一个政策手段，自2007年科技部、国资委和全国总工会联合推出的"创新型企业评价"工作中就已经确立了其"政策地位"，并且在2009年国务院出台的一揽子政策中得到肯定。因此，关于企业创新政策的范围确定，需要结合工作的出发点——目标要求而进行设定。本书的企业创新政策范围以企业微观创新行为所需为边界，凡是可能对企业创新行为产生直接影响，或影响企业创新制约或关联因素的政策都是需纳入研究视野的。

---

[1] 显然，基于实践的政策梳理与文献研究差异较大。既没有那么多，如彭纪生、孙文祥、仲为国的《中国技术创新政策演变与绩效实证研究（1978—2006）》(《科研管理》，2008年第4期，134-150）所提出的12403项政策；也没有那么少，如刘凤朝、孙玉涛的《我国科技政策向创新政策演变的过程、趋势与建议——基于我国289项创新政策的实证分析》(《中国软科学》，2007年第5期，34-42）所提出的289项政策，等等。

第 2 章 企业创新政策体系的历史演进

从创新政策演变研究上看，经济合作与发展组织（OECD）和中国科学技术部（以下简称科技部）在《中国创新政策述评》一文分析中提出，改革开放以来的中国技术创新政策可以划分为四个阶段，即以中国国家科技战略会议（1978 年、1985 年、1995 年和 2006 年）为标志性事件将其划分为四个发展阶段。实际上，这一划分方法与其说是对中国技术创新政策的阶段划分，不如说是对中国科技体制改革与科技发展战略的阶段划分更为确切。这是因为它以科技体制改革与科技发展战略作为标志进行划分，忽视了创新政策与科技体制改革、科技发展战略之间的差异。然而，这类以科技体制改革与科技发展战略作为节点的划分方法显然是比较多的，因为这样的划分虽然不是"精准"，却因为事件的标志性而容易被人理解与认知，且容易与相关科技管理工作进行结合。但是，从政策研究视角来看，这样划分的方法显然是不准确的，有必要从创新政策视角出发，提出基于创新政策体系的发展情况进行阶段性划分的方法。

多年来，我国一直致力于正确处理政府和市场的关系，促进市场在科技创新资源配置过程中发挥决定性作用，建立健全通过以市场机制为主的方式激发企业在创新活动中的积极性、主动性和创造性。一方面，我国不断加快转变政府经济管理职能，通过建设服务政府、责任政府、法治政府和数字政府，优化企业进行科技创新的生态环境，降低企业开展科技创新的成本与风险，使上层建筑更好地为经济基础服务；另一方面，我国持续推进企业转变经营机制及其市场体制建设，通过加强技术创新、管理创新和体制创新，不断激发企业形成创新驱动、内生增长动力，在国内外市场激烈竞争中发展壮大，使其生产关系更好地适应生产力的发展。有为政府和有效市场共同推动企业逐步成为科技创新的主体，运用市场机制配置创新资源的创新实践探索不断取得突破。与此同时，政府促进企业科技创新的政策工具不断丰富，激发企业创新活力的政策从无到有、从少到多、从简到繁地快速发展，至今已经初步形成了具有中国特色的企业技术创新政策体系。从时间脉络来看，我国激发企业创新活力的创新政策体系的形成与发展主要可划分为政策体系萌芽期、构建期、形成期、调整期和发展期五个阶段。

第一阶段（1978—1989 年）：政策体系萌芽期

我国企业创新的政策体系萌芽期是以 1985 年第一个国家科技体制改革政策文

件——《中共中央关于科学技术体制改革的决定》的发布作为开端的。它最大的意义在于开启了中国科技创新政策的新范式，确立了从计划经济到市场经济转变过程中企业创新的定位与功能。在这一萌芽期政策阶段，对应的科技体制改革是重大结构调整，主要政策目标是解决我国科技与经济"两张皮"的问题。相应地，激发企业创新活力政策主要集中在调整国家科研经费的分配机制、将应用型科研机构转变为企业或技术服务机构、建立技术市场以及公共研究机构的人力资源管理改革等方面，进行了自下而上的以发挥研究团体研究能力的试点改革。该时期国内"破天荒"式地出现了至关重要的创新创业现象——科技人员"下海"经商的制度创新模式，即从公立研究机构中衍生出以联想、四通和方正等为代表的一批技术转移企业，以"不要编制、不要国资、自筹资金、自负盈亏、风险自担"的方式为社会提供有偿技术服务。这实际上是开创了中国最早期的创新创业形态。

萌芽期的典型政策内容主要表现在：逐步放开对商品经济的管制，关注国有企业技术开发能力（包括提升技术装备水平、把一些研发机构并入大型企业等），鼓励科技型企业发展；激发企业以及科技人员创新创业活力，颁布《中华人民共和国专利法》，开始引入并逐步建设专利制度；颁布《中华人民共和国技术合同法》，支持技术市场，加速技术扩散与转移转化；建立专门的风险投资机构，鼓励风险投资业务发展；开始建设高新技术产业开发区（以下简称高新区）[①]，为高新技术产业发展创造良好的"小环境"；改革公共研发基金的分配机制，等等。

第二阶段（1990—1999年）：政策体系构建期

企业创新政策体系构建期是以一个战略、两个改革文件作为主线的。其中，一个战略是指"科教兴国"战略正式作为国家发展战略提出，两个改革文件是指分别于1995年和1999年颁布的国家科技体制改革文件。进入20世纪90年代后，我国先确立了社会主义商品经济的发展路线，而后正式提出了全面建设社会主义市场经济体制的发展目标。在经济体制改革的大背景下，中共中央、国务院在"面向、依靠"的基础上，提出了"攀高峰"的科技发展目标，进而在1995年将"科教兴国"战略正式作为国家战略，同年，国务院提出了《关于"九五"期间深化科学技术体制改革的决定》（国发〔1996〕39号），明确要"建立以企业为主体、产学研相结合的技术开发体系和以科研机构、高等学校为主的科学研究体系以及社会化的科技服务体系，提高科技在国民经济中的贡献率"。1999年8月20日，中共中央、国务院发布《关于加强技术创新，发展高科技、实现产业化的决定》，坚定地提出了发展高科技、实现产业化的战略方向与实施措施。同时出台加速院所转制等相关创新政策，把与产业关联比较紧密的公共研究机构剥离出研究实体并实现企业化，以及利用改革所带来的宽松的经济政策在研

---

① 1985年中国科学院与深圳市人民政府联合创办了我国第一个高新区——深圳科技工业园。1988年5月，国务院批准建立北京市新技术产业开发试验区，正式开启了高新区建设工作。

究部门与产业间搭建了桥梁，推动构建科技与经济发展中间的桥梁——科研院所转制形成的科技型企业。

构建期的典型重点政策，包括：明确鼓励科技人员创业，形成席卷全国的"下海潮"，第一波互联网技术创业企业在中国涌现，包括当前最为耀眼的互联网领军企业，如腾讯、阿里巴巴、网易、京东、搜狐等，皆是诞生于此时期；开始高新技术企业建设工作，国务院于1991年发布《国家高新技术产业开发区高新技术企业认定条件和办法（国发〔1991〕12号）》，授权原国家科委组织开展国家高新技术产业开发区内国家高新技术企业认定工作，配套制定了财政、税收、金融、贸易等一系列优惠政策并写入税法，于1991年正式开始认定，给予高新技术企业稳定持续的税收减免优惠；正式鼓励并支持企业技术开发能力与研发机构建设，包括国家级企业技术中心（1993年）、国家工程技术研究中心（1993年）等；实施技术创新工程（1996年），提出加强以企业为核心的技术开发体系建设目标；开始建设大学科技园等；发布《中华人民共和国科学技术进步法》（以下简称《科技进步法》）；国家层面首次提出了促进民营科技企业发展的政策，大量促进民营企业技术创新的产业政策、财税政策和金融政策颁布实施，等等。

第三阶段（2000—2007年）：政策体系形成期

企业创新政策体系形成期的典型标志是发布新的中长期科技发展规划纲要及其相关的一系列配套政策的制定与出台。2000年加入世界贸易组织（WTO）对我国企业创新政策产生深远影响，从重新审视企业对外技术依存度到外向型经济发展，国家对企业创新的战略定位及支持方式进行了系统、全面的战略研判与政策设计。2006年党中央、国务院再度召开全国科学技术大会，发布《国家中长期科学和技术发展规划纲要（2006—2020年）》，首次提出了"建设创新型国家"的宏伟目标，制定了全面实施自主创新的重大国家战略，明确了"自主创新，重点跨越，支撑发展，引领未来"的政策指导方针；并明确指出建设以企业为主体的技术创新体系为突破口，建设国家创新体系。随后，国务院印发《实施〈国家中长期科学和技术发展规划纲要（2006—2020年）〉的若干配套政策》。

在政策体系形成期的典型政策内容，包括：创新型企业建设，以创新型企业评价政策手段为支点，以评促建，引导企业开展自主创新活动并建设企业技术创新体系；激励产学研合作，鼓励并引导企业牵头组建产业技术创新战略联盟，形成长期、稳定、高效的产学研合作研发与创新发展组织模式；加强技术扩散与技术服务，建设企业研发服务平台，支持面向广大中小企业特别是科技型中小企业的共性技术研发服务的公共创新平台建设；支持企业提升研发能力，在企业内建立国家重点实验室，以及国家工程研究中心（2007年）、国家工程实验室（2007年）等；鼓励企业加强创新国际化，支持跨国公司在国内设立全球研发中心，在中国开展研发活动等。

第四阶段（2008—2011年）：政策体系调整期

企业创新政策体系调整期因应国际创

新政策环境的巨变冲击而形成。面对2008年爆发的全球金融危机，2009年我国快速出台了一系列政策激励企业创新和促进中小企业发展，在全国所有地区、所有行业全面实施增值税转型改革，鼓励企业技术改造，加快产业转型升级、激发内生增长动力。一方面延续原有政策结构，在2008年至2010年继续出台涉及科技投入、税收激励、金融支持、政府采购等十个方面的配套政策，前后共计近80条（含2007年的配套政策），相关职能部门又相互协作，共同研究制定了近百条配套细则，改变了过去创新政策不配套、不衔接的问题；另一方面加强了针对危机冲击的应对性政策措施，2009年全面推出支持战略性新兴产业发展的重大战略举措，这与配套政策之间相互关联，促成了相对完整且交叉关联的企业技术创新政策体系雏形。它标志着中国促进企业技术创新的科技政策开始向综合性、系统化的企业技术创新政策体系转变。在此期间，在延承上一时期的创新政策基础上，政府开始调整其基础结构并优化政策及管理，将零散的、缺乏协调的科技政策决策方式上下协同并系统化；将政策目标由促进研发调整为有利于创新的基础体系构建；将政策措施由一个措施适用所有情况转变为可以微调、有所区分从而针对具体情况量体裁衣提供更加完善的支持。

在政策体系调整期的典型政策内容，与其他时期相比具有明显的独特特征：因应对国际金融危机冲击，而出台了包含在国家"一揽子政策"范围内的促进企业加速创新发展与加快基础设施建设的计划项目激励，具有突出的"强刺激"特征。其中，最为典型的是提出支持包括节能环保、信息、生物、高端装备制造、新能源、新材料、新能源汽车等在内的战略性新兴产业发展的政策，具体措施有四个方面：一是强化科技创新，提升产业核心竞争力。加强产业关键核心技术和前沿技术研究，强化企业技术创新能力建设，加强高技能人才队伍建设和知识产权的创造、运用、保护、管理，实施重大产业创新发展工程，建设产业创新支撑体系，推进重大科技成果产业化和产业集聚发展。二是积极培育市场，营造良好市场环境。组织实施重大应用示范工程，支持市场拓展和商业模式创新，建立行业标准和重要产品技术标准体系，完善市场准入制度。三是深化国际合作。多层次、多渠道、多方式推进国际科技合作与交流。引导外资投向战略性新兴产业，支持有条件的企业开展境外投资，提高国际投融资合作的质量和水平。积极支持战略性新兴产业领域的重点产品、技术和服务开拓国际市场。四是加大财税金融等政策扶持力度，引导和鼓励社会资金投入。设立战略性新兴产业发展专项资金，建立稳定的财政投入增长机制。制定完善促进战略性新兴产业发展的税收支持政策。鼓励金融机构加大信贷支持，发挥多层次资本市场的融资功能，大力发展创业投资和股权投资基金。

第五阶段（2012—2021年）：政策体系发展期

企业创新政策体系发展期是以实施国家创新驱动发展战略为主线，对企业全谱系、创新全链条、产业全覆盖、区域全囊括的系统化政策发展阶段。2012年全国科技创新大会召开，开启了全面实施创新驱动发展战略新时期。在国家创新驱动发展战略指引下，我国深化科技体制改革的中心任务确定为：解决科技与经济结合问题，推动企业成为技术创新主体，增强企业创新能力。① 2013年，国务院办公厅发布《关于强化企业技术创新主体地位全面提升企业创新能力的意见》（国办发〔2013〕8号）文件，明确指出，到2015年，基本形成以企业为主体、市场为导向、产学研相结合的技术创新体系。培育发展一大批创新型企业，企业研发投入明显提高，大中型工业企业平均研发投入占主营业务收入比例提高到1.5%，行业领军企业达到国际同类先进企业水平，企业发明专利申请和授权量实现翻一番。到2020年，企业主导产业技术研发创新的体制机制更加完善，企业创新能力大幅度提升，形成一批创新型领军企业，带动经济发展方式转变实现重大进展。至2021年开始对《科技进步法》进行修订（2022年1月正式发布），不仅进一步巩固企业创新主体地位与作用，更将科技领军企业列为国家战略科技力量序列，细化企业科技创新的法律地位与政策支持。

政策体系发展期的典型政策内容，包括：将科技领军企业纳入国家战略科技力量序列，进一步提升企业在创新中的主导作用，将其由"企业创新主体地位"改为"企业科技创新主体地位"；确定了进一步完善引导企业加大技术创新投入的多元化机制；支持企业牵头组织重大科技项目研发攻关并推进重大科技成果产业化；进一步系统化支持企业提升研发能力，从国家技术创新中心、产业创新中心、制造业创新中心到创新联合体，将企业技术研发能力机构建设与产学研合作密切结合，形成新的企业研发能力与产学研合作政策支持新方式；依托转制院所和行业领军企业构建产业共性技术研发基地、强化科研院所和高等学校对企业技术创新的源头支持；完善面向企业的技术创新服务平台；积极推动"大众创业、万众创新"，创新创业企业发展蔚然成风，众创空间、创业咖啡、创业工场、创业空间及创业园区纷纷涌现，各类创新创业大赛竞相登场；创业板、科创板打通创新创业投融资渠道；进一步明确战略性新兴产业与未来产业发展战略，从首次提出"国家大数据战略"到发展数字经济、实施新基建等；明确提出"双碳"目标，加强对绿色技术、绿色创新与绿色产业发展的支持，等等。

需指出的是，党的二十大召开，标志着中国开启了全面建设社会主义现代化的新征程，向第二个百年奋斗目标全面进军的新时代，相应地，企业创新政策体系发展也同样进入了一个新的时期。党的二十大报告明确了新时代新征程的新使命新任务，强调指出首要目标任务是：经济高质量发展取得新突破，科技自立自强能力显著提升。经济高质量发展与科技自立自强均依赖于各类所有制企业的做强做优与创新发展，都离不开科技创新体制机制和科技创新政策体系的改革完善。党的二十大报告明确提出，要充分发挥市场在资源配置中的决定性作用，更好发挥政府作用，推动国有企业做强做优做大，促进民营经济发展壮大，支持中小微企业发展，并从市场经济基础制度、宏观经济治理体系、财政税制结构和金融体制等方面为企业营

---

① 参见中共中央、国务院印发《关于深化科技体制改革加快国家创新体系建设的意见》。

造良好的发展环境。在加快实施创新驱动发展战略方面，明确提出"强化企业科技创新主体地位，发挥科技型骨干企业引领支撑作用，营造有利于科技型中小微企业成长的良好环境，推动创新链产业链资金链人才链深度融合""加强企业主导的产学研深度融合，强化目标导向，提高科技成果转化和产业化水平"等要求，进一步提升企业在国家科技创新体系中的地位和作用，为进一步激发企业创新活力的政策设计提出了新的目标和方向。可见，我国企业创新政策体系必将随之进入一个新的发展阶段。

总之，从这个过程可知，中国企业创新政策的演变表现为对创新政策、系统变革和体制创新理解的逐步深化。其实践经验表明，提升中国企业的创新能力和实现基于市场条件下以企业为中心的创新机制的转变，比树立新观念更具有挑战性；同时，寻求基于市场的创新模式与国家研发计划直接资助的创新机制之间的平衡仍然是中国面临的难题，而由此实现对产业关键核心技术研发攻关突破的目标更是企业创新政策的焦点问题。这也是当前中国企业创新所面临的两个重大挑战。

第 3 章　当前企业创新政策体系的基本框架

对于我国数量日益庞大的企业创新政策而言，建立企业创新政策体系框架是一个具有一定挑战性的工作。首先需要对企业创新政策进行科学、合理的分类，然后，才能进行企业创新政策体系化的结构分析。

构建企业创新政策体系的基本框架的基础是对创新政策的分类研究。关于创新政策工具分类，现有研究主要有三种影响较大的代表性观点[①]：第一种是罗伊·罗斯韦尔（Roy Rothwell）和瓦尔特·泽福德（Walter Zegveld）最早提出的对技术创新政策工具的分类和定义，从创新政策可能产生影响的层面，将其分为供给面政策工具、需求面政策工具与环境面政策工具[②]；第二种是苏珊娜·博尔巴什（Susama Borrás）和查尔斯·埃德奎斯特（Charles Edquist）将技术创新政策工具划分为规制工具、经济转移工具和软性工具，分别代表政策工具所具有的"大棒""胡萝卜"和"非强制性管理"三种角色[③]；第三种是威尔弗雷德·多夫斯玛（Wilfried Dolfsma）和徐东柏（DongBack Seo）利用累积式、离散式两种技术开发形式与高、低两种市场网络效应建立的 2×2 矩阵[④]。这是我们进行政策体系构建的方法基础，但上述分类虽做出了有效区分，却难以构建企业创新政策之间的相互关系。

基于已有创新政策分类研究，通过对我国现有 2000 多项政策进行初步分类分析及政策体系框架构建分析发现，已有文献中提出的面向企业生命周期或国际竞争的政策分类，以及八类划分等，都突出了创新政策的功用，突出政策设计的分析逻辑，实则忽视了从企业个体微观视角来看的政策效力问题。因此，在已有政策分类研究基础上，我们采用一种政策分析的"系统法"，来探索确立企业创新政策之间的内在关联与影响网络，分为三个步骤：第一步，即对数量庞大的企业创新政策进行系统分析，首先从政策功能定位视角分析政策之间的内在联系，具体可划分为法律、战略与方针、规划、基本面政策和具

[①] 李凡，刘沛罡，刘姿含. 中印信息技术产业创新政策工具比较研究[J]. 科技进步与对策，2015（15）：110-115.

[②] ROTHWELL R, ZEGVELD W. Industrial innovation and public policy: preparing for the 1980's and the 1990's [M]. London: Frances Printer, 1981: 19-30.

[③] BORRAS S, EDQUIST C. The choice of innovation police instruments [J]. Technological forecasting and social change, 2013, 80 (8): 1513-1522.

[④] DOLFSMA W, SEO D. Government policy and technological innovation—a suggested typology [J]. Technovation, 2013, 33 (6-7): 173-179.

体政策等功能定位层面，考察其中不同层面之间政策的相互关联与影响关系；第二步，从政策效力维度分析政策之间的实际作用，具体可以分为全国普适性政策、条块政策、区域政策等，其中在各层级、条块下又可按照政策影响群体层面（R－Z 维①）、政策强制力方式（B－E 维②）等进行结构细化；第三步，最后综合上述两个维度分析，搭建起企业创新政策体系。实际上，在各层级政策中，均可能存在R－Z 维和 B－E 维交叉的矩阵式分布。

基于上述系统法分析思路，对中国企业创新政策体系进行构建：

第一步，按照政策功能定位进行划分，将企业创新政策分为总政策、基本政策和具体政策三类，其中总政策为根政策，阐明政策的缘起、理念和战略方针等内容，主要包括法律、发展战略和改革纲领性文件，以及承载这些战略或改革方针的国家重大发展规划等；基本政策是总政策的宏观落实，而具体政策是对总政策的具体操作层面的落实措施，从而在此分类中建立起企业创新政策体系的"总－分－具体"内在关联关系。

第二步，按照政策作用效力进行划分，再将创新政策分为综合性政策、普适性政策、专项政策、产业政策和区域政策。其中，综合性政策的政策效力最高，对已有政策调整和未来政策制定具有决定性的统辖作用，其他各类政策必须与其保持一致；普适性政策的实施范围最广，所有企业都具有享受该类政策的权利，如企业研发费用税前加计扣除政策、科技计划与投入政策、知识产权政策、人才政策和科技奖励政策等；专项政策和产业政策都具有条块特征，但专项政策是在某一方向中可能涉及多个乃至全产业的，如涉及主要产业领域的国有企业创新政策、涉及所有产业领域的中小企业创新政策等，因此专项政策有别于产业政策，更类似于一个在限定条件下的普适性政策，而将专项政策归为基本政策，将产业政策归为具体政策；区域政策则是块状的政策，即只是在某一制定地理区域范围内实施的政策，地理空间边界明确，在制定地理范围内是包含所有产业、所有方向的，与企业创新密切相关，属于具体政策。

● 综合性政策。主要包括法律、法规、规章和其他规范性文件四个方面。其中，《中华人民共和国科学技术进步法》《中华人民共和国反不当竞争法》《中华人民共和国公司法》和《中华人民共和国合同法》是综合性政策的法律根基，从国家创新方略、对科学技术创新活动的支持、对企业技术进步的扶持和对市场竞争的法律保护等方面对企业创新进行了法律保障。党的十八大以来，中国政府开始全面深入实施"创新驱动发展战略"，提出"一个体系"（建设国家创新体系）、"双轮驱动"（依靠科技创新和体制机制创新驱动）等战略任务，进一步明确和强化"创新"在国家发展中的地位和作用，并发布了《国家创新驱动发展战略纲要》《关于强化企业技术创新主体地位全面提升企业创新能力的意见》《关于引导企业创新管理提质增效的指导意见》等多个与企业创

---

① R－Z 维即 Rothwell 和 Zegveld 提出的对技术创新政策工具的分类方法。
② B－E 维即 Borras 和 Edquist 提出的对技术创新政策工具的分类方法。

新密切相关的国家发展战略和改革纲领性文件，在基本法律框架下提出了促进企业创新的国家发展方向、目标任务和路径安排。

● 普适性政策。主要包括财税金融政策、政府公共采购政策、产学研合作政策、科技成果转化政策、科技人才政策等13个方面。其中，在财税政策方面，随着国家财税体制改革的深化，财税优惠政策激励科技创新的作用不断凸显。党的十八大以来，我国已初步形成了以企业所得税优惠为主，全方位、惠及面广的保护和激励创新税收政策体系，有效降低了税负，增强了现金流，为企业创新提供了良好的外部动力。其中，在企业所得税方面，发布了《中华人民共和国企业所得税法》《中华人民共和国企业所得税法实施条例》《财政部 国家税务总局关于执行企业所得税优惠政策若干问题的通知》等法律、政策文件。在个人所得税方面，发布了《完善股权激励和技术入股有关所得税政策的通知》《关于将国家自主创新示范区有关税收试点政策推广到全国范围实施的通知》等政策文件。

● 专项性政策。主要包括中小企业政策、国有企业政策、外资企业政策、民营企业政策、创新创业服务政策和军民融合科技创新政策等六个方面。其中，中小企业政策目标体现了从"技术引进""技术进步"到"模仿创新"再到"自主创新"的跨越式发展过程，政策数量快速增加，政策发布主体的权威性有所提升，联动作用有所增强，政策工具逐渐丰富，综合框架逐渐形成。国有企业政策重点关注了国有企业改革、国有资产管理、央企创新、评价激励、股权分红激励等方面的内容。民营企业政策重点关注了自主创新、研发机构、民营科技型企业、"民参军"等方面的内容。发布了《国家发展改革委关于印发鼓励和引导民营企业发展战略性新兴产业的实施意见的通知》《国家发展改革委 科技部印发关于加快推进民营企业研发机构建设的实施意见的通知》等政策文件。

● 产业性政策。主要包括综合政策、高新技术企业政策、战略性新兴产业政策、软件和集成电路产业政策、动漫产业创新政策、服务业创新政策、农林业创新政策、文体产业创新政策、其他领域产业政策等八个方面。其中，综合政策包括工业升级、工业强基、促进工业设计、增强制造业核心竞争力等方面。发布了《国务院关于促进加工贸易创新发展的若干意见》《工业和信息化部关于加快推进工业强基的指导意见》等政策文件。高新技术企业政策重点关注了高新技术产业化、高新技术企业认定、税收减免、金融支持等方面。发布了《关于印发〈关于进一步加强火炬工作，促进高新技术产业化的指导意见〉的通知》《科技部 财政部 国家税务总局关于修订印发〈高新技术企业认定管理办法〉的通知》《关于高新技术企业境外所得适用税率及税收抵免问题的通知》等政策文件。

● 区域性政策。主要包括国家自主创新示范区政策、国家高新技术开发区政策、国家级新区与经开区政策、其他区域创新政策等四个方面。其中，国家自主创新示范区政策重点关注了宏观综合政策、创业、高新技术企业认定、股权与分红激励、税收优惠等方面。发布了《关于印发〈创业中国中关村引领工程（2015—2020年）〉的通知》《科技部 财政部 国家税务总局关于在中关村国家自主创新示范区完善高新技术企业认定中文化产业支撑技术等领域范围的通知》等政策文件。国家高新技术开发区方面发布了《科技部关于印发国家高新技术产业开发区创新驱动战略提升行动实施方案的通知》《关于印发促进国家高新技术产业开发区进一步发展增强自主创新能力的若干意见的通知》等政策文件。

第三步，综合分析上述纵横关联关系，组合构建企业创新政策体系的基本框架（见图1-1）。

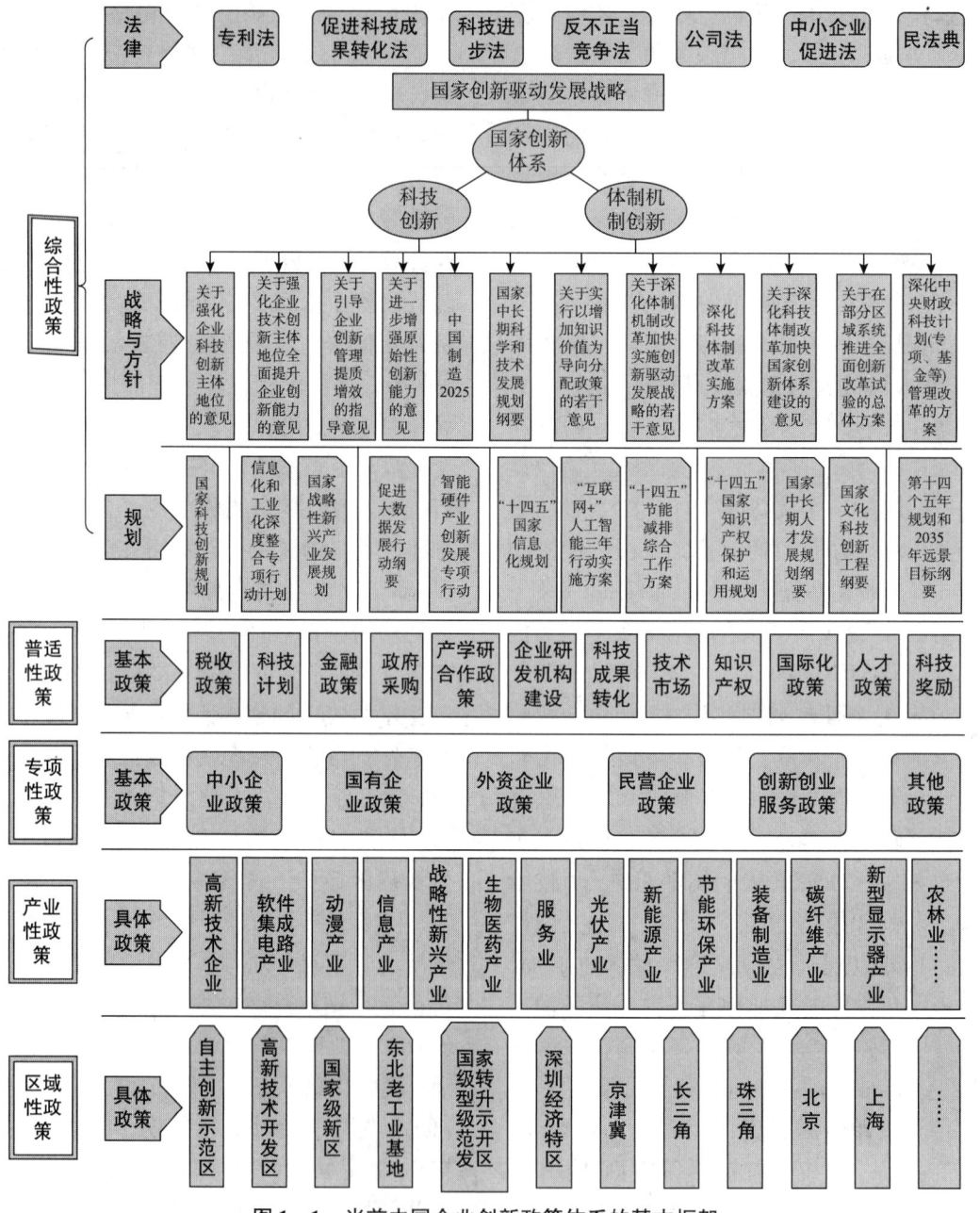

图1-1 当前中国企业创新政策体系的基本框架

第4章 企业创新政策体系发展的主要特征

党的十八大以来，在全面深化科技体制改革中，企业创新政策已成为政府推动企业科技创新最为重要的"杠杆"工具，健全市场导向型创新政策体系已成为我国落实创新驱动发展战略的内在需求和重要任务。在这个过程中，以市场化为导向重构政府支持企业创新的政策体系，从过去重资金、项目、计划管理手段逐渐转移到重政策杠杆、政策调控、环境营造的手段上来，从政府主导型逐步向市场主导型的政府支持企业科技创新模式转变，从科技创新项目管理开始向科技创新治理全面转变。

从政策内容上看，目前我国企业创新政策体系在经历40多年的演进后，呈现如下几个重要特征：

——政策目标逐步聚焦在企业自主创新能力，尤其是企业面对严峻国际竞争条件下的技术自主创新能力上。这在技术自主性上的表现又可分为三个阶段：初期通过放权让利的激活现存技术阶段；而后强调技术引进与消化、应用的"以市场换技术"阶段；至如今强调自主创新的技术主导与创新驱动阶段。

——在政策手段上逐步适应全球竞争的创新倒逼机制，存在技术创新政策的政策手段被动适应性特征。例如，《技术型贸易壁垒协议》[①] 是促使中国增加知识创新含量的一个重要文件。这是因为往往是发达国家根据本国已有的国家标准或技术水平制定相应的进口条件，这些条件通常是许多发展中国家企业远远达不到的标准，从而限制进口。

——在政策的适用对象上，存在从以科研院所、大学研发活动为中心到以企业技术创新活动为中心的转变，实质上是技术创新主导权由政府向市场的转移；而在企业结构层面上，政策的扶持重心从国有大中型工业企业逐步向民营科技中小企业转移。随着中国经济体制改革的深入、市场经济体制目标的确立及技术创新研究的深入，企业技术创新主体地位被明确，相应的政策也逐步出台，如"企业技术中心建设计划""产学研联合开发工程计划""关于促进企业技术进步有关财务税收问题的通知"等，政策干预的对象不仅限于国有企业和集体企业，而且涉及民营科技企业，并越来越关注中小企业的创新创业。

---

① 《技术型贸易壁垒协议》是指那些确定工业产品或消费品的某些属性的强制性或非强制性的法规和标准，以及检验产品是否符合技术法规和确定产品质量及适用性能的认证、审批和试验程序所形成的贸易障碍。

——在政策的着力点上，技术创新政策在技术创新链上的分布呈现两头小、中间大的格局，政策支持技术创新链重心靠后端的特征。将技术创新过程可分为基础研究、应用研究试验、技术转移、工程化、产业化、市场营销、技术扩散、教育培训八个阶段，在现有的技术创新政策中，基础研究政策占 7.6%，应用研究试验阶段政策占 17.5%，技术转移政策占 16.5%，工程化政策占 14.2%，产业化政策占 17.5%，市场营销政策占 12.9%，技术扩散政策占 10.1%，教育培训政策占 3.7%[1]（见图 1-2）。从政策支持范围上看，中国企业技术创新政策更多的是关注并支持应用研究活动以后的试验发展、技术转移、工程化、生产、市场营销（商业模式）和技术扩散等技术创新线性链条的后端行为，对基础研究、应用研究支持相对较少[2]。这一特征自 2020 年随着国家日益关注关键核心技术攻关的底层技术、前沿技术和基础技术等研发问题，特别是围绕高水平科技自立自强目标而出台的加强基础研究等一系列政策，得以向基础研究一端快速拓展而出现改变的迹象。

从政策效力上看，中国企业创新政策的一个重要特点是，绝大多数都是以部门通知、办法、规定、条例、意见等形式颁布的，以法律形式颁布的相关综合性、普

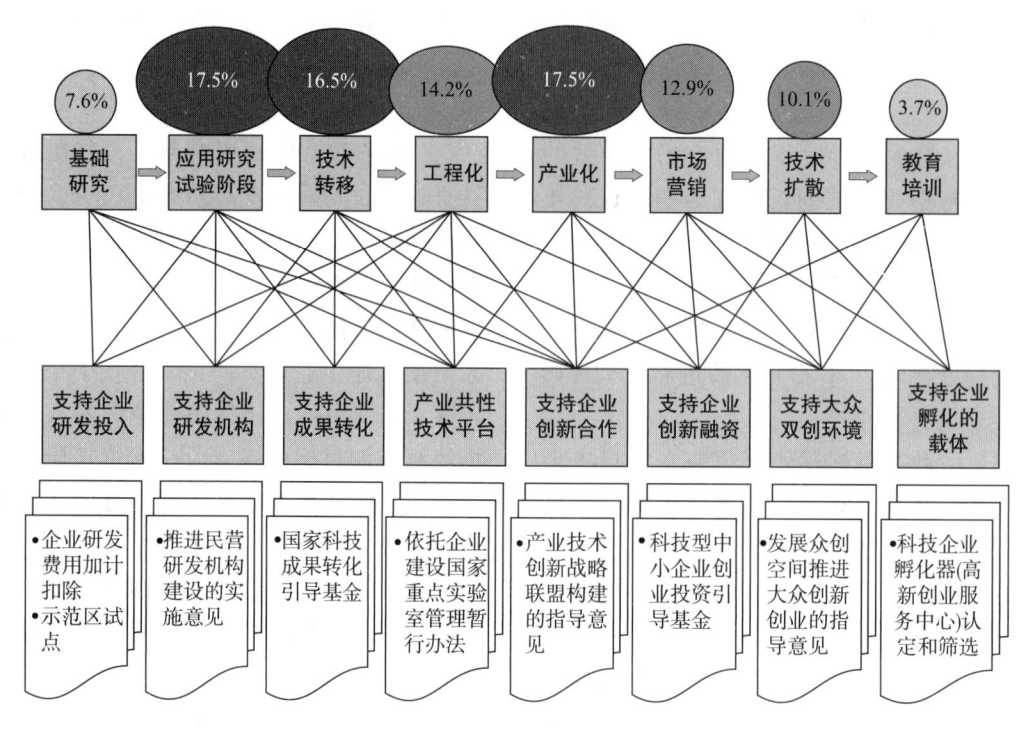

图 1-2　我国企业创新政策的类型与分布

资料来源：基于张赤东撰写的科技报告《企业创新的动力机制——基于市场与政策的双视角分析》（中国科学技术发展战略研究院，2015-12-11）整理。

---

[1]　王秋菊. 我国技术创新政策的发展趋势 [J]. 科技成果纵横，2010（5）：33-35.
[2]　马驰，高昌林. 经济转轨中的技术创新系列政策分析 [J]. 科技导报，1997（4）：18-22.

适性、强制性政策很少，所占比例不足5%。在这种情况下，因部门管理权限调整与工作重点转换而快速转变创新政策关注点的可能性高，致使创新政策缺乏权威性和连续性[①]。

从政策手段上看，中国企业创新政策手段是从直接资助到间接资助、项目支持到普适性政策，干预方式由计划手段逐步向市场手段转变。科技计划（项目）一直是政府干预技术创新的主要政策工具。随着时间的推移，科技计划的干预方式、干预对象和干预内容都在发生变化。早期指令性计划较多，而后期计划多为指导性。政府对技术创新的管理由过去的侧重行政指令向以提供服务和政策为主转变，由单纯"上项目"向"抓典型示范"转变。在基础研究中也引入竞争机制，其目标是更好地实现资源的有效配置。

此外，在制定政策的主管部门分布上，据不完全统计，中央层面（包括党中央、国务院及所属各部委）2012年至2021年通过政府官方网站新增发布的包含"企业创新"等关键词的政策文件及相关行政措施（含认定、备案等通知）等总计超过2万条政策信息。其中，经过文本筛选、关联分析及逐条政策专家研判后，从中遴选出与企业技术创新紧密关联且具有明确、实质性内容的政策合计约有2086项。截至2021年底，科学技术部是出台企业创新政策最多的部门，占比达到35%；其次是工业和信息化部，占比为31%，两个部门合计达到了66%的比重（见图1-3）。

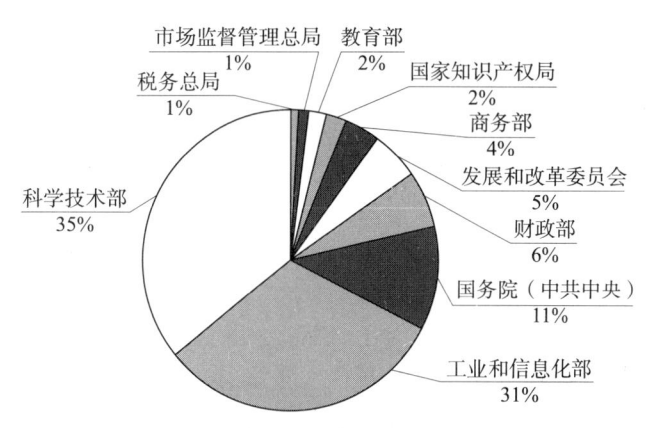

图1-3 按部门划分的创新政策分布情况（截至2021年底）

资料来源：基于潘教峰、宋大伟、张赤东等牵头撰写的关于"激发企业创新活力的政策研究"系列研究报告（中国科学院科技战略咨询研究院，2023-11-06）整理。

---

① 冯毅梅，李兆友．试析入世以来我国技术创新政策的特点［J］．人民论坛，2013（26）：218-220．

第5章　企业创新政策体系的发展趋势

一、社会主义市场经济下政策激励创新的艰巨性

由于我国市场经济体制是在社会主义计划经济基础上通过改革开放逐步建立起来的，尚不是一个完整成熟的社会主义市场经济，所以，基于经典创新理论所提到的问题在我国企业创新中基本都存在，并且由于自身经济制度原因，在我国企业创新活动过程中还遇到或出现了我国企业创新特有的困难与问题。因此，需立足我国社会主义市场经济建设实践，全面、系统性考察从计划经济到市场经济转变中的各类生产关系变革，处理好政府与市场的定位与分工，处理好国有企业与民营企业的创新发展机会与条件支持，以高效的科技创新治理能力和宽容的创新生态环境，激发企业创新的动力和活力。

二、加强政策制定与实施中的系统性和战略性

目前，中国企业创新政策体系已从单一的科技政策、产业政策向明确的科技创新政策转变，企业、科研院所以及个人的科技创新意识和能力明显加强，科技创新法律法规建设取得重要进展，但是，企业创新政策体系尚处在快速建设发展时期，中国社会主义市场经济体制尚有待健全，经济、科技体制改革滞后，融投资体制尚不健全完善，创新政策政出多门、管理不统一问题比较突出，尚未形成推进企业创新政策形成合力的有效协调机制，相关创新政策研究需要进一步提高系统性、战略性。

令人鼓舞的是党的十八大以来，上述问题都引起了中央政府的关注，尤其是在党的二十大后国家对科技部进行了大幅度的机构改革，明确将进一步加强政府对科技创新的宏观协调职能，加速研发管理向创新服务的转变，企业创新政策的系统性、战略性发展趋势明显。

——系统性是指政策制定和实施涉及经济和社会的多个部门，并且需要多部门的配合和协调，同时要避免政出多门，相互矛盾。

——战略性是指科技创新政策服务于国家的科技经济战略目标,而并不单指服务于某个方面的目标。

三、加强政策对企业创新动力的微观激励

现行企业创新政策重在激励企业的创新行为,其实忽略了企业是否会愿意开展创新这一重要环节——微观层面的企业创新动力。从企业创新活动上讲,当前企业创新政策所遵循的创新过程链条是不完整的,因此,创新政策供给也是存在缺陷的。

基于熊彼特创新理论、企业创新阶段性特征和创新链分析等,我们总结提出了由牟利动机、创新动机、创新行为和价值实现4个节点及其之间的3个环节构成的企业创新微观动力机制(见图1-4)。首先,企业家要发现一个商业机会,产生强烈的牟利动机。这是创新的原始冲动,或者说原始的创新动力。熊彼特将其归结为企业家精神。其次,在有了牟利动机后会选择牟利方式,如果选择了创新这一路径,就会产生创新动机。再次,企业家集成技术、资本等方面的资源,组织实施创新活动。最后,凭借创新产品(服务)的竞争优势,创造出新的需求,同时降低成本、提高产品质量,在市场上创造更高的经济价值。

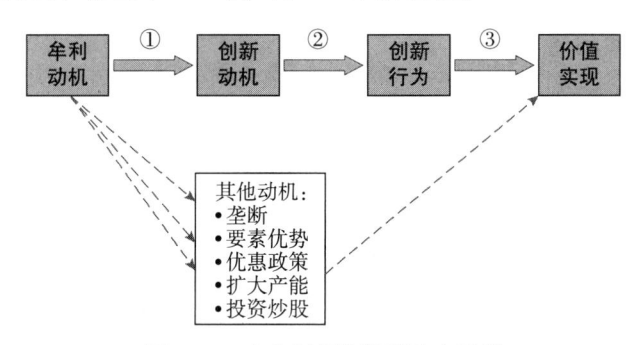

图1-4 企业创新的微观动力机制

资料来源:基于张赤东撰写的科技报告《企业创新的动力机制——基于市场与政策的双视角分析》(中国科学技术发展战略研究院,2015-12-11)整理。

微观动力机制表明,企业创新的关键在于使企业家有足够的动力,顺利地从牟利动机向下传递,完成3个环节过程,直至价值实现。一般而言,在市场经济条件下企业家会主动挖掘商机,而产生牟利动机的。但是,从牟利动机到创新动机的传递开始,并不是一个必然的过程。例如,在第一个环节从牟利动机到创新动机的过程中,企业家可以选择创新,还可以选择通过垄断、扩大产能、投资房地产等其他诸多方式去获利。因此,创新只是企业盈利的诸多路径之一。企业家是否选择创新,需要将创新与其他行为动机在投入成本、风险和收益之间进行权衡。

由企业创新微观动力机制及当前企业创新政策对应分布（见图1-5）可知，要促进企业家顺利产生创新动机是极为重要的，不仅需要一个有利于创新的公平公正的市场竞争环境，更需要政策引导。这正是当前我国大力推动供给侧结构性改革、加强并优化创新政策供给的一个根本原因。

那么，新阶段新时期企业创新政策应该关注什么？从企业创新微观动力机制上看，政策关注点不仅应该是从创新行为到价值实现，也应该关注从牟利动机到创新动机，进而促进形成创新行为，即上述第一和第二个环节，这是解决我国企业创新动力不足问题的关键。

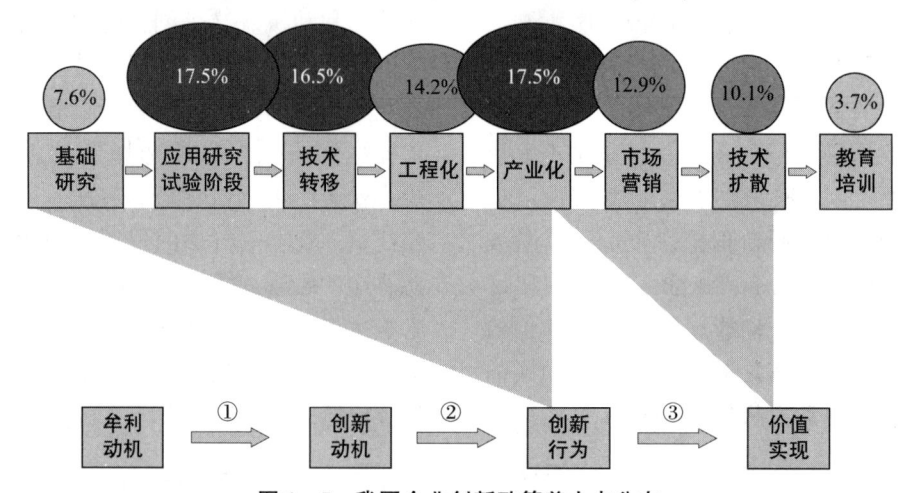

图1-5 我国企业创新政策着力点分布

资料来源：基于张赤东撰写的科技报告《企业创新的动力机制——基于市场与政策的双视角分析》（中国科学技术发展战略研究院，2015-12-11）整理。

四、加强需求面创新政策以促进供给侧结构性改革

从政策类型上看，未来中国政府需重视技术创新的需求政策。

技术创新政策可分为技术创新供给政策、需求政策和环境政策。长期以来，我国各项技术创新政策之间缺乏协同，现行的政策偏重于供给政策和环境政策，而对技术创新的需求政策重视不够。20世纪80年代，我国技术创新政策主要是供给方面的；20世纪90年代后，开始更加注重创造有利于技术创新的环境，完善相关法规体系，先后制定了税收优惠政策、推动技术扩散的技术市场政策、扶持高新技术产业发展的政策等。据初步统计，在现有政策中涉及供给的政策约占50.75%，需求的政策占7.5%，环境的政策占41.79%。

由此可见，我国技术创新政策偏重于干预技术创新的供给和环境，对技术创新的需求重视明显不够。

第二篇　综合性政策

综合性政策是指那些决定并影响企业创新活动的根本性制度，决定了企业创新行为在社会经济活动中的法律地位、功能作用和组织形式等，以及激励企业创新发展的政策空间、政策手段及其实施方式，是企业创新决策及享受优惠所不可不察的"方向性政策"。它主要包括国家层面的相关法律、重大发展战略、改革纲领性文件及承载战略、改革方针的重大发展规划等，有的明确当前及未来政策的方向，有的明确提出政策任务，彰显社会经济科技发展的政策导向。

中国企业创新政策体系中的综合性政策可划分为法律、发展战略与改革方针性文件和国家发展规划三个层面，其政策框架如下（见图 2-1）。

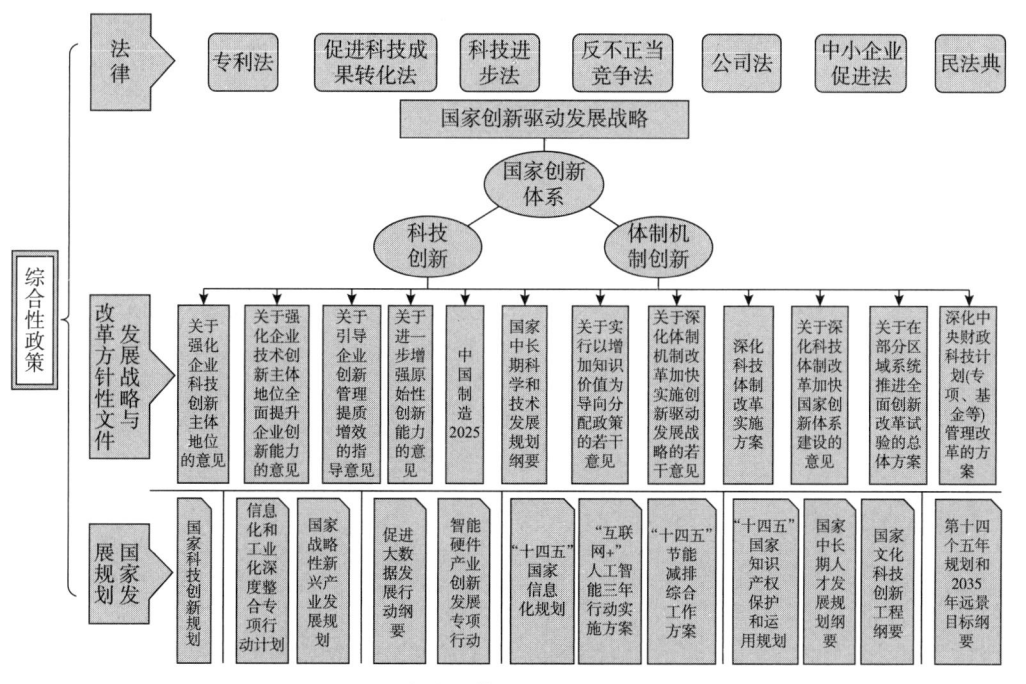

图 2-1　综合性政策结构框架（2023 年版）

第 6 章　法律的条目指引与政策要点

《中华人民共和国科学技术进步法》《中华人民共和国反不正当竞争法》《中华人民共和国公司法》《中华人民共和国合同法》《中华人民共和国促进科技成果转化法（2015 年修订）》等法律是综合性政策的根基，任何政策的出台都需有法可依、与法相一致，不可违法。法律方面的政策框架结构如图 2-2 所示。

下文将从以法律形式确定的国家创新方略、法律层面对科学技术创新活动的支持、对企业技术进步的扶持和对市场竞争的保护四个方面对政策要点进行简要说明。

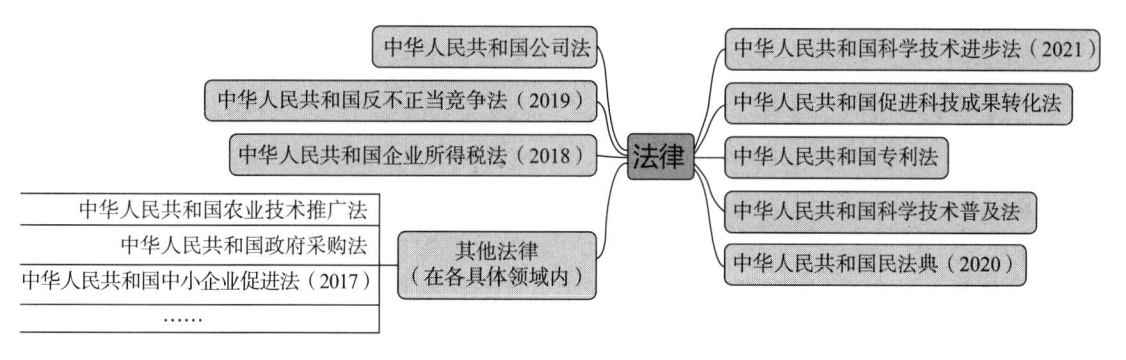

图 2-2　法律方面政策框架结构图

一、法定的国家创新方略

《中华人民共和国科学技术进步法》（2021 年 12 月 24 日第二次修订）：

第一章　总则

第一条[①]　为了全面促进科学技术进步，发挥科学技术第一生产力、创新第一动力、人才第一资源的作用，促进科技成果向现实生产力转化，推动科技创新支撑和引领经济社会发展，全面建设社会主义现代化国家，根据宪法，制定本法。

第二条　坚持中国共产党对科学技术事业的全面领导。

---

① 对摘引的条目内容，一般按原法律文件正文顺序引用。对于完整条目保留其在法律条文中的原序号，以便读者查找原文进行对照。下同。

国家坚持新发展理念，坚持科技创新在国家现代化建设全局中的核心地位，把科技自立自强作为国家发展的战略支撑，实施科教兴国战略、人才强国战略和创新驱动发展战略，走中国特色自主创新道路，建设科技强国。

第四条 国家完善高效、协同、开放的国家创新体系，……

国家构建和强化以国家实验室、国家科学技术研究开发机构、高水平研究型大学、科技领军企业为重要组成部分的国家战略科技力量，在关键领域和重点方向上发挥战略支撑引领作用和重大原始创新效能，服务国家重大战略需要。

第十三条 国家制定和实施知识产权战略，建立和完善知识产权制度，营造尊重知识产权的社会环境，保护知识产权，激励自主创新。

企业事业单位、社会组织和科学技术人员应当增强知识产权意识，增强自主创新能力，提高创造、运用、保护、管理和服务知识产权的能力，提高知识产权质量。

二、法定的对科学技术创新活动的支持

《中华人民共和国科学技术进步法》
（2021年12月24日第二次修订）：.

第二章 基础研究

第十九条 国家加强基础研究能力建设，……

国家鼓励科学技术研究开发机构、高等学校、企业等发挥自身优势，加强基础研究，推动原始创新。

第二十条 国家财政建立稳定支持基础研究的投入机制。

国家引导企业加大基础研究投入，鼓励社会力量通过捐赠、设立基金等方式多渠道投入基础研究，给予财政、金融、税收等政策支持。

第三章 应用研究与成果转化

第二十八条 国家完善关键核心技术攻关举国体制，组织实施体现国家战略需求的科学技术重大任务，系统布局具有前瞻性、战略性的科学技术重大项目，超前部署关键核心技术研发。

第二十九条 国家加强面向产业发展需求的共性技术平台和科学技术研究开发机构建设，鼓励地方围绕发展需求建设应用研究科学技术研究开发机构。

第三十条 国家加强科技成果中试、工程化和产业化开发及应用，加快科技成果转化为现实生产力。

第三十四条 国家鼓励利用财政性资金设立的科学技术计划项目所形成的知识产权首先在境内使用。

第三十五条 国家鼓励新技术应用，按照包容审慎原则，推动开展新技术、新产品、新服务、新模式应用试验，为新技术、新产品应用创造条件。

第三十七条 国家推动科学技术研究开发与产品、服务标准制定相结合，科学技术研究开发与产品设计、制造相结合；引导科学技术研究开发机构、高等学校、企业和社会组织共同推进国家重大技术创新产品、服务标准的研究、制定和依法采用，参与国际标准制定。

第三十八条 国家培育和发展统一开

放、互联互通、竞争有序的技术市场，鼓励创办从事技术评估、技术经纪和创新创业服务等活动的中介服务机构，引导建立社会化、专业化、网络化、信息化和智能化的技术交易服务体系和创新创业服务体系，推动科技成果的应用和推广。

技术交易活动应当遵循自愿平等、互利有偿和诚实信用的原则。

第五章 科学技术研究开发机构

第五十五条 国家鼓励企业和其他社会力量自行创办科学技术研究开发机构，保障其合法权益。社会力量设立的科学技术研究开发机构有权按照国家有关规定，平等竞争和参与实施利用财政性资金设立的科学技术计划项目。

国家完善对社会力量设立的非营利性科学技术研究开发机构税收优惠制度。

第七章 区域科技创新

第七十三条 县级以上人民政府及其有关部门制定的与产业发展相关的科学技术计划，应当体现产业发展的需求。

县级以上人民政府及其有关部门确定科学技术计划项目，应当鼓励企业平等竞争和参与实施；对符合产业发展需求、具有明确市场应用前景的项目，应当鼓励企业联合科学技术研究开发机构、高等学校共同实施。

第九章 保障措施

第八十九条 国家设立基金，资助中小企业开展技术创新，推动科技成果转化与应用。

第九十二条 国家鼓励金融机构开展知识产权质押融资业务，鼓励和引导金融机构在信贷、投资等方面支持科学技术应用和高新技术产业发展，鼓励保险机构根据高新技术产业发展的需要开发保险品种，促进新技术应用。

第九十六条 国家鼓励国内外的组织或者个人捐赠财产、设立科学技术基金，资助科学技术研究开发和科学技术普及。

第九十七条 利用财政性资金设立的科学技术研究开发机构、高等学校和企业，在推进科技管理改革、开展科学技术研究开发、实施科技成果转化活动过程中，相关负责人锐意创新探索，出现决策失误、偏差，但尽到合理注意义务和监督管理职责，未牟取非法利益的，免除其决策责任。

第十章 监督管理

第一百零六条 国家实行科学技术保密制度，加强科学技术保密能力建设，保护涉及国家安全和利益的科学技术秘密。

国家依法实行重要的生物种质资源、遗传资源、数据资源等科学技术资源和关键核心技术出境管理制度。

《中华人民共和国民法典》（2020年5月28日第十三届全国人民代表大会第三次会议通过）：

第八百四十四条 订立技术合同，应当有利于知识产权的保护和科学技术的进步，促进科学技术成果的研发、转化、应用和推广。

三、法定的对企业技术进步的扶持

《中华人民共和国科学技术进步法》（2021年12月24日第二次修订）：

第四章　企业科技创新

第三十九条　国家建立以企业为主体，以市场为导向，企业同科学技术研究开发机构、高等学校紧密合作的技术创新体系，引导和扶持企业技术创新活动，支持企业牵头国家科技攻关任务，发挥企业在技术创新中的主体作用，推动企业成为技术创新决策、科研投入、组织科研和成果转化的主体，促进各类创新要素向企业集聚，提高企业技术创新能力。

国家培育具有影响力和竞争力的科技领军企业，充分发挥科技领军企业的创新带动作用。

第四十条　国家鼓励企业开展下列活动：

（一）设立内部科学技术研究开发机构；

（二）同其他企业或者科学技术研究开发机构、高等学校开展合作研究，联合建立科学技术研究开发机构和平台，设立科技企业孵化机构和创新创业平台，或者以委托等方式开展科学技术研究开发；

（三）培养、吸引和使用科学技术人员；

（四）同科学技术研究开发机构、高等学校、职业院校或者培训机构联合培养专业技术人才和高技能人才，吸引高等学校毕业生到企业工作；

（五）设立博士后工作站或者流动站；

（六）结合技术创新和职工技能培训，开展科学技术普及活动，设立向公众开放的普及科学技术的场馆或者设施。

第四十一条　国家鼓励企业加强原始创新，开展技术合作与交流，增加研究开发和技术创新的投入，自主确立研究开发课题，开展技术创新活动。

国家鼓励企业对引进技术进行消化、吸收和再创新。

企业开发新技术、新产品、新工艺发生的研究开发费用可以按照国家有关规定，税前列支并加计扣除，企业科学技术研究开发仪器、设备可以加速折旧。

第四十二条　国家完善多层次资本市场，建立健全促进科技创新的机制，支持符合条件的科技型企业利用资本市场推动自身发展。

国家加强引导和政策扶持，多渠道拓宽创业投资资金来源，对企业的创业发展给予支持。

国家完善科技型企业上市融资制度，畅通科技型企业国内上市融资渠道，发挥资本市场服务科技创新的融资功能。

第四十三条　下列企业按照国家有关规定享受税收优惠：

（一）从事高新技术产品研究开发、生产的企业；

（二）科技型中小企业；

（三）投资初创科技型企业的创业投资企业；

（四）法律、行政法规规定的与科学技术进步有关的其他企业。

第四十四条　国家对公共研究开发平台和科学技术中介、创新创业服务机构的建设和运营给予支持。

公共研究开发平台和科学技术中介、创新创业服务机构应当为中小企业的技术创新提供服务。

第四十五条　国家保护企业研究开发所取得的知识产权。企业应当不断提高知识产权质量和效益，增强自主创新能力和市场竞争能力。

第四十六条　国有企业应当建立健全

有利于技术创新的研究开发投入制度、分配制度和考核评价制度，完善激励约束机制。

国有企业负责人对企业的技术进步负责。对国有企业负责人的业绩考核，应当将企业的创新投入、创新能力建设、创新成效等情况纳入考核范围。

第四十七条　国务院有关部门和省级人民政府应当通过制定产业、财政、金融、能源、环境保护和应对气候变化等政策，引导、促使企业研究开发新技术、新产品、新工艺，进行技术改造和设备更新，淘汰技术落后的设备、工艺，停止生产技术落后的产品。

《中华人民共和国企业所得税法》(2018年12月29日第二次修正)：详见第9章财税政策。

四、对市场竞争的法律保护

《中华人民共和国科学技术进步法》(2021年12月24日第二次修订)：

第四章　企业科技创新

第四十七条　县级以上地方人民政府及其有关部门应当创造公平竞争的市场环境，推动企业技术进步。

《中华人民共和国反不正当竞争法》(2019年4月23日修正)：

第二章　不正当竞争行为

第九条　经营者不得实施下列侵犯商业秘密的行为：

（一）以盗窃、贿赂、欺诈、胁迫、电子侵入或者其他不正当手段获取权利人的商业秘密；

（二）披露、使用或者允许他人使用以前项手段获取的权利人的商业秘密；

（三）违反保密义务或者违反权利人有关保守商业秘密的要求，披露、使用或者允许他人使用其所掌握的商业秘密；

（四）教唆、引诱、帮助他人违反保密义务或者违反权利人有关保守商业秘密的要求，获取、披露、使用或者允许他人使用权利人的商业秘密。

经营者以外的其他自然人、法人和非法人组织实施前款所列违法行为的，视为侵犯商业秘密。

第三人明知或者应知商业秘密权利人的员工、前员工或者其他单位、个人实施本条第一款所列违法行为，仍获取、披露、使用或者允许他人使用该商业秘密的，视为侵犯商业秘密。

本法所称的商业秘密，是指不为公众所知悉、具有商业价值并经权利人采取相应保密措施的技术信息、经营信息等商业信息。

《中华人民共和国中小企业促进法》(2017年9月1日修订)

第六章　市场开拓

第三十八条　国家完善市场体系，实行统一的市场准入和市场监管制度，反对垄断和不正当竞争，营造中小企业公平参与竞争的市场环境。

第 7 章　发展战略和改革文件的方针指引与政策要点

党的十八大以来，我国开始全面深入实施"创新驱动发展战略"，提出"一个体系""双轮驱动"等战略任务，进一步明确并强化"创新"在国家发展中的地位和作用，并发布了《国家创新驱动发展战略纲要》《关于深化体制机制改革加快实施创新驱动发展战略的若干意见》《关于深化科技体制改革加快国家创新体系建设的意见》《关于强化企业技术创新主体地位全面提升企业创新能力的意见》《关于引导企业创新管理提质增效的指导意见》《中国制造2025》《关于实行以增加知识价值为导向分配政策的若干意见》《关于进一步推进中央企业创新发展的意见》《企业技术创新能力提升行动方案（2022—2023年）》等近20个与企业创新密切相关的国家发展战略和改革纲领性文件[①]，在基本法律框架下提出了促进企业创新的国家发展方向、目标任务和路径安排。

发展战略与改革纲领性文件的政策框架结构见图2-3，下面将从国家创新驱动发展战略、知识产权、市场竞争与政府监管、企业创新主体地位、科技计划、企业研发机构、财税支持、政府采购、资本市场与金融支持、国有企业、高新技术企业、中小企业、产学研与中试、战略性新兴产业与传统产业、科技服务业、国际化发展、人才和科技奖励方面对本部分政策要点进行简要说明。

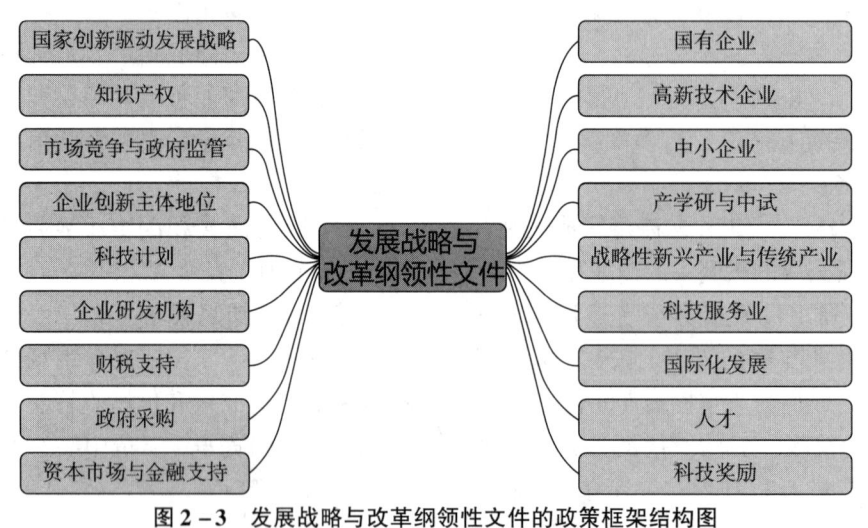

图 2-3　发展战略与改革纲领性文件的政策框架结构图

---

① 按现行有效文件进行统计。下同。

一、国家创新驱动发展战略

——战略目标。到 2020 年创新型经济格局初步形成。若干重点产业进入全球价值链中高端,成长起一批具有国际竞争力的创新型企业和产业集群。科技进步贡献率提高到 60% 以上,知识密集型服务业增加值占国内生产总值的 20%。到 2030 年主要产业进入全球价值链中高端。不断创造新技术和新产品、新模式和新业态、新需求和新市场,实现更可持续的发展、更高质量的就业、更高水平的收入、更高品质的生活。

——战略布局。按照"坚持双轮驱动、构建一个体系、推动六大转变"进行布局,构建新的发展动力系统。双轮驱动就是科技创新和体制机制创新两个轮子相互协调、持续发力。一个体系就是建设国家创新体系。六大转变就是发展方式从以规模扩张为主导的粗放式增长向以质量效益为主导的可持续发展转变;发展要素从传统要素主导发展向创新要素主导发展转变;产业分工从价值链中低端向价值链中高端转变;创新能力从"跟踪、并行、领跑"并存、"跟踪"为主向"并行"、"领跑"为主转变;资源配置从以研发环节为主向产业链、创新链、资金链统筹配置转变;创新群体从以科技人员的小众为主向小众与大众创新创业互动转变。

——战略任务。推动产业技术体系创新,加快工业化和信息化深度融合,把数字化、网络化、智能化、绿色化作为提升产业竞争力的技术基点,推进各领域新兴技术跨界创新,构建结构合理、先进管用、开放兼容、自主可控、具有国际竞争力的现代产业技术体系,发展新一代信息网络技术、智能绿色制造技术、生态绿色高效安全的现代农业技术、安全清洁高效的现代能源技术、资源高效利用和生态环保技术、海洋和空间先进适用技术、智慧城市和数字社会技术、先进有效安全便捷的健康技术、支撑商业模式创新的现代服务技术、引领产业变革的颠覆性技术。

二、知识产权

国家创新驱动发展战略纲要指出,要实施知识产权、标准、质量和品牌战略。

《关于深化体制机制改革加快实施创新驱动发展战略的若干意见》(2015 年 3 月 13 日):

二、营造激励创新的公平竞争环境

(一)实行严格的知识产权保护制度

完善商业秘密保护法律制度,明确商业秘密和侵权行为界定,研究制定相应保护措施,探索建立诉前保护制度。研究商业模式等新形态创新成果的知识产权保护办法。

完善知识产权审判工作机制,推进知识产权民事、刑事、行政案件的"三审合一",积极发挥知识产权法院的作用,探索跨地区知识产权案件异地审理机制,打破对侵权行为的地方保护。

健全知识产权侵权查处机制,强化行政执法与司法衔接,加强知识产权综合行政执法,健全知识产权维权援助体系,将侵权行为信息纳入社会信用记录。

《企业技术创新能力提升行动方案（2022—2023年）》（国科发区〔2022〕220号）：

二、行动内容

7. 强化对企业创新的风险投资等金融支持。推广科技项目研发保险、知识产权保险等新型科技保险产品。

10. 提高企业创新国际化水平。更好发挥知识产权海外维权援助中心、海外知识产权纠纷应对指导中心作用,提升企业"走出去"知识产权运用和保护能力。

《"十四五"国家知识产权保护和运用规划》（国发〔2021〕20号）：

四、提高知识产权转移转化成效,支撑实体经济创新发展

（九）完善知识产权转移转化体系机制。

促进产业知识产权协同运用。推动企业、高校、科研机构知识产权深度合作,引导开展订单式研发和投放式创新。围绕关键核心技术联合攻关加强专利布局和运用。引导建立产业专利导航决策机制,优化战略性新兴产业发展模式,增强产业集群创新引领力。推动在数字经济、智能制造、生命健康、新材料等领域组建产业知识产权联盟,构筑产业专利池。

三、市场竞争与政府监管

《关于深化体制机制改革加快实施创新驱动发展战略的若干意见》（2015年3月13日）：

二、营造激励创新的公平竞争环境

（二）打破制约创新的行业垄断和市场分割

加快推进垄断性行业改革,放开自然垄断行业竞争性业务,建立鼓励创新的统一透明、有序规范的市场环境。

切实加强反垄断执法,及时发现和制止垄断协议和滥用市场支配地位等垄断行为,为中小企业创新发展拓宽空间。

（三）改进新技术新产品新商业模式的准入管理

改革产业准入制度,制定和实施产业准入负面清单,对未纳入负面清单管理的行业、领域、业务等,各类市场主体皆可依法平等进入。破除限制新技术新产品新商业模式发展的不合理准入障碍。对药品、医疗器械等创新产品建立便捷高效的监管模式,深化审评审批制度改革,多种渠道增加审评资源,优化流程,缩短周期,支持委托生产等新的组织模式发展。对新能源汽车、风电、光伏等领域实行有针对性的准入政策。

改进互联网、金融、环保、医疗卫生、文化、教育等领域的监管,支持和鼓励新业态、新商业模式发展。

（四）健全产业技术政策和管理制度

改革产业监管制度,将前置审批为主

转变为依法加强事中事后监管为主，形成有利于转型升级、鼓励创新的产业政策导向。

强化产业技术政策的引导和监督作用，明确并逐步提高生产环节和市场准入的环境、节能、节地、节水、节材、质量和安全指标及相关标准，形成统一权威、公开透明的市场准入标准体系。健全技术标准体系，强化强制性标准的制定和实施。

强化环保、质检、工商、安全监管等部门的行政执法联动机制。

（五）形成要素价格倒逼创新机制

运用主要由市场决定要素价格的机制，促使企业从依靠过度消耗资源能源、低性能低成本竞争，向依靠创新、实施差别化竞争转变。

加快推进资源税改革，逐步将资源税扩展到占用各种自然生态空间，推进环境保护费改税。完善市场化的工业用地价格形成机制。健全企业职工工资正常增长机制，实现劳动力成本变化与经济提质增效相适应。

四、企业创新主体地位

国家创新驱动发展战略提出，引导领军企业联合中小企业和科研单位系统布局创新链，提供产业技术创新整体解决方案。培育一批核心技术能力突出、集成创新能力强、引领重要产业发展的创新型企业，力争有一批企业进入全球百强创新型企业。

《深化科技体制改革实施方案》（2015年9月）：

二、建立技术创新市场导向机制

……，促进企业成为技术创新决策、研发投入、科研组织和成果转化的主体，……

（一）建立企业主导的产业技术创新机制，激发企业创新内生动力

1. 建立高层次、常态化的企业技术创新对话、咨询制度，发挥企业和企业家在国家创新决策中的重要作用。吸收更多企业参与研究制定国家技术创新规划、计划、政策和标准，相关专家咨询组中产业专家和企业家应占较大比例。

《关于深化科技体制改革加快国家创新体系建设的意见》（2012年9月23日）：

三、强化企业创新主题地位，促进科技与经济紧密结合

（四）建立企业主导产业技术研发创新的体制机制。充分发挥企业在技术创新决策、研发投入、科研组织和成果转化中的主体作用，吸纳企业参与国家科技项目的决策，产业目标明确的国家重大科技项目由有条件的企业牵头组织实施。

《关于强化企业技术创新主体地位全面提升企业创新能力的意见》（国办发〔2013〕8号）：

二、重点任务

（一）进一步引导企业加大技术创新投入的机制。要明确企业主要负责人对技术研发的责任，加强研发能力和品牌建设，建立健全技术储备制度，提高持续创新能力和核心竞争力。各级政府要鼓励和引导企业加大研发投入，大力培育创新型企业，充分发挥其对技术创新的示范引领作用。

五、科技计划

《深化科技体制改革实施方案》（2015年9月）：

二、建立技术创新市场导向机制

（一）建立企业主导的产业技术创新机制，激发企业创新内生动力

2. 市场导向明确的科技项目由企业牵头、政府引导、联合高等学校和科研院所实施。政府更多运用财政后补助、间接投入等方式，支持企业自主决策、先行投入，开展重大产业关键共性技术、装备和标准的研发攻关。

（三）健全产学研用协同创新机制，强化创新链和产业链有机衔接

13. 鼓励构建以企业为主导、产学研合作的产业技术创新战略联盟，……

《关于强化企业技术创新主体地位全面提升企业创新能力的意见》（国办发〔2013〕8号）：

二、重点任务

（一）进一步完善引导企业加大技术创新投入机制。推进科研项目经费后补助工作，鼓励和引导企业按照国家战略和市场需求先行投入开展研发项目。国家科技计划项目征集和指南编制要充分听取企业专家的意见，产业化目标明确的重大科技项目由有条件的企业牵头组织实施。

《企业技术创新能力提升行动方案（2022—2023年）》（国科发区〔2022〕220号）：

二、行动内容

2. 建立企业常态化参与国家科技创新决策的机制。建立企业家科技创新咨询座谈会议制度，定期组织沟通交流，开展问计咨询。构建企业创新高端智库网络，引导支持企业提升科技创新战略规划能力。加大国家科技创新规划和重点领域专项规划面向企业的宣贯力度。健全需求导向和问题导向的科技计划项目形成机制，强化从企业和产业实践中凝练应用研究任务。国家科技计划年度指南编制中的重点产业领域技术方向更多征求企业的需求和意见。对于与产业发展密切相关的重点专项，提高指南编制及项目评审中企业专家的比例。国家科技专家库中大幅增加企业专家的数量。

《关于进一步推进中央企业创新发展的意见》（国科发资〔2018〕19号）：

二、重点任务

（四）鼓励和支持中央企业参与国家重大科技项目。

共同指导和推动中央企业在国家科技计划组织实施中发挥更大作用，制定出台相关政策措施，鼓励中央企业承担和参与国家重大科技项目。在集中度较高、中央企业具有明显优势的产业领域，将中央企业的重大创新需求纳入相关科技计划项目指南，……

六、企业研发机构

国家创新驱动发展战略提出，培育世界一流创新型企业。鼓励行业领军企业构建高水平研发机构，形成完善的研发组织体系，集聚高端创新人才。

《关于强化企业技术创新主体地位全面提升企业创新能力的意见》（国办发〔2013〕8号）：

二、重点任务

（二）支持企业建立研发机构。引导企业建设国家重点实验室，围绕产业战略需求开展基础研究。在行业骨干企业建设一批国家工程（技术）研究中心、国家工程实验室，支持企业开展技术成果工程化研究。加强国家认定企业技术中心和技术创新示范企业工作。对企业国家重点实验室、国家工程（技术）研究中心、国家认定的企业技术中心以及科技类民办非企业单位，依据相关规定给予进口科技开发用品或科教用品的税收优惠政策。对民办科研机构等新型研发组织，在承担国家科技任务、人才引进等方面与同类公办科研机构实行一视同仁的支持政策。

《企业技术创新能力提升行动方案（2022—2023年）》（国科发区〔2022〕220号）：

二、行动内容

3.引导企业加强关键核心技术攻关。依托更多企业组建一批国家技术创新中心等各类创新基地。加强国家工程技术研究中心评估考核和优化整合，符合条件的纳入国家技术创新中心管理。

4.支持企业前瞻布局基础前沿研究。支持企业通过研发合作、平台共建、成果共享等方式参与国家实验室建设。按照全国重点实验室建设新标准加快企业国家重点实验室重组，支持企业围绕国家重大需求和前沿方向建设一批全国重点实验室。对主要依托企业建设的全国重点实验室通过承担重大科技项目等方式予以支持。

《中国制造2025》（国发〔2015〕28号）：

三、战略任务和重点

（一）提高国家制造业创新能力

充分利用现有科技资源，围绕制造业重大共性需求，采取政府与社会合作、产学研用产业创新战略联盟等新机制新模式，形成一批制造业创新中心（工业技术研究基地），开展关键共性重大技术研究和产业化应用示范。

《关于进一步加强行业科技工作的若干意见》（国科发高字〔2005〕14号）：

四、营造有利于加强行业科技工作的环境

15.对于行业与地方共建的国家重点实验室、国家工程中心、专业性孵化器和产业化基地，在政策和经费上予以更多的支持。

七、财税支持

国家创新驱动发展战略指出，完善激励企业研发的普惠性政策，引导企业成为技术创新投入主体。

《深化科技体制改革实施方案》（2015年9月）：

二、建立技术创新市场导向机制

（一）建立企业主导的产业技术创新机制，激发企业创新内生动力

4. 坚持结构性减税方向，逐步将国家对企业技术创新的投入方式转变为以普惠性财税政策为主。

5. 统筹研究企业所得税加计扣除政策，完善企业研发费用计核方法，调整目录管理方式，扩大研发费用加计扣除政策适用范围。

11. 修订高新技术企业认定管理办法，重点鼓励中小企业加大研发力度，……

《关于深化科技体制改革加快国家创新体系建设的意见》（2012年9月23日）：

三、强化企业技术创新主体地位，促进科技与经济紧密结合

（四）建立企业主导产业技术研发创新的体制机制。

落实企业研发费用税前加计扣除政策，适用范围包括战略性新兴产业、传统产业技术改造和现代服务业等领域的研发活动；改进企业研发费用计核方法，合理扩大研发费用加计扣除范围，加大企业研发设备加速折旧等政策的落实力度，激励企业加大研发投入。

《企业技术创新能力提升行动方案（2022—2023年）》（国科发区〔2022〕220号）：

二、行动内容

1. 推动惠企创新政策扎实落地。推动研发费用加计扣除、高新技术企业税收优惠、科技创业孵化载体税收优惠、技术交易税收优惠等普惠性政策"应享尽享"，加快落实和推广中关村新一轮先行先试改革措施，进一步放大支持企业创新的政策效应。健全企业创新政策落实的跟踪问效机制，并将政策落实情况作为地方督查激励考核的重要参考。

4. 支持企业前瞻布局基础前沿研究。对企业投入基础研究实行税收优惠政策。鼓励企业通过捐赠等方式设立基础前沿类的研究基金、研发项目和奖项。优化国家自然科学基金企业创新发展联合基金管理，聚焦企业发展重大需求中的关键科学问题，前瞻部署基础研究。

八、政府采购

《关于深化体制机制改革加快实施创新驱动发展战略的若干意见》（2015年3月13日）：

三、建立技术创新市场导向机制

（九）健全优先使用创新产品的采购政策建立健全符合国际规则的支持采购创

新产品和服务的政策体系，落实和完善政府采购促进中小企业创新发展的相关措施，加大创新产品和服务的采购力度。鼓励采用首购、订购等非招标采购方式，以及政府购买服务等方式予以支持，促进创新产品的研发和规模化应用。

研究完善使用首台（套）重大技术装备鼓励政策，健全研制、使用单位在产品创新、增值服务和示范应用等环节的激励和约束机制。

放宽民口企业和科研单位进入军品科研生产和维修采购范围。

《深化科技体制改革实施方案》（2015年9月）：

二、建立技术创新市场导向机制

（二）加强科技创新服务体系建设，完善对中小微企业创新的支持方式

12. 落实和完善政府采购促进中小企业创新发展的相关措施，完善政府采购向中小企业预留采购份额、评审优惠等措施。

《关于强化企业技术创新主体地位全面提升企业创新能力的意见》（国办发〔2013〕8号）：

二、重点任务

（十二）完善支持企业技术创新的财税金融等政策。建立健全首台（套）重大技术装备保险机制，支持企业研发和推广应用重大创新产品。

《中国制造2025》（国发〔2015〕28号）：

三、战略任务和重点

（三）强化工业基础能力。

开展工业强基示范应用，完善首台（套）、首批次政策，支持核心基础零部件（元器件）、先进基础工艺、关键基础材料推广应用。

九、资本市场与金融支持

《深化科技体制改革实施方案》（2015年9月）：

六、建立健全科技和金融结合机制

（十三）壮大创业投资规模，加大对早中期、初创期创新型企业支持力度

56. 扩大国家科技成果转化引导基金规模，吸引优秀创业投资管理团队联合设立一批子基金，开展贷款风险补偿工作。

57. 设立国家新兴产业创业投资引导基金，带动社会资本支持战略性新兴产业和高技术产业早中期、初创期创新型企业发展。

58. 研究设立国家中小企业发展基金，保留专注于科技型中小企业的投资方向。

59. 研究制定天使投资相关法规，鼓励和规范天使投资发展，出台私募投资基金管理暂行条例。

60. 按照税制改革的方向与要求，对包括天使投资在内的投向种子期、初创期等创新活动的投资，统筹研究相关税收支持政策。

61. 研究扩大促进创业投资企业发展的税收优惠政策，适当放宽创业投资企业投资高新技术企业的条件限制，并在试点基础上将享受投资抵扣政策的创业投资企业范围扩大到有限合伙制创业投资企业法

人合伙人。

62. 结合国有企业改革建立国有资本创业投资基金制度，完善国有创投机构激励约束机制。

（十四）强化资本市场对技术创新的支持，促进创新型成长型企业加速发展

65. 发挥沪深交易所股权质押融资机制作用，支持符合条件的创新创业企业发行公司债券。

66. 支持符合条件的企业发行项目收益债，募集资金用于加大创新投入。

67. 推动修订相关法律法规，开展知识产权证券化试点。

68. 开展股权众筹融资试点，积极探索和规范发展服务创新的互联网金融。

（十五）拓宽技术创新间接融资渠道，完善多元化融资体系

70. 建立知识产权质押融资市场化风险补偿机制，简化知识产权质押融资流程，鼓励有条件的地区建立科技保险奖补机制和再保险制度，加快发展科技保险，开展专利保险试点，完善专利保险服务机制。

71. 完善商业银行相关法律。选择符合条件的银行业金融机构，探索试点为企业创新活动提供股权和债权相结合的融资服务方式，与创业投资、股权投资机构实现投贷联动。

73. 稳步发展民营银行，建立与之相适应的监管制度，支持面向中小企业创新需求的金融产品创新。

十、国有企业

国家创新驱动发展战略指出，改革完善国有企业评价机制，把研发投入和创新绩效作为重要考核指标。

《深化科技体制改革实施方案》（2015年9月）：

二、建立技术创新市场导向机制

（一）建立企业主导的产业技术创新机制，激发企业创新内生动力

6. 健全国有企业技术创新经营业绩考核制度，加大技术创新在国有企业经营业绩考核中的比重。对国有企业研发投入和产出进行分类考核，形成鼓励创新、宽容失败的考核机制。完善中央企业负责人经营业绩考核暂行办法。

《关于深化科技体制改革加快国家创新体系建设的意见》（2012年9月23日）：

三、强化企业技术创新主体地位，促进科技与经济紧密结合

（四）建立企业主导产业技术研发创新的体制机制。落实和完善国有企业研发投入的考核措施，加强对不同行业研发投入和产出的分类考核。加大国有资本经营预算对自主创新的支持力度，支持中央企业围绕国家重点研发任务开展技术创新和成果产业化。

《关于强化企业技术创新主体地位全面提升企业创新能力的意见》（国办发〔2013〕8号）：

二、重点任务

（一）进一步完善引导企业技术创新投入的机制。

落实和完善国有企业研发投入视同利

润的考核措施，……中央国有资本经营预算产业升级与发展专项资金要加大对中央企业技术创新的支持力度。

《关于进一步推进中央企业创新发展的意见》（国科发资〔2018〕19号）：

二、重点任务

（五）鼓励中央企业增加研发投入。

健全中央企业技术创新经营业绩考核制度，将技术进步要求高的中央企业研发投入占销售收入的比例纳入经营业绩考核。引导和鼓励中央企业加大对基础研究和应用基础研究的投入。

（七）支持中央企业打造协同创新平台。

支持中央企业设立或联合组建研究院所、实验室、新型研发机构、技术创新联盟等各类研发机构和组织，加强跨领域创新合作，打造产业技术协同创新平台。加强对在中央企业中建立国家各类创新基地和平台的统筹规划和系统布局，按照《国家科技创新基地优化整合方案》（国科发基〔2017〕250号）精神，支持中央企业承建更多的技术创新中心、重点实验室等国家科技创新基地，对外开放和共享创新资源，加强行业共性技术问题的应用研究，发挥行业引领示范作用。

《关于实行以增加知识价值为导向分配政策的若干意见》（2016年11月7日）：

五、加强科技成果产权对科研人员的长期激励

（三）完善国有企业对科研人员的中长期激励机制。国有企业科研人员按照合同约定薪酬，探索对聘用的国际高端科技人才、高端技能人才实行协议工资、项目工资等市场化薪酬制度。符合条件的国有科技型企业，可采取股权出售、股权奖励、股权期权等股权方式，或项目收益分红、岗位分红等分红方式进行激励。

十一、高新技术企业

《深化科技体制改革实施方案》（2015年9月）：

二、建立技术创新市场导向机制

（一）建立企业主导的产业技术创新机制，激发企业创新内生动力

3. 开展龙头企业创新转型试点，探索政府支持企业技术创新、管理创新、商业模式创新的新机制。

（二）加强科技创新服务体系建设，完善对中小微企业创新的支持方式

11. 修订高新技术企业认定管理办法，重点鼓励中小企业加大研发力度，将涉及文化科技支撑、科技服务的核心技术纳入国家重点支持的高新技术领域。

《关于进一步增强原始性创新能力的意见》（国科发基字〔2002〕180号）：

四、大力培养和引进创新人才

推进制定有效的人才激励政策。在高新技术企业开展产权激励试点，允许企业采取职工购买企业股份、新增净资产股份奖励、股份期权等激励方式。

十二、中小企业

《深化科技体制改革实施方案》（2015年9月）：

（二）加强科技创新服务体系建设，完善对中小微企业创新的支持方式

9. 制定科技型中小企业的条件和标准，为落实扶持中小企业创新政策开辟便捷通道。

10. 完善中小企业创新服务体系，加快推进创业孵化、知识产权服务、第三方检验检测认证等机构的专业化、市场化改革，构建面向中小微企业的社会化、专业化、网络化技术创新服务平台。

《中国制造2025》（国发〔2015〕28号）：

三、战略任务和重点

（一）提高国家制造业创新能力。

强化知识产权运用。研究制定降低中小企业知识产权申请、保护及维权成本的政策措施。

四、战略支撑与保障

（六）完善中小微企业政策。

加快构建中小微企业征信体系，积极发展面向小微企业的融资租赁、知识产权质押贷款、信用保险保单质押贷款等。建设完善中小企业创业基地，引导各类创业投资基金投资小微企业。

《关于知识产权助力专精特新中小企业创新发展若干措施的通知》（国知发运字〔2022〕38号）。

《中小企业数字化转型指南》（工信厅信发〔2022〕33号）。

十三、产学研与中试

《深化科技体制改革实施方案》（2015年9月）：

二、建立技术创新市场导向机制。

（三）健全产学研用协同创新机制，强化创新链和产品链有机链接

13. 加强产学研结合的中试基地和共性技术研发平台建设。

14. 探索在战略性领域采取企业主导、院校协作、多元投资、军民融合、成果分享的新模式，整合形成若干产业创新中心。

《关于深化科技体制改革加快国家创新体系建设的意见》（2012年9月23日）：

三、强化企业技术创新主体地位，促进科技与经济紧密结合

（六）完善科技支撑战略性新兴产业发展和传统产业升级的机制。加大对中试环节的支持力度，促进从研究开发到产业化的有机衔接。

《中国制造2025》（国发〔2015〕28号）：

三、战略任务和重点

（一）提高国家制造业创新能力。

推进科技成果产业化。完善科技成果转化协同推进机制，引导政产学研用按照

市场规律和创新规律加强合作,鼓励企业和社会资本建立一批从事技术集成、熟化和工程化的中试基地。

《企业技术创新能力提升行动方案(2022—2023年)》(国科发区〔2022〕220号):

二、行动内容

9. 加强产学研用和大中小企业融通创新。支持企业与高校、科研院所共建一批新型研发机构。支持将高校、科研院所职务科技成果通过许可等方式授权企业使用。

十四、战略性新兴产业与传统产业

《关于深化科技体制改革加快国家创新体系建设的意见》(2012年9月23日):

三、强化企业技术创新主体地位,促进科技和经济紧密结合

(六)完善科技支撑战略性新兴产业发展和传统产业升级的机制。建立科技有效支撑产业发展的机制,……推动节能环保、新一代信息技术、生物、高端装备制造、新能源、新材料、新能源汽车等产业快速发展,增强市场竞争力,……到2020年战略性新兴产业增加值占国内生产总值的比重力争达到15%左右。

加强技术创新,推动技术改造促进传统产业优化升级。围绕品种质量、节能降耗、生态环境、安全生产等重点,完善新技术新工艺新产品的应用推广机制,提升传统产业创新发展能力。针对行业和技术领域特点,整合资源构建共性技术研发基地,在重点产业领域建设技术创新平台。

《关于强化企业技术创新主体地位全面提升企业创新能力的意见》(国办发〔2013〕8号):

二、重点任务

(五)以企业为主导发展产业技术创新战略联盟。围绕培育发展战略性新兴产业,结合实施国家科技重大专项,通过联盟研发重大创新产品,掌握核心关键技术,构建产业链。围绕改造提升传统产业,通过联盟开展共性技术攻关,解决制约产业升级的重大制造装备、关键零部件、基础原材料、基础工艺及高端分析检测仪器设备等难题。围绕发展现代服务业,通过联盟加强技术创新、商业模式创新和管理创新,培育现代服务业新业态。

《中国制造2025》(国发〔2015〕28号):

三、战略任务和重点

(一)提高国家制造业创新能力。

完善国家制造业创新体系。建设重点领域制造业工程数据中心,为企业提供创新知识和工程数据的开放共享服务。

(二)推进信息化与工业化深度融合。

推进制造过程智能化。在重点领域试点建设智能工厂/数字化车间,加快人机智能交互、工业机器人、智能物流管理、增材制造等技术和装备在生产过程中的应用,促进制造工艺的仿真优化、数字化控制、状态信息实时监测和自适应控制。

深化互联网在制造领域的应用。实施工业云及工业大数据创新应用试点,建设一批高质量的工业云服务和工业大数据平台,推动软件与服务、设计与制造资源、

关键技术与标准的开放共享。

（三）强化工业基础能力。

加强"四基"创新能力建设。建立国家工业基础数据库，加强企业试验检测数据和计量数据的采集、管理、应用和积累。

（四）加强质量品牌建设。

加快提升产品质量。实施工业产品质量提升行动计划，针对汽车、高档数控机床、轨道交通装备、大型成套技术装备、工程机械、特种设备、关键原材料、基础零部件、电子元器件等重点行业。

（七）深入推进制造业结构调整。

持续推进企业技术改造。明确支持战略性重大项目和高端装备实施技术改造的政策方向，稳定中央技术改造引导资金规模，通过贴息等方式，建立支持企业技术改造的长效机制。推动技术改造相关立法，强化激励约束机制，完善促进企业技术改造的政策体系。

十五、科技服务业

《关于深化科技体制改革加快国家创新体系建设的意见》（2012年9月23日）：

四、加强统筹部署和协同创新，提高创新体系整体效能

（八）推动创新体系协调发展。培育、支持和引导科技中介服务机构向服务专业化、功能社会化、组织网络化、运行规范化方向发展，壮大专业研发设计服务企业，培育知识产权服务市场，推进检验检测机构市场化服务，完善技术交易市场体系，加快发展科技服务业。

《关于引导企业创新管理提质增效的指导意见》（工信部联产业〔2016〕245号）：

三、保障措施

（四）发展高水平管理咨询服务。积极培育和发展管理咨询服务业，加大政府购买咨询服务支持力度，组织编制企业管理咨询机构名录，加大对中小微企业购买管理咨询服务的支持力度，引导管理咨询机构为企业提供专业化的服务。

十六、国际化发展

国家创新驱动发展战略指出，支持企业面向全球布局创新网络，鼓励建立海外研发中心，按照国际规则并购、合资、参股国外创新型企业和研发机构，提高海外知识产权运营能力。鼓励外商投资战略性新兴产业、高新技术产业、现代服务业，支持跨国公司在中国设立研发中心，实现引资、引智、引技相结合。

《企业技术创新能力提升行动方案（2022—2023年）》（国科发区〔2022〕220号）：

二、行动内容

10. 提高企业创新国际化水平。支持企业建设海外科技创新中心、离岸创新创

业中心等基地。支持有条件的企业牵头成立产业创新领域的国际性社会组织，参与制定国际标准。推动一批国家高新区企业与"一带一路"沿线国家科技园区企业在技术、项目、人才等方面开展深层次合作。更好发挥知识产权海外维权援助中心、海外知识产权纠纷应对指导中心作用，提升企业"走出去"知识产权运用和保护能力。加大对企业申报实施国家外国专家项目和国家引才引智示范基地的支持力度。完善对外资研发机构的支持措施，鼓励外资研发机构参与政府科技项目，开展科技成果转化，设立博士后工作站等。

《关于进一步加强行业科技工作的若干意见》（国科发高字〔2005〕14号）：

（三）进一步加强行业科技工作的重点任务

10. 加强国际合作，参与国际竞争。深入实施"科技兴贸"战略，积极开展全球性、区域性的行业活动，推动企业"走出去"，跻身于国际市场竞争。建立健全行业发展预警机制，应对绿色贸易壁垒。

十七、人才

《关于深化科技体制改革加快国家创新体系建设的意见》（2012年9月23日）：

六、完善人才发展机制，激发科技人员积极性创造性

（十五）统筹协调各类创新人才发展和完善人才激励制度。大力引进海外优秀人才特别是顶尖人才，支持归国留学人员创新创业。重视工程实用人才、紧缺技能人才和农村实用人才培养。

《关于强化企业技术创新主体地位全面提升企业创新能力的意见》（国办发〔2013〕8号）：

二、重点任务

（七）强化科研院所和高等学校对企业技术创新的源头支持。实施卓越工程师教育培养等计划，推行产学研合作教育模式和"双导师"制，鼓励高等学校和企业联合制定人才培养标准，共同建设课程体系和教学内容，共同实施培养过程，共同评价培养质量。

（九）加强企业创新人才队伍建设。健全科技人才流动机制，鼓励科研院所、高等学校和企业创新人才双向流动和兼职。继续坚持企业院士专家工作站、博士后工作站、科技特派员等科技人员服务企业的有效方式，不断完善评价制度，构建长效机制，对于服务企业贡献突出的科技人员，采取优先晋升职务职称等奖励措施。

《关于在部分区域系统推进全面创新改革试验的总体方案》（2015年8月28号）：

二、主要任务

（三）探索激发创新者动力和活力的有效举措

进一步用好利益分配杠杆，让创新人才获利，让创新企业家获利。

十八、科技奖励

《深化科技体制改革实施方案》（2015年9月）：

四、改革人才培养、评价和激励机制

（九）深化科技奖励制度改革，强化奖励的荣誉性和对人的激励。

39. 引导和规范社会力量设奖，制定关于鼓励社会力量设立科学技术奖的指导意见。

《关于深化科技奖励制度改革的方案》（国办函〔2017〕55号）：

二、重点任务

（三）鼓励社会力量设立的科学技术奖健康发展。

坚持公益化、非营利性原则，引导社会力量设立目标定位准确、专业特色鲜明、遵守国家法规、维护国家安全、严格自律管理的科技奖项，在奖励活动中不得收取任何费用。对于具备一定资金实力和组织保障的奖励，鼓励向国际化方向发展，逐步培育若干在国际上具有较大影响力的知名奖项。

研究制定扶持政策，鼓励学术团体、行业协会、企业、基金会及个人等各种社会力量设立科学技术奖，鼓励民间资金支持科技奖励活动。

《关于强化企业技术创新主体地位全面提升企业创新能力的意见》（国办发〔2013〕8号）：

二、重点任务

（一）进一步完善引导企业加大技术创新投入的机制。加强国家科技奖励对企业技术创新的引导激励。

《中国制造2025》（国发〔2015〕28号）：

三、战略任务和重点

（一）提高国家制造业创新能力。

设立国家工业设计奖，激发全社会创新设计的积极性和主动性。

《关于推动民营企业创新发展的指导意见》（国科发资〔2018〕45号）：

二、重点任务

（十三）引导民营企业支持基础研究和公益性研究。

支持民间力量规范开展科学技术奖励。

第8章 发展规划的任务部署与政策要点

国家重大发展战略规划是进一步落实创新驱动发展战略的一系列宏观发展任务部署与实施路径安排，主要包括《"十三五"国家科技创新规划》《"十四五"技术要素市场专项规划》《"十四五"促进中小企业发展规划》等。

发展规划的政策框架结构如图2-4所示。由于各专项"十四五"规划的具体领域十分明确，下面将不再对专项规划进行冗述，而重点针对《中华人民共和国国民经济和社会发展第十四个五年规划和2035远景目标纲要》《"十三五"国家科技创新规划》《"十四五"技术要素市场专项规划》《"十四五"促进中小企业发展规划》等进行简要说明。

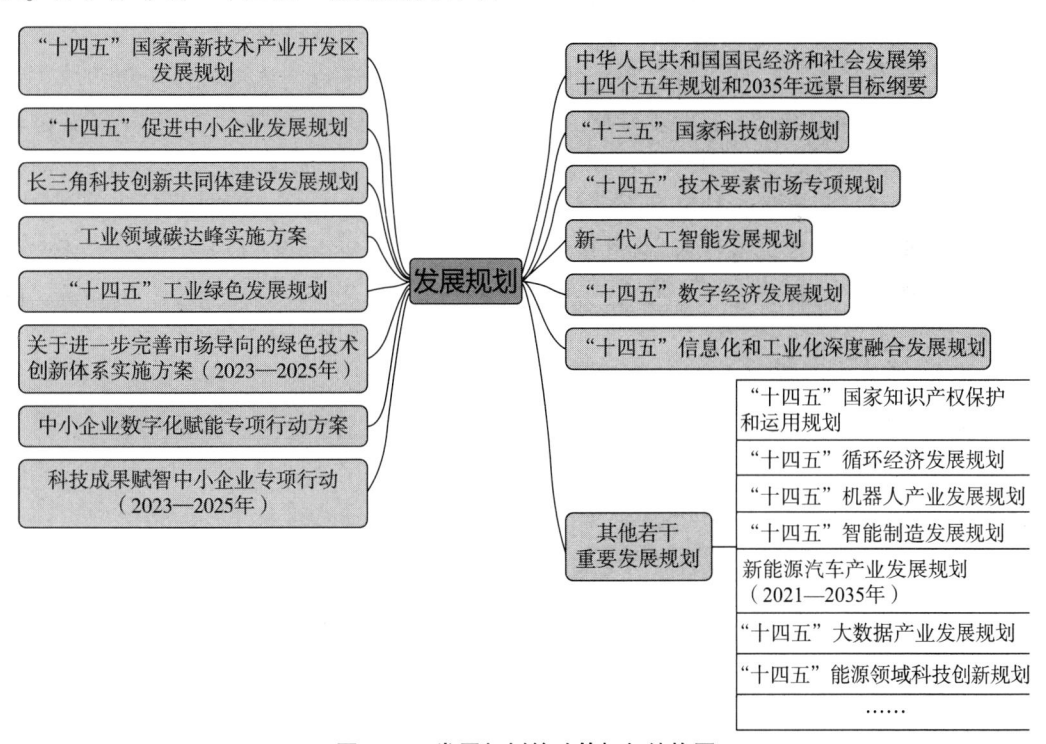

图2-4 发展规划的政策框架结构图

一、国民经济和社会发展"十四五"规划

《中华人民共和国国民经济和社会发展第十四个五年规划和2035年远景目标纲要》（2021年3月12日）：

第四章　强化国家战略科技力量

第一节　整合优化科技资源配置

以国家战略性需求为导向推进创新体系优化组合，加快构建以国家实验室为引领的战略科技力量。优化提升国家工程研究中心、国家技术创新中心等创新基地。推进科研院所、高等院校和企业科研力量优化配置和资源共享。

第三节　持之以恒加强基础研究

强化应用研究带动，鼓励自由探索，制定实施基础研究十年行动方案，重点布局一批基础学科研究中心。加大基础研究财政投入力度、优化支出结构，对企业投入基础研究实行税收优惠，鼓励社会以捐赠和建立基金等方式多渠道投入，形成持续稳定投入机制，基础研究经费投入占研发经费投入比重提高到8%以上。

第五章　提升企业技术创新能力

完善技术创新市场导向机制，强化企业创新主体地位，促进各类创新要素向企业集聚，形成以企业为主体、市场为导向、产学研用深度融合的技术创新体系。

第一节　激励企业加大研发投入

实施更大力度的研发费用加计扣除、高新技术企业税收优惠等普惠性政策。拓展优化首台（套）重大技术装备保险补偿和激励政策，发挥重大工程牵引示范作用，运用政府采购政策支持创新产品和服务。通过完善标准、质量和竞争规制等措施，增强企业创新动力。健全鼓励国有企业研发的考核制度，设立独立核算、免于增值保值考核、容错纠错的研发准备金制度，确保中央国有工业企业研发支出年增长率明显超过全国平均水平。完善激励科技型中小企业创新的税收优惠政策。

第二节　支持产业共性基础技术研发

集中力量整合提升一批关键共性技术平台，支持行业龙头企业联合高等院校、科研院所和行业上下游企业共建国家产业创新中心，承担国家重大科技项目。支持有条件企业联合转制科研院所组建行业研究院，提供公益性共性技术服务。打造新型共性技术平台，解决跨行业跨领域关键共性技术问题。发挥大企业引领支撑作用，支持创新型中小微企业成长为创新重要发源地，推动产业链上中下游、大中小企业融通创新。鼓励有条件地方依托产业集群创办混合所有制产业技术研究院，服务区域关键共性技术研发。

第三节　完善企业创新服务体系

推动国家科研平台、科技报告、科研数据进一步向企业开放，创新科技成果转化机制，鼓励将符合条件的由财政资金支持形成的科技成果许可给中小企业使用。推进创新创业机构改革，建设专业化市场化技术转移机构和技术经理人队伍。完善金融支持创新体系，鼓励金融机构发展知识产权质押融资、科技保险等科技金融产品，开展科技成果转化贷款风险补偿试点。畅通科技型企业国内上市融资渠道，增强科创板"硬科技"特色，提升创业板

服务成长型创新创业企业功能,鼓励发展天使投资、创业投资,更好发挥创业投资引导基金和私募股权基金作用。

第八章　深入实施制造强国战略
第一节　加强产业基础能力建设
实施产业基础再造工程,加快补齐基础零部件及元器件、基础软件、基础材料、基础工艺和产业技术基础等瓶颈短板。依托行业龙头企业,加大重要产品和关键核心技术攻关力度,加快工程化产业化突破。

第二节　提升产业链供应链现代化水平
坚持经济性和安全性相结合,补齐短板、锻造长板,分行业做好供应链战略设计和精准施策,形成具有更强创新力、更高附加值、更安全可靠的产业链供应链。

实施领航企业培育工程,培育一批具有生态主导力和核心竞争力的龙头企业。推动中小企业提升专业化优势,培育专精特新"小巨人"企业和制造业单项冠军企业。

第十三章　促进国内国际双循环
第二节　提高国际双向投资水平
坚持引进来和走出去并重,以高水平双向投资高效利用全球资源要素和市场空间,完善产业链供应链保障机制,推动产业竞争力提升。全面优化外商投资服务,加强外商投资促进和保护,发挥重大外资项目示范效应,支持外资加大中高端制造、高新技术、传统制造转型升级、现代服务等领域和中西部地区投资,支持外资企业设立研发中心和参与承担国家科技计划项目。

二、"十三五"国家科技创新规划

《"十三五"国家科技创新规划》(国发〔2016〕43号):

第九章　建设高水平科技创新基地
二、在重大创新领域布局建设国家实验室
聚焦国家目标和战略需求,优先在具有明确国家目标和紧迫战略需求的重大领域,在有望引领未来发展的战略制高点,面向未来、统筹部署,布局建设一批突破型、引领型、平台型一体的国家实验室。
三、推进国家科学研究与技术创新基地建设
聚焦国家战略产业技术领域,建设综合性、集成性,面向全球竞争、开放协同的国家技术创新中心。在先进制造、现代农业、生态环境、社会民生等重要领域建设高水平的技术创新和成果转化基地。

第十章　加快培育集聚创新型人才队伍
二、大力培养和引进创新型科技人才
加大对国家高层次人才的支持力度。加快科学家工作室建设,鼓励开展探索性、原创性研究,培养一批具有前瞻性和国际眼光的战略科学家群体。

第十一章　打造区域创新高地
三、建设带动性强的创新型省市和区域创新中心
依托北京、上海、安徽等大科学装置集中的地区建设国家综合性科学中心,形成一批具有全国乃至全球影响力的科学技术重要发源地和新兴产业策源地,在优势

产业、优势领域形成全球竞争力。

第十五章　全面提升科技服务业发展水平

一、提升全链条科技服务能力

采取多种方式对符合条件的科技服务企业予以支持，以政府购买服务、后补助等方式支持公共科技服务发展，鼓励有条件的地方采用创业券、创新券等方式引导科技服务机构为创新创业企业和团队提供高质量服务。

第十八章　深入推进科技管理体制改革

一、健全科技创新治理机制

增强企业家在国家创新决策体系中的话语权，……

第十九章　强化企业创新主体地位和主导作用

一、培育创新型领军企业

加强创新型企业建设，培育一批有国际影响力的创新型领军企业。推进创新企业百强工程。支持企业牵头联合高等学校、科研机构承担国家科技计划项目。鼓励建设高水平研究机构，在龙头骨干企业布局建设企业国家重点实验室等。支持有条件的企业开展基础研究和前沿技术攻关，推动企业向产业链高端攀升。

三、深化产学研协同创新机制

加强产学研结合的中试基地和共性技术研发平台建设。

三、"十四五"技术要素市场专项规划

《"十四五"技术要素市场专项规划》（国科发区〔2022〕263号）：

三、重点任务

（一）健全科技成果产权制度。

（二）强化高质量科技成果供给。

（三）建设高标准技术交易市场。

（四）提升技术要素市场专业化服务效能。

（五）促进技术要素与其他要素融合。

（六）加速技术要素跨境流动。

四、"十四五"促进中小企业发展规划

《"十四五"促进中小企业发展规划》（工信部联规〔2021〕200号）：

（一）优质中小企业培育工程

（二）中小企业创新能力和专业化水平提升工程

（三）中小企业服务机构能力提升工程

（四）中小企业融资促进工程

（五）中小企业合法权益维护工程

（六）中小企业数字化促进工程

（七）中小企业绿色发展促进工程

（八）中小企业质量品牌提升工程

（九）中小企业国际化促进工程

五、其他若干重要发展规划

《关于进一步完善市场导向的绿色技术创新体系实施方案（2023—2025年）》（发改环资〔2022〕1885号）。

《"十四五"数字经济发展规划》（国发〔2021〕29号）。

《新能源汽车产业发展规划（2021—2035年）》（国办发〔2020〕39号）。

《新一代人工智能发展规划》（国发〔2017〕35号）。

《"十四五"机器人产业发展规划》（工信部联规〔2021〕206号）。

《"十四五"智能制造发展规划》（工信部联规〔2021〕207号）。

《"十四五"大数据产业发展规划》（工信部规〔2021〕179号）。

《"十四五"能源领域科技创新规划》（国能发科技〔2021〕58号）。

第三篇　普适性政策

普适性政策，是不受行业（领域）、地域、规模、经济属性等条件限制，各类企业都有权利自主选择享用的创新政策。普适性政策框架结构如图3-1所示。主要包括财税政策、知识产权与技术标准、政府公共采购、科技计划与投入、企业研发机构建设、科技成果转化、技术市场、人才政策、产学研合作、技术引进及消化吸收再创新、国际化（对外交流）、金融政策、科技奖励13个方面。

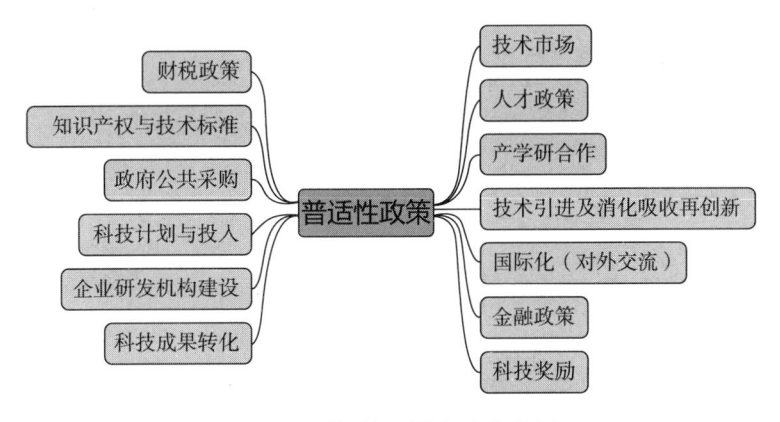

图3-1　普适性政策框架结构图

第 9 章 财税政策

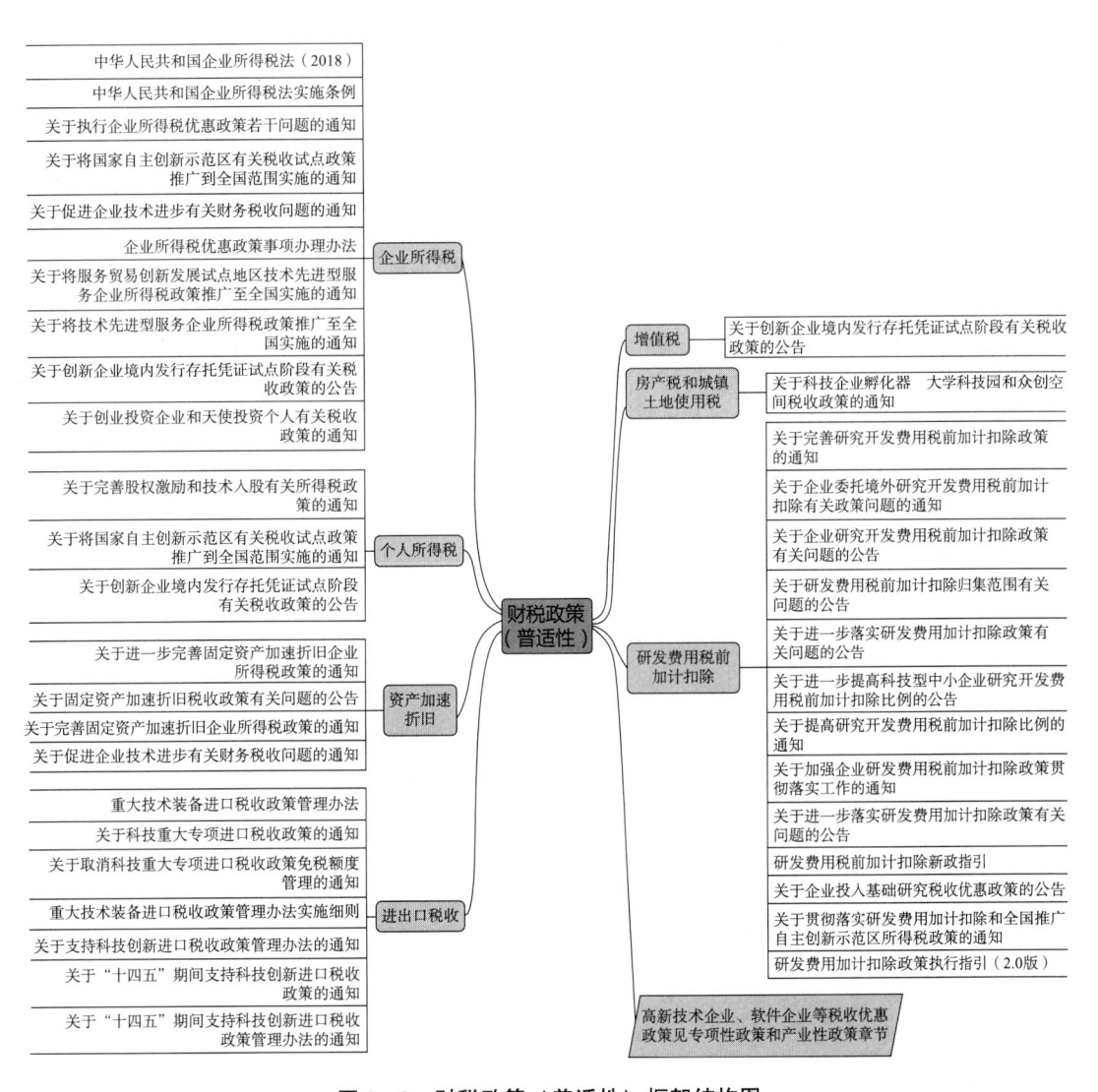

图 3-2 财税政策（普适性）框架结构图

财税政策（普适性）

企业所得税
- 中华人民共和国企业所得税法（2018）
- 中华人民共和国企业所得税法实施条例
- 关于执行企业所得税优惠政策若干问题的通知
- 关于将国家自主创新示范区有关税收试点政策推广到全国范围实施的通知
- 关于促进企业技术进步有关财务税收问题的通知
- 企业所得税优惠政策事项办理办法
- 关于将服务贸易创新发展试点地区技术先进型服务企业所得税政策推广至全国实施的通知
- 关于将技术先进型服务企业所得税政策推广至全国实施的通知
- 关于创新企业境内发行存托凭证试点阶段有关税收政策的公告
- 关于创业投资企业和天使投资个人有关税收政策的通知

个人所得税
- 关于完善股权激励和技术入股有关所得税政策的通知
- 关于将国家自主创新示范区有关税收试点政策推广到全国范围实施的通知
- 关于创新企业境内发行存托凭证试点阶段有关税收政策的公告

资产加速折旧
- 关于进一步完善固定资产加速折旧企业所得税政策的通知
- 关于固定资产加速折旧税收政策有关问题的公告
- 关于完善固定资产加速折旧企业所得税政策的通知
- 关于促进企业技术进步有关财务税收问题的通知

进出口税收
- 重大技术装备进口税收政策管理办法
- 关于科技重大专项进口税收政策的通知
- 关于取消科技重大专项进口税收政策免税额度管理的通知
- 重大技术装备进口税收政策管理办法实施细则
- 关于支持科技创新进口税收政策管理办法的通知
- 关于"十四五"期间支持科技创新进口税收政策的通知
- 关于"十四五"期间支持科技创新进口税收政策管理办法的通知

增值税
- 关于创新企业境内发行存托凭证试点阶段有关税收政策的公告

房产税和城镇土地使用税
- 关于科技企业孵化器、大学科技园和众创空间税收政策的通知

研发费用税前加计扣除
- 关于完善研究开发费用税前加计扣除政策的通知
- 关于企业委托境外研究开发费用税前加计扣除有关政策问题的通知
- 关于企业研究开发费用税前加计扣除有关问题的公告
- 关于研发费用税前加计扣除归集范围有关问题的公告
- 关于进一步落实研发费用加计扣除政策有关问题的公告
- 关于进一步提高科技型中小企业研究开发费用税前加计扣除比例的公告
- 关于提高研究开发费用税前加计扣除比例的通知
- 关于加强企业研发费用税前加计扣除政策贯彻落实工作的通知
- 关于进一步落实研发费用加计扣除有关问题的公告
- 研发费用税前加计扣除新政指引
- 关于企业投入基础研究税收优惠政策的公告
- 关于贯彻落实研发费用加计扣除和全国推广自主创新示范区所得税政策的通知
- 研发费用加计扣除政策执行指引（2.0版）

高新技术企业、软件企业等税收优惠政策见专项性政策和产业性政策章节

一、企业所得税

《中华人民共和国企业所得税法》（2018年第二次修正）：

第二十五条 国家对重点扶持和鼓励发展的产业和项目，给予企业所得税优惠。

第二十七条 企业的下列所得，可以免征、减征企业所得税：

（三）从事符合条件的环境保护、节能节水项目的所得；

（四）符合条件的技术转让所得。

第二十八条 符合条件的小型微利企业，减按20%的税率征收企业所得税。

国家需要重点扶持的高新技术企业，减按15%的税率征收企业所得税。

第三十条 企业的下列支出，可以在计算应纳税所得额时加计扣除：

（一）开发新技术、新产品、新工艺发生的研究开发费用。

第三十一条 创业投资企业从事国家需要重点扶持和鼓励的创业投资，可以按投资额的一定比例抵扣应纳税所得额。

第三十二条 企业的固定资产由于技术进步等原因，确需加速折旧的，可以缩短折旧年限或者采取加速折旧的方法。

第三十三条 企业综合利用资源，生产符合国家产业政策规定的产品所取得的收入，可以在计算应纳税所得额时减计收入。

第三十四条 企业购置用于环境保护、节能节水、安全生产等专用设备的投资额，可以按一定比例实行税额抵免。

《中华人民共和国企业所得税法实施条例》（2019年修订）：

第四十二条 除国务院财政、税务主管部门另有规定外，企业发生的职工教育经费支出，不超过工资薪金总额2.5%的部分，准予扣除；超过部分，准予在以后纳税年度结转扣除。

第八十八条 企业所得税法第二十七条第（三）项所称符合条件的环境保护、节能节水项目，包括公共污水处理、公共垃圾处理、沼气综合开发利用、节能减排技术改造、海水淡化等。项目的具体条件和范围由国务院财政、税务主管部门商国务院有关部门制订，报国务院批准后公布施行。

企业从事前款规定的符合条件的环境保护、节能节水项目的所得，自项目取得第一笔生产经营收入所属纳税年度起，第一年至第三年免征企业所得税，第四年至第六年减半征收企业所得税。

第九十条 企业所得税法第二十七条第（四）项所称符合条件的技术转让所得免征、减征企业所得税，是指一个纳税年度内，居民企业技术转让所得不超过500万元的部分，免征企业所得税；超过500万元的部分，减半征收企业所得税。

第九十三条 企业所得税法第二十八条第二款所称国家需要重点扶持的高新技术企业，是指拥有核心自主知识产权，并同时符合下列条件的企业：

（一）产品（服务）属于《国家重点支持的高新技术领域》规定的范围；

（二）研究开发费用占销售收入的比例不低于规定比例；

（三）高新技术产品（服务）收入占企业总收入的比例不低于规定比例；

（四）科技人员占企业职工总数的比例不低于规定比例；

（五）高新技术企业认定管理办法规定的其他条件。

《国家重点支持的高新技术领域》和高新技术企业认定管理办法由国务院科技、财政、税务主管部门商国务院有关部门制订，报国务院批准后公布施行。

第九十五条 企业所得税法第三十条第（一）项所称研究开发费用的加计扣除，是指企业为开发新技术、新产品、新工艺发生的研究开发费用，未形成无形资产计入当期损益的，在按照规定据实扣除的基础上，按照研究开发费用的50%加计扣除；形成无形资产的，按照无形资产成本的150%摊销。

第九十七条 企业所得税法第三十一条所称抵扣应纳税所得额，是指创业投资企业采取股权投资方式投资于未上市的中小高新技术企业2年以上的，可以按照其投资额的70%在股权持有满2年的当年抵扣该创业投资企业的应纳税所得额；当年不足抵扣的，可以在以后纳税年度结转抵扣。

第九十八条 企业所得税法第三十二条所称可以采取缩短折旧年限或者采取加速折旧的方法的固定资产，包括：

（一）由于技术进步，产品更新换代较快的固定资产；

（二）常年处于强震动、高腐蚀状态的固定资产。

采取缩短折旧年限方法的，最低折旧年限不得低于本条例第六十条规定折旧年限的60%；采取加速折旧方法的，可以采取双倍余额递减法或者年数总和法。

第九十九条 企业所得税法第三十三条所称减计收入，是指企业以《资源综合利用企业所得税优惠目录》规定的资源作为主要原材料，生产国家非限制和禁止并符合国家和行业相关标准的产品取得的收入，减按90%计入收入总额。

前款所称原材料占生产产品材料的比例不得低于《资源综合利用企业所得税优惠目录》规定的标准。

第一百条 企业所得税法第三十四条所称税额抵免，是指企业购置并实际使用《环境保护专用设备企业所得税优惠目录》、《节能节水专用设备企业所得税优惠目录》和《安全生产专用设备企业所得税优惠目录》规定的环境保护、节能节水、安全生产等专用设备的，该专用设备的投资额的10%可以从企业当年的应纳税额中抵免；当年不足抵免的，可以在以后5个纳税年度结转抵免。

享受前款规定的企业所得税优惠的企业，应当实际购置并自身实际投入使用前款规定的专用设备；企业购置上述专用设备在5年内转让、出租的，应当停止享受企业所得税优惠，并补缴已经抵免的企业所得税税款。

第一百零一条 本章第八十七条、第九十九条、第一百条规定的企业所得税优惠目录，由国务院财政、税务主管部门商国务院有关部门制订，报国务院批准后公布施行。

《关于执行企业所得税优惠政策若干问题的通知》（财税〔2009〕69号）：

九、2007年底前设立的软件生产企业和集成电路生产企业，经认定后可以按《财政部国家税务总局关于企业所得税若干优惠政策的通知》（财税〔2008〕1号）的规定享受企业所得税定期减免税优惠政策。在2007年度或以前年度已获利并开始享受定期减免税优惠政策的，可自2008年度起继续享受至期满为止。

十、实施条例第一百条规定的购置并实际使用的环境保护、节能节水和安全生产专用设备，包括承租方企业以融资租赁方式租入的、并在融资租赁合同中约定租赁期届满时租赁设备所有权转移给承租方企业，且符合规定条件的上述专用设备。凡融资租赁期届满后租赁设备所有权未转移至承租方企业的，承租方企业应停止享受抵免企业所得税优惠，并补缴已经抵免的企业所得税税款。

十一、实施条例第九十七条所称投资于未上市的中小高新技术企业2年以上的，包括发生在2008年1月1日以前满2年的投资；所称中小高新技术企业是指按照《高新技术企业认定管理办法》（国科发火〔2008〕172号）和《高新技术企业认定管理工作指引》（国科发火〔2008〕362号）取得高新技术企业资格，且年销售额和资产总额均不超过2亿元、从业人数不超过500人的企业，其中2007年底前已取得高新技术企业资格的，在其规定有效期内不需重新认定。

《关于将国家自主创新示范区有关税收试点政策推广到全国范围实施的通知》（财税〔2015〕116号）：

一、关于有限合伙制创业投资企业法人合伙人企业所得税收政策

1. 自2015年10月1日起，全国范围内的有限合伙制创业投资企业采取股权投资方式投资于未上市的中小高新技术企业满2年（24个月）的，该有限合伙制创业投资企业的法人合伙人可按照其对未上市中小高新技术企业投资额的70%抵扣该法人合伙人从该有限合伙制创业投资企业分得的应纳税所得额，当年不足抵扣的，可以在以后纳税年度结转抵扣。

二、关于技术转让所得企业所得税政策

1. 自2015年10月1日起，全国范围内的居民企业转让5年以上非独占许可使用权取得的技术转让所得，纳入享受企业所得税优惠的技术转让所得范围。居民企业的年度技术转让所得不超过500万元的部分，免征企业所得税；超过500万元的部分，减半征收企业所得税。

《关于促进企业技术进步有关财务税收问题的通知》（财工字〔1996〕41号）：

一、鼓励企业加大技术开发费用的投入

1. 企业研究开发新产品、新技术、新工艺所发生的各项费用，包括新产品设计费、工艺规程制定费、设备调整费、原材料和半成品的试验费、技术图书资料费、未纳入国家计划的中间试验费、研究机构人员的工资、研究设备的折旧、与新产品的试制、技术研究有关的其他经费以及委托其他单位进行科研试制的费用，不受比例限制，计入管理费用。

2. 企业研究开发新产品、新技术、新工艺所发生的各项费用应逐年增长，增长幅度在10%以上的企业，可再按实际发生额的50%抵扣应税所得额。

3. 企业为开发新技术、研制新产品所购置的试制用关键设备、测试仪器，单台价值在10万元以下的，可一次或分次摊入管理费用，其中达到固定资产标准的应单独管理，不再提取折旧。

二、推动产学研的合作，促进联合开发

3. 企业科研机构，包括研究所、技术中心等，直接用于科学研究、科学试验的进口仪器、设备、化学试剂和技术资料，在新的免税办法下达以前可以按照《中华人民共和国增值税暂行条例》和财政部、海关总署《关于修订"科技用品报送进口免税"的通知》的规定，免征增值税，并享受减免关税的优惠政策。

《企业所得税优惠政策事项办理办法》（国家税务总局公告 2018 年第 23 号）。

《关于将服务贸易创新发展试点地区技术先进型服务企业所得税政策推广至全国实施的通知》（财税〔2018〕44 号）：

一、自 2018 年 1 月 1 日起，对经认定的技术先进型服务企业（服务贸易类），减按 15% 的税率征收企业所得税。

《关于将技术先进型服务企业所得税政策推广至全国实施的通知》（财税〔2017〕79 号）：

一、自 2017 年 1 月 1 日起，在全国范围内实行以下企业所得税优惠政策：

1. 对经认定的技术先进型服务企业，减按 15% 的税率征收企业所得税。

2. 经认定的技术先进型服务企业发生的职工教育经费支出，不超过工资薪金总额 8% 的部分，准予在计算应纳税所得额时扣除；超过部分，准予在以后纳税年度结转扣除。

《关于创新企业境内发行存托凭证试点阶段有关税收政策的公告》（财政部公告 2019 年第 52 号）：

二、企业所得税政策

1. 对企业投资者转让创新企业 CDR[①] 取得的差价所得和持有创新企业 CDR 取得的股息红利所得，按转让股票差价所得和持有股票的股息红利所得政策规定征免企业所得税。

2. 对公募证券投资基金（封闭式证券投资基金、开放式证券投资基金）转让创新企业 CDR 取得的差价所得和持有创新企业 CDR 取得的股息红利所得，按公募证券投资基金税收政策规定暂不征收企业所得税。

3. 对合格境外机构投资者（QFII）、人民币合格境外机构投资者（RQFII）转让创新企业 CDR 取得的差价所得和持有创新企业 CDR 取得的股息红利所得，视同转让或持有据以发行创新企业 CDR 的基础股票取得的权益性资产转让所得和股息红利所得征免企业所得税。

《关于创业投资企业和天使投资个人有关税收政策的通知》（财税〔2018〕55 号）：

一、税收政策内容

（一）公司制创业投资企业采取股权投资方式直接投资于种子期、初创期科技型企业（以下简称初创科技型企业）满 2 年（24 个月，下同）的，可以按照投资额的 70% 在股权持有满 2 年的当年抵扣该公司制创业投资企业的应纳税所得额；当年不足抵扣的，可以在以后纳税年度结转抵扣。

（二）有限合伙制创业投资企业（以下简称合伙创投企业）采取股权投资方式直接投资于初创科技型企业满 2 年的，该合伙创投企业的合伙人分别按以下方式处理：

1. 法人合伙人可以按照对初创科技型

[①] 创新企业境内发行存托凭证简称为"创新企业 CDR"。

企业投资额的70%抵扣法人合伙人从合伙创投企业分得的所得；当年不足抵扣的，可以在以后纳税年度结转抵扣。

2. 个人合伙人可以按照对初创科技型企业投资额的70%抵扣个人合伙人从合伙创投企业分得的经营所得；当年不足抵扣的，可以在以后纳税年度结转抵扣。

（三）天使投资个人采取股权投资方式直接投资于初创科技型企业满2年的，可以按照投资额的70%抵扣转让该初创科技型企业股权取得的应纳税所得额；当期不足抵扣的，可以在以后取得转让该初创科技型企业股权的应纳税所得额时结转抵扣。

天使投资个人投资多个初创科技型企业的，对其中办理注销清算的初创科技型企业，天使投资个人对其投资额的70%尚未抵扣完的，可自注销清算之日起36个月内抵扣天使投资个人转让其他初创科技型企业股权取得的应纳税所得额。

二、个人所得税

《关于完善股权激励和技术入股有关所得税政策的通知》（财税〔2016〕101号）：

一、对符合条件的非上市公司股票期权、股权期权、限制性股票和股权奖励实行递延纳税政策

（一）非上市公司授予本公司员工的股票期权、股权期权、限制性股票和股权奖励，符合规定条件的，经向主管税务机关备案，可实行递延纳税政策，即员工在取得股权激励时可暂不纳税，递延至转让该股权时纳税；股权转让时，按照股权转让收入减除股权取得成本以及合理税费后的差额，适用"财产转让所得"项目，按照20%的税率计算缴纳个人所得税。

二、对上市公司股票期权、限制性股票和股权奖励适当延长纳税期限

（一）上市公司授予个人的股票期权、限制性股票和股权奖励，经向主管税务机关备案，个人可自股票期权行权、限制性股票解禁或取得股权奖励之日起，在不超过12个月的期限内缴纳个人所得税。《财政部国家税务总局关于上市公司高管人员股票期权所得缴纳个人所得税有关问题的通知》（财税〔2009〕40号）自本通知施行之日起废止。

三、对技术成果投资入股实施选择性税收优惠政策

（一）企业或个人以技术成果投资入股到境内居民企业，被投资企业支付的对价全部为股票（权）的，企业或个人可选择继续按现行有关税收政策执行，也可选择适用递延纳税优惠政策。

选择技术成果投资入股递延纳税政策的，经向主管税务机关备案，投资入股当期可暂不纳税，允许递延至转让股权时，按股权转让收入减去技术成果原值和合理税费后的差额计算缴纳所得税。

（二）企业或个人选择适用上述任一项政策，均允许被投资企业按技术成果投资入股时的评估值入账并在企业所得税前摊销扣除。

《关于将国家自主创新示范区有关税收试点政策推广到全国范围实施的通知》（财税〔2015〕116号）：

三、关于企业转增股本个人所得税政策

1. 自2016年1月1日起，全国范围内的中小高新技术企业以未分配利润、盈余公积、资本公积向个人股东转增股本时，个人股东一次缴纳个人所得税确有困难的，可根据实际情况自行制定分期缴税计划，在不超过5个公历年度内（含）分期缴纳，并将有关资料报主管税务机关备案。

2. 个人股东获得转增的股本，应按照"利息、股息、红利所得"项目，适用20%税率征收个人所得税。

3. 股东转让股权并取得现金收入的，该现金收入应优先用于缴纳尚未缴清的税款。

4. 在股东转让该部分股权之前，企业依法宣告破产，股东进行相关权益处置后没有取得收益或收益小于初始投资额的，主管税务机关对其尚未缴纳的个人所得税可不予追征。

四、关于股权奖励个人所得税政策

1. 自2016年1月1日起，全国范围内的高新技术企业转化科技成果，给予本企业相关技术人员的股权奖励，个人一次缴纳税款有困难的，可根据实际情况自行制定分期缴税计划，在不超过5个公历年度内（含）分期缴纳，并将有关资料报主管税务机关备案。

3. 技术人员转让奖励的股权（含奖励股权孳生的送、转股）并取得现金收入的，该现金收入应优先用于缴纳尚未缴清的税款。

4. 技术人员在转让奖励的股权之前企业依法宣告破产，技术人员进行相关权益处置后没有取得收益或资产，或取得的收益和资产不足以缴纳其取得股权尚未缴纳的应纳税款的部分，税务机关可不予追征。

《关于创新企业境内发行存托凭证试点阶段有关税收政策的公告》（财政部公告2019年第52号）：

一、个人所得税政策

1. 自试点开始之日起，对个人投资者转让创新企业CDR取得的差价所得，三年（36个月，下同）内暂免征收个人所得税。

2. 自试点开始之日起，对个人投资者持有创新企业CDR取得的股息红利所得，三年内实施股息红利差别化个人所得税政策，具体参照《财政部 国家税务总局 证监会关于实施上市公司股息红利差别化个人所得税政策有关问题的通知》（财税〔2012〕85号）、《财政部 国家税务总局 证监会关于上市公司股息红利差别化个人所得税政策有关问题的通知》（财税〔2015〕101号）的相关规定执行，由创新企业在其境内的存托机构代扣代缴税款，并向存托机构所在地税务机关办理全员全额明细申报。对于个人投资者取得的股息红利在境外已缴纳的税款，可按照个人所得税法以及双边税收协定（安排）的相关规定予以抵免。

三、资产加速折旧

《关于进一步完善固定资产加速折旧企业所得税政策的通知》（财税〔2015〕106号）：

一、对轻工、纺织、机械、汽车等四

个领域重点行业（具体范围见附件）的企业2015年1月1日后新购进的固定资产，可由企业选择缩短折旧年限或采取加速折旧的方法。

二、对上述行业的小型微利企业2015年1月1日后新购进的研发和生产经营共用的仪器、设备，单位价值不超过100万元的，允许一次性计入当期成本费用在计算应纳税所得额时扣除，不再分年度计算折旧；单位价值超过100万元的，可由企业选择缩短折旧年限或采取加速折旧的方法。

三、企业按本通知第一条、第二条规定缩短折旧年限的，最低折旧年限不得低于企业所得税法实施条例第六十条规定折旧年限的60%；采取加速折旧方法的，可采取双倍余额递减法或者年数总和法。

《关于固定资产加速折旧税收政策有关问题的公告》（国家税务总局公告2014年第64号）：

一、对生物药品制造业，专用设备制造业，铁路、船舶、航空航天和其他运输设备制造业，计算机、通信和其他电子设备制造业，仪器仪表制造业，信息传输、软件和信息技术服务业等行业企业（以下简称六大行业），2014年1月1日后购进的固定资产（包括自行建造），允许按不低于企业所得税法规定折旧年限的60%缩短折旧年限，或选择采取双倍余额递减法或年数总和法进行加速折旧。

二、企业在2014年1月1日后购进并专门用于研发活动的仪器、设备，单位价值不超过100万元的，可以一次性在计算应纳税所得额时扣除；单位价值超过100万元的，允许按不低于企业所得税法规定折旧年限的60%缩短折旧年限，或选择采取双倍余额递减法或年数总和法进行加速折旧。

三、企业持有的固定资产，单位价值不超过5000元的，可以一次性在计算应纳税所得额时扣除。

《关于完善固定资产加速折旧企业所得税政策的通知》（财税〔2014〕75号）：

一、对生物药品制造业，专用设备制造业，铁路、船舶、航空航天和其他运输设备制造业，计算机、通信和其他电子设备制造业，仪器仪表制造业，信息传输、软件和信息技术服务业等6个行业的企业2014年1月1日后新购进的固定资产，可缩短折旧年限或采取加速折旧的方法。

对上述6个行业的小型微利企业2014年1月1日后新购进的研发和生产经营共用的仪器、设备，单位价值不超过100万元的，允许一次性计入当期成本费用在计算应纳税所得额时扣除，不再分年度计算折旧；单位价值超过100万元的，可缩短折旧年限或采取加速折旧的方法。

《关于促进企业技术进步有关财务税收问题的通知》（财工字〔1996〕41号）：

三、加速企业技术成果的产品化和商品化

2. 企业为验证、补充相关数据，确定完善技术规范或解决产业化、商品化规模生产关键技术而进行中间试验，报经主管财税机关批准后，中试设备的折旧年限可在国家规定的基础上加速30%～50%。

四、推进企业机器设备的更新

3. 企业技术改造采取融资租赁方法租入的机器设备，折旧年限可按租赁期限和国家规定的折旧年限孰短的原则确定，但最短折旧年限不短于3年。

4. 企业购入的计算机应用软件，随同计算机一起购入的，计入固定资产价值；

单独购入的,作为无形资产管理,按法律规定的有效期限或合同规定的受益年限进行摊销,没有规定有效期限或受益年限的,在 5 年内平均摊销。

四、增值税

《关于创新企业境内发行存托凭证试点阶段有关税收政策的公告》(财政部公告 2019 年第 52 号):

三、增值税政策

1. 对个人投资者转让创新企业 CDR 取得的差价收入,暂免征收增值税。

2. 对单位投资者转让创新企业 CDR 取得的差价收入,按金融商品转让政策规定征免增值税。

3. 自试点开始之日起,对公募证券投资基金(封闭式证券投资基金、开放式证券投资基金)管理人运营基金过程中转让创新企业 CDR 取得的差价收入,三年内暂免征收增值税。

4. 对合格境外机构投资者(QFII)、人民币合格境外机构投资者(RQFII)委托境内公司转让创新企业 CDR 取得的差价收入,暂免征收增值税。

五、进出口税收

《重大技术装备进口税收政策管理办法》(财关税〔2020〕2 号)

第三条 对国内已能生产的重大技术装备和产品,由工业和信息化部会同财政部、海关总署、税务总局、能源局制定《进口不予免税的重大技术装备和产品目录》后公布执行。对按照或比照《国务院关于调整进口设备税收政策的通知》(国发〔1997〕37 号)规定享受进口税收优惠政策的下列项目和企业,进口《进口不予免税的重大技术装备和产品目录》中自用设备以及按照合同随上述设备进口的技术及配套件、备件,照章征收进口税收:

(一)国家鼓励发展的国内投资项目和外商投资项目;

(二)外国政府贷款和国际金融组织贷款项目;

(三)由外商提供不作价进口设备的加工贸易企业;

(四)中西部地区外商投资优势产业项目;

(五)《海关总署关于进一步鼓励外商投资有关进口税收政策的通知》(署税〔1999〕791 号)规定的外商投资企业和外商投资设立的研究中心利用自有资金进行技术改造项目。

《关于科技重大专项进口税收政策的通知》(财关税〔2010〕28 号):

一、自 2010 年 7 月 15 日起,对承担《国家中长期科学和技术发展规划纲要(2006—2020 年)》中民口科技重大专项项目(课题)的企业和大专院校、科研院所等事业单位(以下简称项目承担单位)使用中央财政拨款、地方财政资金、单位自筹资金以及其他渠道获得的资金进口项目（课题）所需国内不能生产的关键设备（含软件工具及技术）、零部件、原材料，免征进口关税和进口环节增值税。

附件：科技重大专项进口税收政策暂行规定

《关于取消科技重大专项进口税收政策免税额度管理的通知》（财关税〔2019〕52号）：

为进一步发挥进口税收政策效用，适应市场经济规律要求，对《财政部 科技部 国家发展改革委 海关总署 国家税务总局 关于科技重大专项进口税收政策的通知》（财关税〔2010〕28号）修订如下：

（一）删除通知附件第五条第1项中"，且进口数量在合理范围内"。

（二）删除通知附件第六条中"和涉及的进口税款"。

（三）修改通知附件第十条第二段中"免税额度内"为"范围内"。

（四）删除通知附件附1"科技重大专项项目（课题）进口物资确认函"中"免税进口物资额度："。

（五）删除通知附件附2第3条中"，申请免税进口金额、免税税款"。

（六）删除通知附件附2表1和表2中"进口数量、进口金额、进口税额"三列，删除"注：进口金额货币单位：万美元；进口税额货币单位：万元"。

本通知自印发之日起执行。

《重大技术装备进口税收政策管理办法实施细则》（工信部联财〔2020〕118号）：

第三条 申请享受重大技术装备进口税收政策的企业一般应为生产国家支持发展的重大技术装备或产品的企业，承诺具备较强的设计研发和生产制造能力以及专业比较齐全的技术人员队伍，并应当同时满足以下条件：

（一）独立法人资格；

（二）不存在违法和严重失信行为；

（三）具有核心技术和知识产权；

（四）申请享受政策的重大技术装备和产品应符合《国家支持发展的重大技术装备和产品目录》有关要求。

申请享受重大技术装备进口税收政策的核电项目业主应为核电领域承担重大技术装备依托项目的业主。

第二十一条 《国家支持发展的重大技术装备和产品目录》《重大技术装备和产品进口关键零部件、原材料商品目录》和《进口不予免税的重大技术装备和产品目录》应适时调整。调整内容包括：增加或删除国家支持发展的重大技术装备和产品，增加或删除重大技术装备和产品进口关键零部件、原材料，增加或调整进口不予免税的重大技术装备和产品，调整国家支持发展的重大技术装备和产品的技术规格、销售业绩、执行年限等，调整重大技术装备和产品进口关键零部件、原材料的单机用量、执行年限等。

第二十二条 《国家支持发展的重大技术装备和产品目录》增加及保留的重大技术装备和产品，应符合产业发展方向和目录规定的领域。《重大技术装备和产品进口关键零部件、原材料商品目录》增加及保留的关键零部件、原材料，应为生产国家支持发展的重大技术装备和产品而确有必要进口的关键零部件、原材料。《进口不予免税的重大技术装备和产品目录》增加的重大技术装备和产品，应为国内已能生产的重大技术装备和产品。

第二十三条 企业和核电项目业主如对相关目录提出修订建议，可向省级工业和信息化主管部门、有关行业协会或中央企业集团报送《重大技术装备进口税收政策有关目录修订建议报告》（见附件5）。

《关于支持科技创新进口税收政策管理办法的通知》（财关税〔2016〕71号）。

《关于"十四五"期间支持科技创新进口税收政策的通知》（财关税〔2021〕23号）：

一、对科学研究机构、技术开发机构、学校、党校（行政学院）、图书馆进口国内不能生产或性能不能满足需求的科学研究、科技开发和教学用品，免征进口关税和进口环节增值税、消费税。

三、本通知第一、二条所称科学研究机构、技术开发机构、学校、党校（行政学院）、图书馆是指：

（二）国家实验室，国家重点实验室，企业国家重点实验室，国家产业创新中心，国家技术创新中心，国家制造业创新中心，国家临床医学研究中心，国家工程研究中心，国家工程技术研究中心，国家企业技术中心，国家中小企业公共服务示范平台（技术类）。

（三）科技体制改革过程中转制为企业和进入企业的主要从事科学研究和技术开发工作的机构。

（四）科技部会同民政部核定或者省级科技主管部门会同省级民政、财政、税务部门和社会研发机构所在地直属海关核定的科技类民办非企业单位性质的社会研发机构；省级科技主管部门会同省级财政、税务部门和社会研发机构所在地直属海关核定的事业单位性质的社会研发机构。

（五）省级商务主管部门会同省级财政、税务部门和外资研发中心所在地直属海关核定的外资研发中心。

八、本通知有效期为2021年1月1日至2025年12月31日。

《关于"十四五"期间支持科技创新进口税收政策管理办法的通知》（财关税〔2021〕24号）。

六、房产税和城镇土地使用税

《关于科技企业孵化器 大学科技园和众创空间税收政策的通知》（财税〔2018〕120号）：

一、自2019年1月1日至2021年12月31日，对国家级、省级科技企业孵化器、大学科技园和国家备案众创空间自用以及无偿或通过出租等方式提供给在孵对象使用的房产、土地，免征房产税和城镇土地使用税；对其向在孵对象提供孵化服务取得的收入，免征增值税。

七、研发费用税前加计扣除

《关于完善研究开发费用税前加计扣除政策的通知》（财税〔2015〕119号）：

一、研发活动及研发费用归集范围

（一）允许加计扣除的研发费用。

企业开展研发活动中实际发生的研发费用，未形成无形资产计入当期损益的，在按规定据实扣除的基础上，按照本年度实际发生额的50%，从本年度应纳税所得额中扣除；形成无形资产的，按照无形资产成本的150%在税前摊销。研发费用的具体范围包括：

1. 人员人工费用。

直接从事研发活动人员的工资薪金、基本养老保险费、基本医疗保险费、失业保险费、工伤保险费、生育保险费和住房公积金，以及外聘研发人员的劳务费用。

2. 直接投入费用。

（1）研发活动直接消耗的材料、燃料和动力费用。

（2）用于中间试验和产品试制的模具、工艺装备开发及制造费，不构成固定资产的样品、样机及一般测试手段购置费，试制产品的检验费。

（3）用于研发活动的仪器、设备的运行维护、调整、检验、维修等费用，以及通过经营租赁方式租入的用于研发活动的仪器、设备租赁费。

3. 折旧费用。

用于研发活动的仪器、设备的折旧费。

4. 无形资产摊销。

用于研发活动的软件、专利权、非专利技术（包括许可证、专有技术、设计和计算方法等）的摊销费用。

5. 新产品设计费、新工艺规程制定费、新药研制的临床试验费、勘探开发技术的现场试验费。

6. 其他相关费用。

与研发活动直接相关的其他费用，如技术图书资料费、资料翻译费、专家咨询费、高新科技研发保险费，研发成果的检索、分析、评议、论证、鉴定、评审、评估、验收费用，知识产权的申请费、注册费、代理费，差旅费、会议费等。此项费用总额不得超过可加计扣除研发费用总额的10%。

7. 财政部和国家税务总局规定的其他费用。

（二）下列活动不适用税前加计扣除政策。

1. 企业产品（服务）的常规性升级。

2. 对某项科研成果的直接应用，如直接采用公开的新工艺、材料、装置、产品、服务或知识等。

3. 企业在商品化后为顾客提供的技术支持活动。

4. 对现存产品、服务、技术、材料或工艺流程进行的重复或简单改变。

5. 市场调查研究、效率调查或管理研究。

6. 作为工业（服务）流程环节或常规的质量控制、测试分析、维修维护。

7. 社会科学、艺术或人文学方面的研究。

二、特别事项的处理

1. 企业委托外部机构或个人进行研发活动所发生的费用，按照费用实际发生额的80%计入委托方研发费用并计算加计扣除，受托方不得再进行加计扣除。委托外部研究开发费用实际发生额应按照独立交易原则确定。

委托方与受托方存在关联关系的，受托方应向委托方提供研发项目费用支出明细情况。

2. 企业共同合作开发的项目，由合作

各方就自身实际承担的研发费用分别计算加计扣除。

3. 企业集团根据生产经营和科技开发的实际情况，对技术要求高、投资数额大，需要集中研发的项目，其实际发生的研发费用，可以按照权利和义务相一致、费用支出和收益分享相配比的原则，合理确定研发费用的分摊方法，在受益成员企业间进行分摊，由相关成员企业分别计算加计扣除。

4. 企业为获得创新性、创意性、突破性的产品进行创意设计活动而发生的相关费用，可按照本通知规定进行税前加计扣除。

创意设计活动是指多媒体软件、动漫游戏软件开发，数字动漫、游戏设计制作；房屋建筑工程设计（绿色建筑评价标准为三星）、风景园林工程专项设计；工业设计、多媒体设计、动漫及衍生产品设计、模型设计等。

四、不适用税前加计扣除政策的行业

1. 烟草制造业。
2. 住宿和餐饮业。
3. 批发和零售业。
4. 房地产业。
5. 租赁和商务服务业。
6. 娱乐业。
7. 财政部和国家税务总局规定的其他行业。

上述行业以《国民经济行业分类与代码（GB/4754—2011）》为准，并随之更新。

五、管理事项及征管要求

4. 企业符合本通知规定的研发费用加计扣除条件而在 2016 年 1 月 1 日以后未及时享受该项税收优惠的，可以追溯享受并履行备案手续，追溯期限最长为 3 年。

《关于企业委托境外研究开发费用税前加计扣除有关政策问题的通知》（财税〔2018〕64 号）：

一、委托境外进行研发活动所发生的费用，按照费用实际发生额的 80% 计入委托方的委托境外研发费用。委托境外研发费用不超过境内符合条件的研发费用三分之二的部分，可以按规定在企业所得税前加计扣除。

七、本通知自 2018 年 1 月 1 日起执行。财税〔2015〕119 号文件第二条中"企业委托境外机构或个人进行研发活动所发生的费用，不得加计扣除"的规定同时废止。

《关于企业研究开发费用税前加计扣除政策有关问题的公告》（国家税务总局公告 2015 年第 97 号）：

二、研发费用归集

（五）财政性资金的处理

企业取得作为不征税收入处理的财政性资金用于研发活动所形成的费用或无形资产，不得计算加计扣除或摊销。

（六）不允许加计扣除的费用

法律、行政法规和国务院财税主管部门规定不允许企业所得税前扣除的费用和支出项目不得计算加计扣除。

已计入无形资产但不属于《通知》中允许加计扣除研发费用范围的，企业摊销时不得计算加计扣除。

附件：

6. 研发项目可加计扣除研究开发费用情况归集表

纳税人名称（盖章）： 纳税人识别号：

20×× 年度 金额单位：元（列至角分）

序号	项目		发生额
1	一、人员人工费用小计		
1.1	直接从事研发活动人员	工资薪金	
1.2		五险一金	
1.3	外聘研发人员的劳务费用		
2	二、直接投入费用小计		
2.1	研发活动直接消耗	材料	
2.2		燃料	
2.3		动力费用	
2.4	用于中间试验和产品试制的模具、工艺装备开发及制造费		
2.5	用于不构成固定资产的样品、样机及一般测试手段购置费		
2.6	用于试制产品的检验费		
2.7	用于研发活动的仪器、设备的运行维护、调整、检验、维修等费用		
2.8	通过经营租赁方式租入的用于研发活动的仪器、设备租赁费		
3	三、折旧费用小计		
3.1	用于研发活动的仪器的折旧费		
3.2	用于研发活动的设备的折旧费		
4	四、无形资产摊销小计		
4.1	用于研发活动的软件的摊销费用		
4.2	用于研发活动的专利权的摊销费用		
4.3	用于研发活动的非专利技术（包括许可证、专有技术、设计和计算方法等）的摊销费用		
5	五、新产品设计费等小计		
5.1	新产品设计费		
5.2	新工艺规程制定费		

续表

序号	项目	发生额
5.3	新药研制的临床试验费	
5.4	勘探开发技术的现场试验费	
6	六、其他相关费用小计	
6.1		
6.2		
6.3		
…		
7	七、委托外部机构或个人进行研发活动所发生的费用	
7.1	其中：委托境外进行研发活动所发生的费用（包括存在关联关系的委托研发）	
8	八、允许加计扣除的研发费用中的第1至5类费用合计（1+2+3+4+5）	
8.1	其他相关费用限额＝序号8×10%／(1－10%)	
9	九、当期费用化支出可加计扣除总额	
10	十、研发项目形成无形资产当期摊销额	
10.1	其中：准予加计扣除的摊销额	
11	十一、当期实际加计扣除总额（9+10.1）×50%	

《关于研发费用税前加计扣除归集范围有关问题的公告》（国家税务总局公告2017年第40号）：

一、人员人工费用

指直接从事研发活动人员的工资薪金、基本养老保险费、基本医疗保险费、失业保险费、工伤保险费、生育保险费和住房公积金，以及外聘研发人员的劳务费用。

（一）直接从事研发活动人员包括研究人员、技术人员、辅助人员。研究人员是指主要从事研究开发项目的专业人员；技术人员是指具有工程技术、自然科学和生命科学中一个或一个以上领域的技术知识和经验，在研究人员指导下参与研发工作的人员；辅助人员是指参与研究开发活动的技工。外聘研发人员是指与本企业或劳务派遣企业签订劳务用工协议（合同）和临时聘用的研究人员、技术人员、辅助人员。

接受劳务派遣的企业按照协议（合同）约定支付给劳务派遣企业，且由劳务派遣企业实际支付给外聘研发人员的工资薪金等费用，属于外聘研发人员的劳务费用。

（二）工资薪金包括按规定可以在税前扣除的对研发人员股权激励的支出。

（三）直接从事研发活动的人员、外聘研发人员同时从事非研发活动的，企业应对其人员活动情况做必要记录，并将其实际发生的相关费用按实际工时占比等合理方法在研发费用和生产经营费用间分配，未分配的不得加计扣除。

二、直接投入费用

指研发活动直接消耗的材料、燃料和动力费用；用于中间试验和产品试制的模具、工艺装备开发及制造费，不构成固定资产的样品、样机及一般测试手段购置费，试制产品的检验费；用于研发活动的仪器、设备的运行维护、调整、检验、维修等费用，以及通过经营租赁方式租入的用于研发活动的仪器、设备租赁费。

（一）以经营租赁方式租入的用于研发活动的仪器、设备，同时用于非研发活动的，企业应对其仪器设备使用情况做必要记录，并将其实际发生的租赁费按实际工时占比等合理方法在研发费用和生产经营费用间分配，未分配的不得加计扣除。

（二）企业研发活动直接形成产品或作为组成部分形成的产品对外销售的，研发费用中对应的材料费用不得加计扣除。

产品销售与对应的材料费用发生在不同纳税年度且材料费用已计入研发费用的，可在销售当年以对应的材料费用发生额直接冲减当年的研发费用，不足冲减的，结转以后年度继续冲减。

三、折旧费用

指用于研发活动的仪器、设备的折旧费。

（一）用于研发活动的仪器、设备，同时用于非研发活动的，企业应对其仪器设备使用情况做必要记录，并将其实际发生的折旧费按实际工时占比等合理方法在研发费用和生产经营费用间分配，未分配的不得加计扣除。

（二）企业用于研发活动的仪器、设备，符合税法规定且选择加速折旧优惠政策的，在享受研发费用税前加计扣除政策时，就税前扣除的折旧部分计算加计扣除。

四、无形资产摊销费用

指用于研发活动的软件、专利权、非专利技术（包括许可证、专有技术、设计和计算方法等）的摊销费用。

（一）用于研发活动的无形资产，同时用于非研发活动的，企业应对其无形资产使用情况做必要记录，并将其实际发生的摊销费按实际工时占比等合理方法在研发费用和生产经营费用间分配，未分配的不得加计扣除。

（二）用于研发活动的无形资产，符合税法规定且选择缩短摊销年限的，在享受研发费用税前加计扣除政策时，就税前扣除的摊销部分计算加计扣除。

五、新产品设计费、新工艺规程制定费、新药研制的临床试验费、勘探开发技术的现场试验费

指企业在新产品设计、新工艺规程制定、新药研制的临床试验、勘探开发技术的现场试验过程中发生的与开展该项活动有关的各类费用。

六、其他相关费用

指与研发活动直接相关的其他费用，如技术图书资料费、资料翻译费、专家咨询费、高新科技研发保险费，研发成果的检索、分析、评议、论证、鉴定、评审、评估、验收费用，知识产权的申请费、注册费、代理费，差旅费、会议费，职工福利费、补充养老保险费、补充医疗保险费。

此类费用总额不得超过可加计扣除研发费用总额的10%。

七、其他事项

（一）企业取得的政府补助，会计处理时采用直接冲减研发费用方法且税务处理时未将其确认为应税收入的，应按冲减后的余额计算加计扣除金额。

（二）企业取得研发过程中形成的下脚料、残次品、中间试制品等特殊收入，在计算确认收入当年的加计扣除研发费用时，应从已归集研发费用中扣减该特殊收入，不足扣减的，加计扣除研发费用按零计算。

（三）企业开展研发活动中实际发生的研发费用形成无形资产的，其资本化的时点与会计处理保持一致。

（四）失败的研发活动所发生的研发费用可享受税前加计扣除政策。

（五）国家税务总局公告2015年第97号第三条所称"研发活动发生费用"是指委托方实际支付给受托方的费用。无论委托方是否享受研发费用税前加计扣除政策，受托方均不得加计扣除。

委托方委托关联方开展研发活动的，受托方需向委托方提供研发过程中实际发生的研发项目费用支出明细情况。

八、执行时间和适用对象

本公告适用于2017年度及以后年度汇算清缴。以前年度已经进行税务处理的不再调整。涉及追溯享受优惠政策情形的，按照本公告的规定执行。科技型中小企业研发费用加计扣除事项按照本公告执行。

国家税务总局公告2015年第97号第一条、第二条第（一）项、第二条第（二）项、第二条第（四）项同时废止。

《关于进一步落实研发费用加计扣除政策有关问题的公告》（国家税务总局公告2021年第28号）：

三、关于其他相关费用限额计算的问题

（一）企业在一个纳税年度内同时开展多项研发活动的，由原来按照每一研发项目分别计算"其他相关费用"限额，改为统一计算全部研发项目"其他相关费用"限额。

企业按照以下公式计算《财政部　国家税务总局　科技部关于完善研究开发费用税前加计扣除政策的通知》（财税〔2015〕119号）第一条第（一）项"允许加计扣除的研发费用"第6目规定的"其他相关费用"的限额，其中资本化项目发生的费用在形成无形资产的年度统一纳入计算：

全部研发项目的其他相关费用限额＝全部研发项目的人员人工等五项费用之和×10%/（1－10%）

"人员人工等五项费用"是指财税

〔2015〕119 号文件第一条第（一）项"允许加计扣除的研发费用"第 1 目至第 5 目费用，包括"人员人工费用""直接投入费用""折旧费用""无形资产摊销"和"新产品设计费、新工艺规程制定费、新药研制的临床试验费、勘探开发技术的现场试验费"。

（二）当"其他相关费用"实际发生数小于限额时，按实际发生数计算税前加计扣除额；当"其他相关费用"实际发生数大于限额时，按限额计算税前加计扣除额。

四、执行时间

本公告第一条适用于 2021 年度，其他条款适用于 2021 年及以后年度。97 号公告第二条第（三）项"其他相关费用的归集与限额计算"的规定同时废止。

《关于进一步提高科技型中小企业研发费用税前加计扣除比例的公告》（财政部　税务总局　科技部公告 2022 年第 16 号）：

一、科技型中小企业开展研发活动中实际发生的研发费用，未形成无形资产计入当期损益的，在按规定据实扣除的基础上，自 2022 年 1 月 1 日起，再按照实际发生额的 100% 在税前加计扣除；形成无形资产的，自 2022 年 1 月 1 日起，按照无形资产成本的 200% 在税前摊销。

二、科技型中小企业条件和管理办法按照《科技部　财政部　国家税务总局关于印发〈科技型中小企业评价办法〉的通知》（国科发政〔2017〕115 号）执行。

三、科技型中小企业享受研发费用税前加计扣除政策的其他政策口径和管理要求，按照《财政部　国家税务总局　科技部关于完善研究开发费用税前加计扣除政策的通知》（财税〔2015〕119 号）、《财政部　税务总局　科技部关于企业委托境外研究开发费用税前加计扣除有关政策问题的通知》（财税〔2018〕64 号）等文件相关规定执行。

《关于提高研究开发费用税前加计扣除比例的通知》（财税〔2018〕99 号）：

一、企业开展研发活动中实际发生的研发费用，未形成无形资产计入当期损益的，在按规定据实扣除的基础上，在 2018 年 1 月 1 日至 2020 年 12 月 31 日期间，再按照实际发生额的 75% 在税前加计扣除；形成无形资产的，在上述期间按照无形资产成本的 175% 在税前摊销。

二、企业享受研发费用税前加计扣除政策的其他政策口径和管理要求按照《财政部　国家税务总局　科技部关于完善研究开发费用税前加计扣除政策的通知》（财税〔2015〕119 号）、《财政部　税务总局　科技部关于企业委托境外研究开发费用税前加计扣除有关政策问题的通知》（财税〔2018〕64 号）、《国家税务总局关于企业研究开发费用税前加计扣除政策有关问题的公告》（国家税务总局公告 2015 年第 97 号）等文件规定执行。

《关于加强企业研发费用税前加计扣除政策贯彻落实工作的通知》（税总发〔2017〕106 号）。

《关于进一步落实研发费用加计扣除政策有关问题的公告》（国家税务总局公告 2021 年第 28 号）。

《研发费用税前加计扣除新政指引》（国家税务总局 2023 年 4 月）。

《关于企业投入基础研究税收优惠政策的公告》（财政部　税务总局公告 2022 年第 32 号）：

一、对企业出资给非营利性科学技术研究开发机构（科学技术研究开发机构以下简称科研机构）、高等学校和政府性自然科学基金用于基础研究的支出，在计算应纳税所得额时可按实际发生额在税前扣除，并可按100%在税前加计扣除。

对非营利性科研机构、高等学校接收企业、个人和其他组织机构基础研究资金收入，免征企业所得税。

四、第一条所称基础研究是指通过对事物的特性、结构和相互关系进行分析，从而阐述和检验各种假设、原理和定律的活动。具体依据以下内容判断：

（一）基础研究不预设某一特定的应用或使用目的，主要是为获得关于现象和可观察事实的基本原理的新知识，可针对已知或具有前沿性的科学问题，或者针对人们普遍感兴趣的某些广泛领域，以未来广泛应用为目标。

（二）基础研究可细分为两种类型，一是自由探索性基础研究，即为了增进知识，不追求经济或社会效益，也不积极谋求将其应用于实际问题或把成果转移到负责应用的部门。二是目标导向（定向）基础研究，旨在获取某方面知识、期望为探索解决当前已知或未来可能发现的问题奠定基础。

（三）基础研究成果通常表现为新原理、新理论、新规律或新知识，并以论文、著作、研究报告等形式为主。同时，由于基础研究具有较强的探索性、存在失败的风险，论文、著作、研究报告等也可以体现为试错或证伪等成果。

上述基础研究不包括在境外开展的研究，也不包括社会科学、艺术或人文学方面的研究。

《关于贯彻落实研发费用加计扣除和全国推广自主创新示范区所得税政策的通知》（税总发〔2015〕146号）。

《研发费用加计扣除政策执行指引(2.0版)》（2023年7月）。

第 10 章　知识产权与技术标准

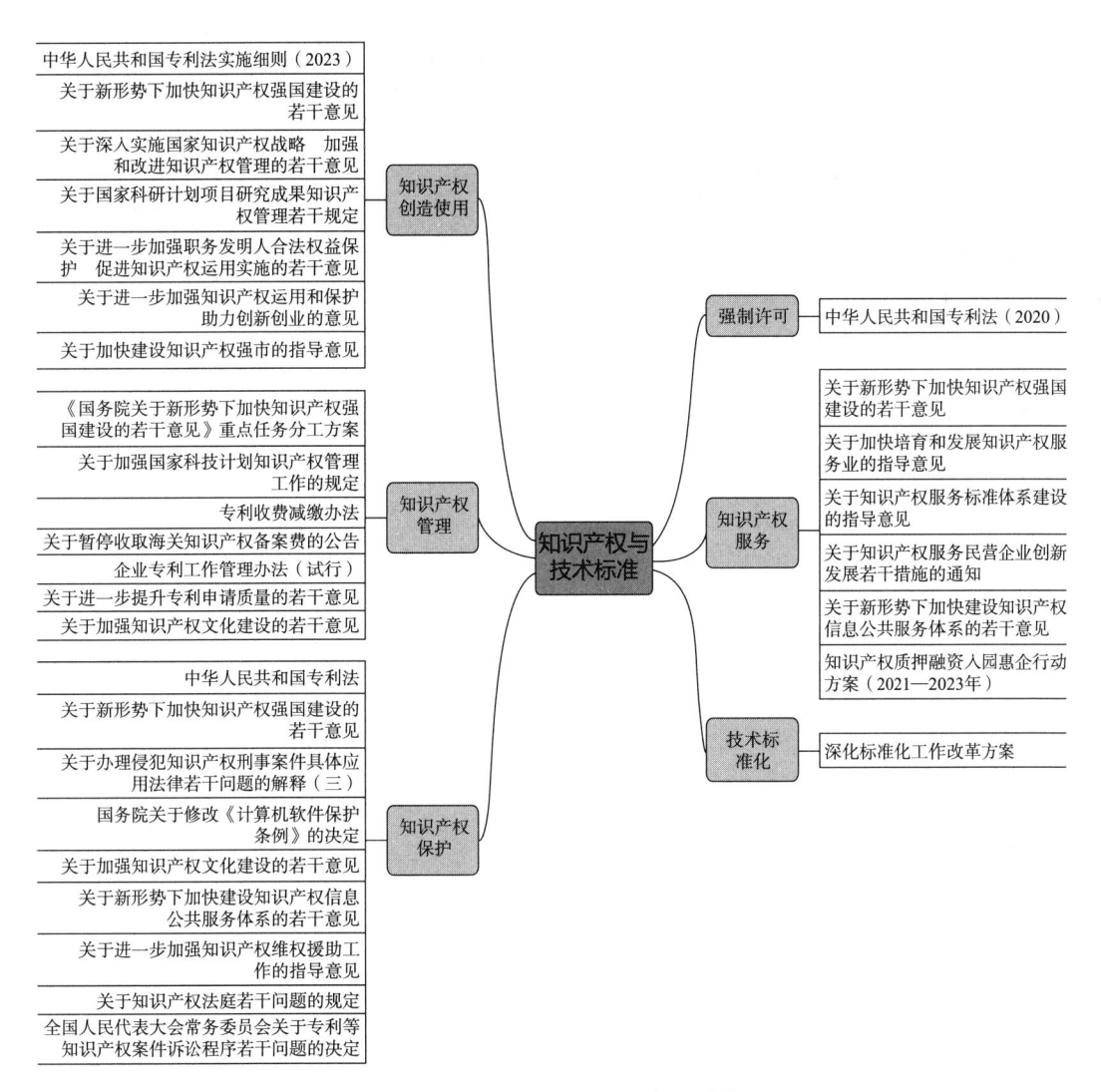

图 3-3　知识产权与技术标准框架结构图

　　本章将详细介绍知识产权与技术标准的相关政策，但关于知识产权交易平台的相关政策详见第 15 章技术市场。

一、知识产权创造使用

《中华人民共和国专利法实施细则》（2023年修订）：

第九十二条　被授予专利权的单位可以与发明人、设计人约定或者在其依法制定的规章制度中规定专利法第十五条规定的奖励、报酬的方式和数额。鼓励被授予专利权的单位实行产权激励，采取股权、期权、分红等方式，使发明人或者设计人合理分享创新收益。

企业、事业单位给予发明人或者设计人的奖励、报酬，按照国家有关财务、会计制度的规定进行处理。

第九十三条　被授予专利权的单位未与发明人、设计人约定也未在其依法制定的规章制度中规定专利法第十五条规定的奖励的方式和数额的，应当自公告授予专利权之日起3个月内发给发明人或者设计人奖金。一项发明专利的奖金最低不少于4000元；一项实用新型专利或者外观设计专利的奖金最低不少于1500元。

由于发明人或者设计人的建议被其所属单位采纳而完成的发明创造，被授予专利权的单位应当从优发给奖金。

第九十四条　被授予专利权的单位未与发明人、设计人约定也未在其依法制定的规章制度中规定专利法第十五条规定的报酬的方式和数额的，应当依照《中华人民共和国促进科技成果转化法》的规定，给予发明人或者设计人合理的报酬。

《关于新形势下加快知识产权强国建设的若干意见》（国发〔2015〕71号）：

四、促进知识产权创造运用

（十八）提升知识产权附加值和国际影响力。实施专利质量提升工程，培育一批核心专利。深化商标富农工作。

七、加强组织实施和政策保障

（三十）加大财税和金融支持力度。深入开展知识产权质押融资风险补偿基金和重点产业知识产权运营基金试点。

《关于深入实施国家知识产权战略　加强和改进知识产权管理的若干意见》（国知发协字〔2014〕41号）：

二、改进知识产权宏观管理，提高管理综合效能

（六）加强知识产权战略布局。以提升产业创新驱动发展能力为目标，开展专利导航试点工程，面向产业集聚区、行业和企业，实施一批专利导航试点项目，开展专利布局，构建支撑产业（企业）竞争力的专利储备。

《关于国家科研计划项目研究成果知识产权管理若干规定》（国办发〔2002〕30号）：

一、科研项目研究成果及其形成的知识产权，除涉及国家安全、国家利益和重大社会公共利益的以外，国家授予科研项目承担单位（以下简称项目承担单位）。项目承担单位可以依法自主决定实施、许可他人实施、转让、作价入股等，并取得相应的收益。

《关于进一步加强职务发明人合法权益保护　促进知识产权运用实施的若干意见》（国知发法字〔2012〕122号）：

三、建立健全规章制度，明确责任、权利与义务。

（三）建立和完善职务发明奖励和报酬制度。国有企事业单位和军队单位应当依法建立和完善职务发明的奖励和报酬规章制度，遵循精神激励和物质奖励相结合的原则，明确职务发明奖励、报酬的条件、程序、方式和数额。

（八）提高职务发明的报酬数额。在未与职务发明人约定也未在单位规章制度中规定报酬的情形下，国有企事业单位和军队单位自行实施其发明专利权的，给予全体职务发明人的报酬总额不低于实施该发明专利的营业利润的3%；转让、许可他人实施发明专利权或者以发明专利权出资入股的，给予全体职务发明人的报酬总额不低于转让费、许可费或者出资比例的20%。

《关于进一步加强知识产权运用和保护助力创新创业的意见》（国知发管字〔2015〕56号）：

二、完善知识产权政策体系降低创新创业门槛

（三）综合运用知识产权政策手段。进一步细化降低中小微企业知识产权申请和维持费用的措施。

三、强化知识产权激励政策释放创新创业活力

（五）鼓励利用发明创造在职和离岗创业。支持企业、高校、科研院所、研发中心等专业技术人员和技术工人进行非职务发明创造，提供相应的公益培训和咨询服务，充分发挥企事业单位教育培训费用的作用，加强对一线职工进行创新创造开发教育培训和开阔眼界提高技能的培训，鼓励职工积极参与创新活动，鼓励企事业单位设立职工小发明小创造专项扶持资金，健全困难群体创业知识产权服务帮扶机制。

四、推进知识产权运营工作引导创新创业方向

（八）完善知识产权运营服务体系。探索通过发放创新券的方式，支持创业企业向知识产权运营机构购买专利运营服务。

《关于加快建设知识产权强市的指导意见》（国知发管字〔2016〕86号）：

（三）实施知识产权运用促进工程，推进产业转型升级

1. 完善城市知识产权投融资服务体系。发挥金融与财政的联动效应，引导金融机构发挥专业优势和渠道优势，建立系统化、流程化、专业化的知识产权金融服务机制。建立完善城市知识产权质押风险补偿基金等风险分担机制，推进知识产权质押融资续贷服务，加大对首贷客户、初创企业的知识产权质押融资支持力度。

2. 完善城市专利导航产业创新发展工作体系。支持企业组建产业知识产权联盟，推动市场化主体开展知识产权协同运用。

（四）实施知识产权质量提升工程，增强发展后劲

2. 完善城市知识产权强企建设体系。鼓励企业在关键技术、核心领域、新兴产业方面进行专利布局，以知识产权优势掌握国内外市场话语权。支持企业加强知识产权运营，全面推进知识产权跨国并购，积极谋求市场主动权、资本主导权和技术制高点，加快开放发展，推动市场链高端化。

二、知识产权管理

《〈国务院关于新形势下加快知识产权强国建设的若干意见〉重点任务分工方案》（国办函〔2016〕66号）：

一、推进知识产权管理体制机制改革

（四）建立以知识产权为重要内容的创新驱动发展评价制度。

11. 探索建立经营业绩、知识产权和创新并重的国有企业考评模式。

三、促进知识产权创造运用

（四）加强知识产权交易平台建设。

52. 细化会计准则规定，推动企业科学核算和管理知识产权资产。

《关于加强国家科技计划知识产权管理工作的规定》（国科发政字〔2003〕94号）：

十、国家科技计划项目经费中可以列支知识产权事务经费，用于专利申请和维持等费用。

十一、国家科技计划项目研究成果及其形成的知识产权，除涉及国家安全、国家利益和重大社会公共利益的以外，国家授予项目承担单位。项目承担单位可以依法自主决定实施、许可他人实施、转让、作价入股等，并取得相应的收益。

各类科技成果产业化计划、科技型中小企业创新基金等，对知识产权联盟的科技创新活动给予重点支持。

《专利收费减缴办法》（财税〔2016〕78号）：

第二条　专利申请人或者专利权人可以请求减缴下列专利收费：

（一）申请费（不包括公布印刷费、申请附加费）；

（二）发明专利申请实质审查费；

（三）年费（自授予专利权当年起六年内的年费）；

（四）复审费。

第三条　专利申请人或者专利权人符合下列条件之一的，可以向国家知识产权局请求减缴上述收费：

（一）上年度月均收入低于3500元（年4.2万元）的个人；

（二）上年度企业应纳税所得额低于30万元的企业；

（三）事业单位、社会团体、非营利性科研机构。

两个或者两个以上的个人或者单位为共同专利申请人或者共有专利权人的，应当分别符合前款规定。

第四条　专利申请人或者专利权人为个人或者单位的，减缴本办法第二条规定收费的85%。

两个或者两个以上的个人或者单位为共同专利申请人或者共有专利权人的，减缴本办法第二条规定收费的70%。

第五条　专利申请人或者专利权人只能请求减缴尚未到期的收费。减缴申请费的请求应当与专利申请同时提出，减缴其他收费的请求可以与专利申请同时提出，也可以在相关收费缴纳限届满日两个半月之前提出。未按规定时限提交减缴请求的，不予减缴。

《关于暂停收取海关知识产权备案费的公告》（海关总署公告2015年第51

号）：

一、自 2015 年 11 月 1 日（含本日）起向海关总署申请知识产权保护备案的，海关总署暂停收取备案费。

二、已向海关总署备案费专用账户预缴备案费，且在 2015 年 11 月 1 日（不含本日）之前有关预缴备案费尚未用于备案申请的，申请人可以向海关总署申请退款。

《企业专利工作管理办法（试行）》（国知发管字〔2000〕第 2 号）：

第二十二条 企业开展对外贸易有下列情形之一的，应进行项目专利检索：

（一）技术、成套设备和关键设备的进出口；

（二）未在国内销售过的原材料和产品的进口；

（三）未在其他国家和地区销售过的原材料和产品的出口。

第二十三条 对企业重大的新技术、新产品研究开发项目，或者企业具有重大市场前景需要申请外国专利的技术创新成果，企业要进行项目专利战略研究，提出专利战略分析报告。

《关于进一步提升专利申请质量的若干意见》（国知发管字〔2013〕87 号）：

二、优化有利于提升专利申请质量的政策导向

（二）完善专利一般资助政策。不断调整和完善专利一般资助政策。资助范围仅限于获得授权的专利申请。资助对象所获得的各级资助总额不得高于其缴纳的官方规定费用和专利代理服务费总额。

（三）推行专利专项资助政策。专利专项资助政策应以扶优扶强为导向，以各级知识产权优势、示范企业或专利工作基础较好的其他企事业单位以及知识产权服务机构为主要资助对象，对其开展专利信息利用、分析评议、转移转化、质押融资、专利保险、海外维权、管理标准化建设等工作给予一定资助。资助对象通过评审方式择优确定。

（四）突出专利奖励政策的质量导向。鼓励地方政府对获得中国专利金奖、优秀奖的专利权人和发明人（设计人）予以配套资金奖励。

《关于加强知识产权文化建设的若干意见》（国知发办字〔2013〕22 号）：

加强商标权、著作权、专利权等与社会公众利益和观念形成紧密相关的知识产权的执法和管理，构建公平竞争、有利于创新发展和品牌化发展的长效机制。

三、知识产权保护

《中华人民共和国专利法》（2020 年修正）：

第七十一条 侵犯专利权的赔偿数额按照权利人因被侵权所受到的实际损失或者侵权人因侵权所获得的利益确定；权利人的损失或者侵权人获得的利益难以确定的，参照该专利许可使用费的倍数合理确定。对故意侵犯专利权，情节严重的，可以在按照上述方法确定数额的一倍以上五倍以下确定赔偿数额。

权利人的损失、侵权人获得的利益和专利许可使用费均难以确定的，人民法院

可以根据专利权的类型、侵权行为的性质和情节等因素，确定给予三万元以上五百万元以下的赔偿。

赔偿数额还应当包括权利人为制止侵权行为所支付的合理开支。

第七十四条 侵犯专利权的诉讼时效为三年，自专利权人或者利害关系人知道或者应当知道侵权行为以及侵权人之日起计算。

《关于新形势下加快知识产权强国建设的若干意见》（国发〔2015〕71号）：

四、促进知识产权创造运用

（十八）提升知识产权附加值和国际影响力。加大轻工、纺织、服装等产业的外观设计专利保护力度。

五、加强重点产业知识产权海外布局和风险防控

（二十一）拓展海外知识产权布局渠道。加强企业知识产权布局指导，在产业园区和重点企业探索设立知识产权布局设计中心。

《关于办理侵犯知识产权刑事案件具体应用法律若干问题的解释（三）》（法释〔2020〕10号）。①

《国务院关于修改〈计算机软件保护条例〉的决定》（2013年1月30日）：

第二十四条 除《中华人民共和国著作权法》、本条例或者其他法律、行政法规另有规定外，未经软件著作权人许可，有下列侵权行为的，应当根据情况，承担停止侵害、消除影响、赔礼道歉、赔偿损失等民事责任；同时损害社会公共利益的，由著作权行政管理部门责令停止侵权行为，没收违法所得，没收、销毁侵权复制品，可以并处罚款；情节严重的，著作权行政管理部门并可以没收主要用于制作侵权复制品的材料、工具、设备等；触犯刑律的，依照刑法关于侵犯著作权罪、销售侵权复制品罪的规定，依法追究刑事责任：

（一）复制或者部分复制著作权人的软件的；

（二）向公众发行、出租、通过信息网络传播著作权人的软件的；

（三）故意避开或者破坏著作权人为保护其软件著作权而采取的技术措施的；

（四）故意删除或者改变软件权利管理电子信息的；

（五）转让或者许可他人行使著作权人的软件著作权的。

有前款第一项或者第二项行为的，可以并处每件100元或者货值金额1倍以上5倍以下的罚款；有前款第三项、第四项或者第五项行为的，可以并处20万元以下的罚款。

《关于加强知识产权文化建设的若干意见》（国知发办字〔2013〕22号）。

《关于新形势下加快建设知识产权信息公共服务体系的若干意见》（国知发服字〔2019〕46号）：

支持各地建立中小企业知识产权预警机制，加强知识产权预警信息的收集发布，帮助中小企业提升知识产权维权能力。

加强知识产权保护国际合作，为企业海外维权提供基础信息服务。

《关于进一步加强知识产权维权援助

---

① 给出了假冒注册商标罪判处、销售假冒注册商标的商品罪判处、非法制造销售非法制造的注册商标标识罪判处、假冒专利罪判处、侵犯著作权罪判处、销售侵权复制品罪判处、侵犯商业秘密罪判处的解释。

工作的指导意见》(国知发保字〔2020〕22号)：

(七) 做好中小微企业维权援助工作。加强对符合国家创新驱动发展战略、经济高质量发展政策的民营企业、中小微企业、个体工商户等重点对象的维权援助。强化对众创空间、小企业创业基地、微型企业孵化园、科技孵化器、商贸企业集聚区等创业创新基地的维权援助服务，积极推进维权援助分中心、工作站进区进园建设。联合相关部门、社会组织多渠道开展专项调研，精准对接维权援助服务需求。从知识产权快速协同保护、纠纷多元化解决、诚信体系建设等方面积极探索有针对性的服务内容。

《关于知识产权法庭若干问题的规定》(法释〔2018〕22号)：

第一条　最高人民法院设立知识产权法庭，主要审理专利等专业技术性较强的知识产权上诉案件。

第二条　知识产权法庭审理下列案件：

(一) 不服高级人民法院、知识产权法院、中级人民法院作出的发明专利、实用新型专利、植物新品种、集成电路布图设计、技术秘密、计算机软件、垄断第一审民事案件判决、裁定而提起上诉的案件；

(二) 不服北京知识产权法院对发明专利、实用新型专利、外观设计专利、植物新品种、集成电路布图设计授权确权作出的第一审行政案件判决、裁定而提起上诉的案件；

(三) 不服高级人民法院、知识产权法院、中级人民法院对发明专利、实用新型专利、外观设计专利、植物新品种、集成电路布图设计、技术秘密、计算机软件、垄断行政处罚等作出的第一审行政案件判决、裁定而提起上诉的案件；

(四) 全国范围内重大、复杂的本条第一、二、三项所称第一审民事和行政案件；

(五) 对本条第一、二、三项所称第一审案件已经发生法律效力的判决、裁定、调解书依法申请再审、抗诉、再审等适用审判监督程序的案件；

(六) 本条第一、二、三项所称第一审案件管辖权争议，罚款、拘留决定申请复议，报请延长审限等案件；

(七) 最高人民法院认为应当由知识产权法庭审理的其他案件。

《全国人民代表大会常务委员会关于专利等知识产权案件诉讼程序若干问题的决定》(2019年1月1日)：

一、当事人对发明专利、实用新型专利、植物新品种、集成电路布图设计、技术秘密、计算机软件、垄断等专业技术性较强的知识产权民事案件第一审判决、裁定不服，提起上诉的，由最高人民法院审理。

二、当事人对专利、植物新品种、集成电路布图设计、技术秘密、计算机软件、垄断等专业技术性较强的知识产权行政案件第一审判决、裁定不服，提起上诉的，由最高人民法院审理。

三、对已经发生法律效力的上述案件第一审判决、裁定、调解书，依法申请再审、抗诉等，适用审判监督程序的，由最高人民法院审理。最高人民法院也可以依法指令下级人民法院再审。

四、强制许可

《中华人民共和国专利法》(2020年修正)：

第五十三条 有下列情形之一的，国务院专利行政部门根据具备实施条件的单位或者个人的申请，可以给予实施发明专利或者实用新型专利的强制许可：

(一)专利权人自专利权被授予之日起满三年，且自提出专利申请之日起满四年，无正当理由未实施或者未充分实施其专利的；

(二)专利权人行使专利权的行为被依法认定为垄断行为，为消除或者减少该行为对竞争产生的不利影响的。

第五十六条 一项取得专利权的发明或者实用新型比前已经取得专利权的发明或者实用新型具有显著经济意义的重大技术进步，其实施又有赖于前一发明或者实用新型的实施的，国务院专利行政部门根据后一专利权人的申请，可以给予实施前一发明或者实用新型的强制许可。

在依照前款规定给予实施强制许可的情形下，国务院专利行政部门根据前一专利权人的申请，也可以给予实施后一发明或者实用新型的强制许可。

五、知识产权服务

《关于新形势下加快知识产权强国建设的若干意见》(国发〔2015〕71号)：

四、促进知识产权创造运用

(十九)加强知识产权信息开放利用。推进专利数据信息资源开放共享，增强大数据运用能力。建立财政资助项目形成的知识产权信息披露制度。加快落实上市企业知识产权信息披露制度。

五、加强重点产业知识产权海外布局和风险防控

(二十)加强重点产业知识产权海外布局规划。编制发布相关国家和地区专利申请实务指引。

《关于加快培育和发展知识产权服务业的指导意见》(国知发规字〔2012〕110号)：

研究推动知识产权服务机构享受相关税收优惠政策。建立健全知识产权预警应急机制、海外维权和争端解决机制。

实施知识产权服务对接工程，为科技创新型中小微型企业提供全流程知识产权服务。

探索设立由国家引导、多方参与的知识产权运营资金，促进知识产权运用。

推动国家设立知识产权服务业发展专项资金，有条件的地区设立知识产权服务业发展专项资金。

在知识产权服务业重点发展领域，开展知识产权服务示范机构创建工作，推进知识产权服务机构品牌建设，重点培育一批基础较好、能力较强、业绩显著、信誉优良的知识产权服务机构，提升社会影响

力和国际竞争力。

《关于知识产权服务标准体系建设的指导意见》（国知发规字〔2014〕74号）。

《关于知识产权服务民营企业创新发展若干措施的通知》（国知发管字〔2018〕32号）：

三、扩大民营企业知识产权质押融资覆盖面。充分发挥知识产权增信增贷作用，推动风险补偿、补贴贴息等各类知识产权质押融资扶持政策向民营企业倾斜，降低融资成本。完善银行、保险、担保、基金等多方参与的知识产权质押融资风险分担机制，分担融资风险。

五、深入实施中小企业知识产权战略推进工程。各地方知识产权局组织专利代理援助服务，鼓励专利代理机构为困难民营小微企业提供免费专利代理服务。

六、支持知识产权服务业发展。压减专利代理机构审批时间至10天，加强专利代理事中事后监管。

《关于新形势下加快建设知识产权信息公共服务体系的若干意见》（国知发服字〔2019〕46号）：

积极引导高校、科研院所、图书情报机构、行业组织等服务网点单位，优化服务模式，开发适合中小企业需求的知识产权信息服务产品，免费或者低成本向中小企业提供专业化、个性化服务，助力中小企业技术创新。

《知识产权质押融资入园惠企行动方案(2021—2023年)》（国知发运字〔2021〕17号）：

探索开展"政银园投"合作，鼓励银行业金融机构为园区白名单企业提供合理授信额度和续贷便利等增值服务。

加快建设全国知识产权质押信息平台，做好信息查询和金融产品汇集展示，与各地"信易贷"平台做好衔接，为畅通企业贷款渠道提供支撑；各地要发挥"互联网+"优势，充分利用现有知识产权服务窗口和平台，提供融资产品推广、政策咨询、登记查询、项目库管理等综合服务。

六、技术标准化

《深化标准化工作改革方案》（国发〔2015〕13号）：

三、改革措施

（四）培育发展团体标准。在标准制定主体上，鼓励具备相应能力的学会、协会、商会、联合会等社会组织和产业技术联盟协调相关市场主体共同制定满足市场和创新需要的标准，供市场自愿选用，增加标准的有效供给。

（五）放开搞活企业标准。企业根据需要自主制定、实施企业标准。鼓励企业制定高于国家标准、行业标准、地方标准，具有竞争力的企业标准。建立企业产品和服务标准自我声明公开和监督制度，逐步取消政府对企业产品标准的备案管理，落实企业标准化主体责任。鼓励标准化专业机构对企业公开的标准开展比对和评价，强化社会监督。

（六）提高标准国际化水平。鼓励社会组织和产业技术联盟、企业积极参与国际标准化活动，争取承担更多国际标准组织技术机构和领导职务，增强话语权。

第 11 章 政府公共采购

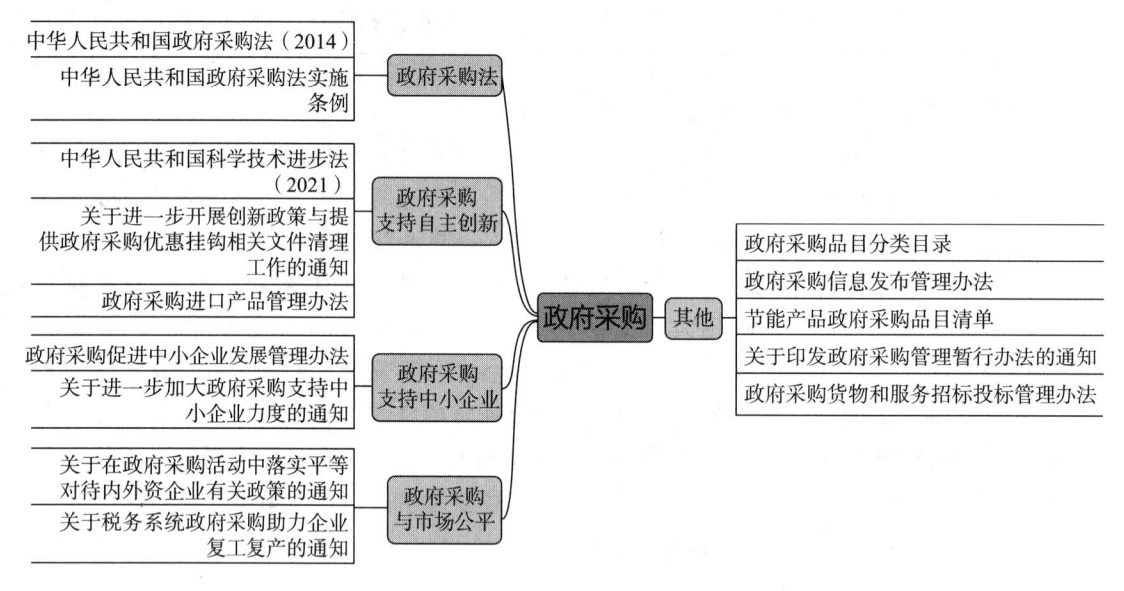

图 3-4 政府公共采购政策框架结构图

一、政府采购法

《中华人民共和国政府采购法》（2014年8月31日修正）：

第一章 总则

第九条 政府采购应当有助于实现国家的经济和社会发展政策目标，包括保护环境，扶持不发达地区和少数民族地区，促进中小企业发展等。

第十条 政府采购应当采购本国货物、工程和服务。但有下列情形之一的除外：

（一）需要采购的货物、工程或者服务在中国境内无法获取或者无法以合理的商业条件获取的；

（二）为在中国境外使用而进行采购的；

（三）其他法律、行政法规另有规定的。

《**中华人民共和国政府采购法实施条例**》（中华人民共和国国务院令第658号）：

第三十七条 政府采购法第三十八条第五项、第四十条第四项所称质量和服务相等,是指供应商提供的产品质量和服务均能满足采购文件规定的实质性要求。

二、政府采购支持自主创新

《中华人民共和国科学技术进步法(2021年修订)》(中华人民共和国主席令第一〇三号):

第九章 保障措施

第八十五条 国家加大财政性资金投入,并制定产业、金融、税收、政府采购等政策,鼓励、引导社会资金投入,推动全社会科学技术研究开发经费持续稳定增长。

第九十一条 对境内自然人、法人和非法人组织的科技创新产品、服务,在功能、质量等指标能够满足政府采购需求的条件下,政府采购应当购买;首次投放市场的,政府采购应当率先购买,不得以商业业绩为由予以限制。

政府采购的产品尚待研究开发的,通过订购方式实施。采购人应当优先采用竞争性方式确定科学技术研究开发机构、高等学校或者企业进行研究开发,产品研发合格后按约定采购。

《关于进一步开展创新政策与提供政府采购优惠挂钩相关文件清理工作的通知》(国办函〔2016〕92号):

《关于深入开展创新政策与提供政府采购优惠挂钩相关文件清理工作的通知》(国办发明电〔2011〕41号),要求各地方、各有关部门自2011年12月1日起停止执行规范性文件中关于创新政策与提供政府采购优惠挂钩的措施。

《政府采购进口产品管理办法》(财库〔2007〕119号):

第一章 总则

第五条 采购人采购进口产品时,应当坚持有利于本国企业自主创新或消化吸收核心技术的原则,优先购买向我方转让技术、提供培训服务及其他补偿贸易措施的产品。

第二章 审核管理

第十条 采购人拟采购的进口产品属于国家法律法规政策明确规定限制进口产品的,在报财政部门审核时,应当出具第八条第(一)款、第(三)款和第(四)款材料。

第三章 采购管理

第十五条 采购人拟采购国家限制进口的重大技术装备和重大产业技术的,应当出具发展改革委的意见。采购人拟采购国家限制进口的重大科学仪器和装备的,应当出具科技部的意见。

采购人及其委托的采购代理机构在采购进口产品的采购文件中应当载明优先采购向我国企业转让技术、与我国企业签订消化吸收再创新方案的供应商的进口产品。

三、政府采购支持中小企业

《政府采购促进中小企业发展管理办法》（财库〔2020〕46号）：

第三条 采购人在政府采购活动中应当通过加强采购需求管理，落实预留采购份额、价格评审优惠、优先采购等措施，提高中小企业在政府采购中的份额，支持中小企业发展。

第四条 在政府采购活动中，供应商提供的货物、工程或者服务符合下列情形的，享受本办法规定的中小企业扶持政策：

（一）在货物采购项目中，货物由中小企业制造，即货物由中小企业生产且使用该中小企业商号或者注册商标；

（二）在工程采购项目中，工程由中小企业承建，即工程施工单位为中小企业；

（三）在服务采购项目中，服务由中小企业承接，即提供服务的人员为中小企业依照《中华人民共和国劳动合同法》订立劳动合同的从业人员。

在货物采购项目中，供应商提供的货物既有中小企业制造货物，也有大型企业制造货物的，不享受本办法规定的中小企业扶持政策。

以联合体形式参加政府采购活动，联合体各方均为中小企业的，联合体视同中小企业。其中，联合体各方均为小微企业的，联合体视同小微企业。

第五条 采购人在政府采购活动中应当合理确定采购项目的采购需求，不得以企业注册资本、资产总额、营业收入、从业人员、利润、纳税额等规模条件和财务指标作为供应商的资格要求或者评审因素，不得在企业股权结构、经营年限等方面对中小企业实行差别待遇或者歧视待遇。

第七条 采购限额标准以上，200万元以下的货物和服务采购项目、400万元以下的工程采购项目，适宜由中小企业提供的，采购人应当专门面向中小企业采购。

第八条 超过200万元的货物和服务采购项目、超过400万元的工程采购项目中适宜由中小企业提供的，预留该部分采购项目预算总额的30%以上专门面向中小企业采购，其中预留给小微企业的比例不低于60%。预留份额通过下列措施进行：

（一）将采购项目整体或者设置采购包专门面向中小企业采购；

（二）要求供应商以联合体形式参加采购活动，且联合体中中小企业承担的部分达到一定比例；

（三）要求获得采购合同的供应商将采购项目中的一定比例分包给一家或者多家中小企业。

第九条 对于经主管预算单位统筹后未预留份额专门面向中小企业采购的采购项目，以及预留份额项目中的非预留部分采购包，采购人、采购代理机构应当对符合本办法规定的小微企业报价给予6%～10%（工程项目为3%～5%）的扣除，用扣除后的价格参加评审。适用招标投标法的政府采购工程建设项目，采用综合评估法但未采用低价优先法计算价格分的，评标时应当在采用原报价进行评分的基础上增加其价格得分的3%～5%作为其价格分。

接受大中型企业与小微企业组成联合体或者允许大中型企业向一家或者多家小微企业分包的采购项目,对于联合协议或者分包意向协议约定小微企业的合同份额占到合同总金额30%以上的,采购人、采购代理机构应当对联合体或者大中型企业的报价给予2%~3%(工程项目为1%~2%)的扣除,用扣除后的价格参加评审。适用招标投标法的政府采购工程建设项目,采用综合评估法但未采用低价优先法计算价格分的,评标时应当在采用原报价进行评分的基础上增加其价格得分的1%~2%作为其价格分。组成联合体或者接受分包的小微企业与联合体内其他企业、分包企业之间存在直接控股、管理关系的,不享受价格扣除优惠政策。

价格扣除比例或者价格分加分比例对小型企业和微型企业同等对待,不作区分。具体采购项目的价格扣除比例或者价格分加分比例,由采购人根据采购标的相关行业平均利润率、市场竞争状况等,在本办法规定的幅度内确定。

《关于进一步加大政府采购支持中小企业力度的通知》(财库〔2022〕19号):

一、严格落实支持中小企业政府采购政策。要通过提高预付款比例、引入信用担保、支持中小企业开展合同融资、免费提供电子采购文件等方式,为中小企业参与采购活动提供便利。要严格按规定及时支付采购资金,不得收取没有法律法规依据的保证金,有效减轻中小企业资金压力。

二、调整对小微企业的价格评审优惠幅度。货物服务采购项目给予小微企业的价格扣除优惠,由财库〔2020〕46号文件规定的6%~10%提高至10%~20%。大中型企业与小微企业组成联合体或者大中型企业向小微企业分包的,评审优惠幅度由2%~3%提高至4%~6%。政府采购工程的价格评审优惠按照财库〔2020〕46号文件的规定执行。自本通知执行之日起发布采购公告或者发出采购邀请的货物服务采购项目,按照本通知规定的评审优惠幅度执行。

三、提高政府采购工程面向中小企业预留份额。400万元以下的工程采购项目适宜由中小企业提供的,采购人应当专门面向中小企业采购。超过400万元的工程采购项目中适宜由中小企业提供的,在坚持公开公正、公平竞争原则和统一质量标准的前提下,2022年下半年面向中小企业的预留份额由30%以上阶段性提高至40%以上。

四、政府采购与市场公平

《关于在政府采购活动中落实平等对待内外资企业有关政策的通知》(财库〔2021〕35号)。

《关于税务系统政府采购助力企业复工复产的通知》(税总函〔2020〕116号):

贯彻落实好政府采购促进中小企业发展的相关规定,用足用好预留采购份额、价格评审优惠、联合体投标等系列措施,充分发挥好政府采购促进中小企业发展的政策效应。如政策规定对非专门面向中小企业的采购项目,应给予小型和微型企业产品的价格6%~10%的扣除,用扣除后的价格参与评审,各单位可结合项目情况将扣除比例确定为10%,为小微企业中标提供更多机会,促进其更好更快发展。

五、其他

《政府采购品目分类目录》(财库〔2022〕31号)。

《政府采购信息发布管理办法》(中华人民共和国财政部令第101号)。

《节能产品政府采购品目清单》(财库〔2019〕19号)。

《关于印发政府采购管理暂行办法的通知》(国卫财务发〔2018〕17号)。

《政府采购货物和服务招标投标管理办法》(财政部令第87号)。

第 12 章　科技计划与投入

科技计划管理改革
- 关于深化中央财政科技计划（专项、基金等）管理改革的方案
- 关于国家科技计划管理改革的若干意见
- 中央引导地方科技发展资金管理办法

经费管理
- 关于改革完善中央财政科研经费管理的若干意见
- 中央财政科技计划（专项、基金等）后补助管理办法
- 关于改进加强中央财政科研项目和资金管理的若干意见
- 关于改进和加强重大技术装备研制经费管理的若干意见
- 关于调整国家科技计划和公益性行业科研专项经费管理办法若干规定的通知

计划管理
- 国家科技计划管理暂行规定
- 国家科技计划项目管理暂行办法
- 中央财政科技计划（专项、基金等）项目管理专业机构管理暂行规定
- 中央财政科技计划（专项、基金等）监督工作暂行规定
- 关于在国家科技计划专项实施中加强技术标准研制工作的指导意见
- 关于在国家科技计划管理中建立信用管理制度的决定
- 国家科技计划（专项、基金等）严重失信行为记录暂行规定
- 关于加强国家科技计划成果管理的暂行规定
- 关于进一步加强国家科技计划项目（课题）承担单位法人责任的若干意见
- 国家科技计划项目承担人员管理的暂行办法
- 关于加强国家科技计划知识产权管理工作的规定

计划评价
- 中央财政科技计划（专项、基金等）绩效评估规范（试行）
- 科技部科技计划课题预算评估评审规范
- 国家科技计划项目评估评审行为准则与督查办法

国家科技报告制度
- 中央财政科技计划（专项、基全等）科技报告管理暂行办法
- 关于加快建立国家科技报告制度的指导意见
- 国家科技计划科技报告管理办法

国家自然科学基金
- 国家自然科学基金条例
- 国家自然科学基金资助项目资金管理办法

国家科技重大专项
- 国家科技重大专项组织实施工作规则
- 国家科技重大专项（民口）管理规定
- 国家科技重大专项（民口）验收管理办法
- 国家科技重大专项（民口）资金管理办法
- 国家科技重大专项（民口）档案管理规定
- 民口科技重大专项项目（课题）财务验收办法
- 国家科技重大专项知识产权管理暂行规定

国家重点研发计划
- 国家重点研发计划管理暂行办法
- 国家重点基础研究发展计划管理办法
- 国家高技术研究发展计划（863计划）管理办法
- 国家科技支撑计划管理办法
- 国家科技支撑计划专项经费管理办法

技术创新引导专项（基金）
- 国家星火计划管理办法
- 国家级火炬计划项目管理办法
- 产业技术研究与开发资金管理办法
- 国家科技成果转化引导基金创业投资子基金变更事项管理暂行办法

国家重大科技基础设施
- 国家重大科技基础设施管理办法
- 国家重大科技基础设施建设中长期规划（2012—2030）

支持某一产业或领域发展的专项资金
- 关于深化中央财政科技计划（专项、基金等）管理改革的方案

基地和人才专项
- 关于深化中央财政科技计划（专项、基金等）管理改革的方案

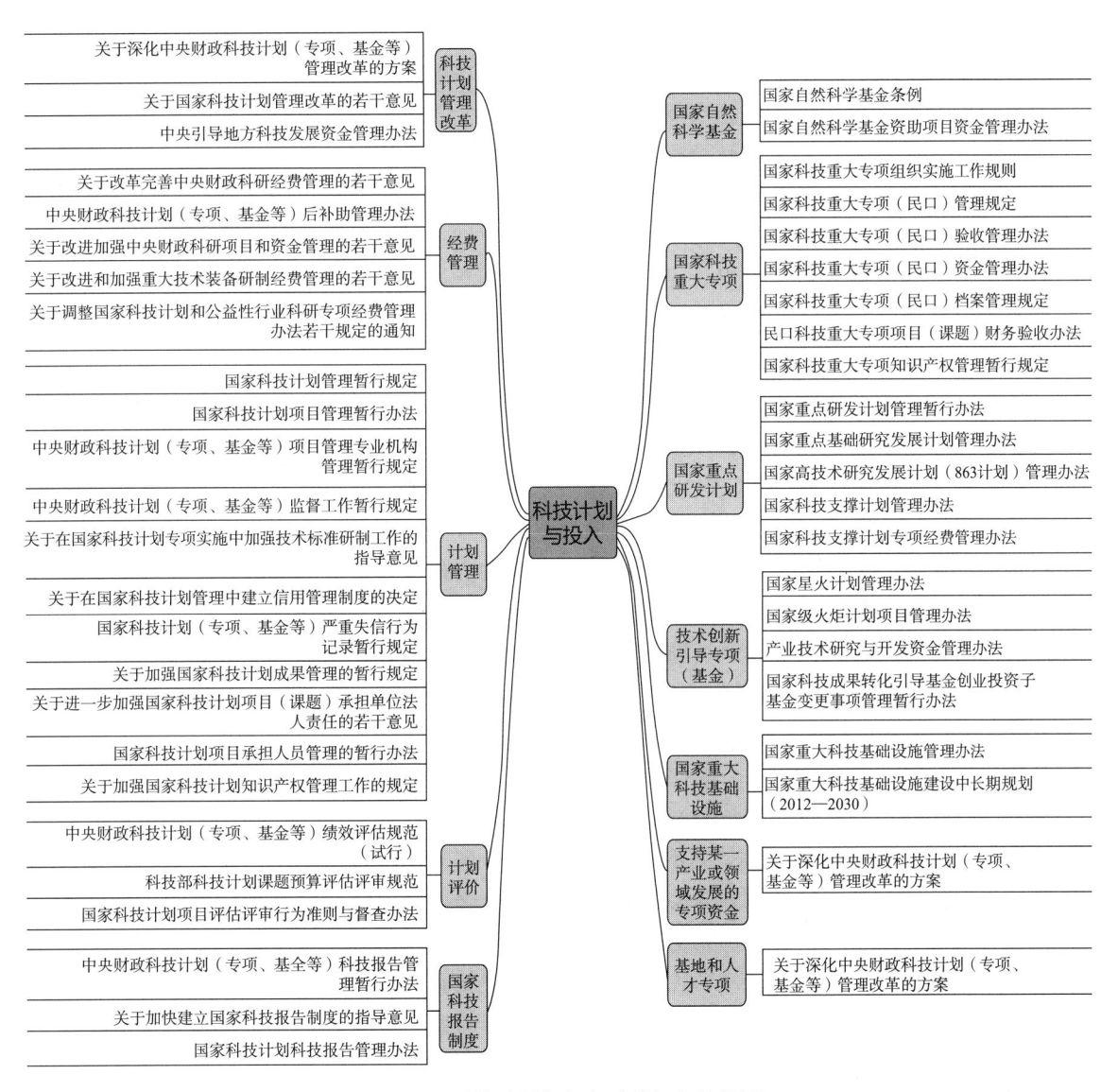

图 3-5　科技计划与投入政策框架结构图

一、科技计划管理改革

《关于深化中央财政科技计划（专项、基金等）管理改革的方案》（国发〔2014〕64号）：

三、优化科技计划（专项、基金等）布局

根据国家战略需求、政府科技管理职能和科技创新规律，将中央各部门管理的科技计划（专项、基金等）整合形成五类科技计划（专项、基金等）：

（一）国家自然科学基金。

资助基础研究和科学前沿探索，支持人才和团队建设，增强源头创新能力。

（二）国家科技重大专项。

聚焦国家重大战略产品和重大产业化目标，发挥举国体制的优势，在设定时限内进行集成式协同攻关。

（三）国家重点研发计划。

（四）技术创新引导专项（基金）。

（五）基地和人才专项。

四、整合现有科技计划（专项、基金等）

（一）整合形成国家重点研发计划。

聚焦国家重大战略任务，遵循研发和创新活动的规律和特点，将科技部管理的国家重点基础研究发展计划、国家高技术研究发展计划、国家科技支撑计划、国际科技合作与交流专项，发展改革委、工业和信息化部管理的产业技术研究与开发资金，有关部门管理的公益性行业科研专项等，进行整合归并，形成一个国家重点研发计划。该计划根据国民经济和社会发展重大需求及科技发展优先领域，凝练形成若干目标明确、边界清晰的重点专项，从基础前沿、重大共性关键技术到应用示范进行全链条创新设计，一体化组织实施。

（二）分类整合技术创新引导专项（基金）。

按照企业技术创新活动不同阶段的需求，对发展改革委、财政部管理的新兴产业创投基金，科技部管理的政策引导类计划、科技成果转化引导基金，财政部、科技部、工业和信息化部、商务部共同管理的中小企业发展专项资金中支持科技创新的部分，以及其他引导支持企业技术创新的专项资金（基金），进一步明确功能定位并进行分类整合，避免交叉重复，并切实发挥杠杆作用，通过市场机制引导社会资金和金融资本进入技术创新领域，形成天使投资、创业投资、风险补偿等政府引导的支持方式。政府要通过间接措施加大支持力度，落实和完善税收优惠、政府采购等支持科技创新的普惠性政策，激励企业加大自身的科技投入，真正发展成为技术创新的主体。

（三）调整优化基地和人才专项。

对科技部管理的国家（重点）实验室、国家工程技术研究中心、科技基础条件平台，发展改革委管理的国家工程实验室、国家工程研究中心等合理归并，进一步优化布局，按功能定位分类整合，完善评价机制，加强与国家重大科技基础设施的相互衔接。提高高校、科研院所科研设施开放共享程度，盘活存量资源，鼓励国家科技基础条件平台对外开放共享和提供技术服务，促进国家重大科研基础设施和大型科研仪器向社会开放，实现跨机构、跨地区的开放运行和共享。相关人才计划要加强顶层设计和相互之间的衔接。在此基础上调整相关财政专项资金。

（六）支持某一产业或领域发展的专项资金。

要进一步聚焦产业和领域发展，其中有关支持技术研发的内容，要纳入优化整合后的国家科技计划（专项、基金等）体系，根据产业和领域发展需求，由中央财政科技预算统筹支持。

《关于国家科技计划管理改革的若干意见》（国科发计字〔2006〕23号）。

《中央引导地方科技发展资金管理办法》（财教〔2021〕204号）。

二、经费管理

《关于改革完善中央财政科研经费管理的若干意见》（国办发〔2021〕32号）：

一、扩大科研项目经费管理自主权

（一）简化预算编制。进一步精简合并预算编制科目，按设备费、业务费、劳务费三大类编制直接费用预算。直接费用中除50万元以上的设备费外，其他费用只提供基本测算说明，不需要提供明细。计算类仪器设备和软件工具可在设备费科目列支。合并项目评审和预算评审，项目管理部门在项目评审时同步开展预算评审。预算评审工作重点是项目预算的目标相关性、政策相符性、经济合理性，不得将预算编制细致程度作为评审预算的因素。

（二）下放预算调剂权。设备费预算调剂权全部下放给项目承担单位，不再由项目管理部门审批其预算调增。项目承担单位要统筹考虑现有设备配置情况、科研项目实际需求等，及时办理调剂手续。除设备费外的其他费用调剂权全部由项目承担单位下放给项目负责人，由项目负责人根据科研活动实际需要自主安排。

（三）扩大经费包干制实施范围。在人才类和基础研究类科研项目中推行经费包干制，不再编制项目预算。

二、完善科研项目经费拨付机制

（四）合理确定经费拨付计划。项目管理部门要根据不同类型科研项目特点、研究进度、资金需求等，合理制定经费拨付计划并及时拨付资金。首笔资金拨付比例要充分尊重项目负责人意见，切实保障科研活动需要。

（五）加快经费拨付进度。财政部、项目管理部门可在部门预算批复前预拨科研经费。项目管理部门要加强经费拨付与项目立项的衔接，在项目任务书签订后30日内，将经费拨付至项目承担单位。项目牵头单位要根据项目负责人意见，及时将经费拨付至项目参与单位。

（六）改进结余资金管理。项目完成任务目标并通过综合绩效评价后，结余资金留归项目承担单位使用。项目承担单位要将结余资金统筹安排用于科研活动直接支出，优先考虑原项目团队科研需求，并加强结余资金管理，健全结余资金盘活机制，加快资金使用进度。

三、加大科研人员激励力度

（七）提高间接费用比例。间接费用

按照直接费用扣除设备购置费后的一定比例核定，由项目承担单位统筹安排使用。其中，500万元以下的部分，间接费用比例为不超过30%，500万元至1000万元的部分为不超过25%，1000万元以上的部分为不超过20%；对数学等纯理论基础研究项目，间接费用比例进一步提高到不超过60%。项目承担单位可将间接费用全部用于绩效支出，并向创新绩效突出的团队和个人倾斜。

（八）扩大稳定支持科研经费提取奖励经费试点范围。（中央级科研院所负责落实）

（九）扩大劳务费开支范围。项目聘用人员的劳务费开支标准，参照当地科学研究和技术服务业从业人员平均工资水平，根据其在项目研究中承担的工作任务确定，其由单位缴纳的社会保险补助、住房公积金等纳入劳务费科目列支。

（十）合理核定绩效工资总量。中央高校、科研院所、企业结合本单位发展阶段、类型定位、承担任务、人才结构、所在地区、现有绩效工资实际发放水平（主要依据上年度事业单位工资统计年报数据确定）、财务状况特别是财政科研项目可用于支出人员绩效的间接费用等实际情况，向主管部门申报动态调整绩效工资水平，主管部门综合考虑激发科技创新活力、保障基础研究人员稳定工资收入、调控不同单位（岗位、学科）收入差距等因素审批后报人力资源社会保障、财政部门备案。分配绩效工资时，要向承担国家科研任务较多、成效突出的科研人员倾斜。借鉴承担国家关键领域核心技术攻关任务科研人员年薪制的经验，探索对急需紧缺、业内认可、业绩突出的极少数高层次人才实行年薪制。

（十一）加大科技成果转化激励力度。科技成果转化现金奖励计入所在单位绩效工资总量，但不受核定的绩效工资总量限制，不作为核定下一年度绩效工资总量的基数。

四、减轻科研人员事务性负担

（十二）全面落实科研财务助理制度。项目承担单位要确保每个项目配有相对固定的科研财务助理，为科研人员在预算编制、经费报销等方面提供专业化服务。科研财务助理所需人力成本费用（含社会保险补助、住房公积金），可由项目承担单位根据情况通过科研项目经费等渠道统筹解决。

（十三）改进财务报销管理方式。项目承担单位因科研活动实际需要，邀请国内外专家、学者和有关人员参加由其主办的会议等，对确需负担的城市间交通费、国际旅费，可在会议费等费用中报销。允许项目承担单位对国内差旅费中的伙食补助费、市内交通费和难以取得发票的住宿费实行包干制。

（十四）推进科研经费无纸化报销试点。选择部分电子票据接收、入账、归档处理工作量比较大的中央高校、科研院所、企业，纳入电子入账凭证会计数据标准推广范围，推动科研经费报销数字化、无纸化。

（十五）简化科研项目验收结题财务管理。合并财务验收和技术验收，在项目实施期末实行一次性综合绩效评价。完善项目验收结题评价操作指南，细化明确预算调剂、设备管理、人员费用等财务、会计、审计方面具体要求，避免有关机构和人员在项目验收和检查中理解执行政策出现偏差。选择部分创新能力和潜力突出、创新绩效显著、科研诚信状况良好的中央高校、科研院所、企业作为试点单位，由其出具科研项目经费决算报表作为结题依据，取消科研项目结题财务审计。试点单位对经费决算报表内容的真实性、完整性、准确性负责，项目管理部门适时组织抽查。

（十六）优化科研仪器设备采购。中央高校、科研院所、企业要优化和完善内部管理规定，简化科研仪器设备采购流程，对科研急需的设备和耗材采用特事特办、随到随办的采购机制，可不进行招标投标程序。项目承担单位依法向财政部申请变更政府采购方式的，财政部实行限时办结制度，对符合要求的申请项目，原则上自收到变更申请之日起5个工作日内办结。有关部门要研究推动政府采购、招标投标等有关法律法规修订工作，进一步明确除外条款。

（十七）改进科研人员因公出国（境）管理方式。

五、创新财政科研经费投入与支持方式

（十九）开展顶尖领衔科学家支持方式试点。

（二十）支持新型研发机构实行"预算+负面清单"管理模式。鼓励地方对新型研发机构采用与国际接轨的治理结构和市场化运行机制，实行理事会领导下的院（所）长负责制。创新财政科研经费支持方式，给予稳定资金支持，探索实行负面清单管理，赋予更大经费使用自主权。组织开展绩效评价，围绕科研投入、创新产出质量、成果转化、原创价值、实际贡献、人才集聚和培养等方面进行评估。除特殊规定外，财政资金支持产生的科技成果及知识产权由新型研发机构依法取得、自主决定转化及推广应用。

《中央财政科技计划（专项、基金等）后补助管理办法》（财教〔2019〕226号）：

第二章　研发活动后补助

第五条　研发活动后补助是指中央财政科技计划（专项、基金等）中以科技成果产品化、工程化、产业化为目标任务，并且具有量化考核指标的项目，由项目承担单位先行投入资金组织开展研发活动及应用示范，项目结束并通过综合绩效评价后，给予适当补助资金的财政支持方式。

第六条　研发活动后补助按照以下程序组织实施：

（一）发布通知。项目管理部门在发布年度项目申报通知时，确定拟采用后补助支持方式的项目，对项目拟达到的目标任务提出明确要求，并明确科学、合理、具体的考核评价指标，以及相应的考核评价方式（方法）。

（二）提交申请。单位根据申报通知的要求，编制并提交项目申请材料。

（三）立项评审。项目管理专业机构（以下简称专业机构）组织开展评审，按照择优支持原则提出年度项目安排方案。

（四）预算评估。专业机构委托相关机构对项目预算进行评估，并根据评估结果提出项目后补助预算方案。后补助资金比例不超过项目预算的50%。

（五）签订任务书。完成规定程序的项目，由专业机构发布立项通知并与项目承担单位签订项目任务书。

（六）项目实施。项目承担单位按照项目任务书的规定自行组织实施和管理。项目实施过程中专业机构一般不组织中期检查（评估）等。项目延期或终止实施的，应当按照相关科技计划的管理规定履行审批程序。

（七）考核评价。项目承担单位在完成任务或实施期满3个月内向专业机构提出综合绩效评价申请。专业机构应在收到单位申请6个月内，按照明确的考核评价方式（方法）对项目实施结果完成综合绩效评价。

（八）确定补助金额。通过综合绩效评价的项目，根据评价结果等，确定后补助金额。

（九）结果公示。专业机构按规定将项目实施情况、综合绩效评价情况、专家意见等以及拟补助金额以适当方式向社会公示。

（十）资金支付。专业机构按照财政预算管理和国库集中支付制度有关规定向项目承担单位支付后补助资金。

第七条　单位自行投入资金组织开展研发活动，取得有助于解决国家急需或影响经济社会发展问题的技术成果，可以给予奖励性后补助。奖励性后补助重点支持中小企业。

奖励性后补助项目由项目管理部门会同专业机构对技术成果进行审核，综合考虑单位前期投入成本、同类项目资助强度等因素确定补助额度，并以适当方式向社会公示。完成规定程序的项目，由专业机构与单位签订协议，明确其技术成果应当实际应用于解决相关问题。

专业机构按照有关规定向单位支付后补助资金。

第三章　服务运行后补助

第八条　服务运行后补助是指对国家科技创新基地开放运行、科技创新服务以及国家重大科研基础设施和大型科研仪器开放共享等，由相关管理部门组织考核评估，并根据考核评估结果，给予适当补助资金的财政支持方式。

第九条　国家科技创新基地以及国家重大科研基础设施和大型科研仪器的依托单位应当切实履行职责，按照有关规定开放科技资源、开展科技创新服务，并提供相应的支撑保障。

第十条　相关管理部门定期组织对依托单位服务运行情况开展考核评估，形成考核评估结果，并将考核评估结果以适当方式向社会公示。

第十一条　服务运行后补助由相关管理部门分类分档确定补助标准。补助标准根据有关要求和实际情况适时调整。

第十二条　相关管理部门根据考核评估结果和补助标准，按照财政预算管理和国库集中支付制度有关规定向依托单位支付后补助资金。

《关于改进加强中央财政科研项目和资金管理的若干意见》（国发〔2014〕11号）：

三、实行科研项目分类管理

（八）对于政府支持企业开展的产业重大共性关键技术研究等公共科技活动，在立项时要加强对企业资质、研发能力的审核，鼓励产学研协同攻关。对于政府引导企业开展的科研项目，主要由企业提出需求、先行投入和组织研发，政府采用"后补助"及间接投入等方式给予支持，形成主要由市场决定技术创新项目和资金分配、评价成果的机制以及企业主导项目组织实施的机制。

五、改进科研项目资金管理

（十五）及时拨付项目资金。实行部

门预算批复前项目资金预拨制度,保证科研任务顺利实施。对于有明确目标的重大项目,按照关键节点任务完成情况进行拨款。

(十六)规范直接费用支出管理。进一步下放预算调整审批权限,同时严格控制会议费、差旅费、国际合作与交流费,项目实施中发生的三项支出之间可以调剂使用,但不得突破三项支出预算总额。

六、加强科研项目和资金监管

(二十一)改进科研项目资金结算方式。科研院所、高等学校等事业单位承担项目所发生的会议费、差旅费、小额材料费和测试化验加工费等,要按规定实行"公务卡"结算;企业承担的项目,上述支出也应当采用非现金方式结算。项目承担单位对设备费、大宗材料费和测试化验加工费、劳务费、专家咨询费等支出,原则上应当通过银行转账方式结算。

《关于改进和加强重大技术装备研制经费管理的若干意见》(财建〔2007〕1号):

一、进一步明确重大技术装备研制经费使用限制

6. 财政对重大技术装备研制的支持要符合WTO和公共财政原则,主要用于对共性技术和关键技术研发的支持。要综合运用无偿资助、贷款贴息、风险投资等多种投入方式,加大对企业、科研院所、高等院校开展联合研究开发的支持。

《关于调整国家科技计划和公益性行业科研专项经费管理办法若干规定的通知》(财教〔2011〕434号)。

三、计划管理

《国家科技计划管理暂行规定》(中华人民共和国科学技术部令第4号)。

《国家科技计划项目管理暂行办法》(中华人民共和国科学技术部令第5号)。

《中央财政科技计划(专项、基金等)项目管理专业机构管理暂行规定》(国科发创〔2016〕70号):

第五章 专业机构的运行规范

第二十三条 专业机构按照《关于改革过渡期国家重点研发计划组织管理有关事项的通知》[①]等各类科技计划(专项、基金等)的相关规定、办法开展项目管理。

第二十四条 专业机构通过统一的国家科技管理信息系统受理各方面提出的项目申请,组织项目评审、立项、过程管理和结题验收等。

第二十八条 专业机构实行信息公开制度。在项目管理过程中,除涉密或另有规定外,应公开项目管理负责人、管理人员、项目评审流程、评审专家、立项信息、资金安排、验收及监督评估结果等,接受社会监督。

第三十条 专业机构人员在开展项目管理过程中,要严格遵照国家有关法律、法规及相关制度要求,严禁以下行为:

(一)承担或参加国家科技计划(专项、基金等)项目研究;

---

① 已失效。

（二）作为专家参与国家科技计划（专项、基金等）项目评审、验收工作并领取报酬和各种费用；

（三）参与国家科技计划（专项、基金等）项目研究论文、著作、专利等署名，作为国家科技奖励的候选人参与评奖；

（四）索取或者接受项目承担单位的宴请、礼品、礼金、购物卡、有价证券、支付凭证、旅游和娱乐健身活动；

（五）在国家科技计划（专项、基金等）项目承担单位兼职，并领取报酬；

（六）受利益相关方请托向评审专家输送利益，干预国家科技计划（专项、基金等）项目评审或向评审专家施加倾向性影响；

（七）泄漏管理过程中需保密的专家名单、专家意见、评审结论和立项安排等相关信息；

（八）索取、接受或者以借为名占用项目管理对象以及其他与行使职权有关系的单位或者个人的财物。

《中央财政科技计划（专项、基金等）监督工作暂行规定》（国科发政〔2015〕471号）：

第三条　监督的主要内容包括：

（三）项目承担单位法人责任制落实情况、项目执行情况及资金的管理使用情况；

（五）科研人员在项目实施和资金管理使用中的科研诚信和履职尽责情况。

第五条　各类科技计划、项目组织实施的各个环节都应当明确责任主体。按照谁主责谁接受监督、权责对等的原则，各责任主体都要自觉接受监督。

第十条　项目承担单位是项目实施主体，主要监督职责包括：

（一）负责对项目实施及资金使用情况的日常监督和管理；

（二）开展科研人员遵规守纪宣传和培训，强化科研人员自律意识和科研诚信。

第十五条　在科技计划、项目管理过程中，涉及工作委托和任务下达的，应按照有关要求，在合同（任务书、协议等）中约定工作任务、考核目标和指标、监督考核方式、违约责任等具体事项，明晰各方责、权、利，为监督工作提供依据。

第十六条　项目承担单位要强化法人责任，切实履行在项目申请、组织实施、验收和科研资金使用等方面的管理职责，加强支撑服务条件建设，提高管理能力和服务水平。

第十七条　各责任主体应当按照国家有关规定，结合单位实际情况，建立健全内部风险防控和监管体系。建立监督制约机制，明确内部监督机构或专门人员的监督职责，确保不相容岗位相互分离。建立常态化的自查自纠机制，加强内部审查，督促依法合规开展工作，严肃查处违规行为。

第十八条　实施全过程"痕迹化"管理。各责任主体应当加强科技计划、项目管理工作的日常记录和资料归档，按科技计划管理要求将相关管理信息纳入国家科技管理信息系统。

第十九条　科技计划、项目管理实行报告制度。各责任主体应当按照相关管理规定，定期报告科技计划、项目实施进展、资金使用和组织管理等相关工作情况。遇有重大事项或特殊情况，应及时报告。

第二十二条　按照"公开为常态，不公开为例外"的原则，各责任主体和监督主体都要建立公开公示制度,明确公开公示事项、渠道、时限等管理内容和要求。

第二十四条 项目承担单位应当在单位内部公开项目立项、主要研究人员、科研资金使用、项目合作单位、大型仪器设备购置以及项目研究成果情况等信息,接受内部监督。

第二十九条 现场监督一般应集中时间开展,加强项目执行情况和资金管理使用监督的协同。原则上,对一个项目执行情况现场监督一年内不超过1次,执行期3年以内的项目原则上执行情况现场监督只进行1次。

对风险较高、信用等级差的项目承担单位及其承担的项目,可加大监督频次。

第三十一条 各监督主体应建立公众参与监督机制,受理投诉举报,并按有关规定登记、分类处理和反馈。投诉举报事项不在权限范围内的,应按有关规定移交相关部门或地方处理。

第三十二条 各监督主体应当对监督中发现重要问题和线索的真实性、完整性进行核实检查。核查工作可根据需要责成有关责任主体所在法人单位或上级主管部门开展。

《关于在国家科技计划专项实施中加强技术标准研制工作的指导意见》(国科发资〔2016〕301号):

二、加强国家科技计划专项中研制技术标准的分类引导

根据专项项目(课题)预期成果的应用范围和技术成熟度等特点,在加强知识产权保护的同时,可考虑研制国际标准、国家标准、国家标准化指导性技术文件、行业标准或地方标准。对于预期成果可以形成具有产业化、市场化和国际化应用前景的自主创新技术和产品,且相关领域国际标准存在空白或其方案优于现有国际标准的项目(课题),宜将研制国际标准作为研究任务;预期成果为需要在全国范围内统一的技术要求的项目(课题),宜将研制国家标准作为研究任务;预期成果涉及保障人身健康和生命财产安全、国家安全、生态环境安全和满足社会经济管理基本要求的项目(课题),宜将研制强制性国家标准作为研究任务;在创新活跃、发展变化速度较快技术(产业)领域,预期成果技术方案不十分稳定、市场前景不明朗的项目(课题),可将研制国家标准化指导性技术文件作为研究任务;预期成果为需要在全国某个行业范围内统一的技术要求,且相关领域没有国家标准的项目(课题),宜将研制行业标准作为研究内容;预期成果相关领域没有国家标准和行业标准,而又需要在某个省、自治区、直辖市范围内统一的满足地方自然条件、民族风俗习惯的特殊技术要求,可以将研制地方标准作为研究内容。

四、在专项项目(课题)立项阶段明确技术标准研制任务和要求

有技术标准研制需求的专项,应将技术标准研究相关内容纳入项目(课题)申报指南;申报单位在项目(课题)申报书中应提出技术标准研究的具体目标、内容和预期成果;……项目(课题)任务书中应明确研究技术标准的数量、名称、标准类型以及推进的目标进度。

五、在专项项目(课题)实施阶段强化技术标准研制的要求与服务

在技术标准研制任务实施中,……,在标准关键技术和指标的评估、验证及确定中,项目(课题)承担单位应充分发挥

具有相应资质的第三方检验检测机构的作用；将修订标准作为研究任务的，项目（课题）承担单位应主动与原标准编制单位进行有效沟通；项目（课题）研究任务变更中涉及标准研制任务的，项目（课题）承担单位应提前就标准研制任务变更事项与相关专业标准化技术委员会做好协调沟通，由专业标准化技术委员会对变更后标准的性质、类型、名称、适用范围、主要内容等提供咨询意见建议；对于强制性国家标准研制任务的变更，项目（课题）承担单位应征得国务院有关行政主管部门的同意；标准化主管部门……，对前期已经充分论证并纳入专项研究任务的推荐性国家标准，争取将其立项周期压缩一半；对国家标准化指导性技术文件，可视其技术方案成熟度和市场应用前景，省略立项论证、公示等环节，予以优先和快速立项，加快科技成果转化应用步伐。

六、在专项项目（课题）验收阶段把握技术标准研制任务完成情况

项目（课题）承担单位应提供相关标准计划立项、征求意见、报批的文书，以及标准报批稿或标准文本等，作为标准研制任务验收的重要依据。同时，对于标准中有首次应用的技术和指标，或技术指标与同层级现有标准规定不一致的，需附上具有相应资质的第三方检验检测机构提供的标准中关键技术和指标的评估、验证报告。由于客观原因导致技术标准研制任务终止或延期的，应提供相应证明材料。

八、加强专项中研制技术标准的统计与应用

将技术标准研制任务完成情况作为项目（课题）承担单位后续承担技术标准研究和制修订工作的重要依据。

《关于在国家科技计划管理中建立信用管理制度的决定》（国科发计字〔2004〕225号）：

三、国家科技计划信用管理的对象、依据

6. 国家科技计划信用管理的对象是参与和执行国家科技计划的相关主体，包括国家科技计划的执行者、评价者和管理者。执行者主要是指项目承担单位、项目主持人等，评价者主要是指评审专家和评估机构，管理者主要是指接受委托履行管理职能的机构及其管理人员。

7. 国家科技计划信用管理与评价的依据包括项目合同、计划任务书与委托协议书、项目预算书等正式承诺、国家科技计划相关管理制度与政策法规以及科技界公认行为准则等。

《国家科技计划（专项、基金等）严重失信行为记录暂行规定》（国科发政〔2016〕97号）。

《关于加强国家科技计划成果管理的暂行规定》（国科发计字〔2003〕196号）：

二、实行国家科技计划重大成果报告制度。项目实施过程中取得重大成果时，项目承担单位应及时填写国家科技计划重大成果报告表（附件1），并按计划管理渠道向科技部的计划管理机构（以下简称计划管理机构）报告，报告中要重点说明成果应用及产业化前景情况。计划管理机构审查后确定为重大成果的向科技部成果管理机构（简称成果管理机构）报告。对确定为取得重大成果的项目，计划管理机构应及时要求项目承担单位加强成果的管理。

三、实行国家科技计划重大成果发布制度。科技部负责国家科技计划重大成果发

布及管理，定期或按需发布重大成果新闻。

国家科技计划重大成果产生后，需要对外宣传发布的，项目承担单位应及时填写国家科技计划重大成果发布申请表（附件2），并按计划管理渠道经计划管理机构汇总审核后向成果管理机构申请。成果管理机构收到申请后将及时研究是否发布并予以回复。对未能安排发布的，经成果管理机构同意后，项目承担单位可自行发布。未向计划管理机构申报，并经成果管理机构同意，项目承担单位不得自行发布。科技部新闻宣传主管机构会同成果管理机构和计划管理机构筹划组织重大成果的新闻发布。

附件：1. 国家科技计划重大成果报告表（略）

2. 国家科技计划重大成果发布申请表（略）

《关于进一步加强国家科技计划项目（课题）承担单位法人责任的若干意见》（国科发计〔2012〕86号）：

四、加强过程管理，发挥法人单位在项目实施阶段的指导服务作用

8. 依据计划管理办法，承担单位应在充分听取项目（课题）负责人意见并做必要论证的基础上，对本单位承担项目（课题）的技术路线、经费预算和主要研究人员变动等事项提出调整建议。

《国家科技计划项目承担人员管理的暂行办法》（国科发计字〔2002〕123号）。

《关于加强国家科技计划知识产权管理工作的规定》（国科发政字〔2003〕94号）。

四、计划评价

《中央财政科技计划（专项、基金等）绩效评估规范（试行）》（国科发监〔2020〕165号）：

第十三条 国家自然科学基金绩效评估应重点考察基金资助基础研究和科学前沿探索的定位和导向，对推进国家创新体系建设和满足国家需求的支撑作用，对促进原始创新、学科发展、人才队伍成长的作用。

第十四条 国家科技重大专项（含科技创新2030—重大项目）绩效评估应重点考察重大专项在重大战略产品研制、关键共性技术和重大工程建设等方面的进展和效果，核心技术突破情况，资源统筹协调和集成式协同攻关组织管理情况，带动科技与产业领域局部跃升、经济社会高质量发展的贡献和影响。

第十五条 国家重点研发计划绩效评估应关注计划与统筹科技资源、协同创新等科技计划管理改革精神的相符性，重点考察重点专项布局和任务部署的合理性，组织管理机制的有效性，计划对促进解决重大科学问题、突破重大共性关键技术和产品开发、工程应用的作用，对提高原始创新能力、提升产业核心竞争力和自主创新能力、保障国家安全、促进经济社会发展以及国际交流合作的支撑和引领作用。

第十六条 技术创新引导专项（基金）绩效评估应重点考察专项（基金）对技术创新的引导带动作用，对社会资金、金融资本和地方财政加大创新投入的引导

效果，对促进科技成果转移转化和资本化、产业化的作用以及通过技术创新产生的经济社会效益等。

第十七条 基地专项绩效评估应重点考察基地的功能定位、布局和整合、能力提升，为国家重大需求（特别是重大科技任务）提供支撑保障的作用，推动原始创新、科学前沿发展、成果转化和产业化的作用，科技资源的开放交流共享和服务质量等。

人才专项绩效评估应重点考察专项布局，对培养高水平领军人才的示范作用、完善创新型科技人才队伍结构和对各类科技人才发展的示范引领和带动情况，服务质量和满意度以及与相关计划（专项、基金等）和重大任务的结合和衔接等。

第十八条 科技计划绩效评估方法主要包括政策分析、目标比较、现场考察、数据分析、问卷调查、座谈调研、专家咨询、同行评议、案例研究、成本效益分析等，根据评估对象特点和评估需求综合确定，并注重听取有关部门、产业界、关联单位、服务对象等意见建议。在符合保密要求的前提下，评估委托者可根据需要引入国际评估或邀请国际专家参与咨询。

《**科技部科技计划课题预算评估评审规范**》（国科发财字〔2006〕99号）：

第三条 科技部归口管理的国家科技计划课题，应引入预算评估评审机制，建立课题立项与预算评估评审之间既相互衔接、又相互制约的机制。因重大自然灾害、突发重大疾病疫情等需要紧急决策的国家特殊目标的课题，可不进行预算评估评审，但必须建立严格的内部决策审批程序，由条件财务司商业务管理司提出预算安排建议，报部务会讨论通过后执行。

第五条 课题预算评估评审工作实行归口管理，分级组织实施。科技部主要负责预算评估评审工作制度和程序的制定、对评估评审过程和结果的检查和监督、财务专家库队伍建设以及预算评估评审信用管理等工作。

第六条 专项经费1000万元以上重大课题原则上采取预算评估的方式，由科技部条件财务司组织；专项经费1000万元以下的课题一般采取预算评审的方式，由承担科技计划过程管理工作的相关部属事业单位或科技部授权的其他单位（以下简称"评审组织单位"）组织。预算评审工作可以在课题立项工作完成后开展，也可与课题立项评审工作同时进行，但必须出具单独的预算评审意见，保证其独立性。

《**国家科技计划项目评估评审行为准则与督查办法**》（中华人民共和国科学技术部令第7号）。

五、国家科技报告制度

《**中央财政科技计划（专项、基金等）科技报告管理暂行办法**》（国科发创〔2016〕419号）：

第三章 工作要求

第十条 项目（或课题）申报单位应在申报书中明确提出呈交科技报告的类型、时间和数量。应呈交的科技报告包括：

（一）项目（或课题）结题验收前，应呈交一份最终科技报告。

（二）项目（或课题）研究期限超过

2年（含2年）的，应根据中央财政科技计划（专项、基金等）项目管理部门的要求，呈交年度或中期技术进展报告。

（三）根据项目（或课题）的研究内容、期限和经费强度，应呈交包含科研活动细节及基础数据的专题科技报告，如实验（试验）报告、调研报告、技术考察报告、设计报告、测试报告等。

第十一条 项目管理专业机构在签订项目（或课题）合同或任务书时，应明确呈交科技报告的类型、时间和数量，作为结题验收的考核指标。

第十二条 项目（或课题）负责人应按照合同或任务书的要求和《科技报告编写规则》（GB/T 7713.3—2014）、《科技报告编号规则》（GB/T 15416—2014）、《科技报告保密等级代码与标识》（GB/T 30534—2014）等相关国家标准组织撰写科技报告，提出科技报告密级和保密期限、延期公开和延期公开时限。

（一）公开项目（或课题）科技报告分为公开或延期公开。科技报告内容需要发表论文、申请专利、出版专著或涉及技术秘密的，可标注为"延期公开"。需要发表论文的，延期公开时限原则上在2年（含2年）以内；需要申请专利、出版专著的，延期公开时限原则上在3年（含3年）以内；涉及技术诀窍的，延期公开时限原则上在5年（含5年）以内。论文发表或专利申请公开后，延期公开科技报告应及时公开。

（二）涉密项目（或课题）科技报告可以确定为秘密级，如该项目（或课题）为机密或绝密级，科技报告应经降密或脱密处理后再行呈交。保密期限应依据项目（或课题）合同书或任务书及国家有关保密规定提出。

第十三条 项目（或课题）承担单位按照相关要求对科技报告的编号、格式、内容、密级和保密期限、延期公开和延期公开时限等进行审核，确保科技报告内容真实完整，格式规范，并按时通过规定的渠道和方式呈交科技报告。

第十四条 项目管理专业机构在项目（或课题）管理过程中，应及时检查科技报告撰写和呈交情况，依据有关规定对科技报告密级和保密期限、是否延期公开和延期公开时限等进行审查和确认，及时将科技报告移交中国科学技术信息研究所。

第十五条 项目管理专业机构在项目（或课题）结题验收时，应按照合同或任务书的规定审查科技报告完成情况，作为结题验收的必备条件。对未按照项目（或课题）合同或任务书呈交科技报告的，按不通过验收或不予结题处理，并责令改正。情节严重的，予以通报批评，禁止项目（或课题）负责人和承担单位在一定期限内申报中央财政科技计划（专项、基金等）项目（或课题）。

第十六条 对科技报告存在抄袭、数据弄虚作假等科研不端行为的，按程序将相关项目（或课题）负责人和承担单位纳入中央财政科技计划（专项、基金等）失信行为记录管理。

《关于加快建立国家科技报告制度指导意见》（国办发〔2014〕43号）。

《国家科技计划科技报告管理办法》（国科发计〔2013〕613号）。

六、国家自然科学基金

《国家自然科学基金条例》（中华人民共和国国务院令第487号）。

《国家自然科学基金资助项目资金管理办法》（财教〔2015〕15号）：

第三十条 依托单位应当严格执行国家有关政府采购、招投标、资产管理等规定。企业使用项目资金形成的固定资产，按照《企业财务通则》等相关规章制度执行。

项目资金形成的知识产权等无形资产的管理，按照国家有关规定执行。

七、国家科技重大专项

《国家科技重大专项组织实施工作规则》（国办发〔2016〕105号）。

《国家科技重大专项（民口）管理规定》（国科发专〔2017〕145号）：

第三十一条 专业机构根据牵头组织单位下达的立项批复，与项目（课题）承担单位签订《重大专项项目（课题）任务合同书》，加盖重大专项合同专用章；需地方（有关单位）提供配套条件和资金投入的，由地方有关部门或有关单位在项目（课题）任务合同书上盖章；对涉及国家秘密的项目（课题），由专业机构与项目（课题）承担单位签订保密协议。

第三十三条 重大专项实行年度报告制度。专业机构在总结本重大专项项目（课题）执行情况的基础上，形成重大专项年度执行情况报告，经牵头组织单位审核后，在每年12月底前提交三部门，由科技部汇总后报国务院。

第三十四条 需要调整或撤销的一般性项目（课题），由专业机构提出书面意见，报重大专项牵头组织单位核准，并报三部门备案。

《国家科技重大专项（民口）验收管理办法》（国科发专〔2018〕37号）：

第三章 重大专项总结验收

第十一条 牵头组织单位根据专项任务目标完成及项目（课题）验收情况，形成实施情况报告并向三部门提出整体验收申请，提交相关总结验收材料。

原则上，应于专项即将达到执行期限或执行期限结束后六个月内提出验收申请。组织实施顺利、提前完成任务目标的，可提前申请验收。

第十二条 三部门收到验收申请后，组织开展对重大专项总结验收材料的形式审查，形成审查意见。审查意见包括"通过"和"整改"两种。

第十三条 对通过审查的重大专项，三部门依据审查意见和专项实施具体情况，组织研究制定专项总结验收方案、工作计划和成立专家组，组织开展专项总结验收工作，并形成专项验收报告和总结验收意见。对要求整改的重大专项，牵头组织单位应在收到通知后的 30 日内补充完善总结验收材料，向三部门再次提出总结验收申请。原则上每个专项有一次整改机会。

第十四条 重大专项总结验收专家组应覆盖专项涉及的关键领域，由技术、管理、财务以及经济和政策等方面专家共同组成，总人数原则上不少于 15 人，确定 1 名组长；专家组成员应具有相当的权威性、代表性和广泛性，对重大专项组织实施有一定了解，具有较强的战略思考和决策咨询能力，在国内外业界具有良好的声望和较强的影响。对于不涉及国家安全的专项，可邀请部分海外知名专家加入专家组。专家组依据总结验收方案和有关要求，独立、客观、公正地开展总结验收工作，研究提出总结验收意见。

被验收重大专项相关管理人员、总体组成员不能作为验收专家参加本专项总结验收工作。

第十五条 重大专项总结验收的主要内容包括：专项目标指标完成程度、组织实施和管理情况（含档案管理）、资金使用情况和效益、实施成效和影响，以及重大专项成果转化应用和后续管理的有关安排等。

第十六条 重大专项总结验收意见分为"通过"和"不通过"两种。存在下列情况之一，按"不通过"处理。

（一）未达到重大专项实施方案、发展规划等确定的主要技术经济指标；

（二）实施取得的标志性成果及其影响与重大专项战略定位、战略目标和国家投入不相匹配；

（三）主要项目（课题）或核心任务未通过验收或未完成验收工作。

第十七条 三部门根据重大专项验收报告和总结验收意见，形成各重大专项整体验收结论和实施情况总结报告，并及时上报党中央、国务院。

第十八条 在总结验收后六个月内，牵头组织单位完成所有项目（课题）验收，以及专项档案的整理、保存、归档和移交工作等。

《国家科技重大专项（民口）资金管理办法》（财科教〔2017〕74 号）。

《国家科技重大专项（民口）档案管理规定》（国科发专〔2017〕348 号）。

《民口科技重大专项项目（课题）财务验收办法》（财教〔2011〕287 号）。

《国家科技重大专项知识产权管理暂行规定》（国科发专〔2010〕264 号）。

八、国家重点研发计划

《国家重点研发计划管理暂行办法》（国科发资〔2017〕152 号）：

第十二条 项目牵头单位负责项目的具体组织实施工作，强化法人责任。主要职责是：

（一）按照签订的项目任务书组织实施项目，履行任务书各项条款，落实配套条件，完成项目研发任务和目标；

（二）严格执行国家重点研发计划各项管理规定，建立健全科研、财务、诚信等内部管理制度，落实国家激励科研人员的政策措施；

（三）按要求及时编报项目执行情况报告、信息报表、科技报告等；

（四）及时报告项目执行中出现的重大事项，按程序报批需要调整的事项；

（五）接受指导、检查并配合做好监督、评估和验收等工作；

（六）履行保密、知识产权保护等责任和义务，推动项目成果转化应用。

《国家重点基础研究发展计划管理办法》（国科发计〔2011〕626号）。

《国家高技术研究发展计划（863计划）管理办法》（国科发计〔2011〕363号）。

《国家科技支撑计划管理办法》（国科发计〔2011〕430号）。

《国家科技支撑计划专项经费管理办法》（财教〔2006〕160号）。

九、技术创新引导专项（基金）

《国家星火计划管理办法》（国科发农社字〔2002〕1号）：

第十八条 科技部根据不同时期国家国民经济和社会发展总体方针和星火计划发展纲要提出的各项任务，每年组织实施一批国家级星火计划面上项目和重点项目。

凡列入国家级星火计划的重点项目，将给予一定的引导资金支持。

第十九条 申报国家级星火计划项目必须具备的基本条件：

1. 符合国家产业和技术政策，适应本地区国民经济和社会发展战略和行业发展规划要求，有利于保护生态环境；

2. 技术先进适用、成熟可靠，有利于农业和农村经济结构的战略性调整，具有良好的经济、社会、生态效益和发展前景；

3. 有利于推动农村科技进步和提高农村劳动者素质，有利于增加农村就业机会，增加地方财政收入和农民收入；

4. 项目申报单位必须是具有独立法人资格的企事业单位，以企业为主体。鼓励企业与大专院校、科研单位联合申报；

5. 项目申报单位应具有良好的金融、商业和社会道德信誉，经营机制良好，没有知识产权纠纷。申请银行贷款的项目，必须符合银行信贷要求。

《国家级火炬计划项目管理办法（试行）》（国科发计字〔1994〕231号）。

《产业技术研究与开发资金管理办法》（财建〔2002〕30号）。

《国家科技成果转化引导基金创业投资子基金变更事项管理暂行办法》（国科发区〔2021〕46号）：

第六条 子基金重大变更事项主要包括：

（一）导致转化基金退出子基金的事项，包括转让退出、减资退出、清算退出、强制退出等；

（二）科技部、财政部根据相关制度作出的其他重大变更要求。

第七条 子基金重要变更事项主要包括：

（一）子基金出资人或其所持份额变更；

（二）子基金投资期、存续期变更；

（三）子基金执行事务合伙人委派代

表或法定代表人、有限合伙协议或章程中约定的关键人士等重要人员变更；

（四）子基金管理机构或其重要人员因涉及重大诉讼、行政或司法处罚及其他违法违规、严重失信等情况导致的变更；

（五）其他对子基金或其管理机构运行可能会造成重要影响的相关事项。

第八条　子基金一般变更事项是指重大变更事项、重要变更事项以外的事项。主要包括：

（一）子基金管理机构股东或其所持股份变更；

（二）子基金管理机构执行事务合伙人委派代表或法定代表人等重要人员变更；

（三）子基金及其管理机构、子基金出资人名称或地址变更；

（四）子基金托管银行变更；

（五）其他导致子基金构成要素变化的事项。

十、国家重大科技基础设施

《国家重大科技基础设施管理办法》（发改高技〔2014〕2545号）。

《国家重大科技基础设施建设中长期规划（2012—2030年）》（国发〔2013〕8号）：

未来20年，瞄准科技前沿研究和国家重大战略需求，根据重大科技基础设施发展的国际趋势和国内基础，以能源、生命、地球系统与环境、材料、粒子物理和核物理、空间和天文、工程技术等7个科学领域为重点，从预研、新建、推进和提升四个层面逐步完善重大科技基础设施体系。

十一、支持某一产业或领域发展的专项资金

《关于深化中央财政科技计划（专项、基金等）管理改革的方案》（国发〔2014〕64号）：

四、整合现有科技计划（专项、基金等）

（六）支持某一产业或领域发展的专项资金。

要进一步聚焦产业和领域发展，其中有关支持技术研发的内容，要纳入优化整合后的国家科技计划（专项、基金等）体系，根据产业和领域发展需求，由中央财政科技预算统筹支持。

十二、基地和人才专项

《关于深化中央财政科技计划（专项、基金等）管理改革的方案》（国发〔2014〕

64号)：

对科技部管理的国家（重点）实验室、国家工程技术研究中心、科技基础条件平台,发展改革委管理的国家工程实验室、国家工程研究中心等合理归并。①

---

① 具体政策内容参见第13章企业研发机构建设和第16章人才政策。

第 13 章　企业研发机构建设

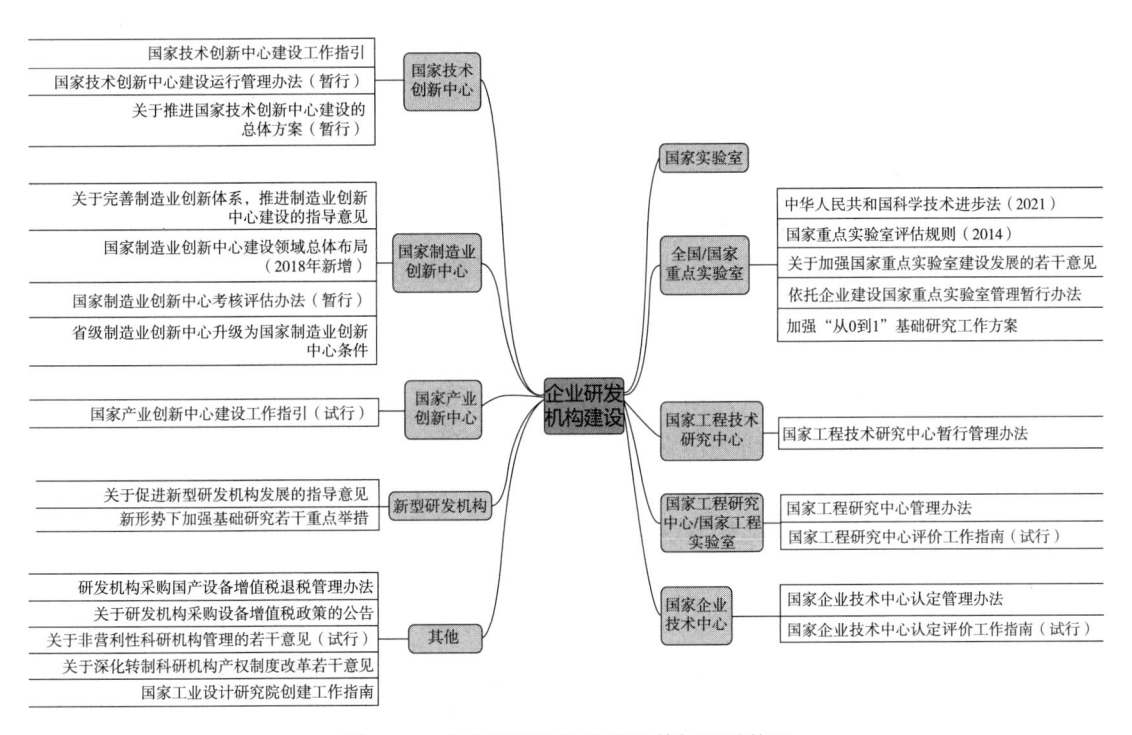

图 3-6　企业研发机构建设政策框架结构图

一、全国/国家重点实验室

《中华人民共和国科学技术进步法》（2021 年第二次修订）：

第五章　科学技术研究开发机构

第四十八条　国家统筹规划科学技术研究开发机构布局，建立和完善科学技术研究开发体系。

国家在事关国家安全和经济社会发展全局的重大科技创新领域建设国家实验室，建立健全以国家实验室为引领、全国重点实验室为支撑的实验室体系，完善稳定支持机制。

《国家重点实验室评估规则》（2014年修订）（国科发基〔2014〕124 号）：

第二章　评估材料

第八条　评估材料是实验室评估的依据，包括年度报告、年度考核报告和五年工作总结。年度报告纳入国家科技报告服务系统，向社会公布，接受监督。

第九条　实验室根据评估期内每年提交的年度报告提出五年工作总结。五年工作总结中列举的论文、专著、数据库、专利、软件著作权、奖励、技术成果转让必须是评估期内取得。

第十条　实验室依托单位负责实验室年度考核，提供实验室年度考核报告，年度考核报告和实验室五年工作总结要在依托单位内部提前公示。

第十一条　评估材料经主管部门审核后按规定程序和日期提交评估机构。评估机构应组织人员对评估材料进行审核。

《关于加强国家重点实验室建设发展的若干意见》（国科发基〔2018〕64 号）：

二、完善国家重点实验室发展体系

（六）大力推动企业国家重点实验室建设发展。

面向战略性新兴产业和行业发展需求，以提升企业自主创新能力和核心竞争力为目标，围绕产业发展共性关键问题，主要开展应用基础研究等。突出需求导向，在高新技术、现代农业、生态环境、社会民生等重点领域布局建设。加强与学科国家重点实验室的交流合作，促进产学研深度融合。强化企业对基础研究的投入，引导部门地方加大对实验室建设发展的支持，落实研究开发费用税前加计扣除、高新技术企业所得税优惠等政策。明确实验室建设标准，加强评估考核，引导企业建立实验室科研成果质量和效益评价机制，为企业创新发展提供动力。

（九）推动国家重点实验室组建联盟。

加强引导，推动实验室围绕学科领域、行业发展和区域创新组建实验室联盟，开展共性重大科学问题和战略方向的联合研究，促进协同创新。推动固体地球科学、药学、水科学等领域国家重点实验室联盟发展。围绕京津冀、长江经济带、粤港澳大湾区等区域发展需求，推动实验室联盟建设。

《依托企业建设国家重点实验室管理暂行办法》（国科发基〔2012〕716 号）：

第一章　总则

第四条　按照项目、基地、人才相结合的原则，国家相关科技计划、人才计划等，应优先委托有条件的企业国家重点实验室承担。

第五条　企业国家重点实验室从事的创新研发活动，享受国家有关优惠政策。

第三章　建设

第九条　根据国家需求和企业国家重点实验室建设规划，科技部从部门和地方重点实验室中有计划、有重点地择优遴选建设企业国家重点实验室，并优先支持创新型企业和产业技术创新战略联盟建设企业国家重点实验室，保持适度建设规模，发挥其引领、示范和辐射带动作用。

《加强"从 0 到 1"基础研究工作方案》（国科发基〔2020〕46 号）。

二、国家工程技术研究中心

《国家工程技术研究中心暂行管理办法》（〔93〕国科发计字 060 号）：

第四章　经费管理

第十二条　工程中心在组建期间，其所需经费采取"三三"制的原则，即国家拨款、银行贷款、主管部门或依托单位自筹各三分之一。

第十四条　工程中心组建所需的国家拨款，主要用于购置工程技术研究开发、试验所必需的先进仪器、设备及引进必要的技术软件。新添置的有关仪器设备等统一纳入国有固定资产渠道，依法管理。

国家拨款不得用于工程中心的基本设施建设。必要的新建、扩建基本设施所需资金，原则上由主管部门和依托单位自行解决。

第十五条　工程中心的国家拨款，必须专款专用，任何部门、单位和个人均不得以任何形式截留、挪用或挤占。经费实行独立核算，超支不补，每年由依托单位按照国家的有关规定编报年度预、决算，并报上级主管部门和国家科委，同时接受国家的审计与监督。

第十六条　工程中心组建期间所使用的贷款由国家科委①商有关金融部门调剂安排，其主要用于工程化研究开发，包括新的工程技术、新的工艺流程，以及新产品、新样机的开发研制及其小、中规模的批量生产。

第七章　优惠政策

第二十九条　工程中心享受国家给予科研机构的各项优惠政策。

第三十条　工程中心研制开发出的中试产品，报经国家科委审批后，优先列入国家新产品试制鉴定计划和中试产品免税立项，享受国家有关减免所得税、产品税和增值税优惠。

第三十一条　工程中心所需部分必要的进口仪器设备、样机样品，以及部分原材料，由依托单位报经主管部门审查后，报送国家科委商海关办理有关减免关税手续。

第三十二条　工程中心在平等竞争、条件相同的前提下，国家将优先安排其承担相关重点科技开发任务。国家科委商有关上级主管部门共同支持工程中心参与国内有关企业从国外引进技术消化、吸收与创新的全过程。

第三十三条　工程中心在其技术成果或产品参与国际市场竞争中，凡能形成相当创汇能力的，按照国家有关规定，经国家科委商对外经济贸易部门共同审批后，同等条件下可优先给予相应外经外贸权。

第三十四条　工程中心所需出国培训进修人员和引进国外人才，报国家科委商国务院智力引进办公室审定后，列入国家重点出国进修培训计划和智力引进计划。

---

① 现为国家科学技术部。

三、国家工程研究中心/国家工程实验室

《国家工程研究中心管理办法》（2020年7月29日）：

第十条 拟申请工程中心组建的实施主体单位（以下简称申报单位）应具备以下条件：

（一）符合国家发展改革委发布的建设领域及相关要求；

（二）具有一批有待工程化开发、拥有自主知识产权和良好市场前景、处于国内领先水平的重大科技成果，具有国内一流水平的研究开发和技术集成能力及相应的人才队伍；

（三）具有以市场为导向，将重大科技成果向规模生产转化的工程化研究验证环境和能力；

（四）具有通过市场机制实现技术转移和扩散，促进科技成果产业化，形成良性循环的自我发展能力；

（五）具有对科技成果产业化能力，条件允许的还应具有工程设计、评估及建设的咨询与服务能力；

（六）具有完善的人才激励、成果转化激励和知识产权管理等管理制度；

（七）未因严重违法失信行为被司法、行政机关依法列入联合惩戒对象名单；

（八）符合国家其他相关规定。

第十一条 工程中心一般应采用法人形式组建和运行。对于采取非法人形式组建的工程中心，需要与依托单位在人、财、物的管理上保持清晰边界，评价指标数据能够独立核算、有据可查。

第十二条 鼓励相关领域的优势企业、科研单位、高等院校、社会投资机构组建创新联合体，共同申请组建工程中心。鼓励地方和部门层面的工程中心优先申报。

《国家工程研究中心评价工作指南（试行）》（发改办高技〔2021〕165号）。

四、国家企业技术中心

《国家企业技术中心认定管理办法》（中华人民共和国国家发展和改革委员会 中华人民共和国科学技术部 中华人民共和国财政部 中华人民共和国海关总署 国家税务总局令第34号）：

第四章 鼓励政策

第十五条 国家企业技术中心和国家企业技术中心分中心进口科技开发用品按照国家相关税收政策执行。

经海关确认后，国家企业技术中心可按有关规定，将免税进口的科技开发用品放置在其异地非独立法人分支机构使用。

第十六条 国家发展改革委结合企业技术中心创新能力建设、高技术产业化、战略性新兴产业发展等工作，对国家企业技术中心予以支持。

第十七条 国家支持国家企业技术中心承担中央财政科技计划（专项、基金

等）的研发任务。

《国家企业技术中心认定评价工作指南（试行）》（发改办高技〔2016〕937号）。

五、国家技术创新中心

《国家技术创新中心建设工作指引》（国科发创〔2017〕353号）：

一、功能定位

国家技术创新中心以产业前沿引领技术和关键共性技术研发与应用为核心，加强应用基础研究，协同推进现代工程技术和颠覆性技术创新，打造创新资源集聚、组织运行开放、治理结构多元的综合性产业技术创新平台。

三、建设布局与组建模式

（一）重点建设领域。

——面向世界科技前沿。有望形成颠覆性创新，引领产业技术变革方向，影响产业未来发展态势，抢占未来产业制高点的领域，包括大数据、量子通信、人工智能、现代农业、合成生物学、微生物组、精准医学等。

——面向经济主战场。突破国家经济社会发展的瓶颈制约，能够产生显著经济社会效益的领域，包括高速列车、移动通信、智能电网、集成电路、智能制造、新材料、煤炭清洁高效利用、油气勘探与开发、生物种业、生物医药、医疗器械、环境综合治理等。

——面向国家重大需求。涉及国家安全和重大利益，关系国计民生和产业命脉的"卡脖子"问题，包括航空发动机及燃气轮机、大型飞机、核心电子器件、核电、深海装备等。

围绕落实"一带一路"建设，京津冀协同发展、长江经济带发展等区域协调发展战略，以及北京、上海科技创新中心建设等国家重大创新战略，统筹考虑区域布局。

（二）组建模式。依托企业、高校、科研院所建设国家技术创新中心，各级政府参与和支持国家技术创新中心建设工作。根据相关产业领域创新发展实际，可采取多种组建模式，"一中心一方案"。一般以三年为建设周期。

——在龙头企业优势地位突出、行业集中度高的领域，主要由龙头企业牵头，产业链有关企业、高校、科研院所等参与建设。

——在多家企业均衡竞争、行业集中度较低的领域，可以由多家行业骨干企业联合相关高校、科研院所，通过组建平台型公司或产业技术创新战略联盟等方式，共同投资建设。

——在主要由技术研发牵引推动、市场还未培育成熟的领域，可以由具有技术优势的高校、科研院所牵头，有关企业作为重要的主体参与建设。

（三）建设主体。国家技术创新中心牵头组建单位应当具有行业公认的技术研发优势、领军人才和团队，具有广泛联合产学研各方、整合创新资源、形成创新合作网络的优势和能力。发挥好相关领域国家工程技术研究中心等科研基地的功能作用，对符合条件的整合组建为国家技术创新中心。国家技术创新中心所在地方政府应积极发挥支撑保障作用，在政策、资金、土地、基础设施等方面给予支持。

五、治理结构与管理机制

（一）法律地位。国家技术创新中心原则上应为独立法人实体。目前尚不具备条件的，先行实现人、财、物相对独立的管理机制，逐步向独立法人过渡。根据组建模式的不同，可以探索组建企业、社会服务机构等不同类型的法人实体。

（二）治理结构。设立董事会或理事会、专家委员会，实行董事会或理事会领导下的总经理或主任负责制，形成企业、高校、科研院所、政府等多方共同建设、共同管理、共同运营、良性互动的治理结构。董事会或理事会由各方选派代表组成，负责重大事项决策。专家委员会主要负责提出国家技术创新中心研发方向、技术路线、团队组建等重大事项建议。国家技术创新中心应坚持党的领导，建立健全各级党组织，发挥党组织的领导核心和政治核心作用。

（三）项目实施。根据国家技术创新战略需求，按照相关管理办法承担国家重点研发计划、国家科技重大专项等任务，并组织有关方面共同实施。自主凝练重大行业技术需求，以市场化方式组织各方参与实施技术攻关及产业化项目。

（四）人才管理。建立合理的科研人员、技术辅助人员和管理人员结构，按需设岗、公开招聘、合理流动。吸引海内外优秀人才到国家技术创新中心交流，开展合作研究与科技成果转化工作。

（五）资金投入。国家技术创新中心可采用会员制、股份制、协议制等方式吸纳各方共同投入，企业承担主要投入责任，引导金融与社会资本参与建设和投资。国家技术创新中心利用自有资金、社会资金、成果转化收益等逐步实现自我运营。按照改革后人才与基地专项管理办法对国家技术创新中心给予支持。

六、组建程序

（一）提出意向。科技部提出国家技术创新中心总体布局要求。符合条件的单位和地方可以向科技部提出建设意向，研究制定建设方案，提出国家技术创新中心的领域和方向、建设模式、重点任务等。

（二）方案论证。科技部会同相关部门组建由技术专家、管理专家、科技政策专家等组成的专家组，对国家技术创新中心建设方案进行咨询论证。有关单位和地方根据咨询论证意见完善建设方案。

（三）启动建设。

（四）监督和评估。

《国家技术创新中心建设运行管理办法（暂行）》（国科发区〔2021〕17号）：

第三条 创新中心分为综合类和领域类。

1. 综合类创新中心围绕落实国家重大区域发展战略和推动重点区域创新发展，开展跨区域、跨领域、跨学科协同创新与开放合作，成为国家技术创新体系的战略节点、高质量发展重大动力源，形成支撑创新型国家建设、提升国家创新能力和核心竞争力的重要增长极。

2. 领域类创新中心围绕落实国家科技创新重大战略任务部署，开展关键技术攻关，为行业内企业特别是科技型中小企业提供技术创新与成果转化服务，提升我国重点产业领域创新能力与核心竞争力。

第十八条 创新中心实行中心主任（总经理）负责制。创新中心主任（总经理）应是创新中心的全职工作人员。

第二十九条 绩效评估一般以三年为一个周期，评估结果分为优秀、良好和较差三类。绩效评估结果是后补助经费安排以及动态调整的重要依据。

《关于推进国家技术创新中心建设的总体方案（暂行）》（国科发区〔2020〕70号）。

六、国家制造业创新中心

《关于完善制造业创新体系，推进制造业创新中心建设的指导意见》（工信部科〔2016〕273号）：

二、总体思路和主要目标

（一）总体思路

按照"一案一例一策"方式，统筹推进国家制造业创新中心和省级制造业创新中心建设，汇聚创新资源，建立共享机制，发挥溢出效应，打通技术开发到转移扩散到首次商业化应用的创新链条，……

（二）主要目标

到2025年，形成40家左右国家制造业创新中心。在有条件、综合实力较强的地方，建成一批省级/区域制造业创新中心，作为国家制造业创新中心的支撑和补充。

四、总体部署

国家制造业创新中心应汇聚该领域国内主要创新资源，主要解决面向行业的共性技术，以企业为主体，产学研用相结合，采用企业法人等形式组建，探索并完善运行机制，形成内生发展动力。

五、主要任务

（一）开展产业前沿及共性关键技术研发。

（二）建立产学研协同创新机制。

（三）加强知识产权保护运用。

（四）促进科技成果商业化应用。

（五）强化标准引领和保障作用。

（六）服务大众创业万众创新。

（七）打造多层次人才队伍。

（八）鼓励开展国际合作。

《国家制造业创新中心建设领域总体布局（2018年新增）》（工信厅科〔2018〕67号）。[1]

《国家制造业创新中心考核评估办法（暂行）》（工信厅科〔2018〕37号）：

第一章 总则

第二条 考评对象是已运行满一年的创新中心。考评分为年度考核与定期评估，年度考核每年进行一次，定期评估一般三年进行一次，评估当年不进行考核。

第二章 考评内容

第六条 创新中心考评内容主要包括建设和运行情况。

第四章 考评程序

第十七条 创新中心考评包括初评、现场考察和综合评议等三个阶段。由第三方机构组织专家组完成。

---

[1] 在先进陶瓷材料、玻璃新材料、高端智能化家用电器、先进印染技术、农业机械装备、新进轨道交通装备、存储器、集成电路特色工艺及封装测试、半导体关键装备和材料、5G中高频器件、超高清视频制作技术、虚拟现实、先进操作系统13个领域新增布局。

《省级制造业创新中心升级为国家制造业创新中心条件》（工信厅科〔2017〕64号）。

七、国家产业创新中心

《国家产业创新中心建设工作指引（试行）》（发改高技规〔2018〕68号）：

第一章 总则

第二条 国家产业创新中心是整合联合行业内的创新资源、构建高效协作创新网络的重要载体，是特定战略性领域颠覆性技术创新、先进适用产业技术开发与推广应用、系统性技术解决方案研发供给、高成长型科技企业投资孵化的重要平台，是推动新兴产业集聚发展、培育壮大经济发展新动能的重要力量。

第四条 国家发展改革委负责制定并发布国家产业创新中心有关政策文件，研究领域布局，指导建设和评估工作。

各地方发展改革委、中央管理企业是国家产业创新中心建设管理的主管单位（以下简称"主管单位"），负责本地区、本企业的国家产业创新中心的管理工作，落实建设条件和支持政策。

第二章 体制机制

第五条 国家产业创新中心一般以法人实体形式运行，治理结构清晰，运行机制灵活有效。

第六条 国家产业创新中心应联合现有国家工程研究中心、国家企业技术中心以及行业、地方等创新平台，广泛吸纳高等院校、科研院所等创新力量，通过共同出资、协作研发、技术入股、创新平台共建或人才联合培养等方式，形成紧密合作的创新网络。

第三章 布局组建

第十二条 组建国家产业创新中心的牵头单位，应在行业中具有显著的创新优势和较大的影响力，具备充分利用和整合行业创新资源的能力，能够为国家产业创新中心建设发展提供充足的资金支持和条件保障。

第十四条 国家产业创新中心结合相关产业规划和重大工程实施，按照"需求对接、国家统筹"的方式进行部署，采取"成熟一个、组建一个"的原则予以推进。

第十五条 国家发展改革委结合国家有关规划、计划组织实施需要，研究提出国家产业创新中心布局领域和方向，并印发实施。

有关主管单位根据国家产业创新中心布局的领域和方向，择优推荐牵头单位，并指导其编制组建方案（编制提纲见附件），函报国家发展改革委。

第五章 支持政策

第二十一条 国家发展改革委通过资金补助，引导地方和社会资本投资国家产业创新中心建设。国家资金补助主要发挥引导作用和放大效应，不占有国家产业创新中心股权。

第二十二条 主管单位应将国家产业创新中心作为推动本地区、本企业创新发展的重要抓手，结合其建设运行需求，在资金、土地、税收、科研、人才等方面给予必要的政策支持。

八、新型研发机构

《关于促进新型研发机构发展的指导意见》（国科发政〔2019〕313号）：

四、新型研发机构一般应符合以下条件：

（一）具有独立法人资格，内控制度健全完善。

（二）主要开展基础研究、应用基础研究，产业共性关键技术研发、科技成果转移转化，以及研发服务等。

（三）拥有开展研发、试验、服务等所必需的条件和设施。

（四）具有结构相对合理稳定、研发能力较强的人才团队。

（五）具有相对稳定的收入来源，主要包括出资方投入、技术开发、技术转让、技术服务、技术咨询收入，政府购买服务收入以及承接科研项目获得的经费等。

八、新型研发机构应采用市场化用人机制、薪酬制度，充分发挥市场机制在配置创新资源中的决定性作用，自主面向社会公开招聘人员，对标市场化薪酬合理确定职工工资水平，建立与创新能力和创新绩效相匹配的收入分配机制。以项目合作等方式在新型研发机构兼职开展技术研发和服务的高校、科研机构人员按照双方签订的合同进行管理。

九、新型研发机构应建立分类评价体系。围绕科学研究、技术创新和研发服务等，科学合理设置评价指标，突出创新质量和贡献，注重发挥用户评价作用。

十、鼓励新型研发机构实行信息披露制度，通过公开渠道面向社会公开重大事项、年度报告等。

十一、符合条件的新型研发机构，可适用以下政策措施：

（一）按照要求申报国家科技重大专项、国家重点研发计划、国家自然科学基金等各类政府科技项目、科技创新基地和人才计划。

（二）按照规定组织或参与职称评审工作。

（三）按照《中华人民共和国促进科技成果转化法》等规定，通过股权出售、股权奖励、股票期权、项目收益分红、岗位分红等方式，激励科技人员开展科技成果转化。

（四）结合产业发展实际需求，构建产业技术创新战略联盟，探索长效稳定的产学研结合机制，组织开展产业技术研发创新、制订行业技术标准。

（五）积极参与国际科技和人才交流合作。建设国家国际科技合作基地和国家引才引智示范基地；开发国外人才资源，吸纳、集聚、培养国际一流的高层次创新人才；联合境外知名大学、科研机构、跨国公司等开展研发，设立研发、科技服务等机构。

十二、鼓励设立科技类民办非企业单位（社会服务机构）性质的新型研发机构。科技类民办非企业单位应依法进行登记管理，运营所得利润主要用于机构管理运行、建设发展和研发创新等，出资方不得分红。符合条件的科技类民办非企业单位，按照《中华人民共和国企业所得税法》、《中华人民共和国企业所得税法实施条例》以及非营利组织企业所得税、职务科技成果转化个人所得税、科技创新进口税收等规定，享受税收优惠。

十三、企业类新型研发机构应按照《中华人民共和国公司登记管理条例》进行登记管理。鼓励企业类新型研发机构运营所得利润不进行分红，主要用于机构管理运行、建设发展和研发创新等。依照《财政部 国家税务总局 科技部关于完善研究开发费用税前加计扣除政策的通知》（财税〔2015〕119号），企业类新型研发机构享受税前加计扣除政策。依照《高新技术企业认定管理办法》（国科发火〔2016〕32号），企业类新型研发机构可申请高新技术企业认定，享受相应税收优惠。

《**新形势下加强基础研究若干重点举措**》（国科办基〔2020〕38号）。

九、其他

《**研发机构采购国产设备增值税退税管理办法**》（国家税务总局公告2023年第20号）：

第二条 符合条件的研发机构（以下简称研发机构）采购国产设备，按照本办法全额退还增值税（以下简称采购国产设备退税）。

第三条 本办法第二条所称研发机构、国产设备的具体条件和范围，按照现行研发机构采购设备增值税政策规定执行。

《**关于研发机构采购设备增值税政策的公告**》（2023年8月28日）：

一、适用采购国产设备全额退还增值税政策的内资研发机构和外资研发中心包括：

（一）科技部会同财政部、海关总署和税务总局核定的科技体制改革过程中转制为企业和进入企业的主要从事科学研究和技术开发工作的机构；

（二）国家发展改革委会同财政部、海关总署和税务总局核定的国家工程研究中心；

（三）国家发展改革委会同财政部、海关总署、税务总局和科技部核定的企业技术中心；

（四）科技部会同财政部、海关总署和税务总局核定的国家重点实验室（含企业国家重点实验室）和国家工程技术研究中心；

（五）科技部核定的国务院部委、直属机构所属从事科学研究工作的各类科研院所，以及各省、自治区、直辖市、计划单列市科技主管部门核定的本级政府所属从事科学研究工作的各类科研院所；

（六）科技部会同民政部核定或者各省、自治区、直辖市、计划单列市及新疆生产建设兵团科技主管部门会同同级民政部门核定的科技类民办非企业单位；

（七）工业和信息化部会同财政部、海关总署、税务总局核定的国家中小企业公共服务示范平台（技术类）；

（八）国家承认学历的实施专科及以上高等学历教育的高等学校（以教育部门户网站公布名单为准）；

（九）符合本公告第二条规定的外资研发中心；

（十）财政部会同国务院有关部门核定的其他科学研究机构、技术开发机构和学校。

《关于非营利性科研机构管理的若干意见（试行）》（国办发〔2000〕78号）：

九、非盈利性科研机构税收政策。

（一）非营利性科研机构从事技术开发、技术转让业务和与之相关的技术咨询、技术服务所得的收入，按有关规定免征营业税和企业所得税。

（二）非营利性科研机构从事与其科研业务无关的其他服务所取得的收入，如租赁收入、财产转让收入、对外投资收入等，应当按规定征收各项税收；非营利性科研机构从事上述非主营业务收入用于改善研究开发条件的投资部分，经税务部门审核批准可抵扣其应纳税所得额。

（三）非营利性科研机构自用的房产、土地，免征房产税、城镇土地使用税。

（四）社会力量对非营利性科研机构的新产品、新技术、新工艺所发生的研究开发经费资助，可依照税收法律、法规规定，允许在当年度应纳税所得额中扣除。

《关于深化转制科研机构产权制度改革若干意见》（国办发〔2003〕9号）。

《国家工业设计研究院创建工作指南》（工信部产业〔2018〕123号）。

第14章　科技成果转化

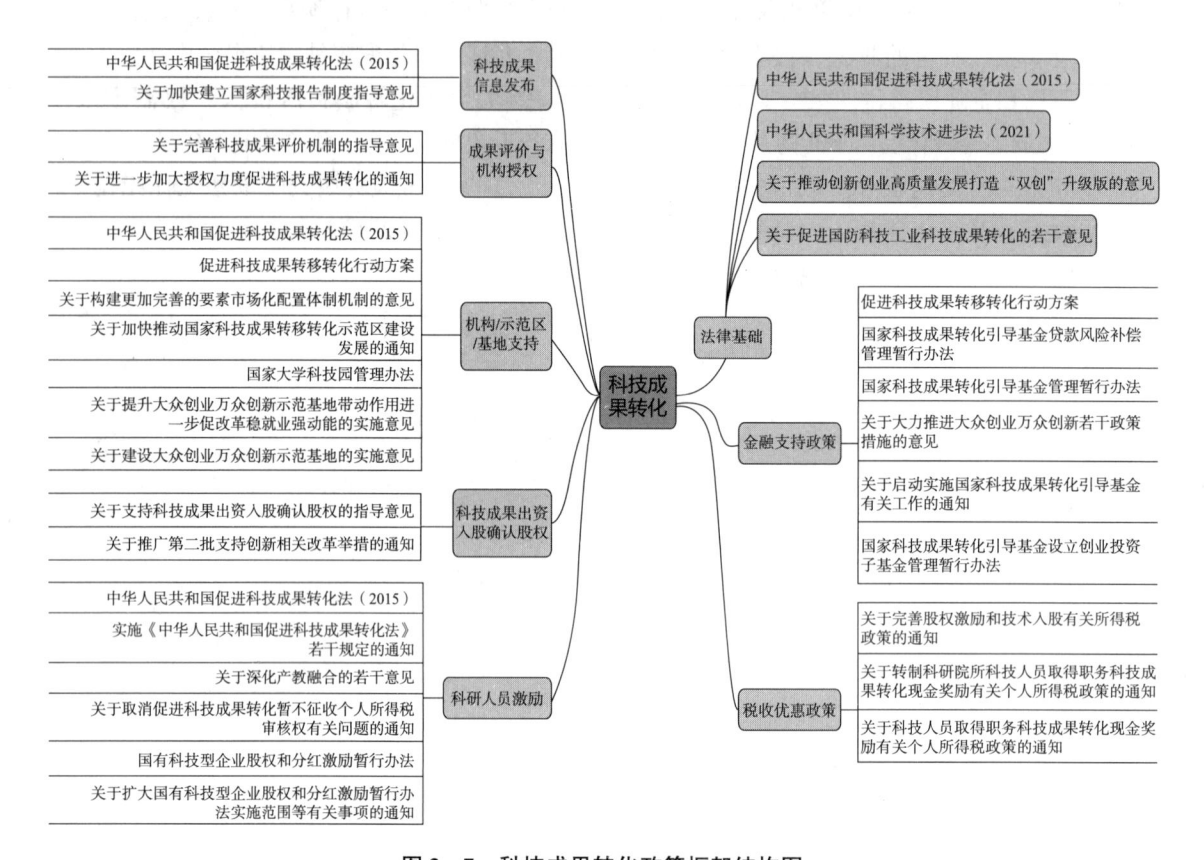

图 3-7　科技成果转化政策框架结构图

一、法律基础

《中华人民共和国促进科技成果转化法（2015年修订）》（中华人民共和国主席令第三十二号）。

《中华人民共和国科学技术进步法（2021年修订）》（中华人民共和国主席令第一〇三号）。

第三章　应用研究与成果转化

第三十条　国家加强科技成果中试、

工程化和产业化开发及应用,加快科技成果转化为现实生产力。

第三十一条 国家鼓励企业、科学技术研究开发机构、高等学校和其他组织建立优势互补、分工明确、成果共享、风险共担的合作机制,按照市场机制联合组建研究开发平台、技术创新联盟、创新联合体等,协同推进研究开发与科技成果转化,提高科技成果转移转化成效。

第三十二条 利用财政性资金设立的科学技术计划项目所形成的科技成果,在不损害国家安全、国家利益和重大社会公共利益的前提下,授权项目承担者依法取得相关知识产权,项目承担者可以依法自行投资实施转化、向他人转让、联合他人共同实施转化、许可他人使用或者作价投资等。

第三十六条 国家鼓励和支持农业科学技术的应用研究,传播和普及农业科学技术知识,加快农业科技成果转化和产业化,促进农业科学技术进步,利用农业科学技术引领乡村振兴和农业农村现代化。

《关于推动创新创业高质量发展打造"双创"升级版的意见》(国发〔2018〕32号)。

《关于促进国防科技工业科技成果转化的若干意见》(科工技〔2015〕1230号)。

二、科技成果信息发布

《**中华人民共和国促进科技成果转化法**》(**2015年修订**)(中华人民共和国主席令第三十二号):

第二章 组织实施

第十一条 国家建立、完善科技报告制度和科技成果信息系统,向社会公布科技项目实施情况以及科技成果和相关知识产权信息,提供科技成果信息查询、筛选等公益服务。

国家鼓励利用非财政资金设立的科技项目的承担者提交相关科技报告,将科技成果和相关知识产权信息汇交到科技成果信息系统,县级以上人民政府负责相关工作的部门应当为其提供方便。

第二十二条 企业为采用新技术、新工艺、新材料和生产新产品,可以自行发布信息或者委托科技中介服务机构征集其所需的科技成果,或者征寻科技成果转化的合作者。

县级以上地方各级人民政府科学技术行政部门和其他有关部门应当根据职责分工,为企业获取所需的科技成果提供帮助和支持。

《**关于加快建立国家科技报告制度指导意见**》(国办发〔2014〕43号):

三、推动科技报告的持续积累和开放共享

(十)开展科技报告资源增值服务。……;梳理国家重大科技进展和成果并向社会公布,推动科技成果形成知识产权和技术标准,促进科技成果转化和产业化。

三、成果评价与机构授权

《关于完善科技成果评价机制的指导意见》（国办发〔2021〕26号）：

二、主要工作措施

（一）全面准确评价科技成果的科学、技术、经济、社会、文化价值。根据科技成果不同特点和评价目的，有针对性地评价科技成果的多元价值。

（二）健全完善科技成果分类评价体系。应用研究成果以行业用户和社会评价为主，注重高质量知识产权产出，把新技术、新材料、新工艺、新产品、新设备样机性能等作为主要评价指标。不涉及军工、国防等敏感领域的技术开发和产业化成果，以用户评价、市场检验和第三方评价为主，把技术交易合同金额、市场估值、市场占有率、重大工程或重点企业应用情况等作为主要评价指标。探索建立重大成果研发过程回溯和阶段性评估机制，加强成果真实性和可靠性验证，合理评价成果研发过程性贡献。

（三）加快推进国家科技项目成果评价改革。建立健全重大项目知识产权管理流程，建立专利申请前评估制度，加大高质量专利转化应用绩效的评价权重，把企业专利战略布局纳入评价范围，杜绝简单以申请量、授权量为评价指标。

（四）大力发展科技成果市场化评价。健全协议定价、挂牌交易、拍卖、资产评估等多元化科技成果市场交易定价模式，加快建设现代化高水平技术交易市场。推动建立全国性知识产权和科技成果产权交易中心，完善技术要素交易与监管体系，支持高等院校、科研机构和企业科技成果进场交易，鼓励一定时期内未转化的财政性资金支持形成的成果进场集中发布信息并推动转化。鼓励技术转移机构专业化、市场化、规范化发展，建立以技术经理人为主体的评价人员培养机制，鼓励技术转移机构和技术经理人全程参与发明披露、评估、对接谈判，面向市场开展科技成果专业化评价活动。

《关于进一步加大授权力度促进科技成果转化的通知》（财资〔2019〕57号）：

一、加大授权力度，简化管理程序

（二）授权中央级研究开发机构、高等院校的主管部门办理科技成果作价投资形成国有股权的转让、无偿划转或者对外投资等管理事项，不需报财政部审批或者备案。纳入国有资本投资运营公司集中统一监管的，公司要按照科技成果转化授权要求，简化科技成果作价投资形成的国有股权管理决策程序，积极支持科技成果转化和科技创新。

（三）授权中央级研究开发机构、高等院校的主管部门办理科技成果作价投资成立企业的国有资产产权登记事项，不需报财政部办理登记。

二、优化评估管理，明确收益归属

（四）中央级研究开发机构、高等院校将科技成果转让、许可或者作价投资，由单位自主决定是否进行资产评估；通过协议定价的，应当在本单位公示科技成果名称和拟交易价格。

（五）中央级研究开发机构、高等院

校转化科技成果所获得的收入全部留归本单位，纳入单位预算，不上缴国库，主要用于对完成和转化职务科技成果做出重要贡献人员的奖励和报酬、科学技术研发与成果转化等相关工作。

四、金融支持政策

《促进科技成果转移转化行动方案》（国办发〔2016〕28号）：

二、重点任务

（八）强化科技成果转移转化的多元化资金投入。

26. 拓宽科技成果转化资金市场化供给渠道。支持符合条件的创新创业企业通过发行债券、资产证券化等方式进行融资。支持银行探索股权投资与信贷投放相结合的模式，为科技成果转移转化提供组合金融服务。

《国家科技成果转化引导基金贷款风险补偿管理暂行办法》（国科发资〔2015〕417号）：

第三条 科技成果转化贷款应符合以下条件：

（一）向年销售额3亿元以下的科技型中小企业发放用于科技成果转化和产业化的贷款；

（二）贷款期限为1年期（含1年）以上。

第二十四条 本办法自2016年1月1日起施行。

《国家科技成果转化引导基金管理暂行办法》（财教〔2021〕176号）：

第一章 总则

第四条 转化基金通过设立创业投资子基金（以下简称子基金）的方式支持科技成果转化。

第二章 子基金

第七条 转化基金与符合条件的投资机构共同设立子基金，为转化科技成果的企业提供股权投资。子基金重点支持转化应用科技成果的种子期、初创期、成长期的科技型中小企业。

第十条 子基金应以不低于转化基金出资额三倍且不低于子基金总额50%的资金投资于转化利用财政资金形成科技成果的企业。其他投资方向应符合国家重点支持的高新技术领域。

《关于大力推进大众创业万众创新若干政策措施的意见》（国发〔2015〕32号）：

六、扩大创业投资，支持创业起步成长

（十一）建立和完善创业投资引导机制。促进国家新兴产业创业投资引导基金、科技型中小企业创业投资引导基金、国家科技成果转化引导基金、国家中小企业发展基金等协同联动。

《关于启动实施国家科技成果转化引导基金有关工作的通知》（国科发财〔2014〕311号）。

《国家科技成果转化引导基金设立创业投资子基金管理暂行办法》（国科发财〔2014〕229号）。

五、机构/示范区/基地支持

《中华人民共和国促进科技成果转化法（2015年修订）》（中华人民共和国主席令第三十二号）：

第二十八条 国家支持企业与研究开发机构、高等院校、职业院校及培训机构联合建立学生实习实践培训基地和研究生科研实践工作机构，共同培养专业技术人才和高技能人才，……

《促进科技成果转移转化行动方案》（国办发〔2016〕28号）：

一、总体思路

（二）主要目标。

主要指标：建设100个示范性国家技术转移机构，支持有条件的地方建设10个科技成果转移转化示范区，在重点行业领域布局建设一批支撑实体经济发展的众创空间，建成若干技术转移人才培养基地，培养1万名专业化技术转移人才，……

二、重点任务

（三）建设科技成果中试与产业化载体。

11. 强化科技成果中试熟化。支持地方围绕区域特色产业发展、中小企业技术创新需求，建设通用性或行业性技术创新服务平台，提供从实验研究、中试熟化到生产过程所需的仪器设备、中试生产线等资源，开展研发设计、检验检测认证、科技咨询、技术标准、知识产权、投融资等服务。

（四）强化科技成果转移转化市场化服务。

12. 构建国家技术交易网络平台。

（七）大力推动地方科技成果转移转化。

23. 开展区域性科技成果转移转化试点示范。建设国家科技成果转移转化试验示范区，在科技成果转移转化服务、金融、人才、政策等方面，探索形成一批可复制、可推广的工作经验与模式。

《关于构建更加完善的要素市场化配置体制机制的意见》（2020年3月30日）：

五、加快发展技术要素市场

（十六）完善科技创新资源配置方式。加强科技成果转化中试基地建设。

八、健全要素市场运行机制

（二十六）健全要素市场化交易平台。拓展公共资源交易平台功能。健全科技成果交易平台，完善技术成果转化公开交易与监管体系。

《关于加快推动国家科技成果转移转化示范区建设发展的通知》（国科办区〔2020〕50号）。

《国家大学科技园管理办法》（国科发区〔2019〕117号）。

《关于提升大众创业万众创新示范基地带动作用进一步促改革稳就业强动能的实施意见》（国办发〔2020〕26号）。

《关于建设大众创业万众创新示范基地的实施意见》（国办发〔2016〕35号）。

六、税收优惠政策

《关于完善股权激励和技术入股有关所得税政策的通知》（财税〔2016〕101号）。

《关于转制科研院所科技人员取得职务科技成果转化现金奖励有关个人所得税政策的通知》（财税〔2018〕60号）：

一、转制科研院所科技人员取得职务科技成果转化现金奖励，符合《财政部 税务总局 科技部关于科技人员取得职务科技成果转化现金奖励有关个人所得税政策的通知》（财税〔2018〕58号）第五条规定条件的，可减按50%计入科技人员当月"工资薪金所得"，依法缴纳个人所得税。

《关于科技人员取得职务科技成果转化现金奖励有关个人所得税政策的通知》（财税〔2018〕58号）：

一、依法批准设立的非营利性研究开发机构和高等学校（以下简称非营利性科研机构和高校）根据《中华人民共和国促进科技成果转化法》规定，从职务科技成果转化收入中给予科技人员的现金奖励，可减按50%计入科技人员当月"工资、薪金所得"，依法缴纳个人所得税。

五、科技人员享受本通知规定税收优惠政策，须同时符合以下条件：

（一）科技人员是指非营利性科研机构和高校中对完成或转化职务科技成果作出重要贡献的人员。非营利性科研机构和高校应按规定公示有关科技人员名单及相关信息（国防专利转化除外），具体公示办法由科技部会同财政部、税务总局制定。

（二）科技成果是指专利技术（含国防专利）、计算机软件著作权、集成电路布图设计专有权、植物新品种权、生物医药新品种，以及科技部、财政部、税务总局确定的其他技术成果。

（三）科技成果转化是指非营利性科研机构和高校向他人转让科技成果或者许可他人使用科技成果。现金奖励是指非营利性科研机构和高校在取得科技成果转化收入三年（36个月）内奖励给科技人员的现金。

（四）非营利性科研机构和高校转化科技成果，应当签订技术合同，并根据《技术合同认定登记管理办法》，在技术合同登记机构进行审核登记，并取得技术合同认定登记证明。

七、科研人员激励

《中华人民共和国促进科技成果转化法（2015年修订）》（中华人民共和国主席令第三十二号）：

第四十四条 职务科技成果转化后，由科技成果完成单位对完成、转化该项科技成果做出重要贡献的人员给予奖励和报酬。

第四十五条 科技成果完成单位未规

定、也未与科技人员约定奖励和报酬的方式和数额的，按照下列标准对完成、转化职务科技成果做出重要贡献的人员给予奖励和报酬：

（一）将该项职务科技成果转让、许可给他人实施的，从该项科技成果转让净收入或者许可净收入中提取不低于百分之五十的比例；

（二）利用该项职务科技成果作价投资的，从该项科技成果形成的股份或者出资比例中提取不低于百分之五十的比例；

（三）将该项职务科技成果自行实施或者与他人合作实施的，应当在实施转化成功投产后连续三至五年，每年从实施该项科技成果的营业利润中提取不低于百分之五的比例。

国有企业、事业单位依照本法规定对完成、转化职务科技成果做出重要贡献的人员给予奖励和报酬的支出计入当年本单位工资总额，但不受当年本单位工资总额限制、不纳入本单位工资总额基数。

《实施〈中华人民共和国促进科技成果转化法〉若干规定的通知》（国发〔2016〕16号）：

（六）国家设立的研究开发机构、高等院校制定转化科技成果收益分配制度时，要按照规定充分听取本单位科技人员的意见，并在本单位公开相关制度。依法对职务科技成果完成人和为成果转化作出重要贡献的其他人员给予奖励时，按照以下规定执行：

1. 以技术转让或者许可方式转化职务科技成果的，应当从技术转让或者许可所取得的净收入中提取不低于50%的比例用于奖励。

2. 以科技成果作价投资实施转化的，应当从作价投资取得的股份或者出资比例中提取不低于50%的比例用于奖励。

3. 在研究开发和科技成果转化中作出主要贡献的人员，获得奖励的份额不低于奖励总额的50%。

4. 对科技人员在科技成果转化工作中开展技术开发、技术咨询、技术服务等活动给予的奖励，可按照促进科技成果转化法和本规定执行。

（九）国家鼓励企业建立健全科技成果转化的激励分配机制，充分利用股权出售、股权奖励、股票期权、项目收益分红、岗位分红等方式激励科技人员开展科技成果转化。国务院财政、科技等行政主管部门要研究制定国有科技型企业股权和分红激励政策，结合深化国有企业改革，对科技人员实施激励。

（十）科技成果转化过程中，通过技术交易市场挂牌交易、拍卖等方式确定价格的，或者通过协议定价并在本单位及技术交易市场公示拟交易价格的，单位领导在履行勤勉尽责义务、没有牟取非法利益的前提下，免除其在科技成果定价中因科技成果转化后续价值变化产生的决策责任。

《关于深化产教融合的若干意见》（国办发〔2017〕95号）：

六、完善政策支持体系

（二十五）落实财税用地等政策。职业学校、高等学校科研人员依法取得的科技成果转化奖励收入不纳入绩效工资，不纳入单位工资总额基数。

《关于取消促进科技成果转化暂不征收个人所得税审核权有关问题的通知》（国税函〔2007〕833号）：

一、《国家税务总局关于促进科技成果转化有关个人所得税问题的通知》（国税发〔1999〕125号）规定，科研机构、高等学校转化职务科技成果以股份或出资比例等股权形式给予个人奖励，经主管税务机关审核后，暂不征收个人所得税。此项审核权自2007年8月1日起停止执行。

二、取消上述审核权后，主管税务机关应加强科研机构、高等学校转化职务科技成果以股份或出资比例等股权形式给予个人奖励暂不征收个人所得税的管理。

（三）主管税务机关应对获奖人员建立电子台账（条件不具备的可建立纸质台账），及时登记奖励相关信息和股权转让等信息，具体包括授奖单位、获奖人员的姓名、获奖金额、获奖时间、职务转化股权数量或者出资比例，股权转让情况等信息，并根据获奖人员股权或者出资比例变动情况，及时更新电子台账和纸质台帐，加强管理。

《国有科技型企业股权和分红激励暂行办法》（财资〔2016〕4号）。

《关于扩大国有科技型企业股权和分红激励暂行办法实施范围等有关事项的通知》（财资〔2018〕54号）。

八、科技成果出资入股确认股权

《关于支持科技成果出资入股确认股权的指导意见》（证监发〔2012〕87号）：

一、鼓励以科技成果出资入股确认股权。按照《公司法》的相关规定，包括科技成果在内的无形资产占注册资本的比例可达到70%。

二、鼓励企业明确科技人员在科技成果中享有的权益，依法确认股权。

三、落实北京中关村等园区先行先试政策，采取多种方式合理确认股权。支持北京中关村、上海张江、武汉东湖国家自主创新示范区和安徽合芜蚌自主创新综合试验区内的企业、高等院校及科研院所按照依据国家法律法规制定的先行先试政策进行股权和分红权激励，对做出突出贡献的科技人员和经营管理人员所实施的技术入股、股权奖励、分红权等，以合理的方式确认其在企业中的股权。

四、进一步深化发行审核机制改革，对科技成果形成的股权予以审核确认。涉及的股权占比较低、不影响公司控制权稳定且没有重大风险隐患的，在做充分的信息披露并说明出现股权纠纷时的解决机制的情况下，将不再要求企业在上市前补办相关确认手续。

《关于推广第二批支持创新相关改革举措的通知》（国办发〔2018〕126号）：

二、推广的改革措施（共23项）

（二）科技成果转化激励方面4项：以事前产权激励为核心的职务科技成果权属改革；技术经理人全程参与的科技成果转化服务模式；技术股与现金股结合激励的科技成果转化相关方利益捆绑机制；"定向研发、定向转化、定向服务"的订单式研发和成果转化机制。

第 15 章　技术市场

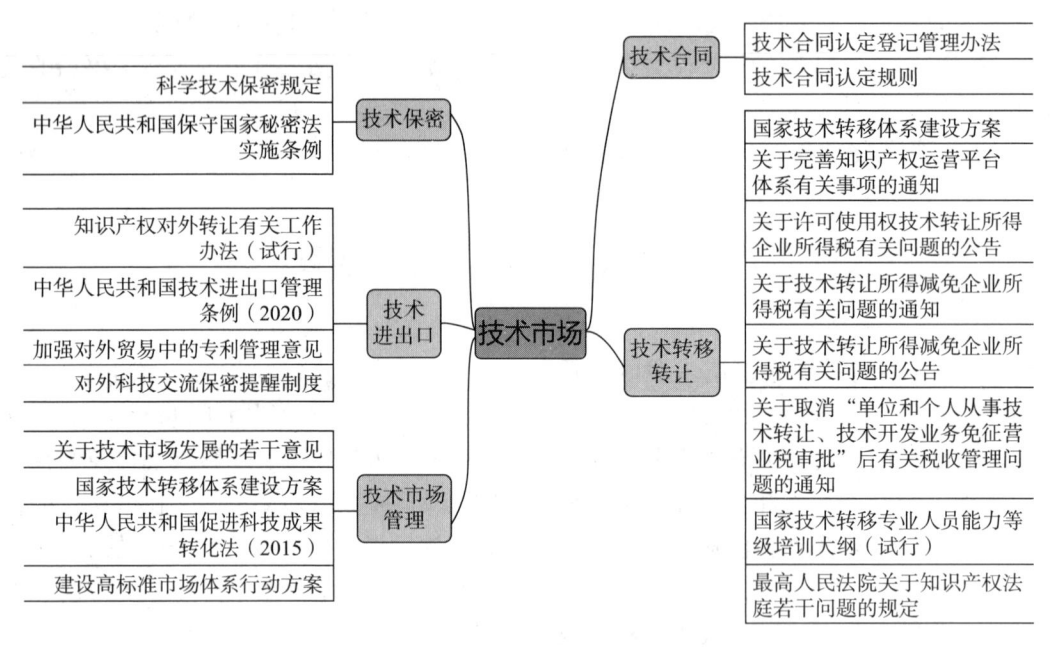

图 3-8　技术市场政策框架结构图

一、技术市场管理

《关于技术市场发展的若干意见》（国科发创〔2018〕48号）：

二、优化技术市场分类布局。推进人工智能、生物医药等行业性技术交易市场发展，发挥专业化众创空间等创新创业服务载体的作用，提供专业化技术转移服务。

三、提升技术交易市场服务功能和发展水平。推动现有基础条件好、影响力大、辐射面广的技术交易市场进一步规范发展，聚集高等学校、科研院所、企业、投资人、技术市场服务机构等各类主体，为技术交易双方提供知识产权、法律咨询、技术评价、中试孵化、招标拍卖等综合配套服务，建成全国性枢纽型技术交易市场。完善技术类无形资产挂牌交易、公开拍卖与成交信息公示制度，推广科技成果市场化定价机制，健全科技成果评价体系，通过市场发现价值。探索技术资本化机制，推动技术市场与资本市场联动发展。

四、推动技术市场服务机构市场化专业化发展。大力发展一批社会化的技术市场服务机构，采取市场化运营机制，吸引集聚高端专业人才，提供专业化服务，促进高等学校、科研院所和企业之间技术交易和成果转化。

五、发展壮大技术市场人才队伍。加快培养一批技术经理人、技术经纪人，纳入国家、地方专业人才培养体系。

六、创新技术市场服务模式。发展线上线下相融合的新型技术交易市场和服务机构，应用大数据、云计算等先进技术，开展技术搜索、技术评估、技术定价、技术预测等服务，通过开展创新挑战赛等活动为企业需求提供精准对接。

《国家技术转移体系建设方案》（国发〔2017〕44号）：

二、优化国家技术转移体系基础架构

（六）建设统一开放的技术市场。

构建互联互通的全国技术交易网络。依托现有的枢纽型技术交易网络平台，通过互联网技术手段连接技术转移机构、投融资机构和各类创新主体等，集聚成果、资金、人才、服务、政策等创新要素，开展线上线下相结合的技术交易活动。

加快发展技术市场。培育发展若干功能完善、辐射作用强的全国性技术交易市场，健全与全国技术交易网络联通的区域性、行业性技术交易市场。推动技术市场与资本市场联动融合，拓宽各类资本参与技术转移投资、流转和退出的渠道。

提升技术转移服务水平。制定技术转移服务规范，完善符合科技成果交易特点的市场化定价机制，明确科技成果拍卖、在技术交易市场挂牌交易、协议成交信息公示等操作流程。

《中华人民共和国促进科技成果转化法（2015年修订）》（中华人民共和国主席令第三十二号）：

第二章　组织实施

第三十条　国家培育和发展技术市场，鼓励创办科技中介服务机构，为技术交易提供交易场所、信息平台以及信息检索、加工与分析、评估、经纪等服务。

《建设高标准市场体系行动方案》（2021年1月31日）：

三、推进要素资源高效配置

（七）发展知识、技术和数据要素市场

23. 设立知识产权和科技成果产权交易机构。支持中国技术交易所、上海技术交易所、深圳证券交易所等机构建设国家知识产权和科技成果产权交易机构，在全国范围内开展知识产权转让、许可等运营服务，加快推进技术交易服务发展。

二、技术转移转让

《国家技术转移体系建设方案》（国发〔2017〕44号）：

一、总体要求

（三）建设目标。

到2025年，结构合理、功能完善、体制健全、运行高效的国家技术转移体系全面建成，技术市场充分发育，各类创新主体高效协同互动，技术转移体制机制更加健全，科技成果的扩散、流动、共享、应用更加顺畅。

（五）激发创新主体技术转移活力。

强化需求导向的科技成果供给。发挥企业在市场导向类科技项目研发投入和组织实施中的主体作用，推动企业等技术需求方深度参与项目过程管理、验收评估等组织实施全过程。

促进产学研协同技术转移。发挥国家技术创新中心、制造业创新中心等平台载体作用，推动重大关键技术转移扩散。

（七）发展技术转移机构。

强化政府引导与服务。引导技术转移机构市场化、规范化发展，提升服务能力和水平，培育一批具有示范带动作用的技术转移机构。

加快社会化技术转移机构发展。鼓励各类中介机构为技术转移提供知识产权、法律咨询、资产评估、技术评价等专业服务。引导各类创新主体和技术转移机构联合组建技术转移联盟，强化信息共享与业务合作。

（八）壮大专业化技术转移人才队伍。

加强技术转移管理人员、技术经纪人、技术经理人等人才队伍建设，畅通职业发展和职称晋升通道。鼓励退休专业技术人员从事技术转移服务。

鼓励有条件的高校设立技术转移相关学科或专业，与企业、科研院所、科技社团等建立联合培养机制。

《关于完善知识产权运营平台体系有关事项的通知》（国知办函运字〔2022〕1002号）：

一、完善平台总体布局

（二）完善平台布局。"十四五"期间，围绕知识产权交易服务、金融服务、特色服务、支撑工具等方面，在全国布局建设15个左右的功能性国家平台；围绕国家重大区域战略，引导建设若干区域运营中心；围绕重点产业领域，支持建设50个以内的产业运营中心。知识产权交易服务、金融服务类平台分别提供知识产权供需对接、交易撮合、评估评价、投融资、保险等运营基础服务；特色服务类平台主要围绕先进技术转化、国际化运营等开展特色服务；支撑工具类平台主要提供专利产品备案、专利导航、管理测评、服务评价等各类工具服务。

《关于许可使用权技术转让所得企业所得税有关问题的公告》（国家税务总局公告2015年第82号）：

一、自2015年10月1日起，全国范围内的居民企业转让5年（含，下同）以上非独占许可使用权取得的技术转让所得，纳入享受企业所得税优惠的技术转让所得范围。居民企业的年度技术转让所得不超过500万元的部分，免征企业所得税；超过500万元的部分，减半征收企业所得税。

二、企业转让符合条件的5年以上非独占许可使用权的技术，限于其拥有所有权的技术。

三、符合条件的5年以上非独占许可使用权技术转让所得应按以下方法计算：

技术转让所得＝技术转让收入－无形资产摊销费用－相关税费－应分摊期间费用

技术转让收入是指转让方履行技术转让合同后获得的价款，不包括销售或转让设备、仪器、零部件、原材料等非技术性收入。不属于与技术转让项目密不可分的技术咨询、服务、培训等收入，不得计入技术转让收入。技术许可使用权转让收入，应按转让协议约定的许可使用权人应付许可使用权使用费的日期确认收入的实现。

无形资产摊销费用是指该无形资产按税法规定当年计算摊销的费用。涉及自用和对外许可使用的，应按照受益原则合理划分。

相关税费是指技术转让过程中实际发生的有关税费，包括除企业所得税和允许抵扣的增值税以外的各项税金及其附加、合同签订费用、律师费等相关费用。

应分摊期间费用（不含无形资产摊销费用和相关税费）是指技术转让按照当年销售收入占比分摊的期间费用。

五、本公告自 2015 年 10 月 1 日起施行。本公告实施之日起，企业转让 5 年以上非独占许可使用权确认的技术转让收入，按本公告执行。

《关于技术转让所得减免企业所得税有关问题的通知》（国税函〔2009〕212 号）：

一、根据企业所得税法第二十七条第（四）项规定，享受减免企业所得税优惠的技术转让应符合以下条件：

（一）享受优惠的技术转让主体是企业所得税法规定的居民企业；

（二）技术转让属于财政部、国家税务总局规定的范围；

（三）境内技术转让经省级以上科技部门认定；

（四）向境外转让技术经省级以上商务部门认定；

（五）国务院税务主管部门规定的其他条件。

二、符合条件的技术转让所得应按以下方法计算：

技术转让所得＝技术转让收入－技术转让成本－相关税费

技术转让收入是指当事人履行技术转让合同后获得的价款，不包括销售或转让设备、仪器、零部件、原材料等非技术性收入。不属于与技术转让项目密不可分的技术咨询、技术服务、技术培训等收入，不得计入技术转让收入。

技术转让成本是指转让的无形资产的净值，即该无形资产的计税基础减除在资产使用期间按照规定计算的摊销扣除额后的余额。

相关税费是指技术转让过程中实际发生的有关税费，包括除企业所得税和允许抵扣的增值税以外的各项税金及其附加、合同签订费用、律师费等相关费用及其他支出。

三、享受技术转让所得减免企业所得税优惠的企业，应单独计算技术转让所得，并合理分摊企业的期间费用；没有单独计算的，不得享受技术转让所得减免企业所得税优惠。

四、企业发生技术转让，应在纳税年度终了后至报送年度纳税申报表以前，向主管税务机关办理减免税备案手续。

《关于技术转让所得减免企业所得税有关问题的公告》（国家税务总局公告 2013 年第 62 号）：

为加强技术转让所得减免企业所得税的征收管理，现将《国家税务总局关于技术转让所得减免企业所得税有关问题的通知》（国税函〔2009〕212 号）中技术转让收入计算的有关问题，公告如下：

一、可以计入技术转让收入的技术咨

询、技术服务、技术培训收入，是指转让方为使受让方掌握所转让的技术投入使用、实现产业化而提供的必要的技术咨询、技术服务、技术培训所产生的收入，并应同时符合以下条件：

（一）在技术转让合同中约定的与该技术转让相关的技术咨询、技术服务、技术培训；

（二）技术咨询、技术服务、技术培训收入与该技术转让项目收入一并收取价款。

二、本公告自 2013 年 11 月 1 日起施行。此前已进行企业所得税处理的相关业务，不作纳税调整。

《关于取消"单位和个人从事技术转让、技术开发业务免征营业税审批"后有关税收管理问题的通知》（国税函〔2004〕825 号）：

取消审核手续后，纳税人的技术转让、技术开发的书面合同仍应到省级科技主管部门进行认定，并将认定后的合同及有关证明材料文件报主管地方税务局备查。主管地方税务局要不定期地对纳税人申报享受减免税的技术转让、技术开发合同进行检查，对不符合减免税条件的单位和个人要取消税收优惠政策，同时追缴其所减免的税款，并按照《中华人民共和国税收征收管理法》的有关规定进行处罚。

《国家技术转移专业人员能力等级培训大纲》（试行）（国科火字〔2020〕70 号）。

《最高人民法院关于知识产权法庭若干问题的规定》（法释〔2018〕22 号）[①]。

三、技术合同

《技术合同认定登记管理办法》（国科发政字〔2000〕063 号）：

第三条　科学技术部管理全国技术合同认定登记工作。

第五条　法人和其他组织按照国家有关规定，根据所订立的技术合同，从技术开发、技术转让、技术咨询和技术服务的净收入中提取一定比例作为奖励和报酬，给予职务技术成果完成人和为成果转化做出重要贡献人员的，应当申请对相关的技术合同进行认定登记，并依照有关规定提取奖金和报酬。

第六条　未申请认定登记和未予登记的技术合同，不得享受国家对有关促进科技成果转化规定的税收、信贷和奖励等方面的优惠政策。

第七条　经认定登记的技术合同，当事人可以持认定登记证明，向主管税务机关提出申请，经审核批准后，享受国家规定的税收优惠政策。

第八条　技术合同认定登记实行按地域一次登记制度。技术开发合同的研究开发人、技术转让合同的让与人、技术咨询和技术服务合同的受托人，以及技术培训合同的培训人、技术中介合同的中介人，应当在合同成立后向所在地区的技术合同

[①] 有关知识产权法庭的内容，详见本书第 10 章知识产权与技术标准。

登记机构提出认定登记申请。

第十七条 财政、税务等机关在审核享受有关优惠政策的申请时，认为技术合同登记机构的认定有误的，可以要求原技术合同登记机构重新认定。财政、税务等机关对重新认定的技术合同仍认为认定有误的，可以按国家有关规定对当事人享受相关优惠政策的申请不予审批。

《技术合同认定规则》（国科发政字〔2001〕253号）：

第五条 《中华人民共和国合同法》分则部分所列的其他合同，不得按技术合同登记。但其合同标的中明显含有技术开发、转让、咨询服务内容，其技术交易部分能独立成立并且合同当事人单独订立合同的，可以就其单独订立的合同申请认定登记。

第六条 以技术入股方式订立的合同，可按技术转让合同认定登记。

以技术开发、转让、咨询或服务为内容的技术承包合同，可根据承包项目的性质和具体技术内容确定合同的类型，并予以认定登记。

第十八条 申请认定登记的技术合同，其合同条款含有下列非法垄断技术、妨碍技术进步等不合理限制条款的，不予登记：

（一）一方限制另一方在合同标的技术的基础上进行新的研究开发的；

（二）一方强制性要求另一方在合同标的基础上研究开发所取得的科技成果及其知识产权独占回授的；

（三）一方限制另一方从其他渠道吸收竞争技术的；

（四）一方限制另一方根据市场需求实施专利和使用技术秘密的。

第二十二条 单纯以揭示自然现象、规律和特征为目标的基础性研究项目所订立的合同，以及软科学研究项目所订立的合同，不予登记。

第二十三条 下列各项符合本规则第二十一条规定的，属于技术开发合同：

（一）小试、中试技术成果的产业化开发项目；

（二）技术改造项目；

（三）成套技术设备和试验装置的技术改进项目；

（四）引进技术和设备消化、吸收基础上的创新开发项目；

（五）信息技术的研究开发项目，包括语言系统、过程控制、管理工程、特定专家系统、计算机辅助设计、计算机集成制造系统等，但软件复制和无原创性的程序编制的除外；

（六）自然资源的开发利用项目；

（七）治理污染、保护环境和生态项目；

（八）其他科技成果转化项目；

前款项目中属一般设备维修、改装、常规的设计变更及其已有技术直接应用于产品生产的，不属于技术开发合同。

第二十四条 下列合同不属于技术开发合同：

（一）合同标的为当事人已经掌握的技术方案，包括已完成产业化开发的产品、工艺、材料及其系统；

（二）合同标的为通过简单改变尺寸、参数、排列，或者通过类似技术手段的变换实现的产品改型、工艺变更以及材料配方调整；

（三）合同标的为一般检验、测试、鉴定、仿制和应用。

第二十八条 当事人就技术进出口项目订立的合同,可参照技术转让合同予以认定登记。

第三十五条 下列各项符合本规则第三十四条规定的,属于技术咨询合同:

(一)科学发展战略和规划的研究;

(二)技术政策和技术路线选择的研究;

(三)重大工程项目、研究开发项目、科技成果转化项目、重要技术改造和科技成果推广项目等的可行性分析;

(四)技术成果、重大工程和特定技术系统的技术评估;

(五)特定技术领域、行业、专业技术发展的技术预测;

(六)就区域、产业科技开发与创新及特定技术项目进行的技术调查、分析与论证;

(七)技术产品、服务、工艺分析和技术方案的比较与选择;

(八)专用设施、设备、仪器、装置及技术系统的技术性能分析;

(九)科技评估和技术查新项目。

前款项目中涉及新的技术成果研究开发或现有技术成果转让的,可根据其技术内容的比重确定合同性质,分别认定为技术开发合同、技术转让合同或者技术咨询合同。

第三十六条 申请认定登记的技术合同,其标的为大、中型建设工程项目前期技术分析论证的,可以认定为技术咨询合同。但属于建设工程承包合同一部分、不能独立成立的情况除外。

第三十七条 就解决特定技术项目提出实施方案,进行技术服务和实施指导所订立的合同,不属于技术咨询合同。符合技术服务合同条件的,可退回当事人补正后,按技术服务合同重新申请认定登记。

第三十八条 下列合同不属于技术咨询合同:

(一)就经济分析、法律咨询、社会发展项目的论证、评价和调查所订立的合同;

(二)就购买设备、仪器、原材料、配套产品等提供商业信息所订立的合同。

第四十一条 下列各项符合本规则第四十条规定,且该专业技术项目有明确技术问题和解决难度的,属于技术服务合同:

(一)产品设计服务,包括关键零部件、国产化配套件、专用工模量具及工装设计和具有特殊技术要求的非标准设备的设计,以及其他改进产品结构的设计;

(二)工艺服务,包括有特殊技术要求的工艺编制、新产品试制中的工艺技术指导,以及其他工艺流程的改进设计;

(三)测试分析服务,包括有特殊技术要求的技术成果测试分析,新产品、新材料、植物新品种性能的测试分析,以及其他非标准化的测试分析;

(四)计算机技术应用服务,包括计算机硬件、软件、嵌入式系统、计算机网络技术的应用服务,CAD和CIMS的推广、应用和技术指导等;

(五)新型或者复杂生产线的调试及技术指导;

(六)特定技术项目的信息加工、分析和检索;

(七)农业的产前、产中、产后技术服务,包括为技术成果推广,以及为提高农业产量、品质、发展新品种、降低消耗、提高经济效益和社会效益的有关技术服务。

（八）为特殊产品技术标准的制订；

（九）对动植物细胞植入特定基因、进行基因重组；

（十）对重大事故进行定性定量技术分析；

（十一）为重大科技成果进行定性定量技术鉴定或者评价。

前款各项属于当事人一般日常经营业务范围的，不应认定为技术服务合同。

第四十二条　下列合同不属于技术服务合同：

（一）以常规手段或者为生产经营目的进行一般加工、定作、修理、修缮、广告、印刷、测绘、标准化测试等订立的加工承揽合同和建设工程的勘察、设计、安装、施工监理合同。但以非常规技术手段，解决复杂、特殊技术问题而单独订立的合同除外。

（二）就描晒复印图纸、翻译资料、摄影摄像等所订立的合同；

（三）计量检定单位就强制性计量检定所订立的合同；

（四）理化测试分析单位就仪器设备的购售、租赁及用户服务所订立的合同。

第四十五条　技术开发、技术转让等合同中涉及技术培训内容的，应按技术开发合同或技术转让合同认定，不应就其技术培训内容单独认定登记。

第四十六条　下列培训教育活动，不属于技术培训合同：

（一）当事人就其员工业务素质、文化学习和职业技能等进行的培训活动；

（二）为销售技术产品而就有关该产品性能、功能及使用、操作进行的培训活动。

第四十九条　技术中介合同可以以下列两种形式订立：

（一）中介方与委托方单独订立的有关技术中介业务的合同；

（二）在委托方与第三方订立的技术合同中载明中介方权利与义务的有关中介条款。

第五十条　根据当事人申请，技术中介合同可以与其涉及的技术合同一起认定登记，也可以单独认定登记。

第五十一条　技术合同认定登记机构应当对申请认定登记合同的交易总额和技术交易额进行审查，核定技术性收入。

四、技术保密

《科学技术保密规定》（2015年11月16日）：

第十五条　机关、单位和个人产生需要确定为国家科学技术秘密的科学技术事项时，应当先行采取保密措施，并依照下列途径进行定密：

（一）属于本规定第十二条规定的机关、单位，根据定密权限自行定密；

（二）不属于本规定第十二条规定的机关、单位，向有相应定密权限的上级机关、单位提请定密；没有上级机关、单位的，向有相应定密权限的业务主管部门提请定密；没有业务主管部门的，向所在省、自治区、直辖市科学技术行政管理部门提请定密；

（三）个人完成的符合本规定第九条

规定的科学技术成果，应当经过评价、检测并确定成熟、可靠后，向所在省、自治区、直辖市科学技术行政管理部门提请定密。

第十六条　实行市场准入管理的技术或者实行市场准入管理的产品涉及的科学技术事项需要确定为国家科学技术秘密的，向批准准入的国务院有关主管部门提请定密。

第十七条　机关、单位在科学技术管理的以下环节，应当及时做好定密工作：

（一）编制科学技术规划；

（二）制定科学技术计划；

（三）科学技术项目立项；

（四）科学技术成果评价与鉴定；

（五）科学技术项目验收。

《中华人民共和国保守国家秘密法实施条例》（中华人民共和国国务院令第646号）：

第二十八条　企业事业单位从事国家秘密载体制作、复制、维修、销毁，涉密信息系统集成或者武器装备科研生产等涉及国家秘密的业务（以下简称涉密业务），应当由保密行政管理部门或者保密行政管理部门会同有关部门进行保密审查。保密审查不合格的，不得从事涉密业务。

第二十九条　从事涉密业务的企业事业单位应当具备下列条件：

（一）在中华人民共和国境内依法成立3年以上的法人，无违法犯罪记录；

（二）从事涉密业务的人员具有中华人民共和国国籍；

（三）保密制度完善，有专门的机构或者人员负责保密工作；

（四）用于涉密业务的场所、设施、设备符合国家保密规定和标准；

（五）具有从事涉密业务的专业能力；

（六）法律、行政法规和国家保密行政管理部门规定的其他条件。

第三十条　涉密人员的分类管理、任（聘）用审查、脱密期管理、权益保障等具体办法，由国家保密行政管理部门会同国务院有关主管部门制定。

五、技术进出口

《知识产权对外转让有关工作办法（试行）》（国办发〔2018〕19号）：

二、审查内容

（一）知识产权对外转让对我国国家安全的影响。

（二）知识产权对外转让对我国重要领域核心关键技术创新发展能力的影响。

《中华人民共和国技术进出口管理条例（2020年修订）》（中华人民共和国国务院令第331号）：

第二条　本条例所称技术进出口，是指从中华人民共和国境外向中华人民共和国境内，或者从中华人民共和国境内向中华人民共和国境外，通过贸易、投资或者经济技术合作的方式转移技术的行为。

前款规定的行为包括专利权转让、专利申请权转让、专利实施许可、技术秘密转让、技术服务和其他方式的技术转移。

第七条　国家鼓励先进、适用的技术进口。

第八条 有对外贸易法第十六条规定情形之一的技术，禁止或者限制进口。

国务院外经贸主管部门会同国务院有关部门，制定、调整并公布禁止或者限制进口的技术目录。

第九条 属于禁止进口的技术，不得进口。

第十条 属于限制进口的技术，实行许可证管理；未经许可，不得进口。

第十一条 进口属于限制进口的技术，应当向国务院外经贸主管部门提出技术进口申请并附有关文件。

技术进口项目需经有关部门批准的，还应当提交有关部门的批准文件。

第十二条 国务院外经贸主管部门收到技术进口申请后，应当会同国务院有关部门对申请进行审查，并自收到申请之日起30个工作日内作出批准或者不批准的决定。

第十三条 技术进口申请经批准的，由国务院外经贸主管部门发给技术进口许可意向书。

进口经营者取得技术进口许可意向书后，可以对外签订技术进口合同。

第二十七条 国家鼓励成熟的产业化技术出口。

第二十八条 有对外贸易法第十六条规定情形之一的技术，禁止或者限制出口。

国务院外经贸主管部门会同国务院有关部门，制定、调整并公布禁止或者限制出口的技术目录。

第二十九条 属于禁止出口的技术，不得出口。

第三十条 属于限制出口的技术，实行许可证管理；未经许可，不得出口。

第三十一条 出口属于限制出口的技术，应当向国务院外经贸主管部门提出申请。

第三十二条 国务院外经贸主管部门收到技术出口申请后，应当会同国务院科技管理部门对申请出口的技术进行审查，并自收到申请之日起30个工作日内作出批准或者不批准的决定。

限制出口的技术需经有关部门进行保密审查的，按照国家有关规定执行。

第三十三条 技术出口申请经批准的，由国务院外经贸主管部门发给技术出口许可意向书。

申请人取得技术出口许可意向书后，方可对外进行实质性谈判，签订技术出口合同。

《加强对外贸易中的专利管理意见》（2003年1月24日）：

七、对外贸易经营者出口货物涉及新技术和新发明的，应就所涉技术领域检索进口方所在国家和地区的专利文献，避免发生出口产品在该国家和地区侵犯专利权。确有需要并条件具备的，可先行或同时向进口方所在国家和地区提交专利申请。

八、对外贸易经营者出口技术设备的，应就所涉技术领域检索进口方所在国家和地区的专利文献，避免侵犯第三方专利权。确有需要并条件具备的，可先行或同时向进口方所在国家和地区提交专利申请。

九、对外贸易经营者引进或出口技术设备，涉及专利权转让、专利申请权转让的，应签订专利权或专利申请权转让合同；涉及专利许可的，应签订专利许可合同。

《对外科技交流保密提醒制度》（国保发〔2002〕7号）。

第16章 人才政策

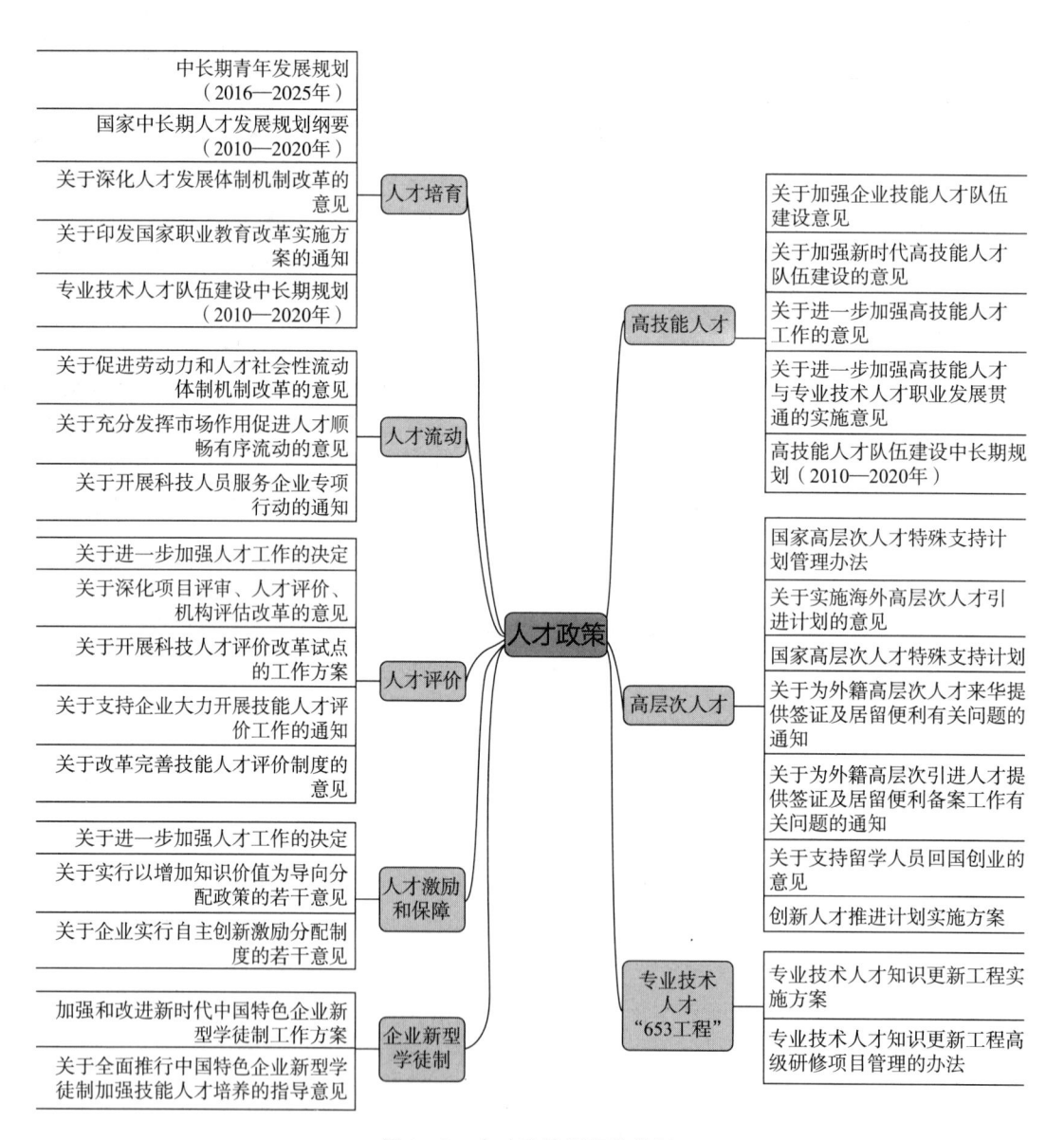

图 3-9 人才政策框架结构图

人才政策
- 人才培育
  - 中长期青年发展规划（2016—2025年）
  - 国家中长期人才发展规划纲要（2010—2020年）
  - 关于深化人才发展体制机制改革的意见
  - 关于印发国家职业教育改革实施方案的通知
  - 专业技术人才队伍建设中长期规划（2010—2020年）
- 人才流动
  - 关于促进劳动力和人才社会性流动体制机制改革的意见
  - 关于充分发挥市场作用促进人才顺畅有序流动的意见
  - 关于开展科技人员服务企业专项行动的通知
- 人才评价
  - 关于进一步加强人才工作的决定
  - 关于深化项目评审、人才评价、机构评估改革的意见
  - 关于开展科技人才评价改革试点的工作方案
  - 关于支持企业大力开展技能人才评价工作的通知
  - 关于改革完善技能人才评价制度的意见
- 人才激励和保障
  - 关于进一步加强人才工作的决定
  - 关于实行以增加知识价值为导向分配政策的若干意见
  - 关于企业实行自主创新激励分配制度的若干意见
- 企业新型学徒制
  - 加强和改进新时代中国特色企业新型学徒制工作方案
  - 关于全面推行中国特色企业新型学徒制加强技能人才培养的指导意见
- 高技能人才
  - 关于加强企业技能人才队伍建设意见
  - 关于加强新时代高技能人才队伍建设的意见
  - 关于进一步加强高技能人才工作的意见
  - 关于进一步加强高技能人才与专业技术人才职业发展贯通的实施意见
  - 高技能人才队伍建设中长期规划（2010—2020年）
- 高层次人才
  - 国家高层次人才特殊支持计划管理办法
  - 关于实施海外高层次人才引进计划的意见
  - 国家高层次人才特殊支持计划
  - 关于为外籍高层次人才来华提供签证及居留便利有关问题的通知
  - 关于为外籍高层次引进人才提供签证及居留便利备案工作有关问题的通知
  - 关于支持留学人员回国创业的意见
  - 创新人才推进计划实施方案
- 专业技术人才"653工程"
  - 专业技术人才知识更新工程实施方案
  - 专业技术人才知识更新工程高级研修项目管理的办法

一、人才培育

《中长期青年发展规划（2016—2025年)》（中发〔2017〕12号)：

二、发展领域、发展目标、发展措施

（五）青年就业创业

发展措施：

3. 推动青年投身创业实践。建立青年创业人才汇聚平台，建设青年创业导师团队，开展普及性培训和"一对一"辅导相结合的创业培训活动，帮助青年增强创业意识、增进创业本领。推动青年创业第三方综合服务体系建设，搭建各类青年创业孵化平台，完善政策咨询、融资服务、跟踪扶持、公益场地等孵化功能。加大青年创业金融服务落地力度，优化银行贷款等间接融资方式，支持创业担保贷款发展，拓宽股权投资等直接融资渠道。支持青年创业基金发展，发挥好国家新兴产业创业投资引导基金和中小企业发展基金等政府引导基金的作用，带动社会资本投入，解决青年创业融资难题。落实结构性减税和普遍性降费政策。建设青年创业项目展示和资源对接平台，搭建青年创业信息公共服务网络，办好青年创新创业大赛、展交会、博览会等创业品牌活动。着力培育服务青年创业的社会组织，建设专业化的服务队伍和服务实体。深入实施大学生创业引领计划，建立健全教学与实践相融合的高校创新创业教育体系，显著提升青年创新型人才培养质量；整合发展国家和省级高校毕业生就业创业基金。深入开展农村青年创业致富带头人培养，支持青年返乡创业。完善互联网创新创业政策，实施青年电商培育工程。

《国家中长期人才发展规划纲要（2010—2020年)》（中发〔2010〕6号)。

《关于深化人才发展体制机制改革的意见》（中发〔2010〕9号)：

二、推进人才管理体制改革

（六）健全市场化、社会化的人才管理服务体系。构建统一、开放的人才市场体系，完善人才供求、价格和竞争机制。

（七）加强人才管理法制建设。研究制定促进人才开发及人力资源市场、人才评价、人才安全等方面的法律法规。完善外国人才来华工作、签证、居留和永久居留管理的法律法规。制定人才工作条例。清理不合时宜的人才管理法律法规和政策性文件。

三、改进人才培养支持机制

（八）创新人才教育培养模式。统筹产业发展和人才培养开发规划，加强产业人才需求预测，加快培育重点行业、重要领域、战略性新兴产业人才。注重人才创新意识和创新能力培养，探索建立以创新创业为导向的人才培养机制，完善产学研用结合的协同育人模式。

（十一）优化企业家成长环境。遵循企业家成长规律，拓宽培养渠道。建立有利于企业家参与创新决策、凝聚创新人才、整合创新资源的新机制。依法保护企业家财产权和创新收益，进一步营造尊重、关怀、宽容、支持企业家的社会文化环境。合理提高国有企业经营管理人才市场化选聘比例，畅通各类企业人才流动渠道。研究制定在国有企业建立职业经理人制度的指导意见。完善国有企业经营管理人才中长期激励措施。

（十二）建立产教融合、校企合作的技术技能人才培养模式。研究制定技术技能人才激励办法，探索建立企业首席技师制度，试行年薪制和股权制、期权制。

《关于印发国家职业教育改革实施方案的通知》（国发〔2019〕4号）：

具体指标：从2019年开始，在职业院校、应用型本科高校启动"学历证书＋若干职业技能等级证书"制度试点（以下称1＋X证书制度试点）工作。

三、促进产教融合校企"双元"育人

（十）推动校企全面加强深度合作。在开展国家产教融合建设试点基础上，建立产教融合型企业认证制度，对进入目录的产教融合型企业给予"金融＋财政＋土地＋信用"的组合式激励，并按规定落实相关税收政策。试点企业兴办职业教育的投资符合条件的，可按投资额一定比例抵免该企业当年应缴教育费附加和地方教育附加。

《专业技术人才队伍建设中长期规划（2010—2020年）》（中组发〔2011〕7号）。

二、人才流动

《关于促进劳动力和人才社会性流动体制机制改革的意见》（2019年12月25日）：

四、完善评价激励机制，拓展社会性流动空间

（九）拓宽技术技能人才上升通道。推进职业资格与职称、职业技能等级制度有效衔接，推动实现技能等级与管理、技术岗位序列相互比照，畅通新职业从业人员职业资格、职称、职业技能等级认定渠道。鼓励用人单位建立首席技师、特级技师等岗位，建立技能人才聘期制和积分晋级制度。支持用人单位打破学历、资历等限制，将工资分配、薪酬增长与岗位价值、技能素质、实绩贡献、创新成果等因素挂钩。

《关于充分发挥市场作用促进人才顺畅有序流动的意见》（人社部发〔2019〕7号）：

二、健全人才流动市场机制

（五）完善人才市场供求、价格和竞争机制

健全合理体现人才价值的收入分配机制，落实以知识、技术、管理、技能等创新要素按贡献参与分配政策，实行股权、期权等中长期激励政策，探索建立人才流动中对前期培养的补偿机制。改进人才评价机制，突出品德、能力和业绩评价导向，科学客观公正评价人才。

（六）全面落实用人主体自主权

合理增加国有企业经理层中市场化选聘职业经理人比例，畅通现有国有企业经营管理者与职业经理人身份转换通道。企业吸引优秀人才开展重大产业关键共性技术、装备和标准研发，引才所需费用可全额列入经营成本。

四、规范人才流动秩序

（十三）深化区域人才交流开发合作

构建区域人才交流开发合作信息网络平台，实现人才供求信息、薪酬信息、政策信息、培训信息等各类信息资源的互联互通。

（十四）维护国家重点领域人才流动秩序

国家重点领域人才和在艰苦边远地区工作的人才流动，须经单位或主管部门同意。西部地区因政策倾斜获得人才计划支持的科研人员，在支持周期内离开相关岗位的，取消对其相应支持。

《关于开展科技人员服务企业专项行动的通知》（国科办函智〔2020〕59号）：

二、引导科研院所和高校组织科技人员服务企业

引导科研院所、高校组织科技人员服务企业，采取多种方式，支持科技人员通过兼职创新、长期派驻、短期合作等服务企业。

1. 支持科研院所和高校面向企业选派"科技专员"。支持科研院所、高校根据企业需求，积极选派科研能力强、拥有创新成果的科技人员担任"科技专员"，推动国家科技人才计划入选人才及科研团队等率先服务企业，到企业开展科技咨询、技术诊断、产品开发、成果转化、科学普及等服务。在中央引导地方科技发展资金中引导地方对"科技专员"给予支持。

三、积极推动科技人员服务企业

2. 加大对科技人员服务企业支持力度。结合本地实际，加强科技资源统筹，支持科技人员服务企业的项目研发、成果转化、技术咨询服务等。探索拓宽科技创新券支持范围，允许科研院所、高校科技人员个人申领使用科技创新券，开展服务企业的科技成果转移转化工作。

三、人才评价

《关于进一步加强人才工作的决定》（2003年12月26日）：

三、坚持改革创新，努力形成科学的人才评价和使用机制

6. 建立以能力和业绩为导向、科学的社会化的人才评价机制。

企业经营管理人才的评价重在市场和出资人认可。发展企业经营管理人才评价机构，探索社会化的职业经理人资质评价制度。完善反映经营业绩的财务指标和反映综合管理能力等非财务指标相结合的企业经营管理人才评价体系，积极开发适应不同类型企业经营管理人才的考核测评技术。改进国有资产出资人对国有企业经营管理者考核评价工作，围绕任期制和任期目标责任制，突出对经营业绩和综合素质的考核。

《关于深化项目评审、人才评价、机构评估改革的意见》（2018年7月3日）：

三、改进科技人才评价方式

（四）强化用人单位人才评价主体地位。坚持评用结合，支持用人单位健全科技人才评价组织管理，根据单位实际建立人才分类评价指标体系，突出岗位履职评价，完善内部监督机制，使人才发展与单位使命更好协调统一。按照深化职称制度改革方向要求，分类完善职称评价标准，不将论文、外语、专利、计算机水平作为

应用型人才、基层一线人才职称评审的限制性条件。落实职称评审权限下放改革措施，支持符合条件的高校、科研院所、医院、大型企业等单位自主开展职称评审。选择部分国家临床医学研究中心试点开展临床医生科研评价改革工作。不简单以学术头衔、人才称号确定薪酬待遇、配置学术资源。

《关于开展科技人才评价改革试点的工作方案》（国科发才〔2022〕255号）：

二、试点任务

（一）承担国家重大攻关任务的人才评价

2. 完善科研任务用户导向的评价方式，充分听取任务委托方、成果采用方意见。注重个人评价与团队评价相结合。

（三）应用研究和技术开发类人才评价

1. 以技术突破和产业贡献为导向，重点评价技术标准、技术解决方案、高质量专利、成果转化产业化、产学研深度融合成效等代表性成果，建立体现产学研和团队合作、技术创新与集成能力、成果的市场价值和应用实效、对经济社会发展贡献的评价指标。不得以是否发表论文、取得专利多少和申请国家项目经费数量为主要评价指标。

2. 探索构建专家重点评价技术水平、市场评价产业价值相结合，市场、用户、第三方深度参与的评价方式。

3. 对承担国家科研任务特别是急难险重科研攻关任务、国家重大科技基础设施建设任务等并作出贡献的科研人员，在绩效考核权重方面予以倾斜，引导优秀科研人员投身国家科技任务。

4. 探索设立科技成果转化岗，重点评价科技成果转化成效，建立高水平、专业化的成果转化人才队伍。

（四）社会公益研究类人才评价

2. 完善社会化评价方式，充分听取行业用户和服务对象的意见，注重政府和社会评价。依据不同科研和服务活动类型确定合理评价周期。

《关于支持企业大力开展技能人才评价工作的通知》（人社厅发〔2020〕104号）：

一、支持企业自主开展技能人才评价。按照"谁用人、谁评价、谁发证、谁负责"的原则，支持各级各类企业自主开展技能人才评价工作，发放职业技能等级证书，推动建立以市场为导向、以企业等用人单位为主体、以职业技能等级认定为主要方式的技能人才评价制度。

二、企业自主确定评价范围。符合条件、经备案的企业可面向本企业职工（含劳务派遣、劳务外包等各类用工人员）组织开展职业技能水平评价工作，实施职业技能等级认定，并将人才评价与培养、使用、待遇有机结合。企业可结合生产经营主业，依据国家职业分类大典和新发布的职业（工种），自主确定评价职业（工种）范围。对职业分类大典未列入但企业生产经营中实际存在的技能岗位，可按照相邻相近原则对应到职业分类大典内职业（工种）实施评价。支持企业参与新职业开发工作，推动较为成熟的技能岗位纳入国家职业分类体系。

三、企业自主设置职业技能等级。企业可以国家职业技能标准设置的五级（初级工）、四级（中级工）、三级（高级工）、二级（技师）和一级（高级技师）为基础，自主设置职业技能岗位等级，形成具有自身特色的评价等级结构，建立技能人才成长通道。企业可设置学徒工、特级技师、首席技师等岗位等级，并明确其与国家职业技能标准相应技能等级之间的对应关系；企业还可在技能等级内细分层级。

四、依托企业开发评价标准规范。企业可根据相应的国家职业技能标准，结合企业工种（岗位）特殊要求，对职业功能、工作内容、技能要求和申报条件等进行适当调整，原则上不低于国家职业技能标准要求。无相应国家职业技能标准的，企业可参照《国家职业技能标准编制技术规程》，自主开发制定企业评价规范。支持较为成熟和影响较大的企业评价规范，按程序申报国家职业技能标准。

五、企业自主运用评价方法。建立以职业能力为导向、以工作业绩为重点、注重工匠精神和职业道德养成的技能人才评价体系。坚持把品德作为评价的首要内容，重点考察劳动者执行操作规程、进行安全生产、解决生产问题和完成工作任务的能力，并注重考核岗位工作绩效，强化生产服务结果、创新成果和实际贡献。要把技能人才评价工作融入日常生产经营活动过程中，灵活运用过程化考核、模块化考核和业绩评审、直接认定等多种方式。探索利用现代信息技术，创新技能评价方式。

六、积极开展职业技能竞赛评价。鼓励企业按照国家职业技能标准和行业企业评价规范要求，大力开展职业技能竞赛、岗位练兵、技术比武等活动，并将竞赛结果与职业技能等级认定相衔接。支持企业职工参加各级各类职业技能竞赛，对在职业技能竞赛中取得优异成绩的人员，可按规定晋升相应职业技能等级。

七、贯通企业技能人才职业发展。适应人才融合发展趋势，建立职业技能等级认定与专业技术职称评审贯通机制，破除身份、学历、资历等障碍，搭建企业人才成长立交桥。

八、提升企业评价服务能力。鼓励备案企业申请为社会培训评价组织，为其它中小企业和社会人员提供人才评价服务。深化产教融合、企校合作，支持企业为院校学生提供人才评价服务，引导院校科学合理设置专业和课程。

《关于改革完善技能人才评价制度的意见》（人社部发〔2019〕90号）：

二、改革技能人才评价制度

（四）深化技能人员职业资格制度改革。巩固职业资格改革成果，完善国家职业资格目录。对准入类职业资格，继续保留在国家职业资格目录内。对关系公共利益或涉及国家安全、公共安全、人身健康、生命财产安全的水平评价类职业资格，要依法依规转为准入类职业资格。对与国家安全、公共安全、人身健康、生命财产安全关系不密切的水平评价类职业资格，要逐步调整退出目录，对其中社会通用性强、专业性强、技术技能要求高的职业（工种），可根据经济社会发展需要，实行职业技能等级认定。

（五）建立职业技能等级制度。建立并推行职业技能等级制度，由用人单位和社会培训评价组织按照有关规定开展职业技能等级认定。符合条件的用人单位可结合实际面向本单位职工自主开展，符合条件的用人单位按规定面向本单位以外人员提供职业技能等级认定服务。符合条件的社会培训评价组织可根据市场和就业需要，面向全体劳动者开展。职业技能等级认定要坚持客观、公正、科学、规范的原则，认定结果要经得起市场检验、为社会广泛认可。

三、健全技能人才评价标准

（七）建立健全评价标准。国家确定职业分类，依据职业分类，建立由国家职业技能标准、行业企业评价规范、专项职业能力考核规范等构成的多层次、相互衔接的职业标准体系，作为开展技能人才评价的依据。

（九）合理确定技能等级。按照国家职业技能标准和行业企业评价规范设置的职业技能等级，一般分为初级工、中级工、高级工、技师和高级技师五个等级。企业可根据需要，在相应的职业技能等级内划分层次，或在高级技师之上设立特级技师、首席技师等，拓宽技能人才职业发展空间。

四、完善评价内容和方式

（十一）实行分类评价。用人单位和社会培训评价组织要根据不同类型技能人才的工作特点，实行差别化技能评价。在统一的评价标准体系框架基础上，对技术技能型人才的评价，要突出实际操作能力和解决关键生产技术难题要求，并根据需要增加新知识、新技术、新方法等方面的要求。对知识技能型人才的评价，要围绕高新技术发展需要，突出掌握运用理论知识指导生产实践、创造性开展工作要求。对复合技能型人才的评价，应根据产业结构调整和科技进步发展，突出掌握多项技能、从事多工种多岗位复杂工作要求。

（十二）创新评价方式。用人单位和社会培训评价组织可结合实际，按规定综合运用理论知识考试、技能操作考核、业绩评审、竞赛选拔、企校合作等多种鉴定考评方式，克服唯学历、唯职称、唯论文倾向，提高评价的针对性和有效性。

四、人才激励和保障

《关于进一步加强人才工作的决定》（2003年12月26日）：

五、以鼓励劳动和创造为根本目的，加大对人才的有效激励和保障

10. 完善分配激励机制。在分类指导、分步实施的基础上，进一步完善国有企业经营者年薪制。

《关于实行以增加知识价值为导向分配政策的若干意见》（厅字〔2016〕35号）：

五、加强科技成果产权对科研人员的长期激励

（三）完善国有企业对科研人员的中长期激励机制。尊重企业作为市场经济主体在收入分配上的自主权，完善国有企业科研人员收入与科技成果、创新绩效挂钩的奖励制度。国有企业科研人员按照合同约定薪酬，探索对聘用的国际高端科技人才、高端技能人才实行协议工资、项目工资等市场化薪酬制度。符合条件的国有科技型企业，可采取股权出售、股权奖励、股权期权等股权方式，或项目收益分红、岗位分红等分红方式进行激励。

《关于企业实行自主创新激励分配制度的若干意见》（财企〔2006〕383号）：

二、企业内部分配应当向研发人员适当倾斜，可以通过双方协商确定研发人员

的工资报酬水平,并可以在工资计划中安排一定数额,专门用于对企业在职研发人员的奖励。

实行工资总额同经济效益挂钩政策的企业,在国家调整"工效挂钩政策之前,因实行新的自主创新激励分配制度增加的对研发人员的工资、奖金、津贴、补贴等各项支出,计入工资总额,但应当在工资总额基数之外单列。

四、企业实现科技成果转化,且近3年税后利润形成的净资产增值额占实现转化前净资产总额30%以上的,对关键研发人员可以根据其贡献大小,按一定价格系数将一定比例的股权(股份)出售给有关人员。

价格系数应当综合考虑企业净资产评估价值、净资产收益率和未来收益折现等因素合理确定。企业不得为个人认购股权(股份)垫付款项,也不得为个人融资提供担保。个人持有股权(股份)尚未缴付认股资金的,不得参与分红。

五、高新技术企业在实施公司制改建或者增资扩股过程中,可以对关键研发人员奖励股权(股份)或者按一定价格系数出售股权(股份)。

奖励股权(股份)和以价格系数体现的奖励额之和,不得超过企业近3年税后利润形成的净资产增值额的35%,其中,奖励股权(股份)的数额不得超过奖励总额的一半;奖励总额一般在3年到5年内统筹安排使用。

七、国有及国有控股企业根据企业自身情况,采取技术折股、股权出售、奖励股权、技术奖励或分成等方式,对相关人员进行激励,并应当具备以下条件:

(一)企业发展战略明确,产权明晰,法人治理结构健全;

(二)建立了规范的员工绩效考核评价制度、内部财务管理制度;

(三)企业财务会计报告经过中介机构依法审计,近3年净资产增值额真实无误,且没有违反财经法律法规的行为;

(四)实行股权出售或者奖励股权的企业,近3年税后利润形成的净资产增加值占企业净资产总额的30%以上,且实施股权激励的当年年初未分配利润没有赤字;

(五)实行技术奖励或分成的企业,年度用于技术奖励或分成的金额同时不得超过当年可供分配利润的30%。

五、高技能人才

《关于加强企业技能人才队伍建设意见》(国办发〔2012〕34号):

二、健全企业职工培训制度

(四)大力开展岗前培训。各地应贯彻落实《国务院关于加强职业培训促进就业的意见》(国发〔2010〕36号)的要求,完善职业培训补贴直补企业的政策措施,对符合条件的,按规定给予企业相应的培训费补贴。

(六)推动企业高技能人才培训。鼓励企业高技能人才参加科研机构的科技攻关和企业技术改造,支持企业建设技能大师工作室,开展关键工艺攻关、技能研习和创新以及技能传承等活动,各级财政部门应给予资金扶持。对参加技师、高级技师培训并获得相应技能人员职业资格证书的企业在岗职工，按规定给予一定的培训费补贴，补贴资金由地方政府和企业共同负担，政府负担的补贴资金从就业专项资金中列支，中央财政通过就业专项转移支付资金，对地方给予适当补助。

（七）探索建立企业新型学徒制度。各地应制定支持企业建立新型学徒制度的政策措施，对符合企业岗前培训补贴条件的，按规定享受企业岗前培训费补贴政策。

四、健全企业技能人才激励机制

（十一）完善企业技能人才激励政策。要切实落实高技能人才享受政府特殊津贴的政策。各大中城市可根据当地紧缺急需技能人才情况，研究制定高技能人才落户政策，具体办法由各地人民政府制定。

五、切实做好组织实施工作

（十五）落实经费政策。企业要按照财政部等部门《关于印发〈关于企业职工教育经费提取与使用管理的意见〉的通知》（财建〔2006〕317号）要求，足额提取并合理使用企业职工教育经费，职工教育经费的60%以上应用于一线职工的教育和培训，重点投向职工岗前培训、在岗技能提升培训、高技能人才培训和职业技能鉴定等。

《关于加强新时代高技能人才队伍建设的意见》（2022年10月7日）：

二、加大高技能人才培养力度

（三）健全高技能人才培养体系。鼓励各类企业结合实际把高技能人才培养纳入企业发展总体规划和年度计划，依托企业培训中心、产教融合实训基地、高技能人才培训基地、公共实训基地、技能大师工作室、劳模和工匠人才创新工作室、网络学习平台等，大力培养高技能人才。国有企业要结合实际将高技能人才培养规划的制定和实施情况纳入考核评价体系。鼓励各类企业事业组织、社会团体及其他社会组织以独资、合资、合作等方式依法参与举办职业教育培训机构，积极参与承接政府购买服务。对纳入产教融合型企业建设培育范围的企业兴办职业教育符合条件的投资，可依据有关规定按投资额的30%抵免当年应缴教育费附加和地方教育附加。

（四）创新高技能人才培养模式。探索中国特色学徒制。深化产教融合、校企合作，开展订单式培养、套餐制培训，创新校企双制、校中厂、厂中校等方式。对联合培养高技能人才成效显著的企业，各级政府按规定予以表扬和相应政策支持。

（五）加大急需紧缺高技能人才培养力度。围绕国家重大战略、重大工程、重大项目、重点产业对高技能人才的需求，实施高技能领军人才培育计划。支持制造业企业围绕转型升级和产业基础再造工程项目，实施制造业技能根基工程。围绕建设网络强国、数字中国，实施提升全民数字素养与技能行动，建立一批数字技能人才培养试验区，打造一批数字素养与技能提升培训基地，举办全民数字素养与技能提升活动，实施数字教育培训资源开放共享行动。围绕乡村振兴战略，实施乡村工匠培育计划，挖掘、保护和传承民间传统技艺，打造一批"工匠园区"。

三、完善技能导向的使用制度

（八）健全高技能人才岗位使用机制。企业可设立技能津贴、班组长津贴、带徒津贴等，支持鼓励高技能人才在岗位上发挥技能、管理班组、带徒传技。鼓励企业根据需要，建立高技能领军人才"揭榜领题"以及参与重大生产决策、重大技术革新和技术攻关项目的制度。实行"技师+

工程师"等团队合作模式，在科研和技术攻关中发挥高技能人才创新能力。鼓励支持高技能人才兼任职业学校实习实训指导教师。高技能人才配置状况应作为生产经营性企业及其他实体参加重大工程项目招投标、评优和资质评估的重要因素。

（九）完善技能要素参与分配制度。国有企业在工资分配上要发挥向技能人才倾斜的示范作用。完善企业薪酬调查和信息发布制度，鼓励有条件的地区发布分职业（工种、岗位）、分技能等级的工资价位信息，为企业与技能人才协商确定工资水平提供信息参考。用人单位在聘的高技能人才在学习进修、岗位聘任、职务晋升、工资福利等方面，分别比照相应层级专业技术人员享受同等待遇。完善科技成果转化收益分享机制，对在技术革新或技术攻关中作出突出贡献的高技能人才给予奖励。高技能人才可实行年薪制、协议工资制，企业可对作出突出贡献的优秀高技能人才实行特岗特酬，鼓励符合条件的企业积极运用中长期激励工具，加大对高技能人才的激励力度。畅通为高技能人才建立企业年金的机制，鼓励和引导企业为包括高技能人才在内的职工建立企业年金。完善高技能特殊人才特殊待遇政策。

（十）完善技能人才稳才留才引才机制。建立健全技能人才柔性流动机制，鼓励技能人才通过兼职、服务、技术攻关、项目合作等方式更好发挥作用。畅通高技能人才向专业技术岗位或管理岗位流动渠道。引导企业规范开展共享用工。支持各地将高技能人才纳入城市直接落户范围，高技能人才的配偶、子女按有关规定享受公共就业、教育、住房等保障服务。

《关于进一步加强高技能人才工作的意见》（中办发〔2006〕15号）：

二、完善高技能人才培养体系，大力加强高技能人才培养工作

（五）建立高技能人才校企合作培养制度。支持企业为职业院校建立学生实习实训基地。实行校企合作的定向培训费用可从企业职工教育经费中列支。对积极开展校企合作承担实习见习任务、培训成效显著的企业，由当地政府给予适当奖励。

（十六）加大资金投入力度，建立政府、企业、社会多渠道筹措的高技能人才投入机制。企业应按规定提取职工教育经费（职工工资总额的1.5%~2.5%），加大高技能人才培养投入。企业进行技术改造和项目引进，应按相关规定提取职工技术培训经费，重点保证高技能人才培养的需要。

《关于进一步加强高技能人才与专业技术人才职业发展贯通的实施意见》（人社部发〔2020〕96号）：

二、主要措施

（三）创新高技能人才职称评价机制。

支持有条件的地区和单位对高技能人才单独分组、单独评审。支持高技能人才密集、技术实力较强、内部管理规范的规模以上企业自主开展高技能人才职称评审。积极吸纳优秀高技能人才参加相关职称评审委员会、专家库，参与制定评价标准。

（四）鼓励专业技术人才参加职业技能评价。用人单位可根据国家职业技能标准和行业企业评价规范，结合本单位实际，制定本单位专业技术人才参加职业技能评价的标准条件。

（五）加强评价制度与用人制度衔接。探索建立企业内部技能岗位等级与管

理、技术岗位序列相互比照，专业技术岗位、经营管理岗位、技能岗位互相衔接机制。鼓励用人单位研究制定高技能领军人才职业发展规划，实行高技能领军人才年薪制、股权期权激励，设立高技能领军人才特聘岗位津贴、带徒津贴等，按实际贡献给予高技能人才绩效奖励，切实提高高技能人才待遇水平。

《高技能人才队伍建设中长期规划（2010—2020年）》（2011年7月6日）。

六、高层次人才

《国家高层次人才特殊支持计划管理办法》（组通字〔2017〕9号）：

第二章　资格条件

第六条　科技创新领军人才。申报人应当为主持重大科研任务、领衔高层次创新团队、领导国家级创新基地和重点学科建设的科技人才和科研管理人才，研究方向属于国家中长期科学和技术发展规划纲要确立的重点领域，研究工作具有重大创新性和发展前景。

第七条　科技创业领军人才。申报人应当为企业主要创办者和实际控制人（为企业第一大股东或者法人代表），运用自主知识产权创建科技企业的科技人才，或者具有突出经营管理才能的高级管理人才。创业项目符合我国战略性新兴产业发展方向并处于领先地位。企业创办时间一般不超过5年，特殊情况可适当放宽。

《关于实施海外高层次人才引进计划的意见》（中办发〔2008〕25号）：

三、坚持重在使用，切实为海外高层次人才充分发挥作用提供良好条件根据海外高层次人才的工作领域和工作性质，实行弹性考核制度，避免多头评价、重复评价。对海外高层次人才可以实行协议薪酬制，有条件的用人单位还可以实行期权、股权和企业年金等中长期激励措施。

《国家高层次人才特殊支持计划》（中组发〔2012〕12号）。

《关于为外籍高层次人才来华提供签证及居留便利有关问题的通知》（人社部发〔2012〕57号）。

《关于为外籍高层次引进人才提供签证及居留便利备案工作有关问题的通知》（人社厅函〔2014〕432号）。

《关于支持留学人员回国创业的意见》（人社部发〔2011〕32号）：

一、大力支持留学人员回国创业

1. 留学人员企业一般要由留学人员担任企业法人代表，或者留学人员自有资金（含技术入股）及海内外跟进的风险投资占企业总投资的30%以上。

二、积极为留学人员回国创业提供政策支持

6. 有条件的地区可为留学人员回国创办企业提供一定数量的创业启动资金，并为领军型回国创业留学人员及其创业团队成员提供一定数额的安家费或租房补贴。

9. 符合条件的留学人员企业可以按规定参与国家和省级科技计划项目、科研项目等，对进入各类园区孵化或转化的科研项目给予减免场地租金等优惠。

《创新人才推进计划实施方案》（国科发政〔2011〕538号）。

七、专业技术人才"653 工程"

《专业技术人才知识更新工程实施方案》（人社部发〔2021〕73 号）：
三、重点项目
（一）高级研修项目。
主要面向中高层次专业技术人员和经营管理人员，每年举办 300 期左右国家级高级研修班，培养培训 2 万名左右高层次专业技术人才和经营管理人才。
（二）专业技术人员能力提升项目。
引导专业技术人员学习新思想、新知识、新技术、新方法，不断更新知识结构、掌握先进技术、提升专业水平、提高创新能力，每年培养培训各类专业技术人才 90 万人左右。
（三）数字技术工程师培育项目。
围绕人工智能、物联网、大数据、云计算、数字化管理、智能制造、工业互联网、虚拟现实、区块链、集成电路等数字技术技能领域，组织制定颁布国家职业标准，开发培训大纲和培训教程，实施规范化培训、社会化评价，提升从业人员数字技术水平，每年培养培训数字技术技能人员 8 万人左右，培育壮大高水平数字技术工程师队伍。
（四）国家级专业技术人员继续教育基地建设项目。
根据工程培养培训任务要求，依托高等院校、科研院所、大型企业现有施教机构，分期建设一批国家级专业技术人员继续教育基地。

《专业技术人才知识更新工程高级研修项目管理的办法》（人社厅发〔2014〕70 号）：
第二章 研修要求
第十四条 高级研修项目经费由中央财政专项资助，主要用于支付高级研修项目的住宿费、伙食费、场地费、讲课费、资料费、交通费等。除往返交通费由学员承担外，一般不得向学员收取任何费用。

八、企业新型学徒制

《加强和改进新时代中国特色企业新型学徒制工作方案》（人社厅发〔2022〕62 号）：
二、广泛发动企业做好动员组织工作。引导企业按照年度用工计划总量或技能岗位员工总量的一定比例设立学徒岗位，确定学徒培训数量，有计划地组织开展学徒培训。支持引导有技能人才培养能力的企业特别是产教融合型企业，建有高技能人才培训基地、技能大师工作室、技能根基工程培训基地、公共实训基地的企业和培训院校率先带头开展企业新型学徒制培训。支持大型企业集团、产业链龙头企业、连锁企业等依托具备培训条件的企业培训中心开展学徒培训。中小微企业、新兴行业企业可探索由所属行会商会牵头组织，建立跨企业培训中心或采取企业联合组班方式开展学徒培训。企业和培训院校可以设置专门岗位，安排专职或兼职人员负责学徒培训，做好学徒组织管理服务工作。鼓励企校联合建设企业新型学徒制培训中心、企业新型学徒制研究中心等，加强对学徒培训工作的研究和组织实施。

三、明确企业新型学徒的培养目标。企业新型学徒制培训对象主要是与企业至少签订1年以上劳动合同的技能岗位员工，由企业结合生产实际自主确定。企业可联合培训院校共同分析企业技能岗位需要、职工成长成才需求，研究制定学徒培训的职业（工种）计划。学徒培训的职业（工种）原则上应有培训标准（包括国家职业技能标准、职业培训包或经备案的行业企业培训评价规范、企业培训方案、职业技能培训课程标准等，下同）。培训目标以符合企业岗位需求的中高级技能人才为重点。培训期限结合学徒培训目标、技能形成规律等确定，一般为1至2年，特殊情况可延长到3年。培训期限长于劳动合同剩余期限的，企业应与学徒协商续延劳动合同期限。培训方式以工学一体为主，通过实施工作项目、完成工作任务、解决工作问题等，提升学徒专业素质和解决问题能力。

《关于全面推行中国特色企业新型学徒制加强技能人才培养的指导意见》（人社部发〔2021〕39号）：

三、目标任务

按照政府引导、企业为主、院校参与的原则，在企业全面推行新型学徒制培训，进一步发挥各类企业主体作用，通过企校合作、工学交替方式，组织企业技能岗位新入职、转岗员工参加企业新型学徒制培训，力争使企业技能岗位新入职员工都有机会接受高质量岗前职业技能培训；力争使企业技能岗位转岗员工都有机会接受转岗转业就业储备性技能培训，达到"转岗即能顶岗"。

四、主要内容

（一）培养对象和培养模式。……，发挥企业培养主体作用，培养和评价"双结合"，企业实训基地和院校培训基地"双基地"，企业导师和院校导师"双导师"培养模式，大型企业可依托本企业培训中心等采取"师带徒"的方式，开展企业新型学徒制培养工作。

（三）培养内容。……，加大企业生产岗位技能、数字技能、绿色技能、安全生产技能和职业道德、职业素养、工匠精神、质量意识、法律常识、创业创新、健康卫生等方面培训力度。

（四）培养主体职责。企业新型学徒培养的主要职责由所在企业承担。企业应与学徒签订培养协议，明确培训目标、培训内容与期限、质量考核标准等内容。同一批次同类职业（工种）可签订集体培养协议。企业委托培训机构承担学徒的部分培训任务，应与培训机构签订合作协议，明确培训的方式、内容、期限、费用、双方责任等具体内容，保证学徒在企业工作的同时，能够到培训机构参加系统的、有针对性的专业知识学习和相关技能训练。

五、激励机制

（一）完善经费补贴政策。对开展学徒培训的企业按规定给予职业培训补贴，补贴资金从职业技能提升行动专账资金或就业补助资金列支。补贴标准由各市（地）以上人力资源社会保障部门会同财政部门确定，学徒每人每年的补贴标准原则上5000元以上,补贴期限按照实际培训期限(不超过备案期限)计算,可结合经济发展、培训成本、物价指数等情况定期调整。

(二)健全企业保障机制。学徒在学习培训期间,企业应当按照劳动合同法的规定支付工资,且工资不得低于企业所在地最低工资标准。企业按照与培训机构签订的合作协议约定,向培训机构支付学徒培训费用,所需资金从企业职工教育经费列支;符合有关政策规定的,由政府提供职业培训和职业技能鉴定补贴。承担带徒任务的企业导师享受导师带徒津贴,津贴标准由企业确定,津贴由企业承担。企业对学徒开展在岗培训、业务研修等企业内部发生的费用,符合有关政策规定的,可从企业职工教育经费中列支。

(三)建立奖励激励机制。充分发挥中华技能大奖获得者、全国技术能手、劳动模范、大国工匠等技能人才传帮带优势,充分利用技能大师(专家)工作室、劳模和工匠人才创新工作室等技能人才培养阵地,鼓励"名师带高徒"、"师徒结对子",激发师徒主动性和积极性。鼓励企业建立学徒奖学金、师带徒津贴(授课费、课时费),制定职业技术技能等级认定优惠政策,畅通企业间流通渠道。

第 17 章　产学研合作

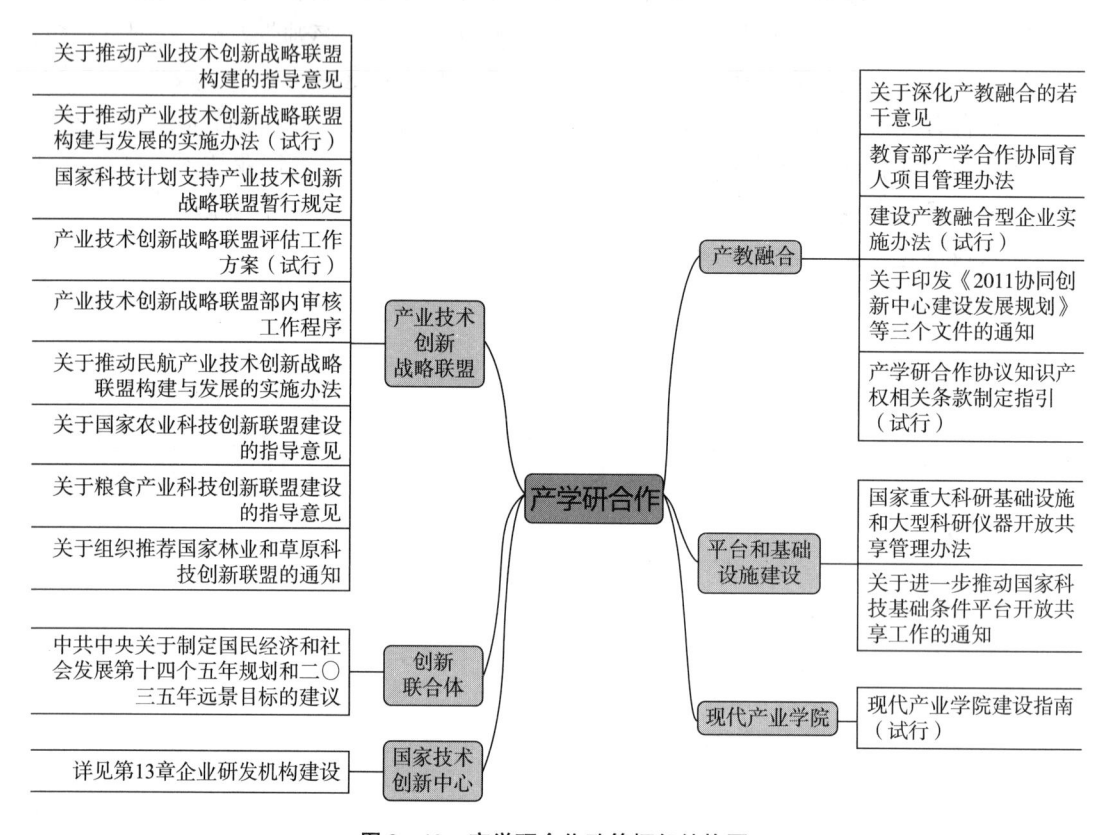

图 3－10　产学研合作政策框架结构图

一、产教融合

《**关于深化产教融合的若干意见**》（国办发〔2017〕95号）：

三、强化企业重要主体作用

（八）拓宽企业参与途径。鼓励企业以独资、合资、合作等方式依法参与举办职业教育、高等教育。通过购买服务、委托管理等，支持企业参与公办职业学校办学。鼓励有条件的地区探索推进职业学校股份制、混合所有制改革，允许企业以资本、技术、管理等要素依法参与办学并享有相应权利。

（九）深化"引企入教"改革。支持引导企业深度参与职业学校、高等学校教育教学改革，多种方式参与学校专业规划、教材开发、教学设计、课程设置、实习实训，促进企业需求融入人才培养环节。鼓励企业依托或联合职业学校、高等学校设立产业学院和企业工作室、实验室、创新基地、实践基地。

（十）开展生产性实习实训。鼓励以引企驻校、引校进企、校企一体等方式，吸引优势企业与学校共建共享生产性实训基地。通过探索购买服务、落实税收政策等方式，鼓励企业直接接收学生实习实训。

（十一）以企业为主体推进协同创新和成果转化。继续加强企业技术中心和高校技术创新平台建设，鼓励企业和高校共建产业技术实验室、中试和工程化基地。

（十三）发挥骨干企业引领作用。鼓励区域、行业骨干企业联合职业学校、高等学校共同组建产教融合集团（联盟），带动中小企业参与，推进实体化运作。注重发挥国有企业特别是中央企业示范带头作用，支持各类企业依法参与校企合作。结合推进国有企业改革，支持有条件的国有企业继续办好做强职业学校。

四、推进产教融合人才培养改革

（十六）加强产教融合师资队伍建设。

支持企业技术和管理人才到学校任教，鼓励有条件的地方探索产业教师（导师）特设岗位计划。

《**教育部产学合作协同育人项目管理办法**》（教高厅〔2020〕1号）：

第四条 产学合作协同育人项目实行项目制管理，主要包括六类：

（二）教学内容和课程体系改革项目。企业提供经费、师资、技术、平台等，将产业和技术最新进展、行业对人才培养的最新要求引入教学过程，推动高校更新教学内容、完善课程体系，建设适应行业发展需要、可共享的课程、教材、教学案例等资源并推广应用。

《**建设产教融合型企业实施办法（试行）**》（发改社会〔2019〕590号）：

第六条 重点建设培育主动推进制造业转型升级的优质企业，……优先考虑紧密服务国家重大战略，技术技能人才需求旺盛，主动加大人力资本投资，发展潜力大，履行社会责任贡献突出的企业。主营业务为教育培训服务的企业原则上不纳入建设培育范围。

《**关于印发〈2011协同创新中心建设发展规划〉等三个文件的通知**》（教技〔2014〕2号）。

《**产学研合作协议知识产权相关条款制定指引（试行）**》（国知办发运字〔2021〕41号）。

二、平台和基础设施建设

《**国家重大科研基础设施和大型科研仪器开放共享管理办法**》（国科发基〔2017〕289号）：

第四条 本规定所称的开放共享，是

指管理单位将科研设施与仪器向社会开放，由其他单位、个人用于科学研究和技术开发的行为。

第五条 科研设施与仪器原则上都应当对社会开放共享，为其他高校、科研院所、企业、社会研发组织以及个人等社会用户提供服务，尤其要为创新创业、中小微企业发展提供支撑保障。法律法规另有特殊规定的除外。

《关于进一步推动国家科技基础条件平台开放共享工作的通知》（国科发计〔2008〕722号）。

三、产业技术创新战略联盟

《关于推动产业技术创新战略联盟构建的指导意见》（国科发政〔2008〕770号）：

二、本《意见》所称的产业技术创新战略联盟（以下简称联盟）是指由企业、大学、科研机构或其他组织机构，以企业的发展需求和各方的共同利益为基础，以提升产业技术创新能力为目标，以具有法律约束力的契约为保障，形成的联合开发、优势互补、利益共享、风险共担的技术创新合作组织。

五、联盟的主要任务是组织企业、大学和科研机构等围绕产业技术创新的关键问题，开展技术合作，突破产业发展的核心技术，形成重要的产业技术标准；建立公共技术平台，实现创新资源的有效分工与合理衔接，实行知识产权共享；实施技术转移，加速科技成果的商业化运用，提升产业整体竞争力；联合培养人才，加强人员的交流互动，为产业持续创新提供人才支撑。

七、开展产业技术创新战略联盟试点工作。开展试点工作，支持和鼓励一批重点领域联盟的发展和壮大，对于探索有效的机制和模式、引导联盟的发展具有重要的示范意义。符合本《意见》第八条所列基本条件的联盟可自愿申请参加试点。由推进产学研结合工作协调指导小组办公室负责选择并共同组织推动联盟试点工作。

八、构建联盟应具备以下基本条件

（一）要由企业、大学和科研机构等多个独立法人组成。

（二）要有具有法律约束力的联盟协议，协议中有明确的技术创新目标，落实成员单位之间的任务分工。

（三）要设立决策、咨询和执行等组织机构，建立有效的决策与执行机制，明确联盟对外承担责任的主体。

（四）要健全经费管理制度。

（五）要建立利益保障机制。

（六）要建立开放发展机制。

九、鼓励和支持试点联盟在组织模式、运行机制、发挥行业作用、承担重大产业技术创新任务、落实国家自主创新政策等方面先试先行。

十、积极探索支持联盟构建和发展的有效措施。国家科技计划按照有关规定支持符合条件的联盟开展重大产业技术创新活动。

《关于推动产业技术创新战略联盟构建与发展的实施办法（试行）》（国科发政〔2009〕648号）：

第十六条 加强对试点工作的指导，

建立试点联盟的跟踪调研和评价考核机制。研究建立试点联盟的评价考核体系，及时了解试点工作中出现的情况和问题，开展对试点联盟的定期评估考核工作，建立试点联盟的动态调整机制。总结试点形成的好的机制和做法，充分发挥试点联盟的示范带动作用。

第十七条 研究制定支持和规范联盟发展的政策措施，探索总结联盟运行的体制机制和模式。

第十八条 在联盟先行投入的基础上，国家科技计划积极探索无偿资助、贷款贴息、后补助等方式支持联盟的发展。经科技部审核并开展试点的联盟，可作为项目组织单位参与国家科技计划项目的组织实施。鼓励联盟向国家科技计划专家咨询库推荐评审专家。国家科技计划根据各自的管理程序反映和征集联盟的科技需求。

第十九条 依托联盟制定产业发展技术路线图，为国家制定科技计划指南提供依据。充分发挥联盟在产业技术创新政策研究和制定中的重要作用。

第二十条 支持有条件的联盟整合相关成员单位优势，围绕产业发展的战略需求，集成产学研各方力量组建国家重点实验室。

第二十一条 支持联盟开展国际科技合作，组织联盟成员单位承担国际科技合作计划项目，……

《国家科技计划支持产业技术创新战略联盟暂行规定》（国科发计〔2008〕338号）：

第三条 国家科技计划（重大专项、国家科技支撑计划、863 计划等）积极支持联盟的建立和发展。经科技部审核的联盟可作为项目组织单位参与国家科技计划项目的组织实施，审核的程序和办法另行规定。

第六条 国家有关科技计划根据各自的管理程序反映和征集联盟的科技需求，并依据各自的管理程序进行评审、立项、检查、验收等各个环节的管理。联盟理事会根据联盟协议确定的技术创新方向，以及各有关科技计划的定位和支持重点，由理事长单位代表联盟向科技部提出项目建议，获得批准后，依据各有关科技计划的管理办法组织实施科技项目（课题）。

第十条 联盟承担国家科技计划项目形成的知识产权的管理，按照《科学技术进步法》、《关于国家科研计划项目成果知识产权管理的若干规定》（国办发〔2002〕30号）以及各计划管理办法的有关规定执行，并需遵守以下规定：

（一）联盟承担国家科技计划项目形成的知识产权，由项目（课题）承担单位所有。

（二）联盟组织申报国家科技计划项目，应依据联盟协议在项目申请书和任务书中约定成果和知识产权的权利归属、许可实施及利益分配，以及联盟解散或成员退出的知识产权处理方案。对于知识产权约定不明确的项目不予立项。如联盟及课题承担单位违反成果和知识产权的权益分配约定，5 年内不得参与国家科技计划组织实施。

（三）联盟对承担国家科技计划项目形成的知识产权，有向国内其他单位有偿或无偿许可实施的义务。

（四）联盟承担国家科技计划项目形成的知识产权，向境外转让或许可独占实施的，须报科技部批准。

第十一条 联盟根据本规定及国家科

技计划管理办法制定联盟承担国家科技计划项目配套管理办法，报科技部备案。办法应包括项目的组织管理体系、经费的匹配及使用、监督及责任追究体系、知识产权共享及分割等内容。配套办法应与联盟既定的管理办法相衔接。

《产业技术创新战略联盟评估工作方案（试行）》（国科办政〔2012〕47号）。

《产业技术创新战略联盟部内审核工作程序》（国科办政〔2009〕34号）。

《关于推动民航产业技术创新战略联盟构建与发展的实施办法》（民航发〔2018〕28号）。

《关于国家农业科技创新联盟建设的指导意见》（农办科〔2020〕12号）。

《关于粮食产业科技创新联盟建设的指导意见》（国粮储〔2018〕17号）。

《关于组织推荐国家林业和草原科技创新联盟的通知》（办科字〔2018〕74号）。

四、现代产业学院

《现代产业学院建设指南（试行）》（教高厅函〔2020〕16号）：

四、建设任务

（二）提升专业建设质量

推进与企业合作成立专业建设指导委员会，引入行业标准和企业资源积极开展国际实质等效的专业认证，促进专业认证与创业就业资格协调联动，提高专业建设标准化、国际化水平。

（三）开发校企合作课程

引导行业企业深度参与教材编制和课程建设，设计课程体系、优化课程结构。以行业企业技术革新项目为依托，紧密结合产业实际创新教学内容、方法、手段，增加综合型、设计性实践教学比重，把行业企业的真实项目、产品设计等作为毕业设计和课程设计等实践环节的选题来源。

（四）打造实习实训基地

基于行业企业的产品、技术和生产流程，创新多主体间的合作模式，构建基于产业发展和创新需求的实践教学和实训实习环境。通过引进企业研发平台、生产基地，建设一批兼具生产、教学、研发、创新创业功能的校企一体、产学研用协同的大型实验、实训实习基地。

（五）建设高水平教师队伍

探索实施产业教师（导师）特设岗位计划，完善产业兼职教师引进、认证与使用机制。

（六）搭建产学研服务平台

鼓励高校和企业整合双方资源，建设联合实验室（研发中心），……强化校企联合开展技术攻关、产品研发、成果转化、项目孵化等工作，共同完成教学科研任务，共享研究成果，产出一批科技创新成果，提升产业创新发展竞争力。

（七）完善管理体制机制

强化高校、地方政府、行业协会、企业机构等多元主体协同，形成共建共管的组织架构，探索理事会、管委会等治理模式，赋予现代产业学院改革所需的人权、事权、财权，建设科学高效、保障有力的制度体系。

五、创新联合体

《中共中央关于制定国民经济和社会发展第十四个五年规划和二〇三五年远景目标的建议》（2020年10月29日）：

三、坚持创新驱动发展，全面塑造发展新优势

8. 提升企业技术创新能力。推进产学研深度融合，支持企业牵头组建创新联合体，承担国家重大科技项目。……发挥大企业引领支撑作用，支持创新型中小微企业成长为创新重要发源地，加强共性技术平台建设，推动产业链上中下游、大中小企业融通创新。

六、国家技术创新中心

详见第13章企业研发机构建设。

第18章 技术引进及消化吸收再创新

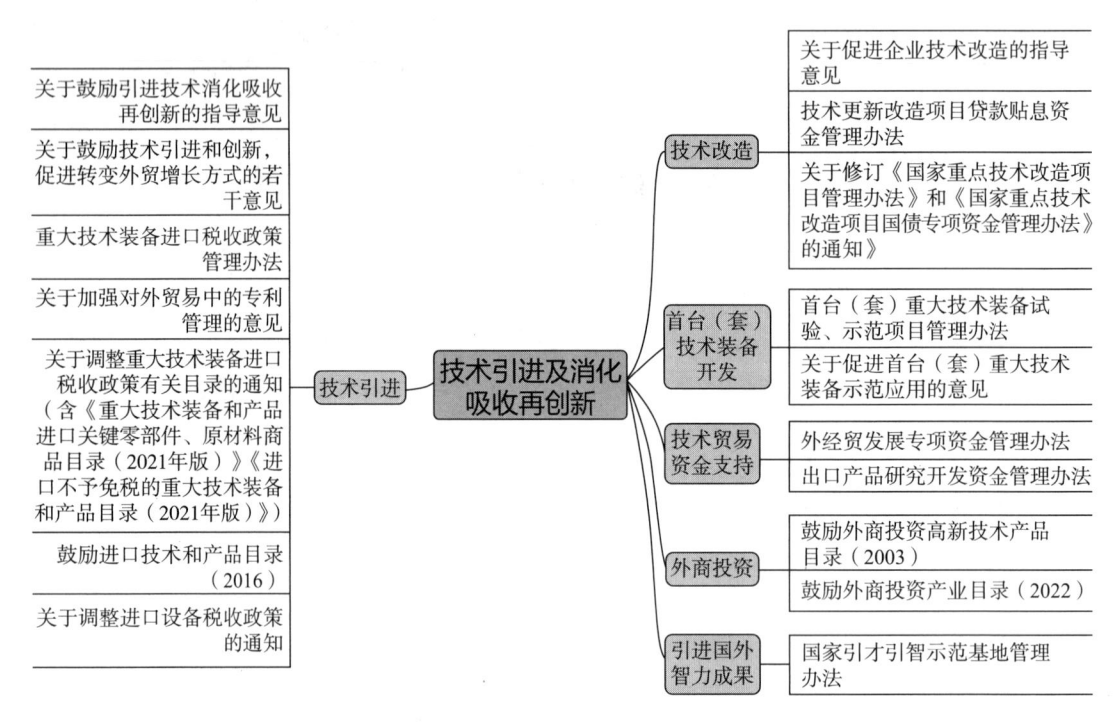

图 3-11 技术引进及消化吸收再创新政策框架结构图

一、技术引进

《关于鼓励引进技术消化吸收再创新的指导意见》（商服贸发〔2010〕505号）：

第二条 商务部将会同有关部门依托"中国服务贸易指南网"等信息平台，建立技术引进和消化吸收再创新的信息服务平台。

第四条 商务部将依据《中国鼓励引进技术目录》（商务部、国家税务总局公告2006年第13号），确定鼓励技术引进和消化吸收再创新的重点领域，每年认定一批重点项目，给予表彰。

第五条 对属于国家鼓励类的内、外资投资项目，进口国内不能生产的自用设备，以及按照合同随设备进口的技术，在规定范围内免征关税。

第六条 对于消化吸收再创新形成的具有自主品牌和知识产权的先进装备和产品，符合条件的可根据国家相关规定获得认定。

第十条 "科技型中小企业技术创新基金"对通过消化吸收再创新形成自主知识产权，并符合规定条件的中小企业给予适当倾斜。通过引进技术消化吸收再创新形成拥有知识产权的技术出口或产品出口的中小企业，符合"中小企业国际市场开拓资金"支持条件的，可申请资金支持。

第十一条 进一步鼓励跨国公司在华设立研发机构，制定促进外资技术溢出的支持政策。

第十二条 支持企业赴境外设立或并购研究与开发机构，为企业的相关活动提供必要的政策支持。重点支持利用国际先进技术、管理经验和专业人才的境外研发中心项目。符合"对外经济技术合作专项资金"资助条件的，可申请资金支持。

《关于鼓励技术引进和创新，促进转变外贸增长方式的若干意见》（商服贸发〔2006〕13号）：

三、加快建设企业技术引进和创新促进体系

（六）根据国家产业发展方向和要求，重点支持企业引进电子通信、生物技术、民用航空航天、机械制造、石油化工、清洁发电、新材料、节约能源、环境保护等具有市场潜力且在未来竞争中将取得优势的或对国计民生具有重大意义的技术。

（七）积极开展多双边技术合作。拓展技术引进来源国，适应企业的技术需求引进不同层次的技术；利用多双边合作机制，为双方企业和科研机构间进行研发和技术合作牵线搭桥。

（九）积极推进企业知识产权管理和保护工作。支持和鼓励企业为吸收和创新的技术申请国内外专利；积极为企业提供专利信息和知识产权法律服务，引导企业运用专利检索分析和专利申请等手段，自觉保护知识产权，提升运用知识产权制度的能力和水平。

（十二）鼓励和引导企业与跨国公司或发达国家技术先进企业建立战略联盟关系，参与跨国公司主导的技术研发活动。鼓励国内企业与外商投资企业开展技术配套，加速高新技术研发领域的国际化进程。

（十三）充分发挥企业技术引进和消化创新的主体作用。鼓励企业自主引进先进适用技术，并与科研机构、高等院校开展吸收与创新的联合研究开发，或联合建立技术开发机构；支持大型企业或企业集团，利用现有资源，开展关键和共性技术的引进消化、吸收和再创新，并实现技术向中小企业的扩散。依托国家级经济技术开发区和国家级高新技术产业开发区的智力、信息、资金和政策资源，引导区内企业引进高新技术，实现技术创新。

四、综合运用经济手段鼓励技术引进和创新

（十五）国家利用外贸发展基金支持企业通过引进技术和创新扩大出口。依据《技术更新改造项目贷款贴息资金管理办法》和《出口产品研究开发资金管理办法》等有关政策，支持企业引进先进技术、对引进技术进行消化吸收再创新和对外技术合作而进行的技术改造和研究开发。

（十七）为企业在境外设立研发中心提供必要的金融和外汇政策支持，重点支持能利用国际先进技术、管理经验和专业人才的境外研发中心项目。

五、完善技术引进与创新的各项制度

（二十）健全技术引进法律法规制度。政府主管部门应对现行法律执行情况进行调查研究，根据形势发展需要完善《中华人民共和国技术进出口管理条例》，研究制定《中华人民共和国技术进出口管理条例实施细则》，指导企业保护自身合法利益。定期调整《中国禁止进口限制进口技术目录》，限制进口我国已成熟和落后的技术；禁止或限制进口高能耗、高污染和已被淘汰的技术，限制盲目重复引进。

《重大技术装备进口税收政策管理办法》（财关税〔2020〕2号）：

第二条 工业和信息化部会同财政部、海关总署、税务总局、能源局制定《国家支持发展的重大技术装备和产品目录》和《重大技术装备和产品进口关键零部件及原材料商品目录》后公布执行。对符合规定条件的企业及核电项目业主为生产国家支持发展的重大技术装备或产品而确有必要进口的部分关键零部件及原材料，免征关税和进口环节增值税。

《关于加强对外贸易中的专利管理的意见》（外经贸技发〔2002〕573号）：

六、对外贸易经营者引进技术设备涉及专利权转让、专利申请权转让或专利实施许可的，应当要求转让方或许可方出示该专利有效的证明文件或存在专利申请权的证明材料。必要时应到经知识产权局及其授权机关认定的专利服务机构就所涉技术领域进行专利文献检索，避免侵犯第三方专利权。

《关于调整重大技术装备进口税收政策有关目录的通知》（含《重大技术装备和产品进口关键零部件、原材料商品目录（2021年版）》《进口不予免税的重大技术装备和产品目录（2021年版）》）（工信部联重装〔2021〕198号）。

《鼓励进口技术和产品目录（2016年版）》（发改产业〔2016〕1982号）。

《关于调整进口设备税收政策的通知》（国发〔1997〕37号）。

二、技术改造

《关于促进企业技术改造的指导意见》（国发〔2012〕44号）：

二、重点任务

（二）提高装备水平。实施装备创新工程，不断提高装备制造业技术水平。

（九）加强公共服务平台建设。整合相关资源，面向重点行业建设一批产业技术创新和服务平台、质量安全技术示范平台、企业诚信信息管理平台、综合信息服务平台等。加大对中小企业实施技术改造的支持力度，建立和完善一批中小企业公共服务平台和生产力促进中心。

三、保障措施

（一）强化政策规划引导。研究制定技术改造投资指南，发布年度重点项目导向计划。

（三）完善税收优惠政策。用好现行有关税收优惠政策支持企业技术改造，包括增值税一般纳税人购进或者自制机器设备发生的增值税进项税额可按规定从销项税额中抵扣；企业所得税法规定的固定资产加速折旧，购置用于环境保护、节能节水、安全生产等专用设备的投资额可按一定比例实行税额抵免，研发费用加计扣除所得税，技术转让减免企业所得税，被认定为高新技术企业的享受企业所得税优惠；对从事国家鼓励发展的项目所需、国内不能生产的先进设备，在规定范围内免征进口关税；对国内企业为生产国家支持发展的重大技术装备而确有必要进口的关键零部件及原材料，享受进口税收优惠等。稳步推进营业税改征增值税改革，逐步将转让技术专利、商标、品牌等无形资产纳入增值税征收范围，支持企业技术改造。

《技术更新改造项目贷款贴息资金管理办法》（2002年4月9日）：

第四条 安排贴息资金的项目范围是：

（一）高新技术产品研究开发项目；

（二）节能降耗，减少污染、促进环境保护的项目；

（三）提高产品质量和档次、增加品种规格、增强市场竞争力的项目；

（四）推动产品结构调整的项目。

《关于修订〈国家重点技术改造项目管理办法〉和〈国家重点技术改造项目国债专项资金管理办法〉的通知》（国经贸投资〔2000〕822号）。

三、首台（套）技术装备开发

《首台（套）重大技术装备试验、示范项目管理办法》（发改工业〔2008〕224号）：

第一条 重大技术装备定义与范围。本办法所指的首台（套）重大技术装备中的成套装备总价值在1000万元以上，单台设备价值在500万元以上，总成或核心部件价值在100万元以上。具体适用范围见附录。

第三条 试验、示范项目申请。项目业主单位与制造单位协商达成一致，并提供该重大技术装备自主创新实施方案（包括该项重大技术装备自主创新工作的必要性、条件、目标、实施步骤、工作要点、措施等）的基础上，可直接或通过其主管部门向国家投资主管部门申请试验、示范项目。制造行业的单位与业主单位亦可各自独立通过其主管部门向国家投资主管部门申请。

第七条 试验、示范项目的政策。国家优先审批、核准和安排首台（套）重大技术装备试验、示范项目，国家政策性银行应在自身业务范围内给予信贷支持，国家有关部门优先安排用地审查、优先安排环保评估、优先纳入科技支撑计划。

对开发符合规定条件的首台（套）重大技术装备所需进口关键配套部件或系统及原材料，可申请享受《财政部、国家发展改革委、海关总署、国家税务总局关于落实国务院关于振兴装备制造业的若干意见有关进口税收政策的通知》中的专项税收政策。项目单位采购的首台（套）自主创新重大技术装备，符合税法规定加速折旧条件的，允许加速折旧。对首台（套）

重大技术装备的成套装备、单台设备、核心部件研制或总成过程中可能出现的风险，实施单位可申请国家给予必要风险补助，但补助数额应不高于设备平均价格的10%（不含国防军工项目）。

《关于促进首台（套）重大技术装备示范应用的意见》（发改产业〔2018〕558号）：

首台（套）重大技术装备（以下简称"首台套"）是指国内实现重大技术突破、拥有知识产权、尚未取得市场业绩的装备产品，包括前三台（套）或批（次）成套设备、整机设备及核心部件、控制系统、基础材料、软件系统等。

七、加大资金支持力度

（二十）加强重大技术装备研发创新支持。通过中央财政科技计划（专项、基金等），统筹支持符合条件的重大技术装备及相关共性技术研发。对于符合重大技术装备众创研发指引，经过评定并达到世界先进水平、填补国内空白的众创成果，鼓励其加快成果转化和应用。

八、强化税收政策导向

（二十三）落实现行税收优惠政策。

对从事重大技术装备研发制造的企业，按现行税收政策规定享受企业所得税税前加计扣除优惠，经认定为高新技术企业的，减按15%税率征收企业所得税。企业购置首台套产品，符合现行税收政策条件的，按规定享受税收抵免、固定资产加速折旧等税收优惠政策。

十一、发挥国有企业作用

（三十一）落实国有企业责任。

充分发挥国有企业在实施创新驱动发展战略、制造强国战略中的骨干和表率作用，增强对重大技术装备创新发展的保障能力。大力推动和积极支持国有企业参与关键共性技术研发平台、检测评定机构、首台套示范应用基地、示范应用联盟等建设，积极采用首台套产品。

（三十二）完善考核评价制度。

在事关国民经济命脉的重要行业和关键领域，加强对国有企业服务国家战略、保障国家安全和发展前瞻性战略性产业以及完成特殊任务的考核。在业绩考核中将首台套研制、示范应用情况等纳入特殊事项清单，作为重要参考依据。

（三十三）建立容错机制。

制定首台套示范应用过失宽容政策，合理界定并适当豁免相关企业及负责人的行政、经济、安全等责任，充分调动和保护应用首台套的积极性，营造支持创新的良好环境和氛围。

四、技术贸易资金支持

《外经贸发展专项资金管理办法》（财企〔2014〕36号）：

第六条 外经贸发展专项资金主要用于以下方向：

（二）促进优化贸易结构，发展服务贸易和技术贸易，培育以技术、品牌、质量和服务等为核心的国际竞争新优势。

（四）鼓励扩大先进设备和技术、关键零部件、国内紧缺的资源性产品进口。

《出口产品研究开发资金管理办法》

(外经贸计财发〔2002〕527号)。

五、外商投资

《鼓励外商投资高新技术产品目录 2003 年版》(国务院公报 2003 年第 3 号):

为进一步吸引和鼓励外商投资高新技术产业,……经过相关领域专家评审编制而成,共 11 大类,分别为:电子信息、软件、航空航天、光机电一体化、生物医药与医疗器械、新材料、新能源与高效节能、环境保护、地球空间与海洋、核应用技术和现代农业,共 917 项产品。

《鼓励外商投资产业目录(2022 年版)》(国家发展改革委、商务部令第 52 号)。

六、引进国外智力成果

《国家引才引智示范基地管理办法》(外专发〔2017〕199号):

第三条 引智基地建设要充分发挥市场主体作用,通过政府引导和支持,突出"高精尖缺"导向,使引智基地成为高层次外国人才的聚集平台,国家引才引智政策和体制机制的创新平台,重大引才引智成果的培育、转化和推广平台。

第四条 引智基地实行分类管理,分为"战略科技发展""产业技术创新""社会与生态建设""农业与乡村振兴"四类。

第五条 国家引才引智示范基地(战略科技发展类)是指在国家重大科技发展领域,通过引进外国人才智力,在基础与应用研究、关键技术研发上获得重大进展的单位。申报单位应满足以下条件:

(一) 在中国境内依法成立,具备独立法人资格(不含外商独资企业;属中外合资企业的,中方应占股51%及以上,下同);

(二) 符合国家重大科技发展规划,通过引进外国战略科技人才、科技领军人才和高水平创新团队,在前瞻性基础研究、关键共性、前沿引领、现代工程技术创新以及行业带动发展上获得重大突破,从而推动国家创新体系与战略科技力量建设,并在引才引智机制创新上形成可复制推广的先进经验;

(三) 原则上每年聘请高层次外国人才不少于 20 人次。

第六条 国家外国专家局将在引才引智项目经费、国外引才引智渠道、关键人才绿色通道等方面对基地建设给予支持。对全职聘用的外国人才,在工薪等方面给予重点资助。

第七条 国家引才引智示范基地(产业技术创新类)是指通过引进外国人才智力,在技术研发、工艺改进、管理优化上成效显著从而推动产业创新发展的单位。申报单位应满足以下条件:

(一) 在中国境内依法成立,具备独立法人资格;

（二）符合供给侧结构性改革和建设制造强国战略要求，通过引进外国高层次技术和管理人才，在促进传统产业优化升级，加强基础设施网络建设，促进我国产业迈向全球价值链中高端，培育世界级先进制造业集群中取得突出成绩，并形成引才引智工作独特模式与成功经验；

（三）原则上每年聘请高层次外国人才不少于10人次。

第八条 国家外国专家局将在引才引智项目经费、国外引才引智渠道、特色交流合作平台等方面对基地建设给予支持。

第19章 国际化（对外交流）

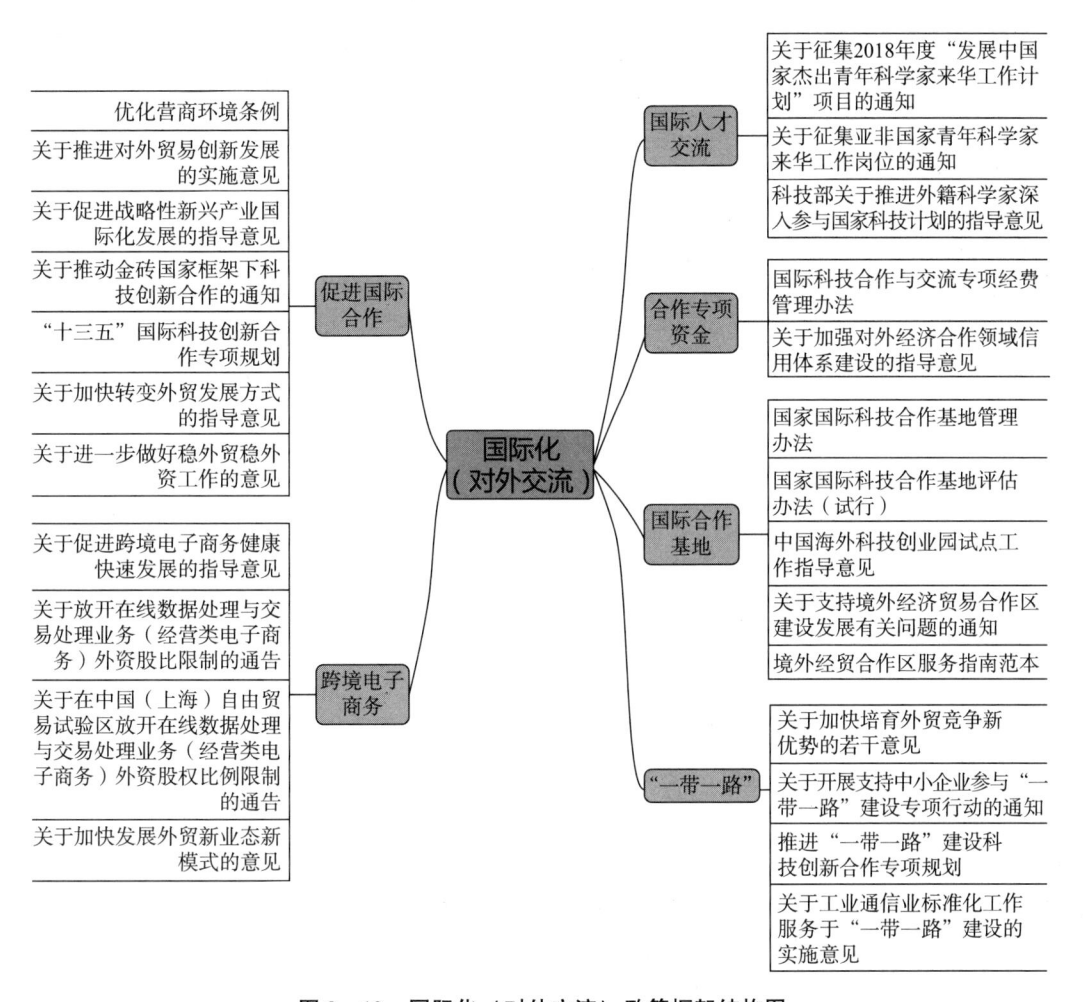

图 3-12 国际化（对外交流）政策框架结构图

一、促进国际合作

《**优化营商环境条例**》（中华人民共和国国务院令第 722 号）：

第四条 优化营商环境应当坚持市场化、法治化、国际化原则，以市场主体需求为导向，以深刻转变政府职能为核心，创新体制机制、强化协同联动、完善法治保障，对标国际先进水平，为各类市场主体投资兴业营造稳定、公平、透明、可预期的良好环境。

第六条 国家鼓励、支持、引导非公有制经济发展，激发非公有制经济活力和创造力。国家进一步扩大对外开放，积极促进外商投资，平等对待内资企业、外商投资企业等各类市场主体。

《关于推进对外贸易创新发展的实施意见》（国办发〔2020〕40号）：

四、加强分类知道，优化经营主体培育具有全球竞争力的龙头企业。在通信、电力、工程机械、轨道交通等领域，以市场为导向，培育一批具有较强创新能力和国际竞争力的龙头企业。

增强中小企业贸易竞争力。开展中小外贸企业成长行动计划。

《关于促进战略性新兴产业国际化发展的指导意见》（商产发〔2011〕310号）。

《关于推动金砖国家框架下科技创新合作的通知》（科技部2016年5月27日）。

《"十三五"国际科技创新合作专项规划》（国科发外〔2017〕118号）。

《关于加快转变外贸发展方式的指导意见》（商贸发〔2012〕48号）。

《关于进一步做好稳外贸稳外资工作的意见》（国办发〔2020〕28号）。

二、跨境电子商务

《关于促进跨境电子商务健康快速发展的指导意见》（国办发〔2015〕46号）：

一、支持国内企业更好利用电子上午开展对外贸易。鼓励企业间贸易尽快实现全程在线交易，不断扩大可交易商品范围。支持跨境电子商务零售出口企业加强与境外企业合作，通过规范的"海外仓"、体验店和配送网店等模式，融入境外零售体系，逐步实现经营规范化、管理专业化、物流生产集约化和监管科学化。

二、鼓励有实力的企业做大做强。培育一批影响力较大的公共平台，为更多国内外企业沟通、洽谈提供优质服务；培育一批竞争力较强的外贸综合服务企业，为跨境电子商务企业提供全面配套支持；培育一批知名度较高的自建平台，鼓励企业利用自建平台加快品牌培育，拓展营销渠道。鼓励国内企业与境外电子商务企业强强联合。

《关于放开在线数据处理与交易处理业务（经营类电子商务）外资股比限制的通告》（工信部通〔2015〕196号）：

在中国（上海）自由贸易试验区开展试点的基础上，在全国范围内放开在线数据处理与交易处理业务（经营类电子商务）的外资股比限制，外资持股比例可至100%。

《关于在中国（上海）自由贸易试验区放开在线数据处理与交易处理业务（经营类电子商务）外资股权比例限制的通告》（工信部2015年1月13日）。

《关于加快发展外贸新业态新模式的意见》（国办发〔2021〕24号）：

二、积极支持运用新技术新工具赋能外贸发展

（四）推广数字智能技术应用。大力发展数字展会、社交电商、产品众筹、大数据营销等，建立线上线下融合、境内境外联动的营销体系。集成外贸供应链各环节数据，加强资源对接和信息共享。

（五）完善跨境电商发展支持政策。在全国适用跨境电商企业对企业（B2B）直接出口、跨境电商出口海外仓监管模式，完善配套政策。便利跨境电商进出口退换货管理。优化跨境电商零售进口商品清单。稳步开展跨境电商零售进口药品试点工作。引导企业用好跨境电商零售出口增值税、消费税免税政策和所得税核定征收办法。研究制定跨境电商知识产权保护指南，引导跨境电商平台防范知识产权风险。

（六）扎实推进跨境电子商务综合试验区建设。鼓励跨境电商平台、经营者、配套服务商等各类主体做大做强，加快自主品牌培育。

三、"一带一路"

《关于加快培育外贸竞争新优势的若干意见》（国发〔2015〕9号）：

五、全面提升与"一带一路"沿线国家经贸合作水平

（二）大力拓展产业投资。鼓励较高技术水平的核电、发电及输变电、轨道交通、工程机械、汽车制造等行业企业到沿线国家投资。支持轻工纺织、食品加工等行业企业到沿线国家投资办厂。开展农牧渔业、农机及农产品流通等领域深度合作。深化能源资源合作，加强海洋经济合作。支持境外产业园区、科技园区等建设，促进产业集聚发展。

《关于开展支持中小企业参与"一带一路"建设专项行动的通知》（工信部联企业〔2017〕191号）：

（一）助力中小企业赴沿线国家开展贸易投资

2. 建立经贸合作平台。共同搭建"中小企业'一带一路'合作服务平台"，为中小企业提供沿线国家经贸活动信息，支持各地中小企业主管部门、中小企业服务机构和贸促会分支机构联合开展企业洽谈、项目对接等活动。鼓励中小企业服务机构和企业到沿线国家建立中小企业创业创新基地，开展技术合作、科研成果产业化等活动。吸引沿线国家中小企业在华设立研发机构，促进原创技术在中国孵化落地。

3. 鼓励中小企业运用电子商务开拓国际市场。支持各地中小企业主管部门积极参与中国贸促会跨境电子商务示范园区和单品直供基地建设，鼓励并支持创新性的中小型跨境电商企业入驻发展。大力推进中国贸促会"中国跨境电商企业海外推广计划"，针对中小企业在通关报检、仓储物流、市场开拓、品牌建设等方面的需求，引入第三方专业机构，提供定制化服务，帮助中小企业利用跨境电子商务开展国际贸易。

《推进"一带一路"建设科技创新合作专项规划》（2016年9月8日）。

《关于工业通信业标准化工作服务于"一带一路"建设的实施意见》(工信部科〔2018〕231号)。

四、国际人才交流

《关于征集2018年度"发展中国家杰出青年科学家来华工作计划"项目的通知》(2018年9月5日)。

《关于征集亚非国家青年科学家来华工作岗位的通知》(2015年4月30日)。

《科技部关于推进外籍科学家深入参与国家科技计划的指导意见》(国科发资〔2017〕401号)。

五、合作专项资金

《国际科技合作与交流专项经费管理办法》(财教〔2007〕428号):

第六条 专项经费重点支持符合以下条件的国际科技合作与交流项目:

(一)通过政府间双边和多边科技合作协定或者协议框架确定,并对我国科技、经济、社会发展和总体外交工作有重要支撑作用的政府间科技合作与交流项目。

(二)立足国民经济、社会可持续发展和国家安全的重大需求,符合国家对外科技合作政策目标,着力解决制约我国经济、科技发展的重大科学问题和关键技术问题,具有高层次、高水平、紧迫性特点的国际科技合作与交流项目。

(三)与国外一流科研机构、著名大学开展实质性合作研发,能够吸引海外杰出科技人才或者优秀创新团队来华从事短期或者长期工作,有利于推动我国国际科技合作基地建设,有利于增强自主创新能力,实现"项目-人才-基地"相结合的国际科技合作与交流项目。

专项经费不支持国内成熟技术产业化和属于基本建设支出范围的国际科技合作与交流项目。

第七条 专项经费主要用于支付在项目组织实施过程中发生的,与国际科技合作与交流直接相关的各项费用。其开支范围主要包括设备费、材料费、测试化验加工费、燃料动力费、技术引进费、差旅费、会议费、合作交流费、出版/文献/信息传播/知识产权事务费、劳务费、专家咨询费、管理费和其他费用。

第八条 申请专项经费必须经国务院有关部门、中央直属企事业单位的国际科技合作或科技主管部门、地方省级科技厅(委、局)推荐,并具备以下条件:

(一)项目承担单位与外方合作单位有良好合作基础,且与外方合作单位签订了合作协议或者意向书。

(二)外方合作单位具有较强的技术实力或者较高的科研水平,并有一定人员、资金或设备投入。特殊情况下,外方合作单位可以技术投入(包括知识产权、专有技术和资料等)的方式参与合作。

（三）科技部根据对外科技合作政策认为应当具备的其他申请条件。

第十条 对于专项经费需求超过 500 万元的重大项目，项目承担单位在编制项目申报材料时，应当同时编制项目概算及其任务分解等材料。

《关于加强对外经济合作领域信用体系建设的指导意见》（发改外资〔2017〕1893 号）。

六、国际合作基地

《国家国际科技合作基地管理办法》（国科发外〔2011〕316 号）：

第四条 为突出国际科技合作的特点，国合基地采用"分类认定，统一管理"的认定和管理原则，即对国际创新园、国际联合研究中心、国际技术转移中心、示范型国际科技合作基地等四种不同类型的国合基地，按照不同的条件和程序进行认定，并由科技部对全国的各类国合基地统一进行宏观管理。

第五条 国际创新园认定条件和程序

（一）国际创新园是根据国家创新体系或区域创新体系建设目标，为有效利用全球创新资源，依托大型科技产业基地或园区，由科技部与省级人民政府共建的国际科技合作基地。申报国际创新园的机构应满足下列条件：

1. 是领域或地区研发力量集聚的重要平台，机构发展方向与《规划纲要》①确定的重点领域相一致，具有技术研发、智力引进、技术转移、技术产业化等多种功能和条件；

2. 具有完整、可行的发展规划，以及明确的国际科技合作发展目标和体现管理创新的实施方案；

3. 建立有完善的国际科技合作管理机构，具有相应的政策、制度、资金和服务保障体系；

4. 与国外政府、知名企业、研发机构等建立有长期稳定的合作关系，所开展的高水平国际科技合作对国家科技发展具有引领、辐射和示范作用；

5. 可有效推进国际产学研合作，在提高科技创新能力、培育新的经济增长点和推动产业结构升级等方面取得显著成绩。

第六条 国际联合研究中心认定条件和程序

（一）国际联合研究中心是面向国际科技前沿，为促进与国外一流科研机构开展长期合作，依托具有高水平科学研究与技术开发能力的国内机构建立的国际科技合作基地。申报国际联合研究中心的机构应满足下列条件：

1. 研发方向符合《规划纲要》中确立的重点领域，在前沿技术、竞争前技术和基础科学领域具有较强研发实力，是国家研发任务的重要承担机构，并多次承担国家国际科技合作专项项目和政府间科技合作项目；

2. 属于国内知名的重点科研机构、重

---

① 在该文件中，《国家中长期科学和技术发展规划纲要（2006—2020 年）》简称为《规划纲要》。

点院校、创新型企业等单位，并具有与国外开展高水平合作研发的条件、能力、人才和经验；

3. 具有相对稳定的国际科技合作渠道，有条件吸引海外杰出人才或优秀创新团队来华开展短期或长期的合作研发工作，具有国际科技合作的良好基础；

4. 具有明确的国际科技合作发展目标和可行的合作实施方案，以及相对稳定的资金来源和专门的管理机构，同时对本领域或本地区开展国际科技合作具有引导和示范作用；

5. 有能力与世界一流科研院所、著名大学和高技术企业建立长期合作伙伴关系，能够使国外合作伙伴同时接受国际联合研究中心的资格认定。

第七条 国际技术转移中心认定条件和程序

（一）国际技术转移中心是专门面向国际技术转移和科技合作中介服务，依托国家高新区建立的国际科技合作基地。申报国际技术转移中心的机构应满足下列条件：

1. 依托国家高新区建设，以推动国际产学研合作和促进高新技术产业国际化发展为目标，主要从事国际技术转移和国际科技合作中介服务的独立法人机构，依法注册1年以上；

2. 具有明确的机构功能定位和发展目标，以及符合市场经济规律的机制体制，并得到所在国家高新区政策、资金、条件环境等方面的支持；

3. 具有广泛并相对稳定的国际科技合作渠道和较为完备的服务支撑条件，拥有具备国际技术转移服务能力和经验，可以提供高效服务的专业化团队，有能力提供技术、人才国际寻访、引入、推荐和测评等中介服务；

4. 具有明确的目标服务群体和特色鲜明的发展模式，在技术引进、技术孵化、消化吸收、技术输出、技术产业化，以及国际人才引进等领域具有效果显著的服务业绩。

第八条 示范型国际科技合作基地认定条件和程序

（一）示范型国际科技合作基地是积极开展国际科技合作，并取得显著合作成效及示范影响力，依托国内各类机构建立的国际科技合作基地，是国合基地建设全国布局、统筹发展的基础性力量。申报示范型国际科技合作基地的机构应满足下列条件：

1. 具有独立开展国际科技合作的条件和能力，承担过国家级或省部级国际合作项目，研发方向与《规划纲要》中确立的重点领域相一致；

2. 具有相对稳定的国际科技合作队伍、渠道和资金来源，设有专职开展国际科技合作的管理机构和管理人员；

3. 具有明确的国际科技合作发展目标和实施方案，并积极在现有合作基础上不断拓展国际合作渠道，深化合作内涵；

4. 已取得显著的国际科技合作成效，合作成果具有国内领先或国际先进水平，人才引进成效明显；

5. 对本地区、本领域或本行业国际科技合作的发展具有引导和示范作用。

第十六条 国家国际科技合作专项对国合基地所开展的国际科技合作项目给予重点支持，并通过进一步加大相关项目资金的投入力度和强度，推动国合基地更好更快发展，适应做大项目、攻关键技术和出高水平成果的要求。国合基地的推荐部门也应对列入国家国际科技合作专项的基地项目予以经费匹配。

《国家国际科技合作基地评估办法（试行）》（国科发外〔2014〕77号）：

第四条 各类国合基地评估的主要指标为：

（一）国际创新园评估指标为领域或区域研发和产业创新力量集聚能力与贡献、国际科技合作与交流、技术转移与产业化、队伍建设与人才培养、日常运行与管理；

（三）国际技术转移中心评估指标为技术转移与产业化、国际科技合作与交流、队伍建设与人才培养、日常运行与管理；

（四）示范型国际科技合作基地评估指标为合作能力、成果及示范作用、国际科技合作与交流、队伍建设与人才培养、日常运行与管理。

《中国海外科技创业园试点工作指导意见》（国科发火字〔2003〕316号）。

《关于支持境外经济贸易合作区建设发展有关问题的通知》（商合函〔2003〕1016号）。

《境外经贸合作区服务指南范本》（商合函〔2015〕408号）。

第 20 章　金融政策

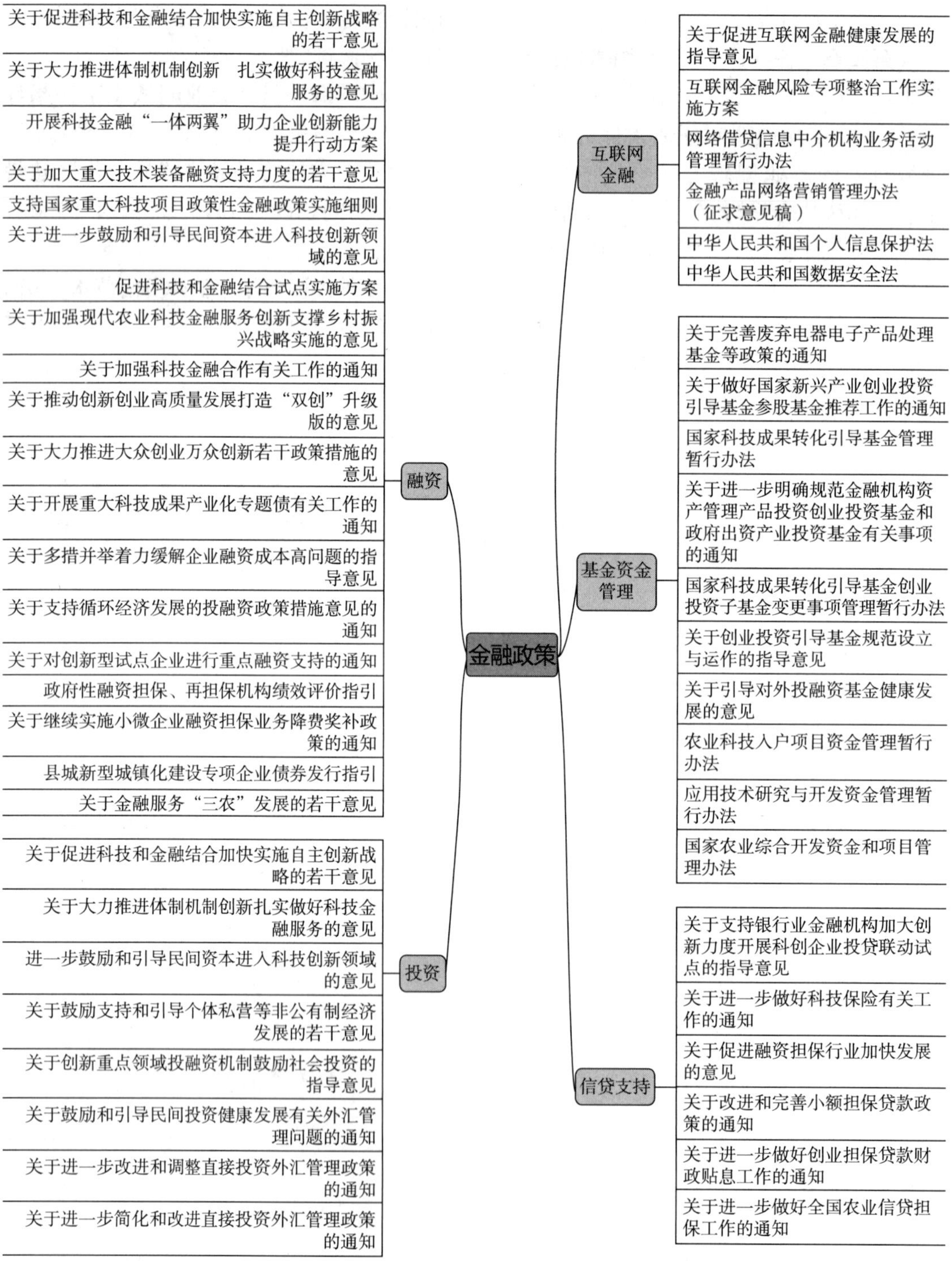

融资

- 关于促进科技和金融结合加快实施自主创新战略的若干意见
- 关于大力推进体制机制创新　扎实做好科技金融服务的意见
- 开展科技金融"一体两翼"助力企业创新能力提升行动方案
- 关于加大重大技术装备融资支持力度的若干意见
- 支持国家重大科技项目政策性金融政策实施细则
- 关于进一步鼓励和引导民间资本进入科技创新领域的意见
- 促进科技和金融结合试点实施方案
- 关于加强现代农业科技金融服务创新支撑乡村振兴战略实施的意见
- 关于加强科技金融合作有关工作的通知
- 关于推动创新创业高质量发展打造"双创"升级版的意见
- 关于大力推进大众创业万众创新若干政策措施的意见
- 关于开展重大科技成果产业化专题债有关工作的通知
- 关于多措并举着力缓解企业融资成本高问题的指导意见
- 关于支持循环经济发展的投融资政策措施意见的通知
- 关于对创新型试点企业进行重点融资支持的通知
- 政府性融资担保、再担保机构绩效评价指引
- 关于继续实施小微企业融资担保业务降费奖补政策的通知
- 县城新型城镇化建设专项企业债券发行指引
- 关于金融服务"三农"发展的若干意见

投资

- 关于促进科技和金融结合加快实施自主创新战略的若干意见
- 关于大力推进体制机制创新扎实做好科技金融服务的意见
- 进一步鼓励和引导民间资本进入科技创新领域的意见
- 关于鼓励支持和引导个体私营等非公有制经济发展的若干意见
- 关于创新重点领域投融资机制鼓励社会投资的指导意见
- 关于鼓励和引导民间投资健康发展有关外汇管理问题的通知
- 关于进一步改进和调整直接投资外汇管理政策的通知
- 关于进一步简化和改进直接投资外汇管理政策的通知

互联网金融

- 关于促进互联网金融健康发展的指导意见
- 互联网金融风险专项整治工作实施方案
- 网络借贷信息中介机构业务活动管理暂行办法
- 金融产品网络营销管理办法（征求意见稿）
- 中华人民共和国个人信息保护法
- 中华人民共和国数据安全法

基金资金管理

- 关于完善废弃电器电子产品处理基金等政策的通知
- 关于做好国家新兴产业创业投资引导基金参股基金推荐工作的通知
- 国家科技成果转化引导基金管理暂行办法
- 关于进一步明确规范金融机构资产管理产品投资创业投资基金和政府出资产业投资基金有关事项的通知
- 国家科技成果转化引导基金创业投资子基金变更事项管理暂行办法
- 关于创业投资引导基金规范设立与运作的指导意见
- 关于引导对外投融资基金健康发展的意见
- 农业科技入户项目资金管理暂行办法
- 应用技术研究与开发资金管理暂行办法
- 国家农业综合开发资金和项目管理办法

信贷支持

- 关于支持银行业金融机构加大创新力度开展科创企业投贷联动试点的指导意见
- 关于进一步做好科技保险有关工作的通知
- 关于促进融资担保行业加快发展的意见
- 关于改进和完善小额担保贷款政策的通知
- 关于进一步做好创业担保贷款财政贴息工作的通知
- 关于进一步做好全国农业信贷担保工作的通知

图 3-13　金融政策框架结构图

一、融资

《关于促进科技和金融结合加快实施自主创新战略的若干意见》（国科发财〔2011〕540号）：

三、培育和发展创业投资

（四）充分发挥创业投资引导基金的重要作用。扩大科技型中小企业创业投资引导基金规模，综合运用阶段参股、风险补助和投资保障等方式，引导创业投资机构向初创期科技型中小企业投资，促进科技型中小企业创新发展。

（十一）鼓励商业银行先行先试，积极探索，进行科技型中小企业贷款模式、产品和服务创新。扩大知识产权质押贷款规模，推进高新技术企业股权质押贷款业务。

（十四）通过风险补偿，担保业务补助等增信方式，鼓励和引导银行进一步加大对科技中小企业的信贷支持力度。建立科技型中小企业贷款风险补偿机制，形成政府、银行、企业以及中介机构多元参与的信贷风险分担机制。

五、大力发展多层次资本市场，扩大直接融资规模

（十六）加快推进多层次资本市场体系建设，支持科技型企业发展。探索建立科技部门和证券监管部门的信息沟通机制，支持符合条件的创新型企业上市。

六、积极推动科技保险发展

（二十一）探索保险资金参与国家高新区基础设施建设、战略性新兴产业培育和国家重大科技项目投资等支持科技发展的方式方法。支持开展自主创新首台（套）产品的推广应用、科技型中小企业融资以及科技人员保障类保险。

《关于大力推进体制机制创新 扎实做好科技金融服务的意见》（银发〔2014〕9号）：

一、大力培育和发展服务科技创新的金融组织体系

（二）积极发展为科技创新服务的非银行金融机构和组织。支持发展科技小额贷款公司，按照"小额、分散"原则，向小微科技企业提供贷款服务。鼓励符合条件的小额贷款公司、金融租赁公司通过开展资产证券化、发行债券等方式融资。积极推动产融结合，支持符合条件的大型科技企业集团公司按规定设立财务公司，强化其为集团内科技企业提供金融服务的功能。

三、拓宽适合科技创新发展规律的多元化融资渠道

（十一）鼓励其他各类市场主体支持科技创新。支持科技企业通过在全国中小企业股份转让系统实现股份转让和定向融资。探索研究全国中小企业股份转让系统挂牌公司的并购重组监管制度，规范引导其并购重组活动。探索利用各类产权交易机构为非上市小微科技企业提供股份转让渠道，建立健全未上市科技股份公司股权集中托管、转让、市场监管等配套制度。

《开展科技金融"一体两翼"助力企业创新能力提升行动方案》（国科火字〔2022〕81号）：

二、重点工作任务

（一）支持科技企业"出海"。火炬中

心与中国银行根据地方实际及企业"出海"金融需求，择优确定重点支持的科技企业，为"出海"企业提供跨境结算、全球现金管理、海外项目融资、国际贸易融资、汇率风险管理、流动性管理、海外平台运营、海外政策咨询、跨境撮合、跨境科技项目及人才发展等全方位金融支持。

（二）支持科技企业精准融资。依托火炬中心"企业创新积分制"试点，中国银行研究设计"中银创新积分贷"专属产品，每年精准支持2000家以上创新能力突出的科技企业，形成支持积分企业的专属政策、专项信贷、专业服务体系。中国银行各分支机构在有条件的地方建立多元化融资渠道，针对科技企业实际情况，提供"知识产权质押融资"等专属信贷产品。

（三）支持科技领军企业做大做强。中国银行集成有关政策工具和专属金融产品，为科技领军企业开展投资并购、重组、结构融资、境内外上市等业务提供综合授信、债券发行、资金托管、知识产权和股票质押、上市服务等全方位综合服务。中国银行分支机构在依法合规、风险可控的前提下，与专业投资机构、信托等非银行金融机构合作，积极探索运用"贷款＋直接投资"或"贷款＋远期权益"等联动新模式，设立支持科技领军企业的专属金融产品。

（四）推动设立科技创新协同发展母基金。……通过子基金投资和项目直投方式优先支持国家高新区、国家技术创新中心等重点区域和重大平台，聚焦人工智能、量子信息、先进制造、未来网络、生命健康、脑科学、生物育种、空天科技、深地深海、清洁能源等前沿领域，长周期稳定支持具备原始创新能力的科技初创企

业和产业链上的优秀企业，培育未来产业，推动产业链高质量发展。

（六）支持高水平科技成果产业化及科技创业。中国银行采取"一事一议"方式，通过优惠贷款、风险投资等多元化方式，精准支持承担国家科技计划项目的团队和企业开展重大科技成果产业化和硬科技创业。中国银行分支机构与火炬中心优选推荐的国家技术创新中心、科技企业孵化器、新型研发机构、国家技术转移机构等平台建立常态化对接服务机制，精准发现成长潜力大、创新能力强的科技初创企业，为企业优先提供股权投资、普惠贷款、项目融资、设备租赁、个人金融等综合服务。

《关于加大重大技术装备融资支持力度的若干意见》（工信部联装〔2014〕590号）：

二、支持重点

（一）研发及创新能力建设。国家科技重大专项、战略性新兴产业创新工程项目等研发项目；国家重点实验室、大型企业技术中心等创新能力建设项目；符合国家产业政策的企业产品研发项目。

（二）技术改造和产业化。以提高产业集聚化发展水平为目的，在装备制造领域国家新型工业化产业示范基地内的建设项目；符合国家产业政策，有利于重大技术装备制造企业转型升级的技术改造、产业化项目；重大技术装备首台（套）推广应用项目。

（三）进口及技术引进。符合我国利用外商直接投资政策的外商直接投资项目、国家鼓励和支持的重大技术装备产品进口及技术引进项目。

（四）产品出口及企业"走出去"。重

大技术装备直接出口项目以及通过工程承包等方式间接带动重大技术装备出口的项目；重大技术装备制造企业在境外建设生产制造基地、研发中心、产品销售中心、服务中心，以及收购境外企业的项目。

（五）企业兼并重组。有利于促进产业结构优化升级、提高产业规模效应的重大技术装备同类企业整合、上下游企业整合项目。

三、金融服务内容

（一）进出口银行利用出口买方信贷、出口卖方信贷、境外投资贷款、进口信贷、转型升级贷款等信贷产品，灵活运用银团贷款、融资担保、咨询顾问、选择权贷款等业务模式，满足企业多元化和个性化的融资需求。

（二）针对重大技术装备企业自主创业、自主创新项目，进出口银行通过特别融资账户和其发起设立的投资（引导）基金、担保公司为其提供股权投资、融资担保和相关增值服务。

（三）对国家通过技术改造资金、专项基金等方式支持的重大技术装备制造企业和项目，进出口银行提供金融服务支持。

五、规范融资管理

（一）建立重大项目库。建立重大项目库，定期或不定期将符合双方合作领域、具有引导和示范效应的项目列入项目库。对于已列入项目库的项目，进出口银行通过设立专项信贷规模、搭建特别评审通道、建立配套考核奖励机制等方式做好融资保障工作。

《支持国家重大科技项目政策性金融政策实施细则》（银监发〔2006〕95号）。

《进一步鼓励和引导民间资本进入科技创新领域的意见》（国科发财〔2012〕739号）：

三、促进科技和金融结合，进一步拓宽民间资本进入科技创新领域的渠道

（十一）推动民营科技企业进入多层次资本市场融资。加快推进中关村非上市公司股权转让试点，为非上市民营科技企业的产权转让、融资提供服务。

《促进科技和金融结合试点实施方案》（国科发财〔2010〕720号）。

《关于加强现代农业科技金融服务创新支撑乡村振兴战略实施的意见》（国科发农技〔2021〕95号）：

三、加大现代农业科技信贷支持力度

未来3年[①]，中国农业银行将向现代农业科技和基层创新领域提供总金额不低于人民币1000亿元的意向信用额度，强化金融支持农业高新技术产业发展、将更多的金融资源引入农科园区、县域和科技企业，助力推进农业农村现代化。

五、重点支持种业科技创新和种业企业高质量发展

中国农业银行要发挥金融服务优势，对种业创新加强信贷资源配置，引导分支机构加大种业相关企业、园区和基地的融资支持力度，推进科研与生产、品种与市场的深度融合，推动我国种业跨越式发展。

八、扶持新型研发机构和科技企业加快成长

中国农业银行各分支机构要及时主动了解辖内新型研发机构和科技企业的金融需求，联合地方科技主管部门开展银企

---

① 即2022年至2024年。

（机构、院所）对接活动、培训及政策宣讲，探索建立投贷联动的科技金融服务模式，提供"融资+融智"全方位服务。

《关于加强科技金融合作有关工作的通知》（国科发资〔2020〕9号）：

三、促进高科技技术企业和科技型中小企业成长

根据具体工作需要，地方科技部门可向邮储银行分支机构提供区域内高新技术企业和科技型中小企业的必要合规数据，并协调指导企业获得邮储银行的投融资支持和金融服务。

《关于推动创新创业高质量发展打造"双创"升级版的意见》（国发〔2018〕32号）：

七、进一步完善创新创业金融服务

（二十六）拓宽创新创业直接融资渠道。支持发展潜力好但尚未盈利的创新型企业上市或在新三板、区域性股权市场挂牌。推动科技型中小企业和创业投资企业发债融资，稳步扩大创新创业债试点规模，支持符合条件的企业发行"双创"专项债务融资工具。规范发展互联网股权融资，拓宽小微企业和创新创业者的融资渠道。推动完善公司法等法律法规和资本市场相关规则，允许科技企业实行"同股不同权"治理结构。

《关于大力推进大众创业万众创新若干政策措施的意见》（国发〔2015〕32号）：

五、搞活金融市场，实现便捷融资

（八）优化资本市场。支持符合条件的发行主体发行小微企业增信集合债等企业债券创新品种。

（十）丰富创业融资新模式。支持互联网金融发展，引导和鼓励众筹融资平台规范发展，开展公开、小额股权众筹融资试点，加强风险控制和规范管理。

《关于开展重大科技成果产业化专题债有关工作的通知》（国科办区〔2021〕108号）：

二、重点支持方向

3. 国家重大能力平台建设。以支撑国家重大能力平台建设为目标，发行专题债用于支持国家技术创新中心、国家重点实验室、国家工程技术研究中心等国家级、省级科技创新基地，以及大学科技园、专业化众创空间等创新创业载体，打造核心技术攻关策源地、重大基础研究成果转化地、中小企业培育孵化地，推进国家战略科技力量整体提升。

4. 创新联合体建设。以提升企业技术创新能力为目标，发行专题债用于支持创新联合体有关企业及科技领军企业，促进各类创新要素向企业聚集，构建以企业为中心，高等学校、科研院所围绕企业创新开展科研活动、企业为主导推动创新发展的新模式，提升创新型领军企业的技术创新能力，带动一批科技型中小微企业成长壮大。

《关于多措并举着力缓解企业融资成本高问题的指导意见》（国办发〔2014〕39号）。

《关于支持循环经济发展的投融资政策措施意见的通知》（发改环资〔2010〕801号）。

《关于对创新型试点企业进行重点融资支持的通知》（开行发〔2007〕225号）。

《政府性融资担保、再担保机构绩效评价指引》（财金〔2020〕31号）。

《关于继续实施小微企业融资担保业务降费奖补政策的通知》（财建〔2021〕

106号)。

《县城新型城镇化建设专项企业债券发行指引》(发改办财金规〔2020〕613号)。

《关于金融服务"三农"发展的若干意见》(国办发〔2014〕17号)。

二、投资

《关于促进科技和金融结合加快实施自主创新战略的若干意见》(国科发财〔2011〕540号):

三、培育和发展创新投资

(五)充分发挥国有创业投资的重要作用,推动国有创业投资机构加大对初创期科技型中小企业投资力度。创新国有创业投资管理制度,探索建立适合创业投资发展规律的资本筹集、投资决策、考核评价、转让退出和激励约束等制度。国有创业投资机构和国有创业投资引导基金投资于未上市中小企业,符合条件的,可申请豁免国有股转持义务。

(六)鼓励民间资本进入创业投资行业。探索科技项目与创业投资的对接机制,引导金融资本进入工业、现代农业、民生等领域。

《关于大力推进体制机制创新扎实做好科技金融服务的意见》(银发〔2014〕9号):

一、大力培育和发展服务科技创新的金融组织体系

(一)创新从事科技金融服务的金融组织形式。在加强监管的前提下,允许具备条件的民间资本依法发起设立中小型银行,为科技创新提供专业化的金融服务。

《进一步鼓励和引导民间资本进入科技创新领域的意见》(国科发财〔2012〕739号):

一、深化国家科技计划管理改革,进一步加大对民营企业技术创新的支持力度

(三)创新国家科技计划资助方式。继续探索和实践国家科学基金与有实力的企业设立联合基金,以企业需求为导向资助研发活动。

二、汇聚科技资源,进一步增强民营企业持续创新能力

(六)加快推进民营企业研发机构建设。积极探索设立专项资金,吸引和带动民间资本,鼓励和引导有条件的中小型民营科技企业自建或与科研院所、高等院校共建技术(开发)中心和中试示范基地。

(七)支持民办科研机构创新发展。研究制定民办科研机构进口科研仪器设备的税收优惠政策。

(十六)落实民间资本参与创业投资的税收政策。创业投资企业采取股权投资方式投资于未上市的中小高新技术企业2年以上的,可以按照其投资额的70%在股权持有满2年的当年抵扣该创业投资企业的应纳税所得额。

《关于鼓励支持和引导个体私营等非公有制经济发展的若干意见》(国发〔2005〕3号):

二、加大对非公有制经济的财税金融支持

(十)加大信贷支持力度。城市商业银行和城市信用社要积极吸引非公有资本入股;农村信用社要积极吸引农民、个体

工商户和中小企业入股，增强资本实力

（十一）拓宽直接融资渠道。建立健全创业投资机制，支持中小投资公司的发展。

《关于创新重点领域投融资机制鼓励社会投资的指导意见》（国发〔2014〕60号）。

《关于鼓励和引导民间投资健康发展有关外汇管理问题的通知》（汇发〔2012〕33号）：

一、简化境外直接投资资金汇回管理

二、简化境外放款外汇管理

三、适当放宽个人对外担保管理

本通知自2012年7月1日起实施。

《关于进一步改进和调整直接投资外汇管理政策的通知》（汇发〔2012〕59号）：

一、取消直接投资项下外汇账户开立及入账核准

（一）取消前期费用外汇账户、外汇资本金账户、资产变现账户、保证金账户的开户核准，由银行根据外汇局相关业务系统登记信息为开户主体办理开户手续。

（二）取消资产变现账户、境外放款专用账户入账核准，由银行根据外汇局相关业务系统登记信息为开户主体办理资金入账手续。

（三）取消异地开立外汇资本金账户、资产变现账户的限制。以外商投资企业为主体设定资本金流入限额，取消外汇资本金账户开户数量的限制，取消单个外汇资本金账户的流入限额。

二、取消外国投资者境内合法所得再投资核准

三、简化外商投资性公司境内再投资外汇管理

四、简化外商投资企业验资询证手续

五、简化外国投资者收购中方股权外资外汇登记手续

六、取消直接投资项下购汇及对外支付核准

七、取消直接投资项下境内外汇划转核准

八、进一步放宽境外放款管理

九、改进外商投资企业外汇资本金结汇管理

十、提高银行办理直接投资项下外汇业务的合规意识

《关于进一步简化和改进直接投资外汇管理政策的通知》（汇发〔2015〕13号）：

一、取消境内直接投资项下外汇登记核准和境外直接投资项下外汇登记核准两项行政审批事项

改由银行按照本通知及所附《直接投资外汇业务操作指引》（见附件）直接审核办理境内直接投资项下外汇登记和境外直接投资项下外汇登记（以下合称直接投资外汇登记），国家外汇管理局及其分支机构（以下简称外汇局）通过银行对直接投资外汇登记实施间接监管。

二、简化部分直接投资外汇业务办理手续

（一）简化境内直接投资项下外国投资者出资确认登记管理。

（二）取消境外再投资外汇备案。

（三）取消直接投资外汇年检，改为实行存量权益登记。

三、互联网金融

《关于促进互联网金融健康发展的指导意见》（银发〔2015〕221号）：

一、鼓励创新，支持互联网金融稳步发展

（一）积极鼓励互联网金融平台、产品和服务创新，激发市场活力。支持有条件的金融机构建设创新型互联网平台开展网络银行、网络证券、网络保险、网络基金销售和网络消费金融等业务。支持互联网企业依法合规设立互联网支付机构、网络借贷平台、股权众筹融资平台、网络金融产品销售平台，建立服务实体经济的多层次金融服务体系，更好地满足中小微企业和个人投融资需求，进一步拓展普惠金融的广度和深度。

（二）鼓励从业机构相互合作，实现优势互补。鼓励银行业金融机构开展业务创新，为第三方支付机构和网络贷款平台等提供资金存管、支付清算等配套服务。支持小微金融服务机构与互联网企业开展业务合作，实现商业模式创新。支持证券、基金、信托、消费金融、期货机构与互联网企业开展合作，拓宽金融产品销售渠道，创新财富管理模式。鼓励保险公司与互联网企业合作，提升互联网金融企业风险抵御能力。

（三）拓宽从业机构融资渠道，改善融资环境。支持社会资本发起设立互联网金融产业投资基金，推动从业机构与创业投资机构、产业投资基金深度合作。

（五）落实和完善有关财税政策。按照税收公平原则，对于业务规模较小、处于初创期的从业机构，符合我国现行对中小企业特别是小微企业税收政策条件的，可按规定享受税收优惠政策。结合金融业营业税改征增值税改革，统筹完善互联网金融税收政策。落实从业机构新技术、新产品研发费用税前加计扣除政策。

（六）推动信用基础设施建设，培育互联网金融配套服务体系。推动符合条件的相关从业机构接入金融信用信息基础数据库。允许有条件的从业机构依法申请征信业务许可。支持具备资质的信用中介组织开展互联网企业信用评级，增强市场信息透明度。鼓励会计、审计、法律、咨询等中介服务机构为互联网企业提供相关专业服务。

《互联网金融风险专项整治工作实施方案》（国办发〔2016〕21号）。

《网络借贷信息中介机构业务活动管理暂行办法》（2016年8月17日）。

《金融产品网络营销管理办法（征求意见稿）》（2021年12月31日）。

《中华人民共和国个人信息保护法》（2021年8月20日）。

《中华人民共和国数据安全法》（2021年6月10日）。

四、基金资金管理

《关于完善废弃电器电子产品处理基金等政策的通知》（财综〔2013〕110号）：

一、将已建成的优质处理企业纳入基金补贴范围。

本通知发布前已建成但尚未纳入相关省（区、市）废弃电器电子产品处理发展规划（以下简称规划）的优质处理企业，可以向设区的市级环保部门申请废弃电器电子产品处理资格，并向财政部、环境保护部、发展改革委、工业和信息化部申请废弃电器电子产品处理基金补贴。

《关于做好国家新兴产业创业投资引导基金参股基金推荐工作的通知》（发改办高技〔2016〕1509号）：

一、国家新兴产业创业投资引导基金主要投资的基金（以下简称参股基金）包括：地方政府出资（包括全额出资和部分出资）的新兴产业创业投资基金、行业龙头企业发起设立并出资的新兴产业创业投资基金。参股基金应由专业管理团队管理，发挥市场的决定性作用，通过股权投资方式，主要投资战略性新兴产业和高技术产业领域处于初创期、早中期且具有原始创新、集成创新或消化吸收再创新属性的创新型企业（投资此类企业的资金规模不低于参股基金总规模的60%）发展。

三、拟推荐的参股基金方案请按照本通知附件方案框架编制，并满足以下要求：

（一）参股基金总规模（各方认缴承诺出资总额，含地方政府出资）不低于2亿元。其中由地方政府出资的参股基金，社会出资不低于基金总规模的60%。

（二）参股基金管理机构须已经完成工商注册，并在基金中认缴出资，出资比例不应低于基金规模的1%，不支持推荐同一管理团队（实际控制人）发起设立多只基金。

（三）参股基金出资人架构清晰明确，并详细披露。基金出资人基本落实并出具承诺出资函件。出资人对基金出资应自愿且满足本通知有关要求，严禁各类非法集资和出资人代持行为。

（四）对于各地推荐的地方政府出资的新兴产业创业投资基金方案，参股基金主要发起人、托管银行应已基本确定，并已草签基金的相关协议且有一定的项目储备。

《国家科技成果转化引导基金管理暂行办法》（财教〔2021〕176号）：

第一章 总则

第二条 转化基金主要用于支持转化利用财政资金形成的科技成果，包括中央财政科技计划、地方科技计划及其他由事业单位产生的新技术、新产品、新工艺、新材料、新装置及其系统等。

第二章 子基金

第七条 转化基金与符合条件的投资机构共同设立子基金，为转化科技成果的企业提供股权投资。子基金重点支持转化应用科技成果的种子期、初创期、成长期的科技型中小企业。

第八条 鼓励地方政府投资基金与转化基金共同设立子基金。鼓励符合条件的创新创业载体参与设立子基金，加强投资和孵化协同，促进科技成果转化。

《关于进一步明确规范金融机构资产管理产品投资创业投资基金和政府出资产业投资基金有关事项的通知》（发改财金规〔2019〕1638号）：

一、本通知所称创业投资基金，是指向处于创建或重建过程中的未上市成长性创业企业进行股权投资，以期所投资创业企业发育成熟或相对成熟后，主要通过股权转让获取资本增值收益的股权投资基金。适用本通知的创业投资基金应同时满足以下条件：

（一）符合《创业投资企业管理暂行办法》（发展改革委2005年第39号令）或者《私募投资基金监督管理暂行办法》（证监会2014年第105号令）关于创业投资基金的有关规定，并按要求完成备案；

（二）基金投向符合产业政策、投资政策等国家宏观管理政策；

（三）基金投资范围限于未上市企业，但所投资企业上市后基金所持股份的未转让及其配售部分除外；

（四）基金运作不涉及债权融资，但依法发行债券提高投资能力的除外；

（五）基金存续期限不短于7年；对基金份额不得进行结构化安排，但政府出资设立的创业投资引导基金作为优先级的除外；

（六）基金名称体现"创业投资"字样或基金合同和基金招募说明书中体现"创业投资"策略。

二、本通知所称政府出资产业投资基金，是指包含政府出资，主要投资于非公开交易企业股权的股权投资基金和创业投资基金。适用本通知的政府出资产业投资基金应同时满足以下条件：

（一）中央、省级或计划单列市人民政府（含所属部门、直属机构）批复设立，且批复文件或其他文件中明确了政府出资的；政府认缴出资比例不低于基金总规模的10%，其中，党中央、国务院批准设立的，政府认缴出资比例不低于基金总规模的5%；

（二）符合《政府出资产业投资基金管理暂行办法》（发改财金规〔2016〕2800号）和《政府投资基金暂行管理办法》（财预〔2015〕210号）有关规定；

（三）基金投向符合产业政策、投资政策等国家宏观管理政策；

（四）基金运作不涉及新增地方政府隐性债务。

《国家科技成果转化引导基金创业投资子基金变更事项管理暂行办法》（国科发区〔2021〕46号）。

《关于创业投资引导基金规范设立与运作的指导意见》（国办发〔2008〕116号）。

《关于引导对外投融资基金健康发展的意见》（发改外资〔2018〕553号）。

《农业科技入户项目资金管理暂行办法》（农财发〔2005〕70号）。

《应用技术研究与开发资金管理暂行办法》（财教〔2004〕3号）。

《国家农业综合开发资金和项目管理办法》（中华人民共和国财政部令第84号，2017年施行）。

五、信贷支持

《关于支持银行业金融机构加大创新力度开展科创企业投贷联动试点的指导意见》(银监发〔2016〕14号)：

二、试点范围和条件

(一) 投贷联动的界定。投贷联动是指银行业金融机构以"信贷投放"与本集团设立的具有投资功能的子公司"股权投资"相结合的方式，通过相关制度安排，由投资收益抵补信贷风险，实现科创企业信贷风险和收益的匹配，为科创企业提供持续资金支持的融资模式。

(二) 适用对象。本指导意见所称科创企业是指试点地区内符合下列条件之一的科技型中小微企业：

1. 满足高新技术企业认定条件、获得国家高新技术企业证书；

2. 经试点地区政府认定且纳入地方政府风险补偿范畴；

3. 经银行业金融机构审慎筛查后认定。

《关于进一步做好科技保险有关工作的通知》(保监发〔2010〕31号)：

六、实施科技保险有关支持政策。企业科技保险保费计入高新技术企业研究与开发费用核算范围，享受国家规定的税收优惠政策。

《关于促进融资担保行业加快发展的意见》(国发〔2015〕43号)。

《关于改进和完善小额担保贷款政策的通知》(银发〔2006〕5号)。

《关于进一步做好创业担保贷款财政贴息工作的通知》(财金〔2018〕22号)。

《关于进一步做好全国农业信贷担保工作的通知》(财农〔2020〕15号)。

第 21 章　科技奖励

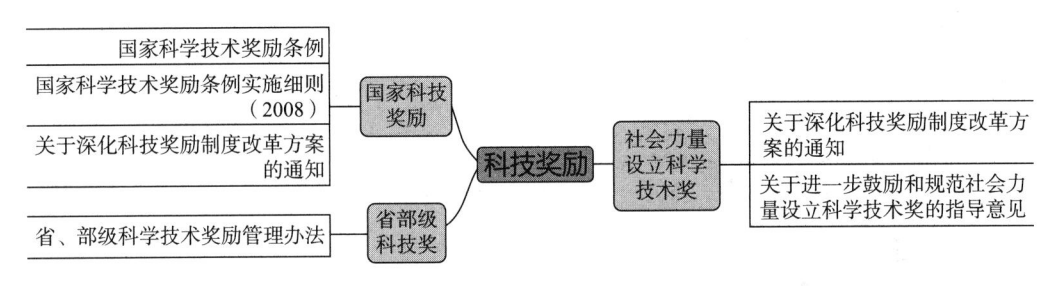

图 3-14　科技奖励政策框架结构图

一、国家科技奖励

《国家科学技术奖励条例》（国务院令第 731 号）：

第二章　国家科学技术奖的设置

第十条　国家技术发明奖授予运用科学技术知识做出产品、工艺、材料、器件及其系统等重大技术发明的个人。

前款所称重大技术发明，应当具备下列条件：

（一）前人尚未发明或者尚未公开；

（二）具有先进性、创造性、实用性；

（三）经实施，创造显著经济效益、社会效益、生态环境效益或者对维护国家安全做出显著贡献，且具有良好的应用前景。

第十一条　国家科学技术进步奖授予完成和应用推广创新性科学技术成果，为推动科学技术进步和经济社会发展做出突出贡献的个人、组织。

前款所称创新性科学技术成果，应当具备下列条件：

（一）技术创新性突出，技术经济指标先进；

（二）经应用推广，创造显著经济效益、社会效益、生态环境效益或者对维护国家安全做出显著贡献；

（三）在推动行业科学技术进步等方面有重大贡献。

第十二条　国家自然科学奖、国家技术发明奖、国家科学技术进步奖分为一等奖、二等奖 2 个等级；对做出特别重大的科学发现、技术发明或者创新性科学技术成果的，可以授予特等奖。

《国家科学技术奖励条例实施细则(2008年修改)》（科学技术部令第13号）：

第二章 奖励范围和评审标准

第三节 国家技术发明奖

第十七条 奖励条例第十条第一款所称的产品包括各种仪器、设备、器械、工具、零部件以及生物新品种等；工艺包括工业、农业、医疗卫生和国家安全等领域的各种技术方法；材料包括用各种技术方法获得的新物质等；系统是指产品、工艺和材料的技术综合。

国家技术发明奖的授奖范围不包括仅依赖个人经验和技能、技巧又不可重复实现的技术。

第二十条 奖励条例第十条第二款(三)所称"经实施，创造显著经济效益或者社会效益"，是指该项技术发明成熟，并实施应用三年以上，取得良好的应用效果。

第二十一条 国家技术发明奖的候选人应当是该项技术发明的全部或者部分创造性技术内容的独立完成人。

第四节 国家科学技术进步奖

第三十二条 国家科学技术进步奖授奖等级根据候选人或者候选单位所完成的项目进行综合评定，评定标准如下：

（一）技术开发项目类：

在关键技术或者系统集成上有重大创新，技术难度大，总体技术水平和主要技术经济指标达到了国际同类技术或者产品的先进水平，市场竞争力强，成果转化程度高，创造了重大的经济效益，对行业的技术进步和产业结构优化升级有重大作用的，可以评为一等奖；

在关键技术或者系统集成上有较大创新，技术难度较大，总体技术水平和主要技术经济指标达到国际同类技术或者产品的水平，市场竞争力较强，成果转化程度较高，创造了较大的经济效益，对行业的技术进步和产业结构调整有较大意义的，可以评为二等奖。

（二）社会公益项目类：

在关键技术或者系统集成上有重大创新，技术难度大，总体技术水平和主要技术经济指标达到了国际同类技术或者产品的先进水平，并在行业得到广泛应用，取得了重大的社会效益，对科技发展和社会进步有重大意义的，可以评为一等奖；

在关键技术或者系统集成上有较大创新，技术难度较大，总体技术水平和技术经济指标达到国际同类技术或者产品的水平，在行业较大范围应用，取得了较大的社会效益，对科技发展和社会进步有较大意义的，可以评为二等奖。

（三）国家安全项目类：

在关键技术或者系统集成上有重大创新，技术难度很大，总体技术达到国际同类技术或者产品的先进水平，应用效果十分突出，对国防建设和保障国家安全具有重大作用的，可以评为一等奖；

在关键技术或者系统集成上有较大创新，技术难度较大，总体技术达到国际同类技术或者产品的水平，应用效果突出，对国防建设和保障国家安全有较大作用的，可以评为二等奖。

（四）重大工程项目类：

团结协作、联合攻关，在关键技术、系统集成和系统管理方面有重大创新，技术难度和工程复杂程度大，总体技术水平、主要技术经济指标达到国际同类项目的先进水平，取得了重大的经济效益或者社会效益，对推动本领域的科技发展有重大意义，对经济建设、社会发展和国家安

全具有重大战略意义的,可以评为一等奖;

团结协作、联合攻关,在关键技术、系统集成和系统管理方面有较大创新,技术难度和工程复杂程度较大,总体技术水平、主要技术经济指标达到国际同类项目的水平,取得了较大的经济效益或者社会效益,对推动本领域的科技发展有较大意义,对经济建设、社会发展和国家安全具有战略意义的,可以评为二等奖。

对于技术创新性特别突出、经济效益或者社会效益特别显著、推动行业科技进步作用特别明显的项目,可以评为特等奖。

《关于深化科技奖励制度改革方案的通知》(国办函〔2017〕55号):

二、重点任务

(一)改革完善国家科技奖励制度。

1. 实行提名制。

改革现行由行政部门下达推荐指标、科技人员申请报奖、推荐单位筛选推荐的方式,实行由专家学者、组织机构、相关部门提名的制度,进一步简化提名程序。

提名者承担推荐、答辩、异议答复等责任,并对相关材料的真实性和准确性负责。

提名者应具备相应的资格条件,遵守提名规则和程序。建立对提名专家、提名机构的信用管理和动态调整机制。

2. 建立定标定额的评审制度。

定标。自然科学奖围绕原创性、公认度和科学价值,技术发明奖围绕首创性、先进性和技术价值,科技进步奖围绕创新性、应用效益和经济社会价值,分类制定以科技创新质量、贡献为导向的评价指标体系。自然科学奖、技术发明奖、科技进步奖(以下统称三大奖)一、二等奖项目实行按等级标准提名、独立评审表决的机制。提名者严格依据标准条件提名,说明被提名者的贡献程度及奖项、等级建议。评审专家严格遵照评价标准评审,分别对一等奖、二等奖独立投票表决,一等奖评审落选项目不再降格参评二等奖。

定额。大幅减少奖励数量,三大奖总数由不超过400项减少到不超过300项,鼓励科技人员潜心研究。改变现行各奖种及其各领域奖励指标与受理数量按既定比例挂钩的做法,根据我国科研投入产出、科技发展水平等实际状况分别限定三大奖一、二等奖的授奖数量,进一步优化奖励结构。

3. 调整奖励对象要求。

三大奖奖励对象由"公民"改为"个人",同时调整每项获奖成果的授奖人数和单位数要求。

分类确定被提名科技成果的实践检验年限要求,杜绝中间成果评奖,同一成果不得重复报奖。

6. 健全科技奖励诚信制度。

完善异议处理制度,公开异议举报渠道,规范异议处理流程。健全评审行为准则与督查办法,明确提名者、被提名者、评审专家、组织者等各奖励活动主体应遵守的评审纪律。建立评价责任和信誉制度,实行诚信承诺机制,为各奖励活动主体建立科技奖励诚信档案,纳入科研信用体系。

严惩学术不端。对重复报奖、拼凑"包装"、请托游说评委、跑奖要奖等行为实行一票否决;对造假、剽窃、侵占他人成果等行为"零容忍",已授奖的撤销奖励;对违反学术道德、评审不公、行为失信的专家,取消评委资格。对违规的责任人和单位,要记入科技奖励诚信档案,视情节轻重予以公开通报、阶段性或永久取消参与国家科技奖励活动资格等处理；对违纪违法行为，严格依纪依法处理。

二、省部级科技奖

《省、部级科学技术奖励管理办法》（科学技术部令第 2 号）：

第三条 省、自治区、直辖市人民政府可以设立一项省级科学技术奖（以下称省级科学技术奖）。省级科学技术奖可以分类奖励在科学研究、技术创新与开发、推广应用先进科学技术成果以及实现高新技术产业化等方面取得重大科学技术成果或者做出突出贡献的个人和组织。

省、自治区、直辖市人民政府所属部门不再设立科学技术奖。

第十一条 根据国防、国家安全的特殊情况，国防科学技术工业委员会、公安部、国家安全部可以设立部级科学技术奖。部级科学技术奖的奖励范围只涉及国防和国家安全，并由于国家安全和保密不能公开的项目。

民用项目不属于部级科学技术奖的奖励范围。上述部门所属单位完成的民用项目可以参照本办法第七条的规定推荐省级科学技术奖。

中国人民解放军有关科学技术奖奖励办法可以参照本办法自行制定。

国务院所属其他部门不再设立部级科学技术奖。

三、社会力量设立科学技术奖

《关于深化科技奖励制度改革方案的通知》（国办函〔2017〕55 号）：

二、重点任务

（三）鼓励社会力量设立的科学技术奖健康发展。

坚持公益化、非营利性原则，引导社会力量设立目标定位准确、专业特色鲜明、遵守国家法规、维护国家安全、严格自律管理的科技奖项，在奖励活动中不得收取任何费用。对于具备一定资金实力和组织保障的奖励，鼓励向国际化方向发展，逐步培育若干在国际上具有较大影响力的知名奖项。

研究制定扶持政策，鼓励学术团体、行业协会、企业、基金会及个人等各种社会力量设立科学技术奖，鼓励民间资金支持科技奖励活动。

《关于进一步鼓励和规范社会力量设立科学技术奖的指导意见》（国科发奖〔2017〕196 号）：

二、设立和运行

（一）社会力量设立科学技术奖应当按照一定的周期连续开展授奖活动并具备以下条件：

1. 设奖者具备完全民事行为能力；
2. 承办机构是独立法人；

3. 资金来源合法稳定；
4. 规章制度科学完备；
5. 评审组织权威公正。

（二）承办机构是社会科技奖励的责任主体，应熟悉奖励所涉学科或行业领域发展态势，具备开展奖励活动的能力，并配备人力资源和开展奖励活动的其他必要条件。

境外的组织或个人单独或联合国内社会力量在我国境内设立社会科技奖励，须遵守我国对境外组织或个人在境内活动的相关法律法规，并委托我国境内法人机构承办。

（三）奖励名称应当确切、简洁，不得冠以"中国"、"中华"、"全国"、"国家"、"国际"、"世界"等字样。带有"中国"、"中华"、"全国"、"国家"、"国际"、"世界"等字样的组织设奖并在奖励名称中使用组织名称的，应当使用全称。不得使用与国家科学技术奖、省部级科学技术奖或其他已经设立的社会科技奖励、国际知名奖励相同或者容易混淆的名称。

（五）社会科技奖励要坚持公平公正公开的原则，设立由本学科或行业权威专家组成的专家委员会。评审专家独立开展奖励评审工作，不受任何组织或者个人干涉。

（六）社会科技奖励应当在相对固定的网站如实向全社会公开奖励相关信息，包括奖励名称、奖励章程、资金来源、设奖时间、设奖者、承办机构及其负责人、联系人及联系方式等，及时公开每一周期的奖励进展、获奖名单等动态信息。

（七）承办机构应自觉履行维护国家安全的义务，凡涉及关键技术、生物安全、人文伦理等有关国家安全和社会高度敏感领域的奖励，应当向科学技术行政部门报告，经科学技术行政部门核准后方可开展奖励活动。

第四篇　专项政策

专项政策为面向特定的某一领域、某一方面的创新政策。本类政策为在产业维度之上，针对某一类具有相同经济属性或活动特征的企业创新政策。

专项政策框架结构图如图 4-1 所示。其主要内容包括中小企业创新政策、国有企业创新政策、外资企业政策、民营企业政策和创新创业服务政策等。

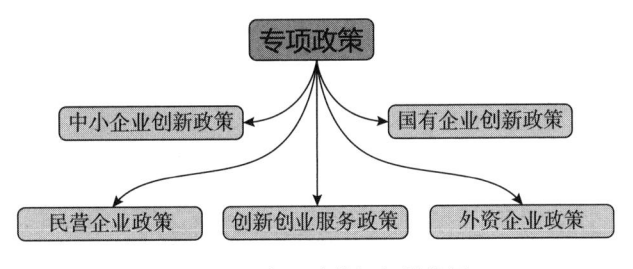

图 4-1　专项政策框架结构图

第 22 章　中小企业创新政策

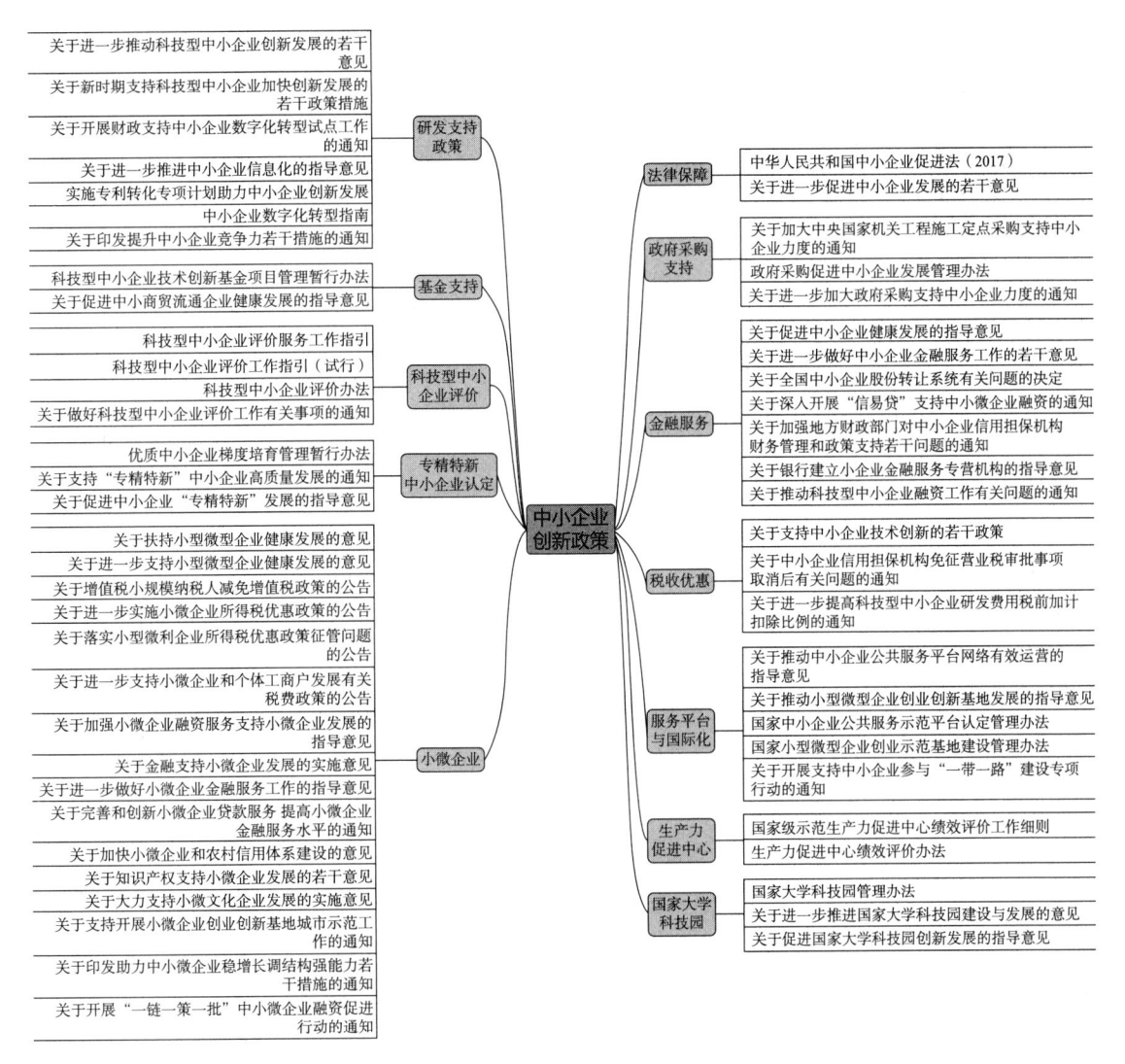

图 4-2　中小企业政策框架结构图

中小企业创新政策 分为以下几个方面：

研发支持政策
- 关于进一步推动科技型中小企业创新发展的若干意见
- 关于新时期支持科技型中小企业加快创新发展的若干政策措施
- 关于开展财政支持中小企业数字化转型试点工作的通知
- 关于进一步推进中小企业信息化的指导意见
- 实施专利转化专项计划助力中小企业创新发展
- 中小企业数字化转型指南
- 关于印发提升中小企业竞争力若干措施的通知

基金支持
- 科技型中小企业技术创新基金项目管理暂行办法
- 关于促进中小商贸流通企业健康发展的指导意见

科技型中小企业评价
- 科技型中小企业评价服务工作指引
- 科技型中小企业评价工作指引（试行）
- 科技型中小企业评价办法
- 关于做好科技型中小企业评价工作有关事项的通知

专精特新中小企业认定
- 优质中小企业梯度培育管理暂行办法
- 关于支持"专精特新"中小企业高质量发展的通知
- 关于促进中小企业"专精特新"发展的指导意见

小微企业
- 关于扶植小型微型企业健康发展的意见
- 关于进一步支持小型微型企业健康发展的意见
- 关于增值税小规模纳税人减免增值税政策的公告
- 关于进一步实施小微企业所得税优惠政策的公告
- 关于落实小型微利企业所得税优惠政策征管问题的公告
- 关于进一步支持小微企业和个体工商户发展有关税费政策的公告
- 关于加强小微企业融资服务支持小微企业发展的指导意见
- 关于金融支持小微企业发展的实施意见
- 关于进一步做好小微企业金融服务工作的指导意见
- 关于完善和创新小微企业贷款服务 提高小微企业金融服务水平的通知
- 关于加快小微企业和农村信用体系建设的意见
- 关于知识产权支持小微企业发展的若干意见
- 关于大力支持小微文化企业发展的实施意见
- 关于支持开展小微企业创业创新基地城市示范工作的通知
- 关于印发助力中小微企业稳增长调结构强能力若干措施的通知
- 关于开展"一链一策一批"中小微企业融资促进行动的通知

法律保障
- 中华人民共和国中小企业促进法（2017）
- 关于进一步促进中小企业发展的若干意见

政府采购支持
- 关于加大中央国家机关工程施工定点采购支持中小企业力度的通知
- 政府采购促进中小企业发展管理办法
- 关于进一步加大政府采购支持中小企业力度的通知

金融服务
- 关于促进中小企业健康发展的指导意见
- 关于进一步做好中小企业金融服务工作的若干意见
- 关于全国中小企业股份转让系统有关问题的决定
- 关于深入开展"信易贷"支持中小微企业融资的通知
- 关于加强地方财政部门对中小企业信用担保机构财务管理和政策支持若干问题的通知
- 关于银行建立小企业金融服务专营机构的指导意见
- 关于推动科技型中小企业融资工作有关问题的通知

税收优惠
- 关于支持中小企业技术创新的若干政策
- 关于中小企业信用担保机构免征营业税审批事项取消后有关问题的通知
- 关于进一步提高科技型中小企业研发费用税前加计扣除比例的通知

服务平台与国际化
- 关于推动中小企业公共服务平台网络有效运营的指导意见
- 关于推动小型微型企业创业创新基地发展的指导意见
- 国家中小企业公共服务示范平台认定管理办法
- 国家小型微型企业创业示范基地建设管理办法
- 关于开展支持中小企业参与"一带一路"建设专项行动的通知

生产力促进中心
- 国家级示范生产力促进中心绩效评价工作细则
- 生产力促进中心绩效评价办法

国家大学科技园
- 国家大学科技园管理办法
- 关于进一步推进国家大学科技园建设与发展的意见
- 关于促进国家大学科技园创新发展的指导意见

一、法律保障

《中华人民共和国中小企业促进法》（2017年9月1日修订）：

第二十六条　国家采取措施支持社会资金参与投资中小企业。创业投资企业和个人投资者投资初创期科技创新企业的，按照国家规定享受税收优惠。

第三十条　国家鼓励互联网平台向中小企业开放技术、开发、营销、推广等资源，加强资源共享与合作，为中小企业创业提供服务。

第三十三条　国家支持中小企业在研发设计、生产制造、运营管理等环节应用互联网、云计算、大数据、人工智能等现代技术手段，创新生产方式，提高生产经营效率。

第三十四条　国家鼓励中小企业参与产业关键共性技术研究开发和利用财政资金设立的科研项目实施。

国家支持中小企业及中小企业的有关行业组织参与标准的制定。

《关于进一步促进中小企业发展的若干意见》（国发〔2009〕36号）：

一、进一步营造有利于中小企业发展的良好环境

（一）加快制定融资性担保管理办法，修订《贷款通则》，修订中小企业划型标准，明确对小型企业的扶持政策。

三、加大对中小企业的财税扶持力度

（十）逐步扩大中央财政预算扶持中小企业发展的专项资金规模，重点支持中小企业技术创新、结构调整、节能减排、开拓市场、扩大就业，以及改善对中小企业的公共服务。加快设立国家中小企业发展基金。

四、加快中小企业技术进步和结构调整

（十四）支持中小企业采用新技术、新工艺、新设备、新材料进行技术改造。中央预算内技术改造专项投资中，要安排中小企业技术改造资金，地方政府也要安排中小企业技术改造专项资金。

五、支持中小企业开拓市场

（十八）加快发展生产性服务业。鼓励支持中小企业在科技研发、工业设计、技术咨询、信息服务、现代物流等生产性服务业领域发展。

（十九）支持引导中小企业积极开拓国内市场。中小企业专项资金、技术改造资金等要重点支持销售渠道稳定、市场占有率高的中小企业。

二、科技型中小企业评价

《科技型中小企业评价服务工作指引》（国科火字〔2022〕67号）：

三、评价条件和指标说明

（一）基本条件

科技型中小企业须同时满足以下条件：

1. 在中国境内（不包括港、澳、台地区）注册成立或依照外国（地区）法律成立但实际管理机构在中国境内的会计核算健全、实行查账征收并能够准确归集研发费用，并缴纳企业所得税的居民企业。

2. 职工总数不超过500人、年销售收入不超过2亿元、资产总额不超过2亿元。

3. 企业所在行业不属于国家发展改革委员会《产业结构调整指导目录》规定的限制类和淘汰类范围，不属于财政部、国家税务总局、科技部《关于完善研究开发费用税前加计扣除政策的通知》（财税〔2015〕119号）规定的不适用税前加计扣除政策的行业。

4. 企业在上一会计年度及当年未发生重大安全、重大质量事故、严重环境违法、严重弄虚作假和科研严重失信行为，且在上一会计年度及当年未列入经营异常名录和严重违法失信企业名单。

5. 企业根据科技型中小企业评价指标进行综合评价所得分值不低于60分，且科技人员指标得分不得为0分。

（二）直通车条件

符合上述评价条件的企业，若同时符合下列条件中的一项，不受综合评价所得分值高低限制，可直接确认符合科技型中小企业条件：

1. 企业拥有有效期内高新技术企业资格证书；

2. 企业近五年内获得过国家级科技奖励；

3. 企业拥有经认定的省部级以上研发机构；

4. 企业近五年内主导制定过国际标准、国家标准或行业标准。

《科技型中小企业评价工作指引（试行）》（国科火字〔2017〕144号）。

《科技型中小企业评价办法》（国科发政〔2017〕115号）。

《关于做好科技型中小企业评价工作有关事项的通知》（国科发火〔2018〕11号）。

三、专精特新中小企业认定

《优质中小企业梯度培育管理暂行办法》（工信部企业〔2022〕63号）：

附件2：专精特新中小企业认定标准

一、认定条件

同时满足以下四项条件即视为满足认定条件：

（一）从事特定细分市场时间达到2年以上。

（二）上年度研发费用总额不低于100万元，且占营业收入总额比重不低于3%。

（三）上年度营业收入总额在1000万元以上，或上年度营业收入总额在1000万元以下，但近2年新增股权融资总额（合格机构投资者的实缴额）达到2000万元以上。

（四）评价得分达到60分以上或满足下列条件之一：

1. 近三年获得过省级科技奖励，并在获奖单位中排名前三；或获得国家级科技奖励，并在获奖单位中排名前五。

2. 近两年研发费用总额均值在1000万元以上。

3. 近两年新增股权融资总额（合格机构投资者的实缴额）6000 万元以上。

4. 近三年进入"创客中国"中小企业创新创业大赛全国 500 强企业组名单。

附件 3：专精特新"小巨人"企业认定标准

专精特新"小巨人"企业认定需同时满足专、精、特、新、链、品六个方面指标。①

《关于支持"专精特新"中小企业高质量发展的通知》（财建〔2021〕2 号）：

一、工作目标

2021—2025 年，中央财政累计安排 100 亿元以上奖补资金，引导地方完善扶持政策和公共服务体系，分三批（每批不超过三年）重点支持 1000 余家国家级专精特新"小巨人"企业（以下简称重点"小巨人"企业）高质量发展，促进这些企业发挥示范作用，并通过支持部分国家（或省级）中小企业公共服务示范平台（以下简称公共服务示范平台）强化服务水平，聚集资金、人才和技术等资源，带动 1 万家左右中小企业成长为国家级专精特新"小巨人"企业。

二、实施内容

（一）支持对象

中央财政安排奖补资金，引导省级财政部门、中小企业主管部门统筹支持以下两个方面：一是重点"小巨人"企业。由工业和信息化部商财政部从已认定的专精特新"小巨人"企业中择优选定（不含已在上交所主板、科创板和深交所主板、中小板、创业板，以及境外公开发行股票的）。二是公共服务示范平台。

（二）支持内容

支持公共服务示范平台为国家级专精特新"小巨人"企业提供技术创新、上市辅导、创新成果转化与应用、数字化智能化改造、知识产权应用、上云用云及工业设计等服务。其中，对于重点"小巨人"企业，应提供"点对点"服务。

《关于促进中小企业"专精特新"发展的指导意见》（工信部企业〔2013〕264 号）。

四、研发支持政策

《关于进一步推动科技型中小企业创新发展的若干意见》（国科发高〔2015〕3 号）：

三、支持技术创新

（四）支持科技型中小企业建立研发机构。支持科技型中小企业建立企业实验室、企业技术中心、工程技术研究中心等研发机构，提升对技术创新的支撑与服务能力。对拥有自主知识产权并形成良好经济社会效益的科技型中小企业研发机构给予重点扶持。

（五）支持科技型中小企业开展技术改造。将技术改造项目纳入贷款贴息等优惠政策的支持范围。

（六）通过政府采购支持科技型中小企业技术创新。鼓励科技型中小企业组成

---

① 详细内容请查阅文件。

联合体共同参加政府采购与首台（套）示范项目。

四、强化协同创新

（七）推动科技型中小企业开展协同创新。深入开展科技人员服务企业行动，通过科技特派员等方式组织科技人员帮助科技型中小企业解决技术难题。

六、完善服务体系

（十二）完善科技型中小企业技术创新服务体系。鼓励通过政府购买服务的方式，为科技型中小企业提供管理指导、技能培训、市场开拓、标准咨询、检验检测认证等服务。

《关于新时期支持科技型中小企业加快创新发展的若干政策措施》（国科发区〔2019〕268号）：

（三）加大对科技型中小企业研发活动的财政支持。

6. 加大财政资金支持力度。鼓励各级地方政府设立支持科技型中小企业技术研发的专项资金。

（五）扩大面向科技型中小企业的创新服务供给。

11. 推广科技创新券。支持地方设立科技创新券专项资金，以政府购买公共服务方式对各类服务科技型中小企业的服务载体进行奖励或后补助。

（六）加强金融资本市场对科技型中小企业的支持。

15. 拓展企业融资渠道。实施"科技型中小企业成长路线图计划2.0"，为优质企业进入"新三板"、科创板上市融资提供便捷通道。

《关于开展财政支持中小企业数字化转型试点工作的通知》（工信厅联企业〔2022〕22号）：

一、工作目标

从2022年到2025年，中央财政计划分三批支持地方开展中小企业数字化转型试点，提升数字化公共服务平台（含数字化转型服务商、工业互联网平台等，以下简称服务平台）服务中小企业能力，打造一批小型化、快速化、轻量化、精准化（以下简称小快轻准）的数字化系统解决方案和产品，形成一批可复制可推广的数字化转型典型模式，围绕100个细分行业（详见附件1），支持300个左右公共服务平台，打造4000－6000家"小灯塔"企业作为数字化转型样本，带动广大中小企业"看样学样"加快数字化转型步伐，促进专精特新发展。

三、支持内容

（一）支持对象。中央财政安排奖补资金支持服务平台，由服务平台为中小企业提供数字化改造服务。其中，2022年拟支持100个左右服务平台。

（二）资金测算。中央财政对完成改造目标的服务平台安排奖补资金。每个服务平台最高奖补不超过600万元（按照不超过每家试点企业实际改造成本的30%且奖补资金最高不超过30万元进行测算）。

（三）资金安排。奖补资金在实施期初先按一定比例预拨，每批实施期1年，实施期满后，由工业和信息化部牵头会同财政部对试点中小企业数字化改造情况进行审核，按照实际审核通过的中小企业数量，核定奖补资金。

（四）资金用途。服务平台应将财政奖补资金直接用于试点企业，不得用于其他企业或与本项目无关的支出，鼓励平台减免试点企业数字化改造共性需求相关的软件、云服务等支出，降低企业数字化转型成本。

《关于进一步推进中小企业信息化的指导意见》（工信部企业〔2016〕445号）：

二、重点任务

（二）以信息技术改造生产制造方式

推广智能工业控制系统深度应用，促进增材制造、工业机器人、人工智能等新手段在生产过程中的应用，推动制造业中小企业的智能化转型。

（三）以信息技术提升经营管理能力

进一步推广经营管理信息化软件（ERP/OA/CRM等）的应用，并逐步向商业智能（BI）转变。

（四）以信息技术优化市场营销

大力推动电子商务应用创新，鼓励中小企业依托电子商务服务平台，利用大数据资源提升精准营销效果，开拓国内外市场。鼓励中小企业建立统一的产品质量可追溯体系，逐步建立覆盖采购、生产和销售等全链条的产品品质追溯系统。

《实施专利转化专项计划助力中小企业创新发展》（财办建〔2021〕23号）：

二、工作内容

（一）地方开展工作。

1. 拓宽专利技术供给渠道。鼓励国有企业分享专利技术。引导大型国有企业加大专利技术许可力度，通过先使用后缴纳许可费等方式，降低中小企业专利技术获取门槛。

2. 推进专利技术供需对接。创新专利转让运用模式。鼓励专利权人采用或参照"开放许可"方式，提前发布专利转让费用或许可费用标准、支付方式等条件，提高专利转化效率。针对中小企业实际需求，利用专利导航发掘目标专利和合作研发对象，积极开展专利池构建、转让许可等活动，做好专利技术实施指导和二次开发。

（二）中央支持政策。

2. 提供绿色通道。国家知识产权局指导有关省份建立涉及中小企业相关专利转让、许可、质押业务办理的绿色通道，提高相关业务受理窗口办理效率，推动有关业务受理窗口向产业集聚区域延伸。

《中小企业数字化转型指南》（工信厅信发〔2022〕33号）。

《关于印发提升中小企业竞争力若干措施的通知》（工信部企业〔2021〕169号）：

八、提升绿色发展能力

（二十五）优化环保评价和执法机制。对污染物排放量小、环境风险低、生产工艺先进等符合条件的小微企业按程序纳入监督执法正面清单，减少现场执法检查次数。

九、提升质量和管理水平

（二十六）支持提升产品质量。对监督抽查、缺陷产品召回等各类执法活动中发现的质量问题，组织专家开展质量技术帮扶，帮助企业改进设计和制造技术。

十、提升人才队伍素质

（二十九）培育企业家队伍。开展中小企业经营管理领军人才培训和"企业微课"在线培训，通过在线直播课和慕课等录播课形式"送政策、送技术、送管理"。

十一、加强服务体系建设

（三十四）创新服务方式。将每年六月设为全国中小企业服务月，推动营造全社会共同服务中小企业的良好氛围。

五、基金支持

《科技型中小企业技术创新基金项目管理暂行办法》（国科发计字〔2005〕60号）：

第二章　支持条件、范围与支持方式

第四条　申请创新基金支持的项目需符合以下条件：

（一）符合国家产业、技术政策；

（二）技术含量较高，技术创新性较强；

（三）项目产品有较大的市场容量、较强的市场竞争力；

（四）无知识产权纠纷。

第五条　承担项目的企业应具备以下条件：

（一）在中国境内注册，具有独立企业法人资格；

（二）主要从事高新技术产品的研制、开发、生产和服务业务；

（三）企业管理层有较高经营管理水平，有较强的市场开拓能力；

（四）职工人数不超过500人，具有大专以上学历的科技人员占职工总数的比例不低于30%，直接从事研究开发的科技人员占职工总数的比例不低于10%；

（五）有良好的经营业绩，资产负债率合理；每年用于高新技术产品研究开发的经费不低于销售额的5%；

（六）有健全的财务管理机构，有严格的财务管理制度和合格的财务人员。

第六条　创新基金以贷款贴息、无偿资助和资本金投入的方式支持科技型中小企业的技术创新活动。

（一）贷款贴息

1. 主要用于支持产品具有一定水平、规模和效益，银行已经贷款或有贷款意向的项目；

2. 项目新增投资在3000万元以下，资金来源基本确定，投资结构合理，项目实施周期不超过3年；

3. 创新基金贴息总额一般不超过100万元，个别重大项目不超过200万元。

（二）无偿资助

1. 主要用于科技型中小企业技术创新活动中新技术、新产品研究开发及中试放大等阶段的必要补助；

2. 项目新增投资一般在1000万元以下，资金来源基本确定，投资结构合理，项目实施周期不超过2年；

3. 企业需有与申请创新基金资助数额等额以上的自有资金匹配；

4. 创新基金资助数额一般不超过100万元，个别重大项目不超过200万元。

（三）资本金投入具体办法另行制定。

第七条　在同一年度内，一个企业只能申请一个项目和一种支持方式。申请企业应根据项目所处的阶段，选择一种相应的支持方式。

《关于促进中小商贸流通企业健康发展的指导意见》（商流通函〔2014〕919号）：

四、政策措施

（三）缓解融资困难。推动设立政府主导的中小企业信贷风险补偿基金，用于包括中小商贸流通企业在内的中小企业信用增级，提高商业银行贷款风险容忍度，降低中小商贸流通企业贷款门槛。

六、税收优惠

《关于支持中小企业技术创新的若干政策》（发改企业〔2007〕2797号）：

一、激励企业自主创新

（三）加快技术进步。中小企业投资建设属于国家鼓励发展的内外资项目，其投资总额内进口的自用设备，以及随设备进口的技术和配套件、备件，按照《国务院关于调整进口设备税收政策的通知》（国发〔1997〕37号）的有关规定，免征关税和进口环节增值税。

《关于中小企业信用担保机构免征营业税审批事项取消后有关问题的通知》（工信部联企业〔2015〕286号）：

一、符合条件的担保机构从事中小企业信用担保或再担保业务取得的收入（不含信用评级、咨询、培训等收入）三年内免征营业税。

上述免征营业税政策涉及的审核批准工作程序取消，改为备案管理。

二、第一条所称"符合条件"是指同时符合下列条件：

（一）已取得监管部门颁发的融资性担保机构经营许可证，依法登记注册为企（事）业法人，实收资本超过2000万元。

（二）平均年担保费率不超过银行同期贷款基准利率的50%。平均年担保费率＝本期担保费收入/（期初担保余额＋本期增加担保金额）×100%。

（三）连续合规经营两年以上，资金主要用于担保业务，具备健全的内部管理制度和为中小企业提供担保的能力，经营业绩突出，对受保项目具有完善的事前评估、事中监控、事后追偿与处置机制。

（四）为中小企业提供的累计担保贷款额占其两年累计担保业务总额的80%以上，单笔800万元以下的累计担保贷款额占其累计担保业务总额的50%以上。

（五）对单个受保企业提供的担保余额不超过担保机构实收资本总额的10%，且平均单笔担保责任金额最多不超过3000万元人民币。

（六）担保责任余额不低于其净资产的3倍，且代偿率不超过2%。

三、担保机构免征营业税政策采取备案管理方式。符合条件的担保机构应到所在地县（市）地方税务局和同级中小企业管理部门履行规定的备案手续，自完成备案手续之日起，享受三年免征营业税政策。三年免税期满后，符合条件的担保机构可按规定程序办理备案手续后继续享受该项政策。

四、此前已列入工业和信息化部和国家税务总局下发的免征营业税的中小企业信用担保机构名单的担保机构，在剩余的免税期限内继续免征营业税；2014年10月1日（含）以后新办或免税期限已满但仍符合免税条件的，纳税人可以按照本通知规定到所在地县（市）主管税务机关及同级中小企业管理部门履行规定的备案手续。

《关于进一步提高科技型中小企业研发费用税前加计扣除比例的公告》（2022年3月23日）。[①]

[①] 参见第9章财税政策。

七、金融服务

《关于促进中小企业健康发展的指导意见》（2019 年 3 月 28 日）：

三、破解融资难融资贵问题

（一）完善中小企业融资政策。加大再贴现对小微企业支持力度，重点支持小微企业 500 万元及以下小额票据贴现。

（二）积极拓宽融资渠道。大力发展高收益债券、私募债、双创专项债务融资工具、创业投资基金类债券、创新创业企业专项债券等产品。

（三）支持利用资本市场直接融资。加快中小企业首发上市进度，为主业突出、规范运作的中小企业上市提供便利。深化发行、交易、信息披露等改革，支持中小企业在新三板挂牌融资。

四、完善财税支持政策

（一）改进财税对小微企业融资的支持。进一步降低创业担保贷款贴息的政策门槛，中央财政安排资金支持地方给予小微企业创业担保贷款贴息及奖补，同时推进相关统计监测和分析工作。落实金融机构单户授信 1000 万元及以下小微企业和个体工商户贷款利息收入免征增值税政策、贷款损失准备金所得税税前扣除政策。

五、提升创新发展能力

（四）为中小企业提供信息化服务。推动中小企业业务系统云化部署，引导有基础、有条件的中小企业推进生产线智能化改造，推动低成本、模块化的智能制造设备和系统在中小企业部署应用。大力推动降低中西部地区中小企业宽带专线接入资费水平。

《关于进一步做好中小企业金融服务工作的若干意见》（银发〔2010〕193 号）：

一、进一步推动中小企业信贷管理制度的改革创新

（四）实施小企业金融服务差异化监管。小企业金融服务专营机构要进一步落实小企业金融服务"四单"原则，既单列信贷计划、单独配置人力资源和财务资源、单独客户认定与信贷评审、单独会计核算，构建专业化的经营与考核体系。认真贯彻落实对小企业授信工作的相关规定，制定小企业信贷人员尽职免责机制，切实做到尽职者免责，失职者问责。

四、大力发展中小企业信用增强体系

（十三）完善创新适合中小企业需求特点的保险产品。继续推动科技保险发展，为高新技术型中小企业提供创新创业风险保障。

《关于全国中小企业股份转让系统有关问题的决定》（国发〔2013〕49 号）：

二、建立不同层次市场间的有机联系

在全国股份转让系统挂牌的公司，达到股票上市条件的，可以直接向证券交易所申请上市交易。在符合《国务院关于清理整顿各类交易场所切实防范金融风险的决定》（国发〔2011〕38 号）要求的区域性股权转让市场进行股权非公开转让的公司，符合挂牌条件的，可以申请在全国股份转让系统挂牌公开转让股份。

三、简化行政许可程序

挂牌公司依法纳入非上市公众公司监管，股东人数可以超过 200 人。股东人数

未超过200人的股份公司申请在全国股份转让系统挂牌，证监会豁免核准。挂牌公司向特定对象发行证券，且发行后证券持有人累计不超过200人的，证监会豁免核准。

《关于深入开展"信易贷"支持中小微企业融资的通知》（发改财金〔2019〕1491号）：

（三）支持金融机构创新"信易贷"产品和服务。

鼓励金融机构对接全国中小企业融资综合信用服务平台，创新开发"信易贷"产品和服务，加大"信易贷"模式的推广力度。鼓励金融机构以提升风险管理能力为立足点，减少对抵质押担保的过度依赖，逐步提高中小微企业贷款中信用贷款的占比。鼓励金融机构对信用良好、正常经营的中小微企业创新续贷方式，切实降低企业贷款周转成本。

《关于加强地方财政部门对中小企业信用担保机构财务管理和政策支持若干问题的通知》（财金〔2003〕88号）。

《关于银行建立小企业金融服务专营机构的指导意见》（银监发〔2008〕82号）。

《关于推动科技型中小企业融资工作有关问题的通知》（开行发〔2005〕117号）。

八、政府采购支持

《关于加大中央国家机关工程施工定点采购支持中小企业力度的通知》（2022年6月17日）：

一、预算在400万元以下的工程项目，采用定点采购方式成交的，采购人应当专门面向中小企业采购。2022年7月1日起，拟成交供应商不属于中小企业的，不再备案。

不专门面向中小企业的，采购人须说明理由，作为单独项目委托国采中心组织采购，供应商从施工定点入围企业中选择。

二、属于《政府采购促进中小企业发展管理办法》（财库〔2020〕46号）》第二条所定义的中小企业，但未提交声明函的施工定点供应商，请尽快通过央采网业务平台工程施工定点采购栏目，按照"供应商信息变更"流程补充提交《中小企业声明函》。

《政府采购促进中小企业发展管理办法》（财库〔2020〕46号）。[1]

《关于进一步加大政府采购支持中小企业力度的通知》（财库〔2022〕19号）等。[2]

---

[1][2] 参见第11章政府公共采购。

九、服务平台与国际化

《关于推动中小企业公共服务平台网络有效运营的指导意见》(工信部联企业〔2017〕187号):

三、重点任务

(十)创新服务方式,推广线上线下相结合的服务模式。支持平台网络应用云计算、大数据等新一代信息技术开发新的服务产品、新的服务模式,推动线下服务线上化,快速提升线上服务活跃度。鼓励利用线上服务拓展和带动线下服务,通过线上展示、线上服务超市等服务形式扩展线下服务内容,利用线上平台、微信、微博等渠道开展线上线下同步的服务活动,引入互联网金融、分享经济、众创、众包等新模式扩充服务供给方式。

《关于推动小型微型企业创业创新基地发展的指导意见》(工信部联企业〔2016〕394号):

三、主要任务

(四)推动产业有机联动,实现小微企业双创基地生态化发展

引导和鼓励有条件的小微企业双创基地直接设立或引入专业股权投资基金,构建与创业创新相协调的资金链。

四、政策扶持

(三)完善金融保障力度

推动小微企业双创基地与银行、创业投资机构、股权投资机构对接,联合设立或引进创业投资基金、股权投资基金并优先投资于小微企业双创基地内企业和项目。鼓励小微企业双创基地与中小企业信用担保机构对接,为小微企业双创基地内中小企业提供增信和融资担保,支持保险机构在小微企业双创基地内积极发展产品和服务。

(四)落实税收优惠政策

小微企业双创基地符合科技企业孵化器、大学科技园税收政策条件的,可享受有关税收优惠。

《国家中小企业公共服务示范平台认定管理办法》(工信部企业〔2017〕156号)。

《国家小型微型企业创业示范基地建设管理办法》(工信部企业〔2015〕110号)。

《关于开展支持中小企业参与"一带一路"建设专项行动的通知》(工信部联企业〔2017〕191号):

二、重点工作

(一)助力中小企业赴沿线国家开展贸易投资

1. 支持中小企业参加国内外展览展销活动。支持各地中小企业主管部门与贸促会分支机构合作开展专门面向沿线国家中小企业的展览活动,帮助中小企业特别是"专精特新"中小企业展示产品和服务。

2. 建立经贸技术合作平台。共同搭建"中小企业'一带一路'合作服务平台",鼓励中小企业服务机构和企业到沿线国家建立中小企业创业创新基地,开展技术合作、科研成果产业化等活动。吸引沿线国家中小企业在华设立研发机构,促进原创技术在中国孵化落地。

3. 鼓励中小企业运用电子商务开拓国

际市场。针对中小企业在通关报检、仓储物流、市场开拓、品牌建设等方面的需求,引入第三方专业机构,提供定制化服务,帮助中小企业利用跨境电子商务开展国际贸易。

十、生产力促进中心

《**国家级示范生产力促进中心绩效评价工作细则**》(国科办高〔2011〕39号)。

《**生产力促进中心绩效评价办法**》(国科办高〔2014〕9号)。

十一、国家大学科技园

《**国家大学科技园管理办法**》(国科发区〔2019〕117号):

第十一条 在孵企业应具备的条件:

(一)在孵企业领域应属于《国家重点支持的高新技术领域》规定的范围,企业注册地及主要研发办公场所必须在大学科技园内。

(二)申请进入大学科技园的企业,需符合《中小企业划型标准规定》所规定的小型、微型企业划分标准。

(三)企业在大学科技园的孵化时间不超过4年。

(四)单一在孵企业使用的孵化场地面积不大于1000平方米;从事航空航天、生物医药等特殊领域的单一在孵企业,不大于3000平方米。

(五)企业研发的项目(产品)知识产权界定清晰。

《**关于进一步推进国家大学科技园建设与发展的意见**》(国科发高字〔2004〕487号):

十三、大学科技园要进一步明确建设方向,积极发展,规范企业入孵、毕业退出和利益分配等方面的管理,建立明确的退出机制。

十六、科技部、教育部将支持大学科技园内的科技企业孵化器(创业中心)按照有关规定,争创国家高新技术创业服务中心,并在其中选择有条件的开展科技型中小企业技术创新基金小额资助试点工作。

《**关于促进国家大学科技园创新发展的指导意见**》(国科发区〔2019〕116号)。

十二、小微企业

《**关于扶持小型微型企业健康发展的意见**》(国发〔2014〕52号):

三、加大中小企业专项资金对小企业创业基地(微型企业孵化园、科技孵化器、商贸企业集聚区等)建设的支持力度。

《关于进一步支持小型微型企业健康发展的意见》（国发〔2012〕14号）：

二、进一步加大对小型微型企业的财税支持力度

（二）落实支持小型微型企业发展的各项税收优惠政策。提高增值税和营业税起征点；将小型微利企业减半征收企业所得税政策，延长到2015年底并扩大范围；将符合条件的国家中小企业公共服务示范平台中的技术类服务平台纳入现行科技开发用品进口税收优惠政策范围。加快推进营业税改征增值税试点，逐步解决服务业营业税重复征税问题。

（六）继续减免部分涉企收费并清理取消各种不合规收费。自2012年1月1日至2014年12月31日三年内对小型微型企业免征部分管理类、登记类和证照类行政事业性收费。清理取消一批各省（区、市）设立的涉企行政事业性收费。规范涉及行政许可和强制准入的经营服务性收费。继续做好收费公路专项清理工作，降低企业物流成本。

四、进一步推动小型微型企业创新发展和结构调整

（十三）提升小型微型企业创新能力。实施中小企业创新能力建设计划，鼓励有条件的小型微型企业建立研发机构，参与产业共性关键技术研发、国家和地方科技计划项目以及标准制定。实施中小企业信息化推进工程，重点提高小型微型企业生产制造、运营管理和市场开拓的信息化应用水平，鼓励信息技术企业、通信运营商为小型微型企业提供信息化应用平台。

五、加大支持小型微型企业开拓市场的力度

（二十一）开展集成电路产业链保税监管模式试点。允许符合条件的小型微型集成电路设计企业作为加工贸易经营单位开展加工贸易业务，将集成电路产业链中的设计、芯片制造、封装测试企业等全部纳入保税监管范围。

六、切实帮助小型微型企业提高经营管理水平

（二十二）支持管理创新。实施小企业会计准则，开展培训和会计代理服务。

《关于增值税小规模纳税人减免增值税政策的公告》（2023年8月1日）：

一、对月销售额10万元以下（含本数）的增值税小规模纳税人，免征增值税。

二、增值税小规模纳税人适用3%征收率的应税销售收入，减按1%征收率征收增值税；适用3%预征率的预缴增值税项目，减按1%预征率预缴增值税。

三、本公告执行至2027年12月31日。

《关于进一步实施小微企业所得税优惠政策的公告》（2022年3月14日）：

一、对小型微利企业年应纳税所得额超过100万元但不超过300万元的部分，减按25%计入应纳税所得额，按20%的税率缴纳企业所得税。

二、本公告所称小型微利企业，是指从事国家非限制和禁止行业，且同时符合年度应纳税所得额不超过300万元、从业人数不超过300人、资产总额不超过5000万元等三个条件的企业。

从业人数，包括与企业建立劳动关系的职工人数和企业接受的劳务派遣用工人数。所称从业人数和资产总额指标，应按企业全年的季度平均值确定。具体计算公式如下：

季度平均值 =（季初值 + 季末值）÷2

全年季度平均值＝全年各季度平均值之和÷4

年度中间开业或者终止经营活动的，以其实际经营期作为一个纳税年度确定上述相关指标。

三、本公告执行期限为2022年1月1日至2024年12月31日。

《关于落实小型微利企业所得税优惠政策征管问题的公告》（2023年3月27日）：

二、小型微利企业无论按查账征收方式或核定征收方式缴纳企业所得税，均可享受小型微利企业所得税优惠政策。

三、小型微利企业在预缴和汇算清缴企业所得税时，通过填写纳税申报表，即可享受小型微利企业所得税优惠政策。

小型微利企业应准确填报基础信息，包括从业人数、资产总额、年度应纳税所得额、国家限制或禁止行业等，信息系统将为小型微利企业智能预填优惠项目、自动计算减免税额。

《关于进一步支持小微企业和个体工商户发展有关税费政策的公告》（2023年8月2日）：

二、自2023年1月1日至2027年12月31日，对增值税小规模纳税人、小型微利企业和个体工商户减半征收资源税（不含水资源税）、城市维护建设税、房产税、城镇土地使用税、印花税（不含证券交易印花税）、耕地占用税和教育费附加、地方教育附加。

三、对小型微利企业减按25%计算应纳税所得额，按20%的税率缴纳企业所得税政策，延续执行至2027年12月31日。

四、增值税小规模纳税人、小型微利企业和个体工商户已依法享受资源税、城市维护建设税、房产税、城镇土地使用税、印花税、耕地占用税、教育费附加、地方教育附加等其他优惠政策的，可叠加享受本公告第二条规定的优惠政策。

五、本公告所称小型微利企业，……

小型微利企业的判定以企业所得税年度汇算清缴结果为准。登记为增值税一般纳税人的新设立的企业，从事国家非限制和禁止行业，且同时符合申报期上月末从业人数不超过300人、资产总额不超过5000万元等两个条件的，可在首次办理汇算清缴前按照小型微利企业申报享受第二条规定的优惠政策。

《关于加强小微企业融资服务支持小微企业发展的指导意见》（发改财金〔2013〕1410号）：

一、各省级、副省级创业投资企业备案管理部门（以下简称各省级备案管理部门）应依据《关于促进创业投资企业发展有关税收政策的通知》（财税〔2007〕31号），与属地财税部门建立顺畅的工作机制，确保符合条件的创业投资企业及时足额享受税收优惠政策。

三、支持符合条件的创业投资企业、股权投资企业、产业投资基金发行企业债券，专项用于投资小微企业；支持符合条件的创业投资企业、股权投资企业、产业投资基金的股东或有限合伙人发行企业债券，扩大创业投资企业、股权投资企业、产业投资基金资本规模。

十一、清理规范涉及企业的基本银行服务费用，完善银行收费定价机制。

《关于金融支持小微企业发展的实施意见》（国办发〔2013〕87号）：

五、大力拓展小微企业直接融资渠道 适当放宽创业板市场对创新型、成长型企业的财务准入标准，尽快启动上市小微企业再融资。建立完善全国中小企业股份转让系统（以下称"新三板"），加大产品创新力度，增加适合小微企业的融资品种。进一步扩大中小企业私募债券试点，逐步扩大中小企业集合债券和小微企业增信集合债券发行规模，在创业板、"新三板"、公司债、私募债等市场建立服务小微企业的小额、快速、灵活的融资机制。

《关于进一步做好小微企业金融服务工作的指导意见》（银监发〔2013〕37号）：

九、进一步规范小微企业金融服务收费。银行业金融机构要在建立科学合理的小微企业信贷风险定价机制的基础上，严格执行《关于支持商业银行进一步改进小型微型企业金融服务的补充通知》（银监发〔2011〕94号）有关规定，除银团贷款外，不得对小微企业贷款收取承诺费、资金管理费，严格限制对小微企业及其增信机构收取财务顾问费、咨询费等费用。严禁在发放贷款时附加不合理的贷款条件。

《关于完善和创新小微企业贷款服务提高小微企业金融服务水平的通知》（银监发〔2014〕36号）：

三、积极创新小微企业流动资金贷款服务模式。对流动资金周转贷款到期后仍有融资需求，又临时存在资金困难的小微企业，经其主动申请，银行业金融机构可以提前按新发放贷款的要求开展贷款调查和评审。符合下列条件的小微企业，经银行业金融机构审核合格后可以办理续贷：

（一）依法合规经营；

（二）生产经营正常，具有持续经营能力和良好的财务状况；

（三）信用状况良好，还款能力与还款意愿强，没有挪用贷款资金、欠贷欠息等不良行为；

（四）原流动资金周转贷款为正常类，且符合新发放流动资金周转贷款条件和标准；

（五）银行业金融机构要求的其他条件。

银行业金融机构同意续贷的，应当在原流动资金周转贷款到期前与小微企业签订新的借款合同，需要担保的签订新的担保合同，落实借款条件，通过新发放贷款结清已有贷款等形式，允许小微企业继续使用贷款资金。

《关于加快小微企业和农村信用体系建设的意见》（银发〔2014〕37号）：

四、工作任务

（二）建立信用评价机制。

推动小微企业信用评级（分）。鼓励评级机构制定适合小微企业特点的评级方法体系，按照市场化原则推动评级机构为小微企业评定信用等级。

持续推进农村地区信用评定。……，大力推进"信用户"、"信用村"、"信用乡镇"评定与创建。

《关于知识产权支持小微企业发展的若干意见》（国知发管字〔2014〕57号）：

一、扶持小微企业创新发展

（一）支持创新成果在国内外及时获权。完善专利审查快速通道，对小微企业亟须获得授权的核心专利申请予以优先审查，并按照《发明专利申请优先审查办法》规定的程序办理。开展小微企业专利审查高速路（PPH）推广帮扶项目，编制针对小微企业的海外获权指导手册，建立小微企业国外专利申请—获权援助渠道，支持小微企业在海外快速获得专利权。

（二）完善专利资助政策。积极探索

推进小微企业专利费用减免政策，支持小微企业知识产权创造和运用。加大对小微企业专利申请资助力度，推动专利一般资助向小微企业倾斜。结合科技型中小企业专利申请"消零"行动，对小微企业申请获权的首件发明专利予以奖励。鼓励小微企业通过实施专利提高专利产品种类和产值，对小微企业通过独占许可和排他许可方式引进实施专利给予专项资助。

（三）创新知识产权金融服务。鼓励建立小微企业信贷风险补偿基金，对知识产权质押贷款提供重点支持。加快推动知识产权保险服务纳入小微企业产业引导政策，完善小微企业风险补偿机制。

二、完善小微企业知识产权社会化服务

（四）加快知识产权公共服务体系建设。深入推进中小企业知识产权战略推进工程，建立健全省、市、县三级知识产权服务网络，……

（六）调动和优化配置知识产权服务资源。可采取"专利服务券"等政府购买服务方式满足小微企业服务需求。

三、提高小微企业知识产权运用能力

（八）做好知识产权优势培育工作。支持科技型小微企业申报国家级知识产权优势企业。

（九）加强专利信息利用。依托各类服务平台向小微企业免费或低成本提供专利查新检索服务，广泛开展知识产权信息订制推送服务。

（十一）鼓励专利创业创新。积极组织拥有知识产权项目的小微企业参加境内外展览展销活动，在名额、费用等方面适当倾斜。

四、优化小微企业知识产权发展环境

（十四）推进知识产权维权援助工作。

推进知识产权维权援助工作。

《关于大力支持小微文化企业发展的实施意见》（文产发〔2014〕27号）：

三、打造良好发展环境

（九）鼓励参与公共文化服务。在政府采购过程中，各级文化行政部门对小微文化企业及小微文化企业份额达到30%的联合体有自主知识产权的投标产品和服务，可在价格扣除优惠政策规定范围内按较高标准执行。

四、健全金融服务体系

（十）创新金融服务方式。实施"文化金融扶持计划"，提升面向小微文化企业的金融服务规模与水平。

《关于支持开展小微企业创业创新基地城市示范工作的通知》（财建〔2015〕114号）。

《关于印发助力中小微企业稳增长调结构强能力若干措施的通知》（工信部企业函〔2023〕4号）：

一、进一步推动稳增长稳预期

（二）加大对中小微企业的金融支持力度。用好支小再贷款、普惠小微贷款支持工具、科技创新再贷款等货币政策工具，持续引导金融机构增加对中小微企业信贷投放。推动金融机构增加小微企业首贷、信用贷、无还本续贷和中长期贷款，推广随借随还贷款模式，推动普惠型小微企业贷款增量扩面。

（三）促进产业链上中小微企业融资。选择部分具备条件的重点产业链、特色产业集群主导产业链，开展"一链一策一批"中小微企业融资促进行动，深化产融对接和信息共享，鼓励银行业金融机构在风险可控前提下，制定专门授信方案，高效服务链上中小微企业，促进产业与金融良性循环。

（四）有效扩大市场需求。支持中小企业设备更新和技术改造，参与国家科技创新项目建设，承担国家重大科技战略任务。将政府采购工程面向中小企业的预留份额阶段性提高至 40% 以上政策延续到 2023 年底。

二、着力促进中小微企业调结构强能

（九）促进大中小企业融通创新。深入实施大中小企业融通创新"携手行动"，围绕重点产业链举办"百场万企"大中小企业融通创新对接活动，引导大企业向中小企业开放创新资源和应用场景。

（十）促进科技成果转化和中小企业数字化转型。实施科技成果赋智中小企业专项行动，搭建创新成果转化平台，解决中小企业技术创新需求，……提升中小微企业核心竞争力。

（十四）加大对优质中小企业直接融资支持。支持专精特新中小企业上市融资，北京证券交易所实行"专人对接、即报即审"机制，加快专精特新中小企业上市进程。发挥国家中小企业发展基金、国家科技成果转化引导基金的政策引导作用，带动更多社会资本投早投小投创新。

《关于开展"一链一策一批"中小微企业融资促进行动的通知》（工信部联企业函〔2023〕196 号）：

二、工作举措

（八）完善股权投资策略，激发专精特新企业。各地工业和信息化主管部门结合"创客中国"中小企业创新创业大赛、中国先进技术转化应用大赛、"百场万企"大中小企业融通对接、特色产业链"揭榜"推进等活动和数字化赋能、科技成果赋智、质量标准品牌赋值中小企业等专项行动，面向重点产业链上下游细分领域、场景，遴选一批肯创新、有技术、有潜力的中小微企业，分链分行业常态化组织开展投融资对接活动。鼓励私募股权、创业投资基金等结合自身特长参与对接活动，加快培养投资产业思维、完善产业投资策略，重点为链上中小微企业科技研发、成果转化、融通创新、协同攻关等提供融资支持，激发涌现一批专精特新中小企业。国家中小企业发展基金等各类政府投资基金发挥引导作用，带动社会资本加大"投早投小投创新"力度，重点支持链上中小微企业，有力支撑产业链强链补链稳链。

第 23 章　国有企业创新政策

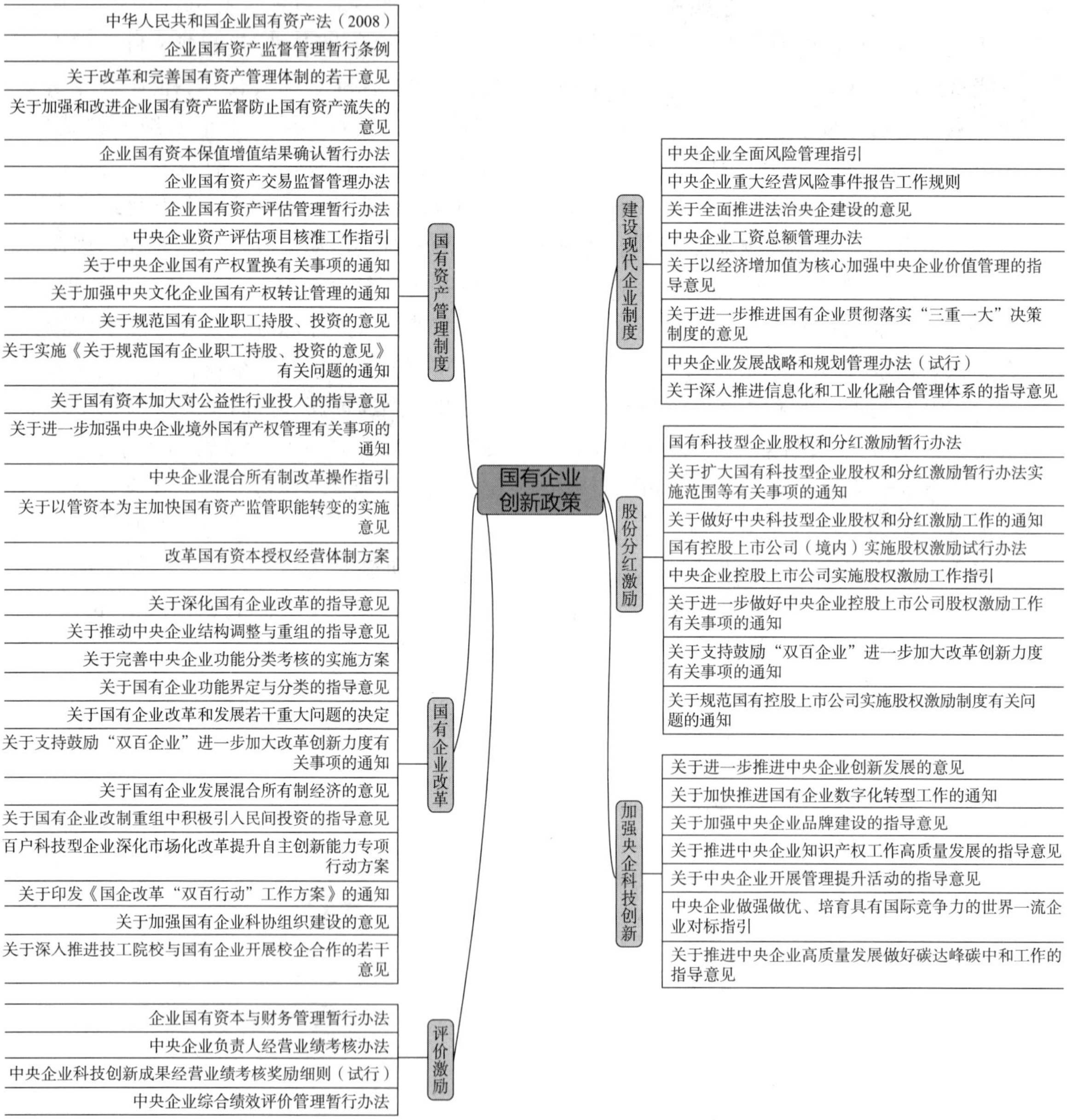

国有资产管理制度
- 中华人民共和国企业国有资产法（2008）
- 企业国有资产监督管理暂行条例
- 关于改革和完善国有资产管理体制的若干意见
- 关于加强和改进企业国有资产监督防止国有资产流失的意见
- 企业国有资本保值增值结果确认暂行办法
- 企业国有资产交易监督管理办法
- 企业国有资产评估管理暂行办法
- 中央企业资产评估项目核准工作指引
- 关于中央企业国有产权置换有关事项的通知
- 关于加强中央文化企业国有产权转让管理的通知
- 关于规范国有企业职工持股、投资的意见
- 关于实施《关于规范国有企业职工持股、投资的意见》有关问题的通知
- 关于国有资本加大对公益性行业投入的指导意见
- 关于进一步加强中央企业境外国有产权管理有关事项的通知
- 中央企业混合所有制改革操作指引
- 关于以管资本为主加快国有资产监管职能转变的实施意见
- 改革国有资本授权经营体制方案

国有企业改革
- 关于深化国有企业改革的指导意见
- 关于推动中央企业结构调整与重组的指导意见
- 关于完善中央企业功能分类考核的实施方案
- 关于国有企业功能界定与分类的指导意见
- 关于国有企业改革和发展若干重大问题的决定
- 关于支持鼓励"双百企业"进一步加大改革创新力度有关事项的通知
- 关于国有企业发展混合所有制经济的意见
- 关于国有企业改制重组中积极引入民间投资的指导意见
- 百户科技型企业深化市场化改革提升自主创新能力专项行动方案
- 关于印发《国企改革"双百行动"工作方案》的通知
- 关于加强国有企业科协组织建设的意见
- 关于深入推进技工院校与国有企业开展校企合作的若干意见

评价激励
- 企业国有资本与财务管理暂行办法
- 中央企业负责人经营业绩考核办法
- 中央企业科技创新成果经营业绩考核奖励细则（试行）
- 中央企业综合绩效评价管理暂行办法

建设现代企业制度
- 中央企业全面风险管理指引
- 中央企业重大经营风险事件报告工作规则
- 关于全面推进法治央企建设的意见
- 中央企业工资总额管理办法
- 关于以经济增加值为核心加强中央企业价值管理的指导意见
- 关于进一步推进国有企业贯彻落实"三重一大"决策制度的意见
- 中央企业发展战略和规划管理办法（试行）
- 关于深入推进信息化和工业化融合管理体系的指导意见

股份分红激励
- 国有科技型企业股权和分红激励暂行办法
- 关于扩大国有科技型企业股权和分红激励暂行办法实施范围等有关事项的通知
- 关于做好中央科技型企业股权和分红激励工作的通知
- 国有控股上市公司（境内）实施股权激励试行办法
- 中央企业控股上市公司实施股权激励工作指引
- 关于进一步做好中央企业控股上市公司股权激励工作有关事项的通知
- 关于支持鼓励"双百企业"进一步加大改革创新力度有关事项的通知
- 关于规范国有控股上市公司实施股权激励制度有关问题的通知

加强央企科技创新
- 关于进一步推进中央企业创新发展的意见
- 关于加快推进国有企业数字化转型工作的通知
- 关于加强中央企业品牌建设的指导意见
- 关于推进中央企业知识产权工作高质量发展的指导意见
- 关于中央企业开展管理提升活动的指导意见
- 中央企业做强做优、培育具有国际竞争力的世界一流企业对标指引
- 关于推进中央企业高质量发展做好碳达峰碳中和工作的指导意见

图 4-3　国有企业政策框架结构图

一、国有企业改革

《关于深化国有企业改革的指导意见》（中发〔2015〕22号）：

四、完善国有资产管理体制

（十四）以管资本为主推动国有资本合理流动优化配置。推动国有企业加快管理创新、商业模式创新，合理限定法人层级，有效压缩管理层级。发挥国有企业在实施创新驱动发展战略和制造强国战略中的骨干和表率作用，强化企业在技术创新中的主体地位，重视培养科研人才和高技能人才。支持国有企业开展国际化经营，鼓励国有企业之间以及与其他所有制企业以资本为纽带，强强联合、优势互补，加快培育一批具有世界一流水平的跨国公司。

五、发展混合所有制经济

（十九）探索实行混合所有制企业员工持股。优先支持人才资本和技术要素贡献占比较高的转制科研院所、高新技术企业、科技服务型企业开展员工持股试点，支持对企业经营业绩和持续发展有直接或较大影响的科研人员、经营管理人员和业务骨干等持股。员工持股主要采取增资扩股、出资新设等方式。完善相关政策，健全审核程序，规范操作流程，严格资产评估，建立健全股权流转和退出机制，确保员工持股公开透明，严禁暗箱操作，防止利益输送。

《关于推动中央企业结构调整与重组的指导意见》（国办发〔2016〕56号）：

三、重点工作

（四）清理退出一批。

加大清理长期亏损、扭亏无望企业和低效无效资产力度。

下大力气退出一批不具有发展优势的非主营业务。

加快剥离企业办社会职能和解决历史遗留问题。

《关于完善中央企业功能分类考核的实施方案》（国资发综合〔2016〕252号）。

《关于国有企业功能界定与分类的指导意见》（国资发研究〔2015〕170号）。

《关于国有企业改革和发展若干重大问题的决定》（1999年9月22日）：

九、加快国有企业技术进步和产业升级

国有企业技术进步和产业升级的方向与重点是：以市场为导向，用先进技术改造传统产业，围绕增加品种、改进质量、提高效益和扩大出口，加强现有企业的技术改造；在电子信息、生物工程、新能源、新材料、航空航天、环境保护等新兴产业和高技术产业占据重要地位，掌握核心技术，占领技术制高点，发挥先导作用。处理好提高质量和增加产量、发展技术密集型产业和劳动密集型产业、自主创新和引进技术、经济发展和环境保护的关系。

培育和发展产业投资基金和风险投资基金。

技术进步和产业升级的主体是企业，要形成以企业为中心的技术创新体系。企业要加强技术开发力量和加大资金投入，大型企业都要建立技术开发中心，研究开发自有知识产权的主导产品，增加技术储备，搞好技术人才培训。强化应用技术的开发和推广，增加中间试验投入，促进科技成果向现实生产力的转化。要形成吸引人才和调动科技人员积极性的激励机制，保护知识产权。

《关于支持鼓励"双百企业"进一步加大改革创新力度有关事项的通知》（国资改办〔2019〕302号）：

三、各中央企业和地方国资委要指导推动"双百企业"全面推行经理层成员任期制和契约化管理；支持鼓励"双百企业"按照"市场化选聘、契约化管理、差异化薪酬、市场化退出"原则，加快建立职业经理人制度，对市场化选聘的职业经理人实行市场化薪酬分配机制，并采取多种方式探索完善中长期激励机制。

四、各中央企业和地方国资委要按照分级分类管理的原则，对"双百企业"及所出资企业实施更加灵活高效的工资总额管理方式，"双百企业"依法依规自主决定内部薪酬分配。支持鼓励各中央企业和地方国资委对商业一类"双百企业"，或者法人治理结构健全、三项制度改革到位、收入分配管理规范的商业二类"双百企业"，实行工资总额预算备案制管理；对行业周期性特征明显、经济效益年度间波动较大或者存在其他特殊情况的"双百企业"，实施工资总额预算周期制管理，周期原则上不超过3年，周期内的工资总额增长应当符合工资与效益联动的要求。

《关于国有企业发展混合所有制经济的意见》（国发〔2015〕54号）。

《关于国有企业改制重组中积极引入民间投资的指导意见》（国资发产权〔2012〕80号）。

《百户科技型企业深化市场化改革提升自主创新能力专项行动方案》（国企改办发〔2019〕2号）。

《关于印发〈国企改革"双百行动"工作方案〉的通知》（国资发研究〔2018〕70号）。

《关于加强国有企业科协组织建设的意见》（科协发计字〔2015〕27号）。

《关于深入推进技工院校与国有企业开展校企合作的若干意见》（人社部发〔2018〕62号）。

二、国有资产管理制度

《中华人民共和国企业国有资产法》（2008年10月28日）：

第三节 国家出资企业

第二十条 国家出资企业依照法律规定，通过职工代表大会或者其他形式，实行民主管理。

第五节 国有资产转让

第五十二条 国有资产转让应当有利于国有经济布局和结构的战略性调整，防止国有资产损失，不得损害交易各方的合法权益。

《企业国有资产监督管理暂行条例》（2019年3月2日）：

第一章 总则

第十一条 所出资企业应当努力提高经济效益，对其经营管理的企业国有资产承担保值增值责任。

第二章 国有资产监督管理机构

第十四条 国有资产监督管理机构的主要义务是：

（一）推进国有资产合理流动和优化配置，推动国有经济布局和结构的调整；

（二）保持和提高关系国民经济命脉和国家安全领域国有经济的控制力和竞争力，提高国有经济的整体素质；

（三）探索有效的企业国有资产经营体制和方式，加强企业国有资产监督管理工作，促进企业国有资产保值增值，防止企业国有资产流失；

（四）指导和促进国有及国有控股企业建立现代企业制度，完善法人治理结构，推进管理现代化；

（五）尊重、维护国有及国有控股企业经营自主权，依法维护企业合法权益，促进企业依法经营管理，增强企业竞争力；

（六）指导和协调解决国有及国有控股企业改革与发展中的困难和问题。

第十五条 国有资产监督管理机构应当向本级政府报告企业国有资产监督管理工作、国有资产保值增值状况和其他重大事项。

第三章 企业负责人管理

第十七条 国有资产监督管理机构依照有关规定，任免或者建议任免所出资企业的企业负责人：

（一）任免国有独资企业的总经理、副总经理、总会计师及其他企业负责人；

（二）任免国有独资公司的董事长、副董事长、董事，并向其提出总经理、副总经理、总会计师等的任免建议；

（三）依照公司章程，提出向国有控股的公司派出的董事、监事人选，推荐国有控股的公司的董事长、副董事长和监事会主席人选，并向其提出总经理、副总经理、总会计师人选的建议；

（四）依照公司章程，提出向国有参股的公司派出的董事、监事人选。

第四章 企业重大事项管理

第二十八条 被授权的国有独资企业、国有独资公司应当建立和完善规范的现代企业制度，并承担企业国有资产的保值增值责任。

《关于改革和完善国有资产管理体制的若干意见》（国发〔2015〕63号）：

三、改革国有资本授权经营体制

（七）改组组建国有资本投资、运营公司。

《关于加强和改进企业国有资产监督防止国有资产流失的意见》（国办发〔2015〕79号）：

三、切实加强企业外部监督

（八）完善国有资产监管机构监督。开展国有资产监管机构向所出资企业依法委派总会计师试点工作，强化出资人对企业重大财务事项的监督。

（十）健全国有企业审计监督体系。加大对国有企业领导人员履行经济责任情况的审计力度，坚持离任必审，完善任中审计，探索任期轮审，实现任期内至少审计一次。完善国有企业购买审计服务办法，扩大购买服务范围，推动审计监督职业化。

《企业国有资本保值增值结果确认暂行办法》（国务院国有资产监督管理委员会令第9号）：

第二章 国有资本保值增值率的计算

第八条 本办法所称国有资本保值增值率是指企业经营期内扣除客观增减因素后的期末国有资本与期初国有资本的比

率。其计算公式如下：

国有资本保值增值率 =（扣除客观因素影响后的期末国有资本÷期初国有资本）×100%

国有资本保值增值率分为年度国有资本保值增值率和任期国有资本保值增值率。

第三章　国有资本保值增值结果的确认

第二十六条　国有资产监督管理机构应当以经核实确认的企业国有资本保值增值实际完成指标与全国国有企业国有资本保值增值行业标准进行对比分析，按照"优秀、良好、中等、较低、较差"5个档次，评判企业在行业中所处的相应水平。

中央企业国有资产保值增值率未达到全国国有企业保值增值率平均水平的，无论其在行业中所处水平，不予评判"优秀"档次。

第二十八条　经营期内没有实现国有资本保值增值目标的企业，其负责人延期绩效年薪按《中央企业负责人经营业绩考核暂行办法》（国资委令第2号）及其他有关规定扣减。实行工效挂钩的企业，经营期内没有实现国有资本保值增值的，不得提取新增效益工资。

《企业国有资产交易监督管理办法》（国务院国资委财政部令第32号）：

第四章　企业资产转让

第四十八条　企业一定金额以上的生产设备、房产、在建工程以及土地使用权、债权、知识产权等资产对外转让，应当按照企业内部管理制度履行相应决策程序后，在产权交易机构公开进行。涉及国家出资企业内部或特定行业的资产转让，确需在国有及国有控股、国有实际控制企业之间非公开转让的，由转让方逐级报国家出资企业审核批准。

《**企业国有资产评估管理暂行办法**》（2005年8月25日）：

第二章　资产评估

第六条　企业有下列行为之一的，应当对相关资产进行评估：

（二）以非货币资产对外投资；

（四）非上市公司国有股东股权比例变动；

（五）产权转让；

（十一）接受非国有单位以非货币资产出资；

（十二）接受非国有单位以非货币资产抵债；

第三章　核准与备案

第二十一条　经核准或备案的资产评估结果使用有效期为自评估基准日起1年。

第二十二条　企业进行与资产评估相应的经济行为时，应当以经核准或备案的资产评估结果为作价参考依据；当交易价格低于评估结果的90%时，应当暂停交易，在获得原经济行为批准机构同意后方可继续交易。

《**中央企业资产评估项目核准工作指引**》（国资发产权〔2010〕71号）。

《**关于中央企业国有产权置换有关事项的通知**》（国资发产权〔2011〕121号）。

《**关于加强中央文化企业国有产权转让管理的通知**》（财文资〔2013〕5号）。

《**关于规范国有企业职工持股、投资的意见**》（国资发改革〔2008〕139号）。

二、规范国有企业改制中的职工持股行为

（四）严格控制职工持股企业范围。科研、设计、高新技术企业科技人员确因特殊情况需要持有子企业股权的，须经同级国资监管机构批准,且不得作为该子企业的国有股东代表。

国有企业中已持有上述不得持有的企业股权的中层以上管理人员,自本意见印发后1年内应转让所持股份,或者辞去所任职务。在股权转让完成或辞去所任职务之前,不得向其持股企业增加投资。已持有上述不得持有的企业股权的其他职工晋升为中层以上管理人员的,须在晋升后6个月内转让所持股份。法律、行政法规另有规定的,从其规定。

《关于实施〈关于规范国有企业职工持股、投资的意见〉有关问题的通知》(国资发改革〔2009〕49号)。

《关于国有资本加大对公益性行业投入的指导意见》(财建〔2017〕743号):

二、国有资本加大对公益性行业投入的主要形式

(六)发挥税收等政策引导作用,国有企业发生符合条件的研发费用依法享受税前加计扣除优惠,从事公共基础设施、环境保护、节能节水项目的所得,按有关规定享受税收优惠政策。

《关于进一步加强中央企业境外国有产权管理有关事项的通知》(国资发产权规〔2020〕70号):

四、中央企业要强化境外国有资产交易的决策及论证管理,……

中央企业在本企业内部实施重组整合,境外企业国有产权在国有全资企业之间流转的,可以比照境内国有产权无偿划转管理相关规定,按照所在地法律法规,采用零对价、1元(或1单位相关货币)转让方式进行。

六、中央企业在本企业内部实施重组整合,中央企业控股企业与其直接、间接全资拥有的子企业之间或中央企业控股企业直接、间接全资拥有的子企业之间转让所持境外国有产权,按照法律法规、公司章程规定履行决策程序后,可依据评估(估值)报告或最近一期审计报告确认的净资产值为基础确定价格。

注销已无存续必要的特殊目的公司,已无实际经营、人员的休眠公司,或境外企业与其全资子企业以及全资子企业之间进行合并,中央企业经论证不会造成国有资产流失的,按照法律法规、公司章程规定履行决策程序后,可以不进行评估(估值)。

《中央企业混合所有制改革操作指引》(国资产权〔2019〕653号):

一、基本操作流程

(三)履行决策审批程序。

拟混改企业属于主业处于关系国家安全、国民经济命脉的重要行业和关键领域、主要承担重大专项任务子企业的,其混合所有制改革方案由中央企业审核后报国资委批准,其中需报国务院批准的,由国资委按照有关法律、行政法规和国务院文件规定履行相应程序;拟混改企业属于其他功能定位子企业的,其混合所有制改革方案由中央企业批准。

(四)开展审计评估。

拟混改企业的资产范围确定后,由企业或产权持有单位选聘具备相应资质的中介机构开展财务审计、资产评估工作,履行资产评估项目备案程序,以经备案的资产评估结果作为资产交易定价的参考依据。

(六)推进运营机制改革。

转变混合所有制企业管控模式,探索根据国有资本与非公有资本的不同比例结构协商确定具体管控方式,国有出资方强

化以出资额和出资比例为限、以派出股权董事为依托的管控方式，明确监管边界，股东不干预企业日常经营。

《关于以管资本为主加快国有资产监管职能转变的实施意见》（国资发法规〔2019〕114号）。

《改革国有资本授权经营体制方案》（国发〔2019〕9号）。

三、加强央企科技创新

《关于进一步推进中央企业创新发展的意见》（国科发资〔2018〕19号）：

二、重点任务

（五）鼓励中央企业增加研发投入。

健全中央企业技术创新经营业绩考核制度，将技术进步要求高的中央企业研发投入占销售收入的比例纳入经营业绩考核。

（七）支持中央企业打造协同创新平台。

按照《国家科技创新基地优化整合方案》（国科发基〔2017〕250号）精神，支持中央企业承建更多的技术创新中心、重点实验室等国家科技创新基地，……鼓励中央企业建设完善军民两用技术创新平台。

《关于加快推进国有企业数字化转型工作的通知》（2020年8月21日）：

六、统筹部署，多措并举确保转型工作顺利实施

（一）制定数字化转型规划和路线图。

运用数字化转型服务平台（http://gq.dlttx.com），开展诊断对标。

（二）协同推进数字化转型工作。

对接考核体系，以价值效益为导向，跟踪、评价、考核、对标和改进数字化转型工作。

（三）做好数字化转型资源保障。

要实行数字化转型一把手负责制，企业主要负责同志应高度重视、亲自研究、统筹部署，领导班子中明确专人分管，统筹规划、科技、信息化、流程等管控条线，优化体制机制、管控模式和组织方式，协调解决重大问题。建立与企业营业收入、经营成本、员工数量、行业特点、数字化水平等相匹配的数字化转型专项资金投入机制。加快培育高水平、创新型、复合型数字化人才队伍，健全薪酬等激励措施，完善配套政策。

《关于加强中央企业品牌建设的指导意见》（国资发综合〔2013〕266号）：

三、中央企业加强品牌建设的主要内容

（八）大力实施品牌战略。……，促进品牌建设与业务发展的协同。

（九）准确把握品牌定位。

（十）加强自主创新。

（十一）努力追求高品质。……，把不断提升产品和服务的质量作为最高追求，……要建立健全全面质量管理体系，加强全员、全过程、全方位、全寿命周期的质量管理，规范生产流程，细化管理标准，确保产品质量……，完善服务体系，有效应对客户投诉，提供令消费者感动的人性化服务。要坚持精益求精，使产品、服务和工程经得住历史检验，努力打造一流品牌和国际知名品牌。

（十四）严格开展品牌保护。要坚持品

牌建设与知识产权保护工作相结合……

《关于推进中央企业知识产权工作高质量发展的指导意见》（国资发科创规〔2020〕15号）：

五、完善知识产权管理体系

（十六）强化知识产权机构和制度建设。在关键核心技术研发、重要成果转移转化过程中，配备知识产权专员。

（十七）实施知识产权分级管理。定期梳理存量专利，及时合规处置低价值专利和闲置商标。

六、组织实施和措施保障

（二十五）进一步加强对中央企业知识产权工作的政策支持。指导支持中央企业开展专利导航、建立产业知识产权运营中心、技术与创新支持中心等。支持中央企业申报中国专利奖。支持中央企业将战略性高价值专利组合纳入国家知识产权运营公共服务平台项目库，开展高价值专利运营。支持中央企业在相关知识产权保护中心备案，提升中央企业知识产权创造和保护效率。

《关于中央企业开展管理提升活动的指导意见》（国资发改革〔2012〕23号）。

《中央企业做强做优、培育具有国际竞争力的世界一流企业对标指引》（国资发改革〔2013〕17号）。

《关于推进中央企业高质量发展做好碳达峰碳中和工作的指导意见》（国资发科创〔2021〕93号）。

四、建设现代企业制度

《中央企业全面风险管理指引》（国资发改革〔2006〕108号）：

第一章　总则

第六条　本指引所称内部控制系统，指围绕风险管理策略目标，针对企业战略、规划、产品研发、投融资、市场运营、财务、内部审计、法律事务、人力资源、采购、加工制造、销售、物流、质量、安全生产、环境保护等各项业务管理及其重要业务流程，通过执行风险管理基本流程，制定并执行的规章制度、程序和措施。

第二章　风险管理初始信息

第十二条　在战略风险方面，企业应广泛收集国内外企业战略风险失控导致企业蒙受损失的案例，并至少收集与本企业相关的以下重要信息：

（二）科技进步、技术创新的有关内容；

（六）与主要竞争对手相比，本企业实力与差距；

（七）本企业发展战略和规划、投融资计划、年度经营目标、经营战略，以及编制这些战略、规划、计划、目标的有关依据。

《中央企业重大经营风险事件报告工作规则》（国资发监督规〔2021〕103号）：

第七条　企业生产经营管理过程中，有下列风险情形之一的，应当确定为重大经营风险事件并及时报告：

（一）可能对企业资产、负债、权益和经营成果产生重大影响，影响金额占企业总资产或者净资产或者净利润10%以上，或者预计损失金额超过5000万元。

（二）可能导致企业生产经营条件和市场环境发生特别重大变化，影响企业可持续发展。

（三）因涉嫌严重违法违规被司法机关或者省级以上监管机构立案调查，或者受到重大刑事处罚、行政处罚。

（四）受到其他国家、地区或者国际组织机构管制、制裁等，对企业或者国家形象产生重大负面影响。

（五）受到国内外媒体报道，造成重大负面舆情影响。

（六）其他情形。

第八条 重大经营风险事件报告按照事件发生的不同阶段，分为首报、续报和终报等三种方式。

第九条 首报应当在事件发生后2个工作日内向国资委报告，报告内容包括：事件发生的时间、地点、现状以及可能造成的损失或影响，向企业董事会及监管部门报告情况，以及采取的紧急应对措施等情况。对于特别紧急的重大经营风险事件，应当在第一时间内以适当便捷的方式报告国资委。

第十条 续报应当在事件发生后5个工作日内向国资委报告，报告内容包括：事发单位基本情况，事件起因和性质，基本过程、发展趋势判断、风险应对处置方案、面临问题和困难及建议等情况。

对于需要长期应对处置或整改落实的，应当纳入重大经营风险事件月度或季度监测台账，跟踪监测事件处置进度，并定期报告重大经营风险事件处置进展情况。

第十一条 终报应当在事件处置或整改工作结束后10个工作日内向国资委报告，报告内容包括：事件基本情况、党委（党组）或董事会审议情况、已采取的措施及结果、涉及的金额及造成的损失及影响、存在的主要问题和困难及原因分析、问题整改情况等。涉及违规违纪违法问题的应当一并报告问责情况。

重大经营风险事件报告，应当由企业主要负责人签字并加盖企业公章后报送国资委。

《关于全面推进法治央企建设的意见》（国资发法规〔2015〕166号）：

二、切实增强依法治理能力

（五）完善各治理主体依法履职保障机制。明确负责推进企业法治建设的专门委员会，对经理层依法治企情况进行监督，并将企业法治建设情况作为董事会年度工作报告的重要内容。董事会审议事项涉及法律问题的，总法律顾问应列席会议并提出法律意见。

三、着力强化依法合规经营

（六）健全依法决策机制。中央企业报请国资委审批事项涉及法律问题的，应当出具总法律顾问签字的法律意见书。

（十三）完善激励约束机制。建立法治工作激励机制，……落实问责制度，企业重大经营活动因未经法律审核，或者虽经审核但未采纳正确法律意见而造成重大损失的，追究企业相关领导人员责任；经过法律审核，但因重大失职未发现严重法律风险造成重大损失的，追究相关法律工作人员责任。对因违法违规发生重大法律纠纷案件造成企业重大损失的，或者违反规定、未履行或未正确履行职责造成企业资产损失的，在业绩考核中扣减分值，并按照有关规定追究相关人员责任。实行重大法律风险事项报告制度，中央企业对可能引发重大法律纠纷案件、造成重大资产损失的法律风险事项，应当及时向国资委报告。

《中央企业工资总额管理办法》（2018年12月27日）：

第二章　工资总额分级管理

第十条　中央企业工资总额预算一般按照单一会计年度进行管理。对行业周期性特征明显、经济效益年度间波动较大或者存在其他特殊情况的企业，工资总额预算可以探索按周期进行管理，周期最长不超过三年，周期内的工资总额增长应当符合工资与效益联动的要求。

《关于以经济增加值为核心加强中央企业价值管理的指导意见》（国资发综合〔2014〕8号）。

《关于进一步推进国有企业贯彻落实"三重一大"决策制度的意见》（中办发〔2010〕17号）。

《中央企业发展战略和规划管理办法（试行）》（2004年11月26日）。

《关于深入推进信息化和工业化融合管理体系的指导意见》（工信部联信软〔2017〕155号）。

五、股权分红激励

《国有科技型企业股权和分红激励暂行办法》（财资〔2016〕4号）：

第二章　实施条件

第六条　实施股权和分红激励的国有科技型企业应当产权明晰、发展战略明确、管理规范、内部治理结构健全并有效运转，同时具备以下条件：

（一）企业建立了规范的内部财务管理制度和员工绩效考核评价制度。年度财务会计报告经过中介机构依法审计，且激励方案制定近3年（以下简称近3年）没有因财务、税收等违法违规行为受到行政、刑事处罚。成立不满3年的企业，以实际经营年限计算。

上款所称科技服务性收入是指国有科技服务机构营业收入中属于研究开发及其服务、技术转移服务、检验检测认证服务、创业孵化服务、知识产权服务、科技咨询服务、科技金融服务、科学技术普及服务等收入。

企业成立不满3年的，不得采取股权奖励和岗位分红的激励方式。

第七条　激励对象为与本企业签订劳动合同的重要技术人员和经营管理人员，具体包括：

（一）关键职务科技成果的主要完成人，重大开发项目的负责人，对主导产品或者核心技术、工艺流程做出重大创新或者改进的主要技术人员。

（二）主持企业全面生产经营工作的高级管理人员，负责企业主要产品（服务）生产经营的中、高级经营管理人员。

（三）通过省、部级及以上人才计划引进的重要技术人才和经营管理人才。

企业不得面向全体员工实施股权或者分红激励。

企业监事、独立董事不得参与企业股权或者分红激励。

第三章　股权激励

第八条　企业可以通过以下方式解决激励标的股权来源：（一）向激励对象增发股份。（二）向现有股东回购股份。

（三）现有股东依法向激励对象转让其持有的股权。

第九条 企业可以采取股权出售、股权奖励、股权期权等一种或多种方式对激励对象实施股权激励。

大、中型企业不得采取股权期权的激励方式。

第十条 大型企业的股权激励总额不超过企业总股本的5%；中型企业的股权激励总额不超过企业总股本的10%；小、微型企业的股权激励总额不超过企业总股本的30%，且单个激励对象获得的激励股权不得超过企业总股本的3%。

企业不能因实施股权激励而改变国有控股地位。

第十二条 企业实施股权奖励，除满足本办法第六条规定外，近3年税后利润累计形成的净资产增值额应当占近3年年初净资产总额的20%以上，实施激励当年年初未分配利润为正数。

第十三条 企业用于股权奖励的激励额不超过近3年税后利润累计形成的净资产增值额的15%。企业实施股权奖励，必须与股权出售相结合。

股权奖励的激励对象，仅限于在本企业连续工作3年以上的重要技术人员。单个获得股权奖励的激励对象，必须以不低于1：1的比例购买企业股权，且获得的股权奖励按激励实施时的评估价值折算，累计不超过300万元。

第十四条 企业用于股权奖励的激励额，应当依据经核准或者备案的资产评估结果折合股权，并确定向每个激励对象奖励的股权。

第十五条 企业股权出售或者股权奖励原则上应一次实施到位。

第十六条 小、微型企业采取股权期权方式实施激励的，应当在激励方案中明确规定激励对象的行权价格。

第二十一条 激励对象可以采用直接或间接方式持有激励股权。采用间接方式的，持股单位不得与企业存在同业竞争关系或发生关联交易。

第二十二条 股权激励的激励对象，自取得股权之日起，5年内不得转让、捐赠，……

第四章 分红激励

第二十三条 ……，在职务科技成果完成、转化后，按照企业规定或者与重要技术人员约定的方式、数额和时限执行。企业制定相关规定，应当充分听取本企业技术人员的意见，并在本企业公开相关规定。

企业未规定、也未与重要技术人员约定的，按照下列标准执行：

（一）将该项职务科技成果转让、许可给他人实施的，从该项科技成果转让净收入或者许可净收入中提取不低于50%的比例；

（二）利用该项职务科技成果作价投资的，从该项科技成果形成的股份或者出资比例中提取不低于50%的比例；

（三）将该项职务科技成果自行实施或者与他人合作实施的，应当在实施转化成功投产后连续3至5年，每年从实施该项科技成果的营业利润中提取不低于5%的比例。

转让、许可净收入为企业取得的科技成果转让、许可收入扣除相关税费和企业为该项科技成果投入的全部研发费用及维护、维权费用后的金额。企业将同一项科技成果使用权向多个单位或者个人转让、许可的，转让、许可收入应当合并计算。

第二十五条 企业实施岗位分红，除满足本办法第六条规定外，近3年税后利润累计形成的净资产增值额应当占企业近3年年初净资产总额的10%以上，且实施激励当年年初未分配利润为正数。

第二十六条 企业年度岗位分红激励总额不高于当年税后利润的15%。

第二十七条 激励对象应当在该岗位上连续工作1年以上，且原则上每次激励人数不超过企业在岗职工总数的30%。

激励对象获得的岗位分红所得不高于其薪酬总额的2/3。激励对象自离岗当年起，不再享有原岗位分红权。

第二十八条 岗位分红激励方案有效期原则上不超过3年。

第二十九条 企业实施分红激励所需支出计入工资总额，但不受当年本单位工资总额限制、不纳入本单位工资总额基数，不作为企业职工教育经费、工会经费、社会保险费、补充养老及补充医疗保险费、住房公积金等的计提依据。

第五章 激励方案的管理

第三十一条 对同一激励对象就同一职务科技成果或者产业化项目，企业只能采取一种激励方式、给予一次激励。对已按照本办法实施股权激励的激励对象，企业在5年内不得再对其实施股权激励。

第四十二条 企业实施激励过程中，应当接受审核单位及财政、科技部门监督。对违反有关法律法规及本办法规定、损害国有资产合法权益的情形，审核单位应当责令企业中止方案实施，并追究相关人员的法律责任。

《关于扩大国有科技型企业股权和分红激励暂行办法实施范围等有关事项的通知》（财资〔2018〕54号）：

一、将国有科技型中小企业、国有控股上市公司所出资的各级未上市科技子企业、转制院所企业投资的科技企业纳入激励实施范围。

上述企业纳入实施范围后，《财政部 科技部 国资委关于印发〈国有科技型企业股权和分红激励暂行办法〉的通知》（财资〔2016〕4号，以下简称《激励办法》）第二条相应调整为：本办法所称国有科技型企业，是指中国境内具有公司法人资格的国有及国有控股未上市科技企业（含全国中小企业股份转让系统挂牌的国有企业、国有控股上市公司所出资的各级未上市科技子企业），具体包括：

（一）国家认定的高新技术企业。

（二）转制院所企业及所投资的科技企业。

（三）高等院校和科研院所投资的科技企业。

（四）纳入科技部"全国科技型中小企业信息库"的企业。

（五）国家和省级认定的科技服务机构。

二、对于国家认定的高新技术企业不再设定研发费用和研发人员指标条件。将《激励办法》第六条第（二）款调整为"（二）对于本办法第二条中的（二）、（三）、（四）类企业，近3年研发费用占当年企业营业收入均在3%以上，激励方案制定的上一年度企业研发人员占职工总数10%以上。成立不满3年的企业，以实际经营年限计算"。

将《激励办法》第六条第（三）款调整为"（三）对于本办法第二条中的（五）类企业，近3年科技服务性收入不低于当年企业营业收入的60%"。

《关于做好中央科技型企业股权和分红激励工作的通知》（国资发分配〔2016〕274号）：

二、科学制定股权和分红激励实施方案

（一）明确激励政策导向。

企业应当综合考虑职工岗位价值、实际贡献、承担风险和服务年限等因素，重点激励在自主创新和科技成果转化中发挥主要作用的关键核心技术、管理人员。

（二）科学选择激励方式。

鼓励符合条件的企业优先开展岗位分红激励。科技成果转化和项目收支明确的企业可选择项目分红激励。在股权和分红激励起步阶段，同一企业原则上应当以一种方式为主。同一激励对象就同一职务科技成果或产业化项目，只能采取一种激励方式、给予一次激励。

（四）严格规范制度执行。

中央企业开展股权和分红激励应当严格执行《暂行办法》有关规定，不得随意降低资格条件。实施岗位分红激励的，应当明确年度业绩考核指标，除企业处于初创阶段等特殊情况外，原则上各年度净利润增长率应当高于企业实施岗位分红激励近3年平均增长水平。

三、全面加强股权和分红激励的组织管理

（二）规范决策程序和工作流程。

建立中央科技型企业股权和分红激励实施情况定期报告制度，中央企业应当将年度股权和分红激励实施情况总结报告于次年2月底前报送国资委。

（三）强化监督检查。

中央企业应当将股权和分红激励计划纳入预算管理，在年度财务决算后兑现，其中分红激励总额纳入工资总额预算单列管理。

《国有控股上市公司（境内）实施股权激励试行办法》（国资发分配〔2006〕175号）：

第二章　股权激励计划的拟定

第八条　股权激励的方式包括股票期权、限制性股票以及法律、行政法规允许的其他方式。上市公司应以期权激励机制为导向，根据实施股权激励的目的，结合本行业及本公司的特点确定股权激励的方式。

第十一条　股权激励对象原则上限于上市公司董事、高级管理人员以及对上市公司整体业绩和持续发展有直接影响的核心技术人员和管理骨干。

第十二条　实施股权激励的核心技术人员和管理骨干，应根据上市公司发展的需要及各类人员的岗位职责、绩效考核等相关情况综合确定，并须在股权激励计划中就确定依据、激励条件、授予范围及数量等情况作出说明。

第十三条　上市公司母公司（控股公司）的负责人在上市公司担任职务的，可参加股权激励计划，但只能参与一家上市公司的股权激励计划。

在股权授予日，任何持有上市公司5%以上有表决权的股份的人员，未经股东大会批准，不得参加股权激励计划。

第十四条　在股权激励计划有效期内授予的股权总量，应结合上市公司股本规模的大小和股权激励对象的范围、股权激励水平等因素，在0.1%～10%之间合理确定。但上市公司全部有效的股权激励计划所涉及的标的股票总数累计不得超过公司股本总额的10%。

第十五条 上市公司任何一名激励对象通过全部有效的股权激励计划获授的本公司股权，累计不得超过公司股本总额的1%，经股东大会特别决议批准的除外。

第十七条 授予董事、核心技术人员和管理骨干的股权数量比照高级管理人员的办法确定。各激励对象薪酬总水平和预期股权激励收益占薪酬总水平的比例应根据上市公司岗位分析、岗位测评和岗位职责按岗位序列确定。

第二十二条 在股权激励计划有效期内，每期授予的限制性股票，其禁售期不得低于2年。禁售期满，根据股权激励计划和业绩目标完成情况确定激励对象可解锁（转让、出售）的股票数量。解锁期不得低于3年，在解锁期内原则上采取匀速解锁办法。

《中央企业控股上市公司实施股权激励工作指引》（国资考分〔2020〕178号）：

第二章 股权激励计划的制定
第四节 权益授予数量

第二十条 上市公司全部在有效期内的股权激励计划所涉及标的股票总数累计不得超过公司股本总额的10%（科创板上市公司累计不超过股本总额的20%）。不得因实施股权激励导致国有控股股东失去实际控制权。

第二十一条 上市公司首次实施股权激励计划授予的权益所涉及标的股票数量原则上应当控制在公司股本总额的1%以内。

中小市值上市公司及科技创新型上市公司可以适当上浮首次实施股权激励计划授予的权益数量占股本总额的比例，原则上应当控制在3%以内。

第二十二条 非经股东大会特别决议批准，任何一名激励对象通过全部在有效期内的股权激励计划获授权益（包括已行使和未行使的）所涉及标的股票数量，累计不得超过公司股本总额的1%。

第二十三条 鼓励上市公司根据企业发展规划，采取分期授予方式实施股权激励，充分体现激励的长期效应。

每期授予权益数量应当与公司股本规模、激励对象人数，以及激励对象同期薪酬水平和权益授予价值等因素相匹配。有关权益授予价值确定等具体要求，按照本章第七节规定执行。

上市公司连续两个完整年度内累计授予的权益数量一般在公司股本总额的3%以内，公司重大战略转型等特殊需要的可以适当放宽至股本总额的5%以内。

《关于进一步做好中央企业控股上市公司股权激励工作有关事项的通知》（国资发考分规〔2019〕102号）：

一、科学制定股权激励计划

（四）股票期权、股票增值权的行权价格按照公平市场价格确定，限制性股票的授予价格按照不低于公平市场价格的50%确定。股票公平市场价格低于每股净资产的，限制性股票授予价格原则上按照不低于公平市场价格的60%确定。

（五）董事、高级管理人员的权益授予价值，境内外上市公司统一按照不高于授予时薪酬总水平（含权益授予价值）的40%确定，管理、技术和业务骨干等其他激励对象的权益授予价值，由上市公司董事会合理确定。

三、支持科创板上市公司实施股权激励

（十）尚未盈利的科创板上市公司实

施股权激励的，限制性股票授予价格按照不低于公平市场价格的60%确定。在上市公司实现盈利前，可生效的权益比例原则上不超过授予额度的40%，对于属于国家重点战略行业、且因行业特性需要较长时间才可实现盈利的，应当在股权激励计划中明确提出调整权益生效安排的申请。

《关于支持鼓励"双百企业"进一步加大改革创新力度有关事项的通知》（国资改办〔2019〕302号）：

五、各中央企业和地方国资委要指导推动"双百企业"综合运用好各种正向激励政策和工具，……建立健全多层次、系统化的正向激励体系。

"双百企业"可以综合运用国有控股上市公司股权激励、国有科技型企业股权和分红激励、国有控股混合所有制企业员工持股等中长期激励政策，不受试点名额限制。实施各种形式股权激励的实际收益水平，不与员工个人薪酬总水平挂钩，不纳入本企业工资总额基数。实施国有控股上市公司股权激励的，可以结合企业改革发展情况合理设置授予业绩条件和有挑战性的行权（解锁）业绩条件。非上市"双百企业"可以结合本企业实际，借鉴国内外成熟有效的中长期激励实践经验，在本企业大胆探索创新，实施不同方式的中长期激励。

六、根据《关于规范国有企业职工持股、投资的意见》（国资发改革〔2008〕139号）有关精神，"双百企业"及所出资企业属于科研、设计、高新技术企业的，其科技人员确因特殊情况需要持有子企业股权的，可以报经集团公司批准后实施，并报同级国有资产监管机构事后备案。其中，地方"双百企业"为一级企业，且本级企业科技人员确因特殊情况需要持有子企业股权的，须报经同级国有资产监管机构批准后实施。有关"双百企业"应当在相关持股方案中明确关于加强对实施、运营过程监督的具体措施，坚决防止利益输送和国有资产流失。

《关于规范国有控股上市公司实施股权激励制度有关问题的通知》（国资发分配〔2008〕171号）。

六、评价激励

《企业国有资本与财务管理暂行办法》（财企〔2001〕325号）：

第六章 财务考核与评价

第三十四条 企业财务考核与评价以国有资本保值增值能力为核心，内容包括财务效益、资产营运、偿债能力和发展能力四个方面，具体指标和方法，按照《国有资本金效绩评价规则》和《国有资本金效绩评价操作细则》执行。

《中央企业负责人经营业绩考核办法》（2018年12月14日）：

第二章 考核导向

第六条 突出创新驱动，引导企业坚持自主创新，加大研发投入，加快关键核心技术攻关，强化行业技术引领，不断增强核心竞争能力。

第六章 奖惩

第四十五条 对科技创新取得重大成

果、承担重大专项任务和社会参与作出突出贡献的企业,在年度经营业绩考核中给予加分奖励。

第四十六条 对经营业绩优秀以及在科技创新、国际化经营、节能环保、品牌建设等方面取得突出成绩的,经国资委评定后对企业予以任期激励。

《中央企业科技创新成果经营业绩考核奖励细则(试行)》:

(一) 中央企业在考核年度获得国家科学技术进步奖、国家技术发明奖,国资委在年度业绩考核中给予加分奖励。具体加分方法:

1. 中央企业作为第一完成单位,获得国家科学技术进步奖特等奖、国家技术发明奖一等奖考核综合得分每项加 0.6 分;获得国家科学技术进步奖一等奖、国家技术发明奖二等奖考核综合得分每项加 0.4 分。

2. 中央企业作为第二完成单位,获得国家科学技术进步奖特等奖、国家技术发明奖一等奖考核综合得分每项加 0.3 分;获得国家科学技术进步奖一等奖、国家技术发明奖二等奖考核综合得分每项加 0.2 分。

3. 中央企业虽然不是第一、第二完成单位,但除政府部门以外为第一、第二完成单位的,视同第一、第二完成单位加分。

(二) 中央企业在考核年度获得中国专利金奖,国资委在年度业绩考核中给予加分奖励,考核综合得分每项加 0.3 分。

(三) 中央企业在考核年度主导制定或联合主导制定了由国际标准组织正式发布的国际标准,国资委在年度业绩考核中给予加分奖励。具体加分方法:

1. 中央企业作为主导单位制定国际标准并由国际标准组织正式发布,考核综合得分每项加 0.5 分。

2. 中央企业作为联合主导单位制定国际标准并由国际标准组织正式发布,考核综合得分每项加 0.25 分。

(四) 中央企业在考核年度取得多项重大科技创新成果的,年度考核奖励加分可以累计,但累计加分不超过 1 分。同一成果,对同一中央企业只做一次加分。

(五) 在任期考核中,对科技创新成果突出的中央企业,授予"科技创新特别奖"。

任期特别奖励主要依据考核任期内科技创新成果加分奖励累计得分(不受年度加分奖励上限限制)的排序情况,按一定比例授予。积分相同的情况下,对"创新型企业(含试点企业)"或被推举为国际标准组织专业技术委员会主席(或秘书)单位的中央企业,优先考虑。

本细则自 2012 年 1 月 1 日起试行。

《中央企业综合绩效评价管理暂行办法》(2006 年 4 月 7 日)。

第 24 章　外资企业政策

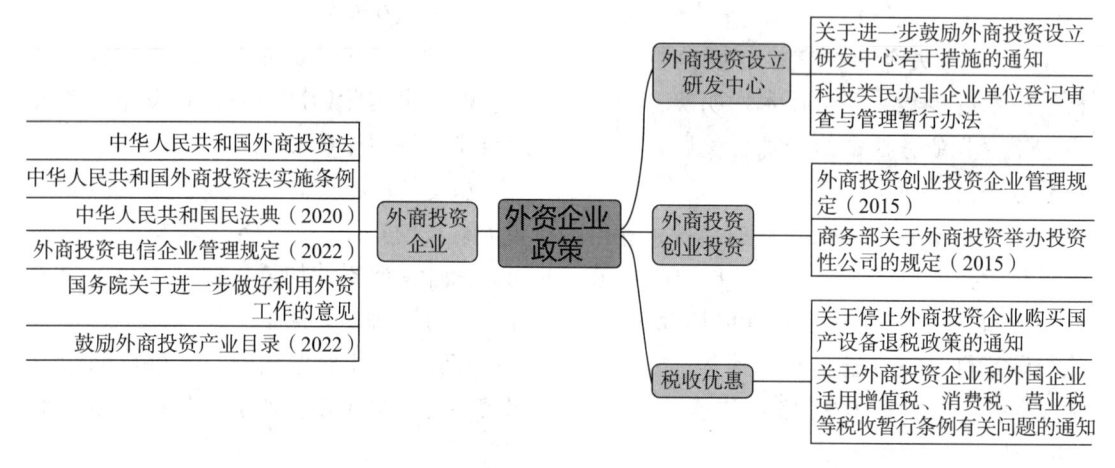

图 4-4　外资企业政策框架结构图

一、外商投资企业

《中华人民共和国外商投资法》（中华人民共和国主席令第二十六号）：

第二章　投资促进

第九条　外商投资企业依法平等适用国家支持企业发展的各项政策。

第十二条　国家与其他国家和地区、国际组织建立多边、双边投资促进合作机制，加强投资领域的国际交流与合作。

第十三条　国家根据需要，设立特殊经济区域，或者在部分地区实行外商投资试验性政策措施，促进外商投资，扩大对外开放。

第十四条　国家根据国民经济和社会发展需要，鼓励和引导外国投资者在特定行业、领域、地区投资。外国投资者、外商投资企业可以依照法律、行政法规或者国务院的规定享受优惠待遇。

第十六条　国家保障外商投资企业依法通过公平竞争参与政府采购活动。政府采购依法对外商投资企业在中国境内生产的产品、提供的服务平等对待。

第十七条　外商投资企业可以依法通过公开发行股票、公司债券等证券和其他方式进行融资。

《中华人民共和国外商投资法实施条例》（中华人民共和国国务院令第 723 号）：

第二章　投资促进

第六条　政府及其有关部门在政府资金安排、土地供应、税费减免、资质许可、标准制定、项目申报、人力资源政策等方面，应当依法平等对待外商投资企业和内资企业。

政府及其有关部门制定的支持企业发展的政策应当依法公开；对政策实施中需要由企业申请办理的事项，政府及其有关部门应当公开申请办理的条件、流程、时限等，并在审核中依法平等对待外商投资企业和内资企业。

第七条　制定与外商投资有关的行政法规、规章、规范性文件，或者政府及其有关部门起草与外商投资有关的法律、地方性法规，应当根据实际情况，采取书面征求意见以及召开座谈会、论证会、听证会等多种形式，听取外商投资企业和有关商会、协会等方面的意见和建议；对反映集中或者涉及外商投资企业重大权利义务问题的意见和建议，应当通过适当方式反馈采纳的情况。

第八条　各级人民政府应当按照政府主导、多方参与的原则，建立健全外商投资服务体系，不断提升外商投资服务能力和水平。

第九条　政府及其有关部门应当通过政府网站、全国一体化在线政务服务平台集中列明有关外商投资的法律、法规、规章、规范性文件、政策措施和投资项目信息，并通过多种途径和方式加强宣传、解读，为外国投资者和外商投资企业提供咨询、指导等服务。

第十一条　国家根据国民经济和社会发展需要，制定鼓励外商投资产业目录，列明鼓励和引导外国投资者投资的特定行业、领域、地区。鼓励外商投资产业目录由国务院投资主管部门会同国务院商务主管部门等有关部门拟订，报国务院批准后由国务院投资主管部门、商务主管部门发布。

第十二条　外国投资者、外商投资企业可以依照法律、行政法规或者国务院的规定，享受财政、税收、金融、用地等方面的优惠待遇。

第十三条　外商投资企业依法和内资企业平等参与国家标准、行业标准、地方标准和团体标准的制定、修订工作。外商投资企业可以根据需要自行制定或者与其他企业联合制定企业标准。

《中华人民共和国民法典》（2020 年修正）：

第四百六十七条　本法或者其他法律没有明文规定的合同，适用本编通则的规定，并可以参照适用本编或者其他法律最相类似合同的规定。

在中华人民共和国境内履行的中外合资经营企业合同、中外合作经营企业合同、中外合作勘探开发自然资源合同，适用中华人民共和国法律。

第五百九十四条　因国际货物买卖合同和技术进出口合同争议提起诉讼或者申请仲裁的时效期间为四年。

《外商投资电信企业管理规定》（2022 年修订）

第五条　外商投资电信企业的注册资本应当符合下列规定：

（一）经营全国的或者跨省、自治区、直辖市范围的基础电信业务的，其注册资本最低限额为 10 亿元人民币；经营增值电信业务的，其注册资本最低限额为1000万元人民币；

（二）经营省、自治区、直辖市范围内的基础电信业务的，其注册资本最低限额为1亿元人民币；经营增值电信业务的，其注册资本最低限额为100万元人民币。

第六条 经营基础电信业务（无线寻呼业务除外）的外商投资电信企业的外方投资者在企业中的出资比例，最终不得超过49%。

经营增值电信业务（包括基础电信业务中的无线寻呼业务）的外商投资电信企业的外方投资者在企业中的出资比例，最终不得超过50%。

《国务院关于进一步做好利用外资工作的意见》（国发〔2019〕23号）：

一、深化对外开放

（三）优化汽车领域外资政策。各地区要保障内外资汽车制造企业生产的新能源汽车享受同等市场准入待遇。修订乘用车企业平均燃料消耗量与新能源汽车积分并行管理办法，在外方与中方合资伙伴协商一致后，允许外方在华投资的整车企业之间转让积分。

二、加大投资促进力度

（五）优化外商投资企业科技创新服务。加强对外商投资企业申请高新技术企业认定的指导和服务，组织开展政策专题培训，加强政策宣传，鼓励和引导外资更多投向高新技术产业。

《鼓励外商投资产业目录》（2022年版）。

二、外商投资设立研发中心

《关于进一步鼓励外商投资设立研发中心若干措施的通知》（国办函〔2023〕7号）：

一、支持开展科技创新

（一）优化科技创新服务。落实支持科技创新税收政策，支持各地结合实际，为符合条件的外资研发中心优化核定程序、简化申报材料、提供更多便利。加强对外资研发中心申请认定高新技术企业的指导和服务，组织开展政策培训，加强政策宣传与引导，鼓励和引导外商投资更多投向科技创新领域。

（二）鼓励开展基础研究。支持外资研发中心依法使用大型科研仪器、国家重大科技计划项目的科技报告和相关数据。对于外商投资设立的为本区域关键共性技术研发提供服务的新型研发机构，各地可在基础条件建设、设备购置、人才配套服务、运行经费等方面予以支持。

（三）促进产学研协同创新。鼓励普通高等院校、科研院所、职业学校与外资研发中心合作开展技术攻关并保护双方知识产权。鼓励外资研发中心与职业学校开展技术协作，设立实训基地，共建联合实验室等技术技能创新平台。支持外资研发中心参与各地搭建的成果转化对接和创新创业平台。支持外资研发中心按规定设立博士后科研工作站，符合条件的博士后科研工作站经批准可以独立招收博士后科研人员。

（四）支持设立开放式创新平台。支持外商投资设立开放式创新平台类研发中心,加强土地、设备、基础设施等要素保障,进一步推动平台通过提供设施设备、研发场所和专业指导,与内外资企业、高等院校、科研院所整合技术、人才、资金、产业链等资源,实现协同创新。支持对入驻平台的企业适用"一址多照"、集群注册等登记方式。

(五)完善科技创新金融支持。鼓励金融机构在风险可控、商业可持续的前提下,为外资研发中心开展科技创新、从事基础和前沿研究提供金融支持。

(六)畅通参与政府项目渠道。鼓励和支持外资研发中心承担国家科技任务,参与国家重大科技计划项目,试点多语种发布项目计划,适当延长项目申报期限,提高项目申报便利度。积极吸纳符合条件的外资研发中心科技专家进入国家科技专家库和有关地方科技专家库,参与科技计划项目的咨询、评审和管理。

三、鼓励引进海外人才

(十)提高海外人才在华工作便利度。允许外资研发中心以团队为单位,为团队内外籍成员申请一次性不超过劳动合同期限的工作许可和不超过 5 年的工作类居留许可,为海外人才在华长期居留、永久居留提供便利。对于外资研发中心聘用的海外高端人才,符合条件的可以采取告知承诺、容缺受理等方式办理工作许可。对于同一跨国公司总部任命的外籍高级管理人员跨省变更工作单位的,优化变更或重新申请工作许可流程。

(十一)鼓励海外人才申报专业人才职称。为外资研发中心聘用的海外高端人才和紧缺人才参与职称评审建立绿色通道,放宽资历、年限等条件限制,允许将其海外工作经历、业绩成果等作为评定依据,符合条件的可直接申报高级职称。

(十二)加强海外人才奖励资助。鼓励各地根据发展需要,在法定权限范围内,对外资研发中心聘用的符合条件的海外高端人才和紧缺人才,在住房、子女教育、配偶就业、医疗保障等方面给予支持;对领军人才及其团队从事重点研发项目予以资助。

(十三)推动海外人才跨境资金收付便利化。支持金融机构按规定为在外资研发中心工作的海外人才便利化办理真实合规的跨境资金收付业务。

《科技类民办非企业单位登记审查与管理暂行办法》(国科发政字〔2000〕209号)。①

三、外商投资创业投资

《外商投资创业投资企业管理规定》(2015 年修正)(商务部令 2015 年第 2 号):

第一章 总则

第二条 本规定所称外商投资创业投资企业(以下简称创投企业)是指外国投资者或外国投资者与根据中国法律注册成立的公司、企业或其他经济组织(以下简称中国投资者),根据本规定在中国境内设立

---

① 此政策为外资企业将在华设立的研发机构申请登记为科技类民办非企业单位(社会服务机构)提供了依据。

的以创业投资为经营活动的外商投资企业。

第三条 本规定所称创业投资是指主要向未上市高新技术企业（以下简称所投资企业）进行股权投资，并为之提供创业管理服务，以期获取资本增值收益的投资方式。

第四条 创投企业可以采取非法人制组织形式，也可以采取公司制组织形式。

第二章 设立与登记

第六条 设立创投企业应具备下列条件：

（一）投资者人数在 2 人以上 50 以下；且应至少拥有一个第七条所述的必备投资者；

（二）外国投资者以可自由兑换的货币出资，中国投资者以人民币出资；

（三）有明确的组织形式；

（四）有明确合法的投资方向；

（五）除了将本企业经营活动授予一家创业投资管理公司进行管理的情形外，创投企业应有三名以上具备创业投资从业经验的专业人员；

（六）法律、行政法规规定的其他条件。

第七条 必备投资者应当具备下列条件：

（一）以创业投资为主营业务；

（二）在申请前三年其管理的资本累计不低于 1 亿美元，且其中至少 5000 万美元已经用于进行创业投资。在必备投资者为中国投资者的情形下，本款业绩要求为：在申请前三年其管理的资本累计不低于 1 亿元人民币，且其中至少 5000 万元人民币已经用于进行创业投资）；

（三）拥有 3 名以上具有 3 年以上创业投资从业经验的专业管理人员；

（四）如果某一投资者的关联实体满足上述条件，则该投资者可以申请成为必备投资者。本款所称关联实体是指投资者控制的某一实体、或控制该投资者的某一实体、或与该投资者共同受控于某一实体的另一实体。本款所称控制是指控制方拥有被控制方超过 50% 的表决权；

（五）必备投资者及其上述关联实体均应未被所在国司法机关和其他相关监管机构禁止从事创业投资或投资咨询业务或以欺诈等原因进行处罚；

（六）非法人制创投企业的必备投资者，对创投企业的认缴出资及实际出资分别不低于投资者认缴出资总额及实际出资总额的 1%，且应对创投企业的债务承担连带责任；公司制创投企业的必备投资者，对创投企业的认缴出资及实际出资分别不低于投资者认缴出资总额及实际出资总额的 30%。

第十条 创投企业应当在名称中加注创业投资字样。除创投企业外，其他外商投资企业不得在名称中使用创业投资字样。

第六章 经营管理

第三十一条 创投企业可以经营以下业务：

（一）以全部自有资金进行股权投资，具体投资方式包括新设企业、向已设立企业投资、接受已设立企业投资者股权转让以及国家法律法规允许的其他方式；

（二）提供创业投资咨询；

（三）为所投资企业提供管理咨询；

（四）审批机构批准的其他业务。

创投企业资金应主要用于向所投资企业进行股权投资。

第三十二条 创投企业不得从事下列活动：

（一）在国家禁止外商投资的领域投资；

（二）直接或间接投资于上市交易的股票和企业债券，但所投资企业上市后，创投企业所持股份不在此列；

（三）直接或间接投资于非自用不动产；

（四）贷款进行投资；

（五）挪用非自有资金进行投资；

（六）向他人提供贷款或担保，但创投企业对所投资企业1年以上的企业债券和可以转换为所投资企业股权的债券性质的投资不在此列（本款规定并不涉及所投资企业能否发行该等债券）；

（七）法律、法规以及创投企业合同禁止从事的其他事项。

第三十三条 投资者应在创投企业合同中约定对外投资期限。

第三十四条 创投企业主要从出售或以其他方式处置其在所投资企业的股权获得收益。

第三十七条 投资者应在合同、章程中约定创投企业的经营期限，一般不得超过12年。经营期满，经审批机构批准，可以延期。

《商务部关于外商投资举办投资性公司的规定》（2015年修正，商务部令2004年第22号）：

第三条 申请设立投资性公司应符合下列条件：

（一）1.外国投资者资信良好，拥有举办投资性公司所必需的经济实力，申请前一年该投资者的资产总额不低于四亿美元，且该投资者在中国境内已设立了外商投资企业，其实际缴付的注册资本的出资额超过一千万美元，或者；2.外国投资者资信良好，拥有举办投资性公司所必需的经济实力，该投资者在中国境内已设立了十个以上外商投资企业，其实际缴付的注册资本的出资额超过三千万美元；

（二）以合资方式设立投资性公司的，中国投资者应为资信良好，拥有举办投资性公司所必需的经济实力，申请前一年该投资者的资产总额不低于一亿元人民币。

申请设立投资性公司的外国投资者应为一家外国的公司、企业或经济组织，若外国投资者为两个以上的，其中应至少有一名占大股权的外国投资者符合本条第一款第（一）项的规定。

第五条 申请设立投资性公司的外国投资者符合本规定第三条第一款第（一）项规定的条件的，该外国投资者须向审批机关出具保证函，保证其所设立的投资性公司在中国境内投资时注册资本的缴付和属于该外国投资者或关联公司的技术转让。

以全资拥有的子公司的名义投资设立投资性公司的，其母公司须向审批机关出具保证函，保证其子公司按照审批机关批准的条件完成对所设立的投资性公司的注册资本的缴付，并保证该投资性公司在中国境内投资时的注册资本的缴付和属于该母公司及其所属公司的技术转让。

第十一条 投资性公司从事货物进出口或者技术进出口的，应符合商务部《对外贸易经营者备案登记办法》的规定；

投资性公司从事佣金代理、批发、零售和特许经营活动的，应符合商务部《外商投资商业领域管理办法》的相关规定，并依法变更相应的经营范围。

四、税收优惠[①]

《关于停止外商投资企业购买国产设备退税政策的通知》(财税〔2008〕176号):

一、自 2009 年 1 月 1 日起,对外商投资企业在投资总额内采购国产设备可全额退还国产设备增值税的政策停止执行。

三、外商投资企业购进的已享受增值税退税政策国产设备的增值税额,不得再作为进项税额抵扣销项税额。

四、外商投资企业购进的已享受增值税退税政策的国产设备,由主管税务机关负责监管,监管期为 5 年。在监管期内,如果企业性质变更为内资企业,或者发生转让、赠送等设备所有权转让情形,或者发生出租、再投资等情形的,应当向主管退税机关补缴已退税款,应补税款按以下公式计算:

应补税款 = 国产设备净值 × 适用税率

国产设备净值是指企业按照财务会计制度计提折旧后计算的设备净值。

《关于外商投资企业和外国企业适用增值税、消费税、营业税等税收暂行条例有关问题的通知》(国发〔1994〕10 号)。

[①] 其他普适性税收优惠参见第 9 章财税政策。

第 25 章　民营企业政策

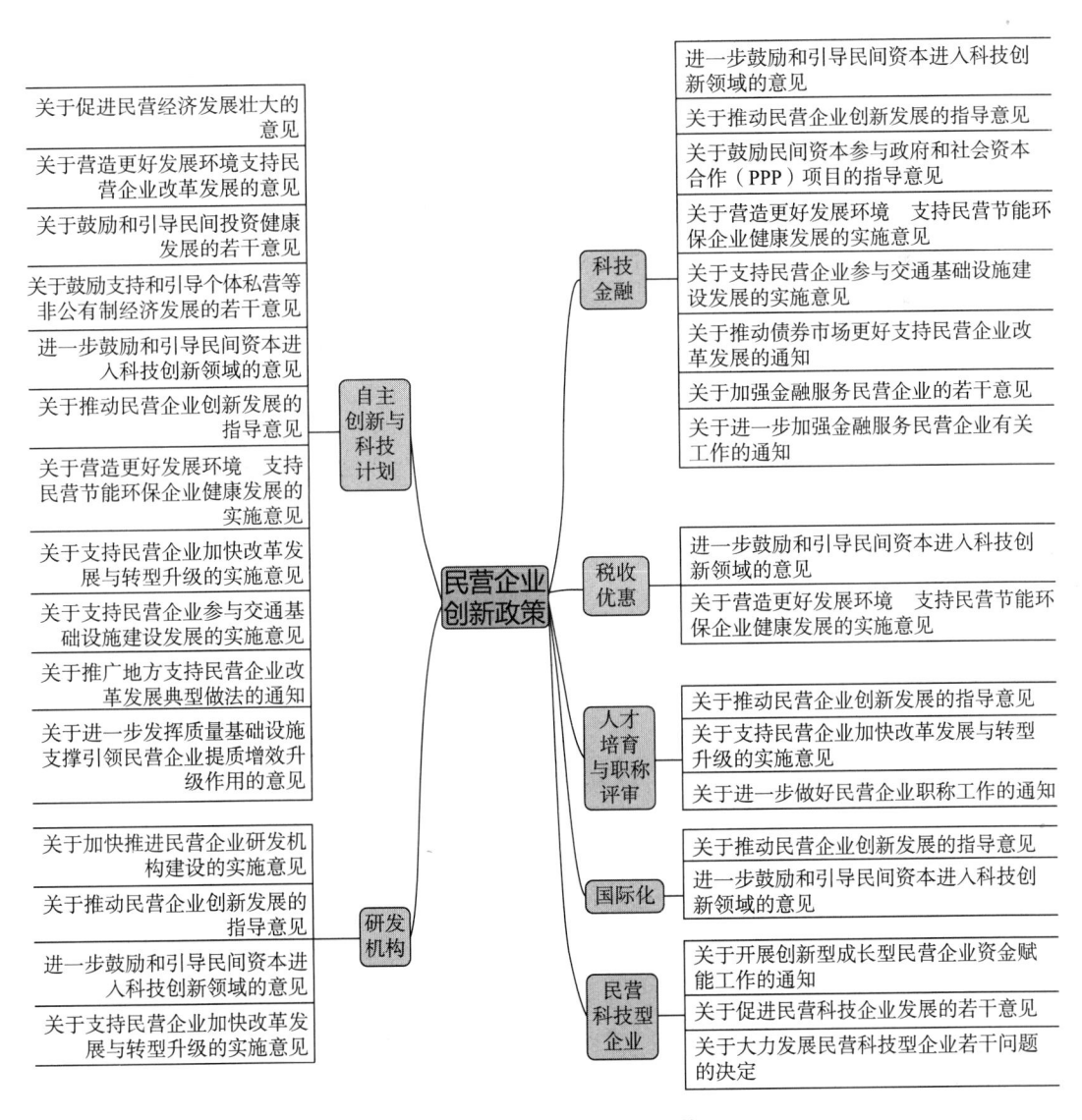

图 4-5　民营企业政策框架结构图

一、自主创新与科技计划

《关于促进民营经济发展壮大的意见》
(2023年7月14日):

二、持续优化民营经济发展环境

（一）持续破除市场准入壁垒。各地区各部门不得以备案、注册、年检、认定、认证、指定、要求设立分公司等形式设定或变相设定准入障碍。清理规范行政审批、许可、备案等政务服务事项的前置条件和审批标准，不得将政务服务事项转为中介服务事项，没有法律法规依据不得在政务服务前要求企业自行检测、检验、认证、鉴定、公证或提供证明等。

（二）全面落实公平竞争政策制度。定期推出市场干预行为负面清单，及时清理废除含有地方保护、市场分割、指定交易等妨碍统一市场和公平竞争的政策。

（四）完善市场化重整机制。对陷入财务困境但仍具有发展前景和挽救价值的企业，按照市场化、法治化原则，积极适用破产重整、破产和解程序。

三、加大对民营经济政策支持力度

（六）完善拖欠账款常态化预防和清理机制。机关、事业单位和大型企业不得以内部人员变更，履行内部付款流程，或在合同未作约定情况下以等待竣工验收批复、决算审计等为由，拒绝或延迟支付中小企业和个体工商户款项。建立拖欠账款定期披露、劝告指导、主动执法制度。

（七）强化人才和用工需求保障。完善民营企业职称评审办法，畅通民营企业职称评审渠道，完善以市场评价为导向的职称评审标准。

（八）完善支持政策直达快享机制。加大涉企补贴资金公开力度，接受社会监督。针对民营中小微企业和个体工商户建立支持政策"免申即享"机制，推广告知承诺制，有关部门能够通过公共数据平台提取的材料，不再要求重复提供。

四、强化民营经济发展法治保障

（十一）构建民营企业源头防范和治理腐败的体制机制。出台司法解释，依法加大对民营企业工作人员职务侵占、挪用资金、受贿等腐败行为的惩处力度。

（十三）完善监管执法体系。提高监管公平性、规范性、简约性，杜绝选择性执法和让企业"自证清白"式监管。

五、着力推动民营经济实现高质量发展

（十六）支持提升科技创新能力。培育一批关键行业民营科技领军企业、专精特新中小企业和创新能力强的中小企业特色产业集群。

（十七）加快推动数字化转型和技术改造。鼓励民营企业开展数字化共性技术研发，参与数据中心、工业互联网等新型基础设施投资建设和应用创新。

（二十）依法规范和引导民营资本健康发展。健全规范和引导民营资本健康发展的法律制度，为资本设立"红绿灯"，完善资本行为制度规则，集中推出一批"绿灯"投资案例。

六、促进民营经济人士健康成长

（二十二）培育和弘扬企业家精神。发挥优秀企业家示范带动作用，按规定加大评选表彰力度，在民营经济中大力培育企业家精神，及时总结推广富有中国特色、顺应时代潮流的企业家成长经验。

《关于营造更好发展环境支持民营企业改革发展的意见》（2019年12月4日）：

二、优化公平竞争的市场环境

（三）进一步放开民营企业市场准入。进一步精简市场准入行政审批事项，不得额外对民营企业设置准入条件。支持民营企业以参股形式开展基础电信运营业务，以控股或参股形式开展发电配电售电业务。支持民营企业进入油气勘探开发、炼化和销售领域，建设原油、天然气、成品油储运和管道输送等基础设施。支持符合条件的企业参与原油进口、成品油出口。在基础设施、社会事业、金融服务业等领域大幅放宽市场准入。

（五）强化公平竞争审查制度刚性约束。加快清理与企业性质挂钩的行业准入、资质标准、产业补贴等规定和做法。推进产业政策由差异化、选择性向普惠化、功能性转变。建立面向各类市场主体的有违公平竞争问题的投诉举报和处理回应机制并及时向社会公布处理情况。

四、健全平等保护的法治环境

（六）破除招投标隐性壁垒。对具备相应资质条件的企业，不得设置与业务能力无关的企业规模门槛和明显超过招标项目要求的业绩门槛等。完善招投标程序监督与信息公示制度，对依法依规完成的招标，不得以中标企业性质为由对招标责任人进行追责。

（十三）保护民营企业和企业家合法财产。持续甄别纠正侵犯民营企业和企业家人身财产权的冤错案件。建立涉政府产权纠纷治理长效机制。

（十五）支持民营企业加强创新。鼓励民营企业独立或与有关方面联合承担国家各类科研项目，参与国家重大科学技术项目攻关，通过实施技术改造转化创新成果。各级政府组织实施科技创新、技术转化等项目时，要平等对待不同所有制企业。加快向民营企业开放国家重大科研基础设施和大型科研仪器。在标准制定、复审过程中保障民营企业平等参与。系统清理与企业性质挂钩的职称评定、奖项申报、福利保障等规定，畅通科技创新人才向民营企业流动渠道。在人才引进支持政策方面对民营企业一视同仁，支持民营企业引进海外高层次人才。

《关于鼓励和引导民间投资健康发展的若干意见》（国发〔2010〕13号）：

九、推动民营企业加强自主创新和转型升级

（二十三）贯彻落实鼓励企业增加研发投入的税收优惠政策，鼓励民营企业增加研发投入，提高自主创新能力，掌握拥有自主知识产权的核心技术。帮助民营企业建立工程技术研究中心、技术开发中心，增加技术储备，搞好技术人才培训。支持民营企业参与国家重大科技计划项目和技术攻关，不断提高企业技术水平和研发能力。

（二十四）加快实施促进科技成果转化的鼓励政策，积极发展技术市场，完善科技成果登记制度，方便民营企业转让和购买先进技术。

（二十五）鼓励民营企业加大新产品开发力度，实现产品更新换代。

（二十六）鼓励和引导民营企业发展战略性新兴产业。

《关于鼓励支持和引导个体私营等非

公有制经济发展的若干意见》（国发〔2005〕3号）：

五、引导非公有制企业提高自身素质

（二十九）鼓励有条件的企业做强做大。支持发展非公有制高新技术企业，鼓励其加大科技创新和新产品开发力度，努力提高自主创新能力，形成自主知识产权。国家关于企业技术改造、科技进步、对外贸易以及其他方面的扶持政策，对非公有制企业同样适用。

《进一步鼓励和引导民间资本进入科技创新领域意见》（国科发财〔2012〕739号）：

一、深化国家科技计划管理改革，进一步加大对民营企业技术创新的支持力度

（一）鼓励更多的民营企业参与国家科技计划。支持有实力的民营企业联合高等院校、科研院所等组建产业技术创新战略联盟，组织实施产业带动力强、经济社会影响力大的国家重大科技攻关项目和科技成果产业化项目，依靠科技创新做强做大。经科技部审核的产业技术创新战略联盟，可作为项目组织单位参与国家科技计划项目的组织实施。

（三）创新国家科技计划资助方式。综合运用科研资助、风险补偿、偿还性资助、创业投资、贷款贴息等方式，激励民营企业加大科技投入。继续探索和实践国家科学基金与有实力的企业设立联合基金，以企业需求为导向资助研发活动。

（四）鼓励民营企业参与国家科技计划的制定和管理。在确定国家科技计划的重点领域和编制项目指南时，要充分听取民营企业的意见，反映民营企业的重大技术需求。吸收更多来自民营企业的技术、管理、经营等方面的专家参加国家科技计划的立项评审、结题验收等工作。鼓励民间资本对国有单位承担的国家科技计划项目进行前瞻性投入，参与过程管理，分担风险，共享收益。

《关于推动民营企业创新发展的指导意见》（国科发资〔2018〕45号）：

二、重点任务

（三）大力支持民营企业参与实施国家科技重大项目。

支持和鼓励民营企业牵头或参与国家科技重大专项、科技创新2030－重大项目、重点研发计划等国家重大科技项目实施。在国家科技计划规划制定、实施方案论证、指南编制、政策调研中充分听取民营企业意见和建议。在项目评审、预算评估、结题验收等环节更多吸收民营企业专家参与。

（五）鼓励民营企业发展产业技术创新战略联盟。

……，组织行业内有代表性的民营企业联合高校、科研机构、国有企业、社会服务机构等共同发起建立产业技术创新战略联盟，完善产学研协同创新机制，推动基础研究、应用研究与技术创新对接融通。培育一批民营企业产业技术创新示范联盟，通过国家科技计划支持联盟牵头承担计划项目，突破关键共性技术，服务和支持行业创新发展。

（六）力促民营企业推动大众创业、万众创新。

支持行业龙头民营企业围绕主营业务，创新模式，建立一批特色鲜明、创客云集、机制灵活的专业化众创空间。建立民营企业双创导师队伍，开展灵活多样的创新创业服务。支持民营技术转移机构发展，推动建立专业化运营团队，为技术交

易双方提供成果转化配套服务。推动民营小微企业参与"中国创新创业大赛"。

《关于营造更好发展环境 支持民营节能环保企业健康发展的实施意见》（发改环资〔2020〕790号）：

三、推动提升企业经营水平

（八）提升绿色技术创新能力。加大对民营企业绿色技术创新的支持力度，支持民营企业独立或联合承担国家重大科技专项、国家重点研发计划支持的绿色技术研发项目。发挥国家科技成果转化引导基金的作用，遴选一批民营企业重点环保技术创新成果支持转化应用，引导各类天使投资、创业投资基金、地方创投基金等支持民营节能环保企业关键技术创新转化。支持民营节能环保企业牵头或参与建设绿色技术领域国家技术创新中心。

《关于支持民营企业加快改革发展与转型升级的实施意见》（发改体改〔2020〕1566号）：

（五）增加普惠型科技创新投入。各地要加大将科技创新资金用于普惠型科技创新的力度，通过银企合作、政府引导基金、科技和知识产权保险补助、科技信贷和知识产权质押融资风险补偿等方式，支持民营企业开展科技创新。

《关于支持民营企业参与交通基础设施建设发展的实施意见》（发改基础〔2020〕1008号）。

《关于推广地方支持民营企业改革发展典型做法的通知》（发改办体改〔2021〕763号）。

《关于进一步发挥质量基础设施支撑引领民营企业提质增效升级作用的意见》（国市监质发〔2021〕62号）。

二、研发机构

《关于加快推进民营企业研发机构建设的实施意见》（发改高技〔2011〕1901号）：

一、积极推进大型民营企业发展高水平研发机构

（一）国家和省（市）认定企业技术中心要加大向大型民营企业的倾斜力度。要积极推进大型民营企业建立专业化的技术（开发）中心。对于已建技术（开发）中心并具备条件的大型民营企业，要按照地方认定企业技术中心的有关规定，积极支持申报省市级企业技术中心。对于大型骨干民营企业的省市级技术中心，要按照国家发展改革委、科技部、财政部、海关总署、国家税务总局等部门联合发布的《国家认定企业技术中心管理办法》有关要求，鼓励申报国家认定企业技术中心。对于符合条件的民营企业国家认定企业技术中心，要按照财政部、海关总署、国家税务总局等部门联合发布的《科技开发用品免征进口税收暂行规定》，极落实相关优惠政策。

三、完善支持民营企业研发机构发展的政策措施

（十三）支持民营企业研发机构培养和吸引创新人才。推进有实力的民营企业建立博士后科研工作站、院士工作站，吸引院士、优秀博士到企业研发机构从事科

技成果转化和科技创新活动。制定和实施针对民营企业吸引国内优秀创新人才、优秀留学人才和海外科技人才的计划，采取团队引进、核心人才带动等多种方式引进国内外优秀人才参与民营企业研发机构的建设。

《关于推动民营企业创新发展的指导意见》（国科发资〔2018〕45号）：

二、重点任务

（四）积极支持民营企业建立高水平研发机构。

按照《国家科技创新基地优化整合方案》（国科发基〔2017〕250号）要求，通过竞争方式，依托行业龙头民营企业布局设立一批国家技术创新中心、企业国家重点实验室等研发和创新平台，对外开放和共享创新资源，发挥行业引领示范作用。支持民营企业发展产业技术研究院、先进技术研究院、工业研究院等新型研发组织，各级科技部门可以通过项目资助、后补助、社会资本与政府合作等多种方式给予引导扶持或合作共建。

《进一步鼓励和引导民间资本进入科技创新领域意见》（国科发财〔2012〕739号）。

《关于支持民营企业加快改革发展与转型升级的实施意见》（发改体改〔2020〕1566号）：

二、强化科技创新支撑

（四）支持参与国家重大科研攻关项目。鼓励民营企业参与国家产业创新中心、国家制造业创新中心、国家工程研究中心、国家技术创新中心等创新平台建设，加快推进对民营企业的国家企业技术中心认定工作，支持民营企业承担国家重大科技战略任务。

（六）畅通国家科研资源开放渠道。推动国家重大科研基础设施和大型科研仪器进一步向民营企业开放。鼓励民营企业和社会力量组建专业化的科学仪器设备服务机构，参与国家科研设施与仪器的管理与运营。

三、科技金融

《进一步鼓励和引导民间资本进入科技创新领域意见》（国科发财〔2012〕739号）：

三、促进科技和金融结合，进一步拓宽民间资本进入科技创新领域的渠道

（十一）推动民营科技企业进入多层次资本市场融资。支持和指导民营科技企业进行股份制改造，建立现代企业制度，规范治理结构。完善科技管理部门和证券监管部门的信息沟通机制，支持符合条件的民营科技企业在主板、中小企业板和创业板上市。

（十二）支持民间资本通过发行债券产品和设立科技金融专营机构等方式开展科技投融资活动。鼓励地方科技管理部门和国家高新区组织发行中小型科技企业集合债券、集合票据、私募债券以及信托产品等债券产品，并引导民间资本合法合规投资。鼓励和支持民间资本与地方科技管理部门、国家高新区共同设立科技小额贷款公司、科技担保公司、科技融资租赁公司等专业机构。

（十三）加强和完善技术产权交易机构的融资服务功能。建立技术产权交易机构联盟和统一规范的交易标准流程，以技术产权交易机构为平台，为民营企业提供技术产权交易、股权转让、知识产权质押物流转等服务。

《关于推动民营企业创新发展的指导意见》（国科发资〔2018〕45号）：

二、重点任务

（十）完善科技金融促进民营企业发展。鼓励有影响、有实力的民营金融机构，通过设立创业投资基金、投贷联动、设立服务平台开展科技金融服务等方式，为民营中小微企业提供投融资支持。

《关于鼓励民间资本参与政府和社会资本合作（PPP）项目的指导意见》（发改投资〔2017〕2059号）：

七、加大民间资本PPP项目融资支持力度

鼓励政府投资通过资本金注入、投资补助、贷款贴息等方式支持民间资本PPP项目，鼓励各级政府出资的PPP基金投资民间资本PPP项目。鼓励各类金融机构发挥专业优势，大力开展PPP项目金融产品创新，支持开展基于项目本身现金流的有限追索融资，有针对性地为民间资本PPP项目提供优质金融服务。积极推进符合条件的民间资本PPP项目发行债券、开展资产证券化，拓宽项目融资渠道。按照统一标准对参与PPP项目的民营企业等各类社会资本方进行信用评级，引导金融市场和金融机构根据评级结果等加大对民营企业的融资支持力度。

《关于营造更好发展环境 支持民营节能环保企业健康发展的实施意见》（发改环资〔2020〕790号）：

（七）加大绿色金融支持力度。

支持符合条件的民营节能环保企业发行绿色债券，统一国内绿色债券界定标准，发布与《绿色产业指导目录（2019年版）》相一致的绿色债券支持项目目录。拓宽节能环保产业增信方式，积极探索将用能权、碳排放权、排污权、合同能源管理未来收益权、特许经营收费权等纳入融资质押担保范围。民营节能环保企业要坚持审慎经营原则，严防盲目增加杠杆率。

《关于支持民营企业参与交通基础设施建设发展的实施意见》（发改基础〔2020〕1008号）：

六、强化资源要素支持，解决企业实际困难

吸引更多民营企业参与交通基础设施项目股改上市融资。支持符合条件的交通领域民营企业在科创板上市。支持符合条件的铁路企业实施债转股或资产股改上市融资。

《关于推动债券市场更好支持民营企业改革发展的通知》（证监发〔2022〕54号）：

（二）积极推动债券产品创新，引导资金流向优质民营企业。大力推广科技创新债券，鼓励民营企业积极投身创新驱动发展战略，优先重点支持高新技术和战略性新兴产业领域民营企业债券融资，推动民营企业绿色发展和数字化转型；鼓励发行小微企业增信集合债券，支持中小民营企业发展；大力实施民营企业债券融资专项支持计划，鼓励市场机构为民营企业债券融资提供增信服务；加强业务培训，引导民营企业主动运用相关融资工具。

《关于加强金融服务民营企业的若干意见》（2019年2月14日）：

（五）加大直接融资支持力度。积极支持符合条件的民营企业扩大直接融资。完善股票发行和再融资制度，加快民营企业首发上市和再融资审核进度。结合民营企业合理诉求，研究扩大定向可转债适用范围和发行规模。扩大创新创业债试点，支持非上市、非挂牌民营企业发行私募可转债。支持民营企业债券发行，鼓励金融机构加大民营企业债券投资力度。

（九）积极推动地方各类股权融资规范发展。积极培育投资于民营科创企业的天使投资、风险投资等早期投资力量，抓紧完善进一步支持创投基金发展的税收政策。规范发展区域性股权市场，构建多元融资、多层细分的股权融资市场。

《关于进一步加强金融服务民营企业有关工作的通知》（银保监发〔2019〕8号）：

一、持续优化金融服务体系

（三）银行要加快处置不良资产，将盘活资金重点投向民营企业。加强与符合条件的融资担保机构的合作，通过利益融合、激励相容实现增信分险，为民营企业提供更多服务。银行保险机构要加大对民营企业债券投资力度。

三、公平精准有效开展民营企业授信业务

（九）商业银行贷款审批中不得对民营企业设置歧视性要求，同等条件下民营企业与国有企业贷款利率和贷款条件保持一致，有效提高民营企业融资可获得性。

（十一）商业银行要坚持审核第一还款来源，减轻对抵押担保的过度依赖，合理提高信用贷款比重。把主业突出、财务稳健、大股东及实际控制人信用良好作为授信主要依据。对于制造业企业，要把经营稳健、订单充足和用水用电正常等作为授信重要考虑因素。对于科创型轻资产企业，要把创始人专业专注、有知识产权等作为授信重要考虑因素。要依托产业链核心企业信用、真实交易背景和物流、信息流、资金流闭环，为上下游企业提供无需抵押担保的订单融资、应收应付账款融资。

四、着力提升民营企业信贷服务效率

（十三）商业银行要根据自身风险管理制度和业务流程，通过推广预授信、平行作业、简化年审等方式，提高信贷审批效率。特别是对于材料齐备的首次申贷中小企业、存量客户1000万元以内的临时性融资需求等，要在信贷审批及放款环节提高时效。加大续贷支持力度，要至少提前一个月主动对接续贷需求，切实降低民营企业贷款周转成本。

四、税收优惠

《进一步鼓励和引导民间资本进入科技创新领域的意见》（国科发财〔2012〕739号）：

四、落实和完善政策，进一步营造有利于民营企业创新创业的发展环境

（十五）为民营企业的科技创新落实各项扶持政策。经认定的民营高新技术企业享受所得税优惠政策。规范企业研发费用归集方法，对民营企业开发新技术、新产品、新工艺发生的研究开发费用，落实

加计扣除政策。民营企业的技术转让所得，享受所得税优惠政策。

《关于营造更好发展环境 支持民营节能环保企业健康发展的实施意见》（发改环资〔2020〕790号）：

二、完善稳定普惠的产业支持政策

（六）贯彻落实好现行税收优惠政策。落实好环境保护和节能节水项目企业所得税、资源综合利用企业所得税和增值税、节能节水和环境保护专用设备企业所得税，以及合同能源管理、污染第三方治理等税收优惠政策，继续按照规定实行便利化的税收优惠办理方式，方便广大企业享受税收优惠。

五、人才培育与职称评审

《关于推动民营企业创新发展的指导意见》（国科发资〔2018〕45号）：

（八）加强民营企业创新人才培育。

结合实施创新人才推进计划，加大对民营企业中青年科技创新领军人才、重点领域创新团队的培育和支持。建设全国科技创新创业人才联盟，促进民营企业创新创业人才跨界交流、合作、互助。

《关于支持民营企业加快改革发展与转型升级的实施意见》（发改体改〔2020〕1566号）：

三、完善资源要素保障

（十）加大人才支持和培训力度。畅通民营企业专业技术人才职称评审通道，推动社会化评审。增加民营企业享受政府特殊津贴人员比重。加快实施职业技能提升行动，面向包括民营企业职工在内的城乡各类劳动者开展大规模职业技能培训，并按规定落实培训补贴。

《进一步做好民营企业职称工作的通知》（人社厅发〔2020〕13号）。

六、国际化

《关于推动民营企业创新发展的指导意见》（国科发资〔2018〕45号）：

（十二）推动民营企业开展国际科技合作。

依托"一带一路"科技创新行动计划，支持民营企业积极参与科技人文交流、共建联合实验室、科技园区合作和技术转移。支持民营企业与"一带一路"沿线国家企业、大学、科研机构开展高层次、多形式、宽领域的科技合作。鼓励民营企业并购重组海外高技术企业，设立海外研发中心，促进顶尖人才、先进技术及成果引进和转移转化，实现优势产业、优质企业和优秀产品"走出去"，提升科技创新能力对外开放水平。

《进一步鼓励和引导民间资本进入科技创新领域的意见》（国科发财〔2012〕739号）：

一、深化国家科技计划管理改革，进一步加大对民营企业技术创新的支持力度

（五）支持民营企业参与国际科技合作。发挥政府间科技合作机制和国际创新园、国际联合研发中心、国际技术转移中心的作用，推动国内优势民营企业与国外一流机构建立稳定互利的合作关系，以人才引进、技术引进、研发外包等方式开展国际科技合作与交流。

七、民营科技型企业

《关于开展创新型成长型民营企业资金赋能工作的通知》（2021年10月9日）：

一、开展方式

针对创成型民营企业资金需求特点，拟按照类别和行业特点，分批次开展重点项目收集及资金赋能工作。每期确定一个重点领域，在该领域内征集一批科技含量高、有融资需求的优质项目，并附具体项目商业计划书。根据项目特点，全国工商联经济部将联合国家制造业转型升级基金、达晨创投等一批领域内头部投资机构（以政府基金、创投基金、PE/VC机构为主），开展针对性资金赋能对接工作。

二、项目内容

第一期资金赋能行动以征集具备或提升制造业核心竞争力的项目为主要方向，包括但不限于以下产业及相关上下游供应链配套产业：飞机及发动机制造、机器人、新能源汽车、半导体及芯片、新材料、新能源、先进工艺制造、生产性服务业等。

征集内容以具体项目为主，征集方式采用商业计划书的形式（PPT为主）提交，包括但不限于以下内容：企业简介、项目情况、产品特点、市场分析、商业模式、运营数据、竞品情况、团队介绍、融资计划、联系方式等。

《关于促进民营科技企业发展的若干意见》（国科发政字〔1999〕312号）。

《关于大力发展民营科技型企业若干问题的决定》（国科发改字〔1993〕348号）。

第 26 章 创新创业服务政策

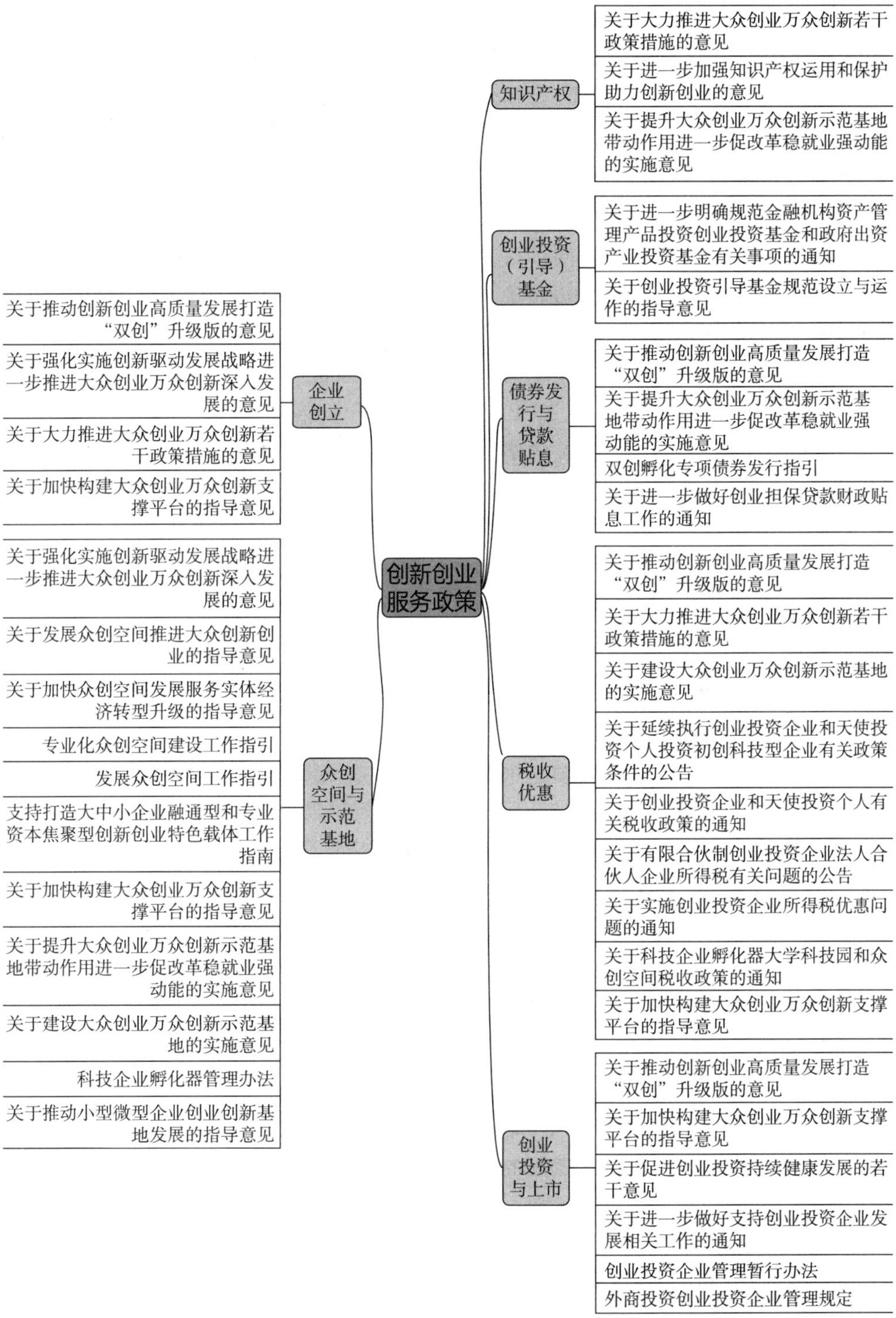

图 4-6 创新创业服务政策框架结构图

一、企业创立

《关于推动创新创业高质量发展打造"双创"升级版的意见》（国发〔2018〕32号）：

二、着力促进创新创业环境升级

（三）简政放权释放创新创业活力。进一步提升企业开办便利度，全面推进企业简易注销登记改革。清理废除妨碍统一市场和公平竞争的规定和做法，加快发布全国统一的市场准入负面清单，建立清单动态调整机制。

《关于强化实施创新驱动发展战略进一步推进大众创业万众创新深入发展的意见》（国发〔2017〕37号）：

六、创新政府管理方式

（三十三）推进"多证合一"登记制度改革，将涉企登记、备案等有关事项和各类证照进一步整合到营业执照上。对内外资企业，在支持政策上一视同仁，推动实施一个窗口登记注册和限时办结。推动取消企业名称预先核准，推广自主申报。全面实施企业简易注销登记改革，实现市场主体退出便利化。建设全国统一的电子营业执照管理系统，推进无介质电子营业执照建设和应用。

《关于大力推进大众创业万众创新若干政策措施的意见》（国发〔2015〕32号）：

三、创新体制机制，实现创业便利化

（二）深化商事制度改革。加快实施工商营业执照、组织机构代码证、税务登记证"三证合一"、"一照一码"，落实"先照后证"改革，推进全程电子化登记和电子营业执照应用。建立市场准入等负面清单，破除不合理的行业准入限制。

《关于加快构建大众创业万众创新支撑平台的指导意见》（国发〔2015〕53号）：

七、推进放管结合，营造宽松发展空间

（十七）优化提升公共服务。加快商事制度改革，支持各地结合实际放宽新注册企业场所登记条件限制，推动"一址多照"、集群注册等住所登记改革，为创业创新提供便利的工商登记服务。进一步清理和取消职业资格许可认定，研究建立国家职业资格目录清单管理制度，加强对新设职业资格的管理。

二、众创空间与示范基地

《关于强化实施创新驱动发展战略进一步推进大众创业万众创新深入发展的意见》（国发〔2017〕37号）：

二、加快科技成果转化

（四）引导众创空间向专业化、精细化方向升级，支持龙头骨干企业、高校、科研院所围绕优势细分领域建设平台型众创空间。探索将创投孵化器等新型孵化器纳入科技企业孵化器管理服务体系，并享受相应扶持政策。

四、促进实体经济升级

（十七）鼓励大型企业全面推进"双创"工作，建设"双创"服务平台与网络，开展各类"双创"活动，推广各类大型企业"双创"典型经验，促进跨界融合和成果转化。

《关于发展众创空间推进大众创新创业的指导意见》（国办发〔2015〕9号）：

二、重点任务

（二）降低创新创业门槛。有条件的地方政府可对众创空间等新型孵化机构的房租、宽带接入费用和用于创业服务的公共软件、开发工具给予适当财政补贴，鼓励众创空间为创业者提供免费高带宽互联网接入服务。

（七）丰富创新创业活动。继续办好中国创新创业大赛、中国农业科技创新创业大赛等赛事活动，积极支持参与国际创新创业大赛，为投资机构与创新创业者提供对接平台。

《关于加快众创空间发展服务实体经济转型升级的指导意见》（国办发〔2016〕7号）：

（三）在重点产业领域发展众创空间。重点在电子信息、生物技术、现代农业、高端装备制造、新能源、新材料、节能环保、医药卫生、文化创意和现代服务业等产业领域先行先试，针对产业需求和行业共性技术难点，在细分领域建设众创空间。

（四）鼓励龙头骨干企业围绕主营业务方向建设众创空间。

（五）鼓励科研院所、高校围绕优势专业领域建设众创空间。

（六）建设一批国家级创新平台和双创基地。

（八）实行奖励和补助政策。有条件的地方要综合运用无偿资助、业务奖励等方式，对众创空间的办公用房、用水、用能、网络等软硬件设施给予补助。支持国家科技基础条件平台为符合条件的众创空间提供服务。符合条件的众创空间可以申报承担国家科技计划项目。发挥财政资金的杠杆作用，采用市场机制引导社会资金和金融资本进入技术创新领域，支持包括中国创新创业大赛优胜项目在内的创新创业项目和团队，推动众创空间发展。

《专业化众创空间建设工作指引》（国科发高〔2016〕231号）：

三、基本条件

专业化众创空间应具备以下基本条件：

一是以服务科技型创新创业为宗旨。

二是具备完善的专业化研究开发和产业化条件。

三是具有开放式的互联网线上平台。

四是具有活跃的创新和创业群体。

五是具有创新导师、创业导师服务能力。

六是具有创业投资基金或创新基金，或与天使投资、创投机构等合作设立股权投资基金；七是专业化众创空间与建设主体之间具有良性互动机制。

四、主要任务

建设主体结合自身基础条件和发展定位，创办针对细分产业领域、具有专业服务能力的专业化众创空间，着重围绕以下任务开展建设工作。

一是有效聚焦专业细分领域的创新创业。

二是积极提供结合行业特征的科研条件和配套服务。

三是不断加强机制体制创新。

四是注重构筑完整的创业孵化链条。

五是大力促进建设机构业务转型升级和持续创新。

六是加快提升国际化发展水平。

五、备案程序

为持续推动专业化众创空间的发展，采取备案制对专业化众创空间进行管理。备案流程如下：

1. 由省级科技主管部门指导本地区专业化众创空间建设工作。条件成熟时可组织国家专业化众创空间备案申报工作，并进行形式审查后择优向科技部推荐。

2. 科技部对以公函形式报送的专业化众创空间申报材料，按照有关标准和条件审核后确定备案名单，向社会予以公布。

《发展众创空间工作指引》（国科发火〔2015〕297号）：

四、建设条件

各类社会组织和有志于服务大众创新创业的个人，都可以根据各自的发展目标和资源禀赋，创办各具特色的众创空间。

五、服务功能

发展众创空间重在完善和提升创新创业服务功能，要通过便利化、全方位、高质量的创业服务，让更多人参与创新创业，让更多人能够实现成功创业。

（一）集聚创新创业者。

（二）提供技术创新服务。

（三）强化创业融资服务。

（四）开展创业教育培训。

（五）建立创业导师队伍。

（六）举办创新创业活动。

（七）链接国际创新资源。

（八）集成落实创业政策。

《支持打造大中小企业融通型和专业资本集聚型创新创业特色载体工作指南》（工信厅联企业函〔2019〕92号）：

一、重点任务

（一）着力支持引导创新创业特色载体向专业化精细化方向升级。三是着力引导创新创业特色载体采用市场化运作模式，引入专业化运营管理团队，构建建设运营主体与创新创业主体互利共赢的市场化机制，鼓励双方通过生产融通、股权融合、品牌嫁接等方式，实现共创共享、共生共赢。

（二）着力支持打造"龙头企业+孵化"的大中小企业融通型载体。引导行业龙头企业在载体中创新采取各类互利共赢、风险分担方式，实现与中小企业在研发设计、检验检测、模型加工、中试生产、企业管理、物资采购、市场营销等方面的深度融通，促使在孵企业能够分享专业的设施设备、成熟的市场资源与渠道、先进的管理经验及模式等，引导在孵企业"专精特新"发展。

（三）着力支持打造"投资+孵化"的专业资本集聚型载体。

《关于加快构建大众创业万众创新支撑平台的指导意见》（国发〔2015〕53号）：

四、积极推广众包，激发创业创新活力

（五）大力实施制造运维众包。结合深化国有企业改革，鼓励采用众包模式促进生产方式变革。鼓励中小制造企业通过众包模式构筑产品服务运维体系，提升用户体验，降低运维成本。

六、稳健发展众筹，拓展创业创新融资

（十三）规范发展网络借贷。鼓励互联网企业依法合规设立网络借贷平台，为投融资双方提供借贷信息交互、撮合、资信评估等服务。积极运用互联网技术优势构建风险控制体系，缓解信息不对称，防范风险。

十、优化政策扶持，构建持续发展环境

（二十五）落实财政支持政策。创新财政科技专项资金支持方式，支持符合条件的企业通过众创、众包等方式开展相关科技活动。

《关于提升大众创业万众创新示范基地带动作用进一步促改革稳就业强动能的实施意见》（国办发〔2020〕26号）：

二、积极应对疫情影响，巩固壮大创新创业内生活力

（一）落实创业企业纾困政策。鼓励双创示范基地通过延长孵化期限、实施房租补贴等方式，降低初创企业经营负担。优先对受疫情影响较大但发展潜力好的创新型企业加大金融支持力度，简化贷款审批流程，提高信用贷款、中长期贷款比重。

三、发挥多元主体带动作用，打造创业就业重要载体

（八）发挥大企业创业就业带动作用。对中央企业示范基地内创业带动就业效果明显的新增企业，探索不纳入压减净增法人数量。发展"互联网平台＋创业单元"、"大企业＋创业单元"等模式，依托企业和平台加强创新创业要素保障。

四、提升协同联动发展水平，树立融通创新引领标杆

（九）构建大中小企业融通创新生态。支持将中小企业首创高科技产品纳入大企业采购体系。细化政府采购政策，加大对中小企业的采购支持力度。鼓励双创示范基地聚焦核心芯片、医疗设备等关键环节和短板领域，建立大中小企业协同技术研发与产业化的合作机制，带动壮大高新技术企业、科技型中小企业规模。

《关于建设大众创业万众创新示范基地的实施意见》（国办发〔2016〕35号）：

三、改革举措

（一）拓宽市场主体发展空间。深化网上并联审批和纵横协同监管改革，推行政务服务事项的"一号申请、一窗受理、一网通办"。

（二）强化知识产权保护。开展知识产权综合执法，建立知识产权维权援助网点和快速维权通道，将侵犯知识产权行为情况纳入信用记录，归集到全国信用信息共享平台，构建失信联合惩戒机制。

（三）加速科技成果转化。落实新修订的高新技术企业认定管理办法，充分考虑互联网企业特点，支持互联网企业申请高新技术企业认定并享受相关政策。

（五）促进创业创新人才流动。开展外国人才永久居留及出入境便利服务试点，建设海外人才离岸创业基地。

四、建设任务

（一）区域示范基地。

（二）高校和科研院所示范基地。

（三）企业示范基地。

《科技企业孵化器管理办法》（国科发区〔2018〕300号）：

第二章 国家级科技企业孵化器认定条件

第八条 本办法中孵化器在孵企业是指具备以下条件的被孵化企业：

1. 主要从事新技术、新产品的研发、生产和服务，应满足科技型中小企业相关要求；

2. 企业注册地和主要研发、办公场所须在本孵化器场地内，入驻时成立时间不

超过 24 个月；

3. 孵化时限原则上不超过 48 个月。技术领域为生物医药、现代农业、集成电路的企业，孵化时限不超过 60 个月。

第九条 企业从孵化器中毕业应至少符合以下条件中的一项：

1. 经国家备案通过的高新技术企业；

2. 累计获得天使投资或风险投资超过 500 万元；

3. 连续 2 年营业收入累计超过 1000 万元；

4. 被兼并、收购或在国内外资本市场挂牌、上市。

《关于推动小型微型企业创业创新基地发展的指导意见》（工信部联企业〔2016〕394 号）：

三、主要任务

（三）构建服务质量管理体系，实现服务规范化

（四）推动产业有机联动，实现小微企业双创基地生态化发展

建设技术交易、信息技术服务、科技咨询、创业培训等公共服务平台，促进创新成果转化，加强知识产权保护和应用。推动骨干企业与入驻企业合作共享，打造生产协同、创新协同、战略协同的创新产业圈。

（五）打造环境友好型基地，引导小微企业双创基地绿色化发展

鼓励利用闲置厂房、楼宇等场所改建小微企业双创基地，完善"三废"集中处理等公共基础设施。

（七）发挥各类主体优势，推动小微企业双创基地特色化发展

对于依托经济技术开发区、工业园区、产业集群（园区）等为基础建设运营的小微企业双创基地，要重点发挥产业资源集聚功能，构建从孵化到产业化的全链条企业培育能力。对于行业骨干企业设立运营的小微企业双创基地，要发挥骨干企业的带动作用，以及在研发资源、市场资源、信息资源等方面的优势，加强专业化协作和配套，支持入驻企业专精特新发展。

三、税收优惠

《关于推动创新创业高质量发展打造"双创"升级版的意见》（国发〔2018〕32 号）：

三、加快推动创新创业发展动力升级

（六）加大财税政策支持力度。聚焦减税降费，研究适当降低社保费率，确保总体上不增加企业负担，激发市场活力。将企业研发费用加计扣除比例提高到 75% 的政策由科技型中小企业扩大至所有企业。对个人在二级市场买卖新三板股票比照上市公司股票，对差价收入免征个人所得税。将国家级科技企业孵化器和大学科技园享受的免征房产税、增值税等优惠政策范围扩大至省级，符合条件的众创空间也可享受。

《关于大力推进大众创业万众创新若干政策措施的意见》（国发〔2015〕32 号）：

四、优化财税政策，强化创业扶持

（六）完善普惠性税收措施。对符合条件的众创空间等新型孵化机构适用科技

企业孵化器税收优惠政策。完善创业投资企业享受 70% 应纳税所得额税收抵免政策。落实促进高校毕业生、残疾人、退役军人、登记失业人员等创业就业税收政策。

《关于建设大众创业万众创新示范基地的实施意见》（国办发〔2016〕35 号）：

三、改革举措

（四）加大财税支持力度。有限合伙制创业投资企业采取股权投资方式投资于未上市中小高新技术企业满 2 年的，该有限合伙制创业投资企业的法人合伙人可享受企业所得税优惠。居民企业转让 5 年以上非独占许可使用权取得的技术转让所得，可享受企业所得税优惠。

《关于延续执行创业投资企业和天使投资个人投资初创科技型企业有关政策条件的公告》（财政部　税务总局公告 2023 年第 17 号）：

对于初创科技型企业需符合的条件，从业人数继续按不超过 300 人、资产总额和年销售收入按均不超过 5000 万元执行，《财政部税务总局关于创业投资企业和天使投资个人有关税收政策的通知》（财税〔2018〕55 号）规定的其他条件不变。

在此期间已投资满 2 年及新发生的投资，可按财税〔2018〕55 号文件和本公告规定适用税收政策。

《关于创业投资企业和天使投资个人有关税收政策的通知》（财税〔2018〕55 号）：

一、税收政策内容

（一）公司制创业投资企业采取股权投资方式直接投资于种子期、初创期科技型企业（以下简称初创科技型企业）满 2 年（24 个月，下同）的，可以按照投资额的 70% 在股权持有满 2 年的当年抵扣该公司制创业投资企业的应纳税所得额；当年不足抵扣的，可以在以后纳税年度结转抵扣。

（二）有限合伙制创业投资企业（以下简称合伙创投企业）采取股权投资方式直接投资于初创科技型企业满 2 年的，该合伙创投企业的合伙人分别按以下方式处理：

1. 法人合伙人可以按照对初创科技型企业投资额的 70% 抵扣法人合伙人从合伙创投企业分得的所得；当年不足抵扣的，可以在以后纳税年度结转抵扣。

2. 个人合伙人可以按照对初创科技型企业投资额的 70% 抵扣个人合伙人从合伙创投企业分得的经营所得；当年不足抵扣的，可以在以后纳税年度结转抵扣。

（三）天使投资个人采取股权投资方式直接投资于初创科技型企业满 2 年的，可以按照投资额的 70% 抵扣转让该初创科技型企业股权取得的应纳税所得额；当期不足抵扣的，可以在以后取得转让该初创科技型企业股权的应纳税所得额时结转抵扣。

天使投资个人投资多个初创科技型企业的，对其中办理注销清算的初创科技型企业，天使投资个人对其投资额的 70% 尚未抵扣完的，可自注销清算之日起 36 个月内抵扣天使投资个人转让其他初创科技型企业股权取得的应纳税所得额。

《关于有限合伙制创业投资企业法人合伙人企业所得税有关问题的公告》（国家税务总局公告 2015 年第 81 号）：

三、有限合伙制创业投资企业采取股权投资方式投资于未上市的中小高新技术企业满 2 年（24 个月，下同）的，其法人合伙人可按照对未上市中小高新技术企业投资额的 70% 抵扣该法人合伙人从该有限合伙制创业投资企业分得的应纳税所得额,当年不足抵扣的,可以在以后纳税年度结转抵扣。

所称满 2 年是指 2015 年 10 月 1 日起,有限合伙制创业投资企业投资于未上市中小高新技术企业的实缴投资满 2 年,同时,法人合伙人对该有限合伙制创业投资企业的实缴出资也应满 2 年。

如果法人合伙人投资于多个符合条件的有限合伙制创业投资企业,可合并计算其可抵扣的投资额和应分得的应纳税所得额。当年不足抵扣的,可结转以后纳税年度继续抵扣;当年抵扣后有结余的,应按照企业所得税法的规定计算缴纳企业所得税。

四、有限合伙制创业投资企业的法人合伙人对未上市中小高新技术企业的投资额,按照有限合伙制创业投资企业对中小高新技术企业的投资额和合伙协议约定的法人合伙人占有限合伙制创业投资企业的出资比例计算确定。其中,有限合伙制创业投资企业对中小高新技术企业的投资额按实缴投资额计算;法人合伙人占有限合伙制创业投资企业的出资比例按法人合伙人对有限合伙制创业投资企业的实缴出资额占该有限合伙制创业投资企业的全部实缴出资额的比例计算。

《关于实施创业投资企业所得税优惠问题的通知》(国税发〔2009〕87 号):

三、中小企业接受创业投资之后,经认定符合高新技术企业标准的,应自其被认定为高新技术企业的年度起,计算创业投资企业的投资期限。该期限内中小企业接受创业投资后,企业规模超过中小企业标准,但仍符合高新技术企业标准的,不影响创业投资企业享受有关税收优惠。

《关于科技企业孵化器大学科技园和众创空间税收政策的通知》(财税〔2018〕120 号):

本法规中规定的税收优惠政策,执行期限延长至 2023 年 12 月 31 日。

对国家级、省级科技企业孵化器、大学科技园和国家备案众创空间自用以及无偿或通过出租等方式提供给在孵对象使用的房产、土地,免征房产税和城镇土地使用税;对其向在孵对象提供孵化服务取得的收入,免征增值税。

国家级、省级科技企业孵化器、大学科技园和国家备案众创空间应按规定申报享受免税政策。

《关于加快构建大众创业万众创新支撑平台的指导意见》(国发〔2015〕53 号):

十、优化政策扶持,构建持续发展环境

(二十六)实行适用税收政策。对于业务规模较小、处于初创期的从业机构符合现行小微企业税收优惠政策条件的,可按规定享受税收优惠政策。

四、知识产权

《关于大力推进大众创业万众创新若干政策措施的意见》(国发〔2015〕32 号):

五、搞活金融市场,实现便捷融资

（十）丰富创业融资新模式。完善知识产权估值、质押和流转体系，依法合规推动知识产权质押融资、专利许可费收益权证券化、专利保险等服务常态化、规模化发展，支持知识产权金融发展。

《关于进一步加强知识产权运用和保护助力创新创业的意见》（国知发管字〔2015〕56号）：

二、完善知识产权政策体系降低创新创业门槛

（三）综合运用知识产权政策手段。进一步细化降低中小微企业知识产权申请和维持费用的措施。

（四）拓宽知识产权价值实现渠道。鼓励金融机构为创新创业者提供知识产权资产证券化、专利保险等新型金融产品和服务。完善知识产权估值、质押、流转体系，推进知识产权质押融资服务实现普遍化、常态化和规模化，引导银行与投资机构开展投贷联动，积极探索专利许可收益权质押融资等新模式，积极协助符合条件的创新创业者办理知识产权质押贷款。

四、推进知识产权运营工作引导创新创业方向

（八）完善知识产权运营服务体系。充分运用社区网络、大数据、云计算，加快推进全国知识产权运营公共服务平台建设，构建新型开放创新创业平台，促进更多创业者加入和集聚。积极构建知识产权运营服务体系，通过公益性与市场化相结合的方式，为创新创业者提供高端专业的知识产权运营服务。探索通过发放创新券的方式，支持创业企业向知识产权运营机构购买专利运营服务。

六、加强知识产权培训条件建设提升创新创业能力

（十二）引导各类知识产权优势主体提供专业实训。综合运用政府购买服务、无偿资助、业务奖励等方式，在国家知识产权培训基地、国家中小微企业知识产权培训基地、国家知识产权优势和示范企业、知识产权服务品牌机构建立创新创业知识产权实训体系。引导国家知识产权优势和示范企业、科研组织向创业青年免费提供实验场地和实验仪器设备。

《关于提升大众创业万众创新示范基地带动作用进一步促改革稳就业强动能的实施意见》（国办发〔2020〕26号）：

五、加强创新创业金融支持，着力破解融资难题

（十二）深化金融服务创新创业示范。在有条件的区域示范基地设立知识产权质押融资风险补偿基金，对无可抵押资产、无现金流、无订单的初创企业知识产权质押融资实施风险补偿。

五、创业投资与上市

《关于推动创新创业高质量发展打造"双创"升级版的意见》（国发〔2018〕32号）：

七、进一步完善创新创业金融服务

（二十五）充分发挥创业投资支持创新创业作用。充分发挥国家新兴产业创业投资引导基金、国家中小企业发展基金等引导基金的作用，支持初创期、早中期创

新型企业发展。

（二十六）拓宽创新创业直接融资渠道。支持发展潜力好但尚未盈利的创新型企业上市或在新三板、区域性股权市场挂牌。

《关于加快构建大众创业万众创新支撑平台的指导意见》（国发〔2015〕53号）：

十、优化政策扶持，构建持续发展环境

（二十七）创新金融服务模式。引导天使投资、创业投资基金等支持四众平台企业发展，支持符合条件的企业在创业板、新三板等上市挂牌。

《关于促进创业投资持续健康发展的若干意见》（国发〔2016〕53号）：

二、培育多元创业投资主体

（三）加快培育形成各具特色、充满活力的创业投资机构体系。鼓励具有资本实力和管理经验的个人通过依法设立一人公司从事创业投资活动。鼓励和规范发展市场化运作、专业化管理的创业投资母基金。

（四）积极鼓励包括天使投资人在内的各类个人从事创业投资活动。规范发展互联网股权融资平台，为各类个人直接投资创业企业提供信息和技术服务。

六、进一步完善创业投资退出机制

（十三）拓宽创业投资市场化退出渠道。充分发挥主板、创业板、全国中小企业股份转让系统以及区域性股权市场功能，畅通创业投资市场化退出渠道。完善全国中小企业股份转让系统交易机制，改善市场流动性。支持机构间私募产品报价与服务系统、证券公司柜台市场开展直接融资业务。鼓励创业投资以并购重组等方式实现市场化退出，规范发展专业化并购基金。

《关于进一步做好支持创业投资企业发展相关工作的通知》（发改办财金〔2014〕1044号）：

一、进一步简政放权。国家发展改革委不再承担创业投资企业的具体备案年检工作，将在国家工商行政管理总局注册登记的创业投资企业的备案管理职能，移交至创业投资企业注册所在地省级备案管理部门。承接地管理部门要做好管理职能转移的衔接工作。

三、继续加大国家新兴产业创投计划实施力度。各省级备案管理部门要做好新兴产业创投计划参股创业投资企业的备案管理和服务工作。

四、支持符合条件的创业投资企业发行企业债券。加快审核专项用于投资小微企业的创业投资企业发债申请。支持符合条件的创业投资企业的股东或有限合伙人发行企业债券，用于投资创业投资企业。

六、支持发展天使投资机构。鼓励符合条件的天使投资机构备案为创业投资企业，享受相应扶持政策。

《创业投资企业管理暂行办法》（国家发展和改革委员会等10部委令2005年第39号）：

第二章 创业投资企业的设立与备案

第九条 创业投资企业向管理部门备案应当具备下列条件：

（一）已在工商行政管理部门办理注册登记。

（二）经营范围符合本办法第十二条规定。

（三）实收资本不低于3000万元人民币，或者首期实收资本不低于1000万元人民币且全体投资者承诺在注册后的5年内补足不低于3000万元人民币实收资本。

（四）投资者不得超过200人。其中，以有限责任公司形式设立创业投资企业的，投资者人数不得超过50人。单个投资者对创业投资企业的投资不得低于100万元人民币。所有投资者应当以货币形式出资。

（五）有至少3名具备2年以上创业投资或相关业务经验的高级管理人员承担投资管理责任。委托其他创业投资企业、创业投资管理顾问企业作为管理顾问机构负责其投资管理业务的，管理顾问机构必须有至少3名具备2年以上创业投资或相关业务经验的高级管理人员对其承担投资管理责任。

第三章 创业投资企业的投资运作

第十二条 创业投资企业的经营范围限于：

（一）创业投资业务。

（二）代理其他创业投资企业等机构或个人的创业投资业务。

（三）创业投资咨询业务。

（四）为创业企业提供创业管理服务业务。

（五）参与设立创业投资企业与创业投资管理顾问机构。

第十三条 创业投资企业不得从事担保业务和房地产业务，但是购买自用房地产除外。

第十四条 创业投资企业可以以全额资产对外投资。其中，对企业的投资，仅限于未上市企业。但是所投资的未上市企业上市后，创业投资企业所持股份的未转让部分及其配售部分不在此限。其他资金只能存放银行、购买国债或其他固定收益类的证券。

第十五条 经与被投资企业签订投资协议，创业投资企业可以以股权和优先股、可转换优先股等准股权方式对未上市企业进行投资。

第十六条 创业投资企业对单个企业的投资不得超过创业投资企业总资产的20%。

第四章 对创业投资企业的政策扶持

第二十三条 国家运用税收优惠政策扶持创业投资企业发展并引导其增加对中小企业特别是中小高新技术企业的投资。

第二十四条 创业投资企业可以通过股权上市转让、股权协议转让、被投资企业回购等途径，实现投资退出。国家有关部门应当积极推进多层次资本市场体系建设，完善创业投资企业的投资退出机制。

《外商投资创业投资企业管理规定》(外经贸部、科技部、工商总局、税务总局、外汇局令2003年第2号)。[①]

六、创业投资（引导）基金

《关于进一步明确规范金融机构资产管理产品投资创业投资基金和政府出资产业投资基金有关事项的通知》（发改财金规〔2019〕1638号）：

一、本通知所称创业投资基金，是指向处于创建或重建过程中的未上市成长性

---

① 根据2015年10月28日《商务部关于修改部分规章和规范性文件的决定》修正，内容见第24章外资企业政策。

创业企业进行股权投资，以期所投资创业企业发育成熟或相对成熟后，主要通过股权转让获取资本增值收益的股权投资基金。适用本通知的创业投资基金应同时满足以下条件：

（三）基金投资范围限于未上市企业，但所投资企业上市后基金所持股份的未转让及其配售部分除外；

（四）基金运作不涉及债权融资，但依法发行债券提高投资能力的除外；

（五）基金存续期限不短于7年；对基金份额不得进行结构化安排，但政府出资设立的创业投资引导基金作为优先级的除外；

（六）基金名称体现"创业投资"字样或基金合同和基金招募说明书中体现"创业投资"策略。

二、本通知所称政府出资产业投资基金，是指包含政府出资，主要投资于非公开交易企业股权的股权投资基金和创业投资基金。适用本通知的政府出资产业投资基金应同时满足以下条件：

（一）中央、省级或计划单列市人民政府（含所属部门、直属机构）批复设立，且批复文件或其他文件中明确了政府出资的；政府认缴出资比例不低于基金总规模的10%，其中，党中央、国务院批准设立的，政府认缴出资比例不低于基金总规模的5%；

（二）符合《政府出资产业投资基金管理暂行办法》（发改财金规〔2016〕2800号）和《政府投资基金暂行管理办法》（财预〔2015〕210号）有关规定；

（三）基金投向符合产业政策、投资政策等国家宏观管理政策；

（四）基金运作不涉及新增地方政府隐性债务。

四、对于《指导意见》出台前已签订认缴协议且符合本通知规定要求的两类基金，过渡期内，金融机构可以发行老产品出资，但应当控制在存量产品整体规模内，并有序压缩递减，防止过渡期结束时出现断崖效应；过渡期结束仍未到期的，经金融监管部门同意，采取适当安排妥善处理。除党中央、国务院另有规定外，《指导意见》出台后新签订认缴协议的两类基金，涉及金融机构发行资产管理产品出资的，应严格按照《指导意见》有关规定执行。

五、过渡期内，对于投资方向限定于符合本通知规定要求的两类基金的资产管理产品，其管理机构应当加强投资者适当性管理，在向投资者充分披露并提示产品投资性质和投资风险的前提下，可以将该产品整体视为合格投资者，不合并计算该产品的投资者人数。对金融机构未充分履行告知义务的，金融监管部门依法依规从严从重处罚。

《关于创业投资引导基金规范设立与运作指导意见的通知》（国办发〔2008〕116号）：

三、引导基金的运作原则与方式

扶持对象主要是按照《创业投资企业管理暂行办法》规定程序备案的在中国境内设立的各类创业投资企业。

引导基金的运作方式：（一）参股。引导基金主要通过参股方式，吸引社会资本共同发起设立创业投资企业。（二）融资担保。根据信贷征信机构提供的信用报告，对历史信用记录良好的创业投资企业，可采取提供融资担保方式，支持其通过债权融资增强投资能力。（三）跟进投资或其他方式。产业导向或区域导向较强的引导基金，可探索通过跟进投资或其他方式，支持创业投资企业发展并引导其投资方向。其中，跟进投资仅限于当创业投资企业投资创业早期企业或需要政府重点扶持和鼓励的高新技术等产业领域的创业企业时，引导基金可以按适当股权比例向该创业企业投资，但不得以"跟进投资"之名，直接从事创业投资运作业务，而应发挥商业性创业投资企业发现投资项目、评估投资项目和实施投资管理的作用。

引导基金所扶持的创业投资企业，应当在其公司章程或有限合伙协议等法律文件中，规定以一定比例资金投资于创业早期企业或需要政府重点扶持和鼓励的高新技术等产业领域的创业企业。引导基金应当监督所扶持创业投资企业按照规定的投资方向进行投资运作，但不干预所扶持创业投资企业的日常管理。引导基金不担任所扶持公司型创业投资企业的受托管理机构或有限合伙型创业投资企业的普通合伙人，不参与投资设立创业投资管理企业。

七、债券发行与贷款贴息

《关于推动创新创业高质量发展打造"双创"升级版的意见》（国发〔2018〕32号）：

七、进一步完善创新创业金融服务

（二十六）拓宽创新创业直接融资渠道。推动科技型中小企业和创业投资企业发债融资，稳步扩大创新创业债试点规模，支持符合条件的企业发行"双创"专项债务融资工具。规范发展互联网股权融资，拓宽小微企业和创新创业者的融资渠道。

《关于提升大众创业万众创新示范基地带动作用进一步促改革稳就业强动能的实施意见》（国办发〔2020〕26号）：

五、加强创新创业金融支持，着力破解融资难题

（十二）深化金融服务创新创业示范。支持双创示范基地内符合条件的企业发行双创孵化专项债券、创业投资基金类债券、创新创业公司债券和双创债务融资工具。支持在双创示范基地开展与创业相关的保险业务。

《双创孵化专项债券发行指引》（发改办财金〔2015〕2894号）：

三、在偿债保障措施较为完善的基础上，企业申请发行双创孵化专项债券，可适当调整企业债券现行审核政策及《关于全面加强企业债券风险防范的若干意见》中规定的部分准入条件。

（一）允许上市公司子公司发行双创孵化专项债券。

（二）双创孵化专项债券发行主体不受发债指标限制。

（三）对企业尚未偿付的短期高利融资余额占总负债比例不进行限制，但发行人需承诺采取有效的风险隔离措施。

（四）不受"地方政府所属城投企业已发行未偿付的企业债券、中期票据余额与地方政府当年GDP的比值超过12%的，其所属城投企业发债应严格控制"的限制。

四、支持运营情况较好的双创孵化园

区经营公司，在偿债保障措施完善的条件下发行双创孵化专项债券用于优化公司债务结构。

六、优化双创孵化专项债券品种方案设计。一是可根据项目资金回流的具体情况科学设计债券发行方案，支持合理灵活设置债券期限、选择权及还本付息方式。二是允许发债企业在偿债保障措施较为完善的情况下，使用不超过50%的募集资金用于偿还银行贷款和补充营运资金。三是积极探索预期收益质押担保方式。四是鼓励发债以委托经营或转让—经营—转让（TOT）等方式，收购已建成的双创孵化项目或配套设施统一经营管理。

七、鼓励双创孵化项目采取"债贷组合"增信方式，由商业银行进行债券和贷款统筹管理。"债贷组合"是按照"融资统一规划、债贷统一授信、动态长效监控、全程风险管理"的模式，由银行为企业制定系统性融资规划，根据项目建设融资需求，将企业债券和贷款统一纳入银行综合授信管理体系，对企业债务融资实施全程管理。

八、积极开展债券品种创新。对于具有稳定偿债资金来源的双创孵化项目，可按照融资—投资建设—回收资金封闭运行的模式，发行项目收益债券；项目回收期较长的，支持发行可续期或超长期债券。

九、支持符合条件的创业投资企业、股权投资企业、双创孵化投资基金发行双创孵化债券，专项用于投资双创孵化项目；支持符合条件的双创孵化投资基金的股东或有限合伙人发行双创孵化专项债券，扩大双创孵化投资基金资本规模。

《关于进一步做好创业担保贷款财政贴息工作的通知》（财金〔2018〕22号）：

一、加大政策支持力度

（一）扩大贷款对象范围。将小微企业贷款对象范围调整为：当年新招用符合创业担保贷款申请条件的人员数量达到企业现有在职职工人数25%（超过100人的企业达到15%）、并与其签订1年以上劳动合同的小微企业。

（三）放宽担保和贴息要求。对已享受财政部门贴息支持的小微企业创业担保贷款，可通过创业担保贷款担保基金提供担保形式支持。对还款积极、带动就业能力强、创业项目好的借款个人和小微企业，可继续提供创业担保贷款贴息，但累计次数不得超过3次。

二、优化申请办理程序

（五）完善担保机制。对获得市（设区的市）级以上荣誉称号的创业人员、创业项目、创业企业，经金融机构评估认定的信用小微企业、商户、农户，经营稳定守信的二次创业者等特定群体原则上取消反担保。

第五篇　产业政策

产业创新政策是由政府制定的,主动干预产业(或领域)技术创新活动以实现产业技术进步与创新发展的各种政策的集合。

由于产业分类面较广且其创新政策数量较大,本书着重选择高技术产业(含高新技术企业)、战略性新兴产业、软件和集成电路产业、数字产业、绿色产业、动漫产业、服务业、农林业、文体产业及若干其他产业等创新政策(见图5-1)。

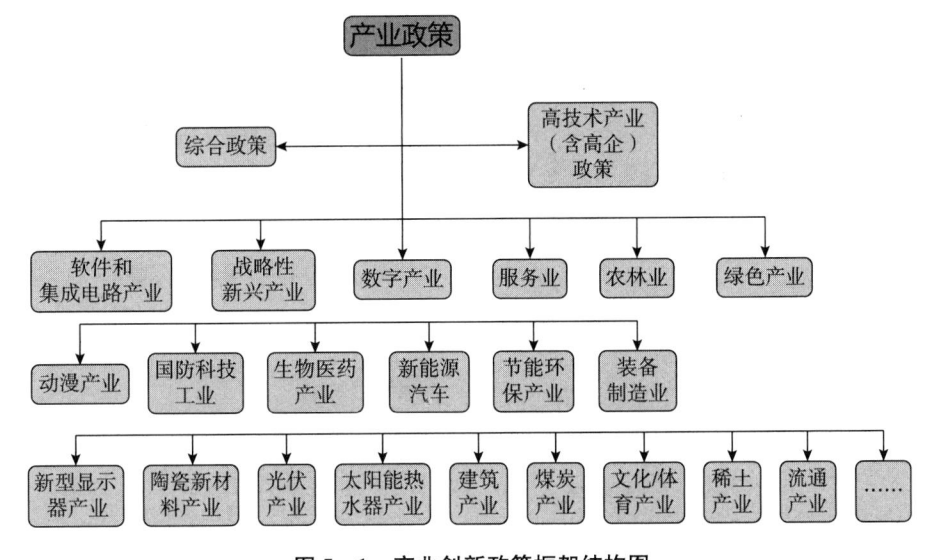

图5-1　产业创新政策框架结构图

第 27 章 综合政策

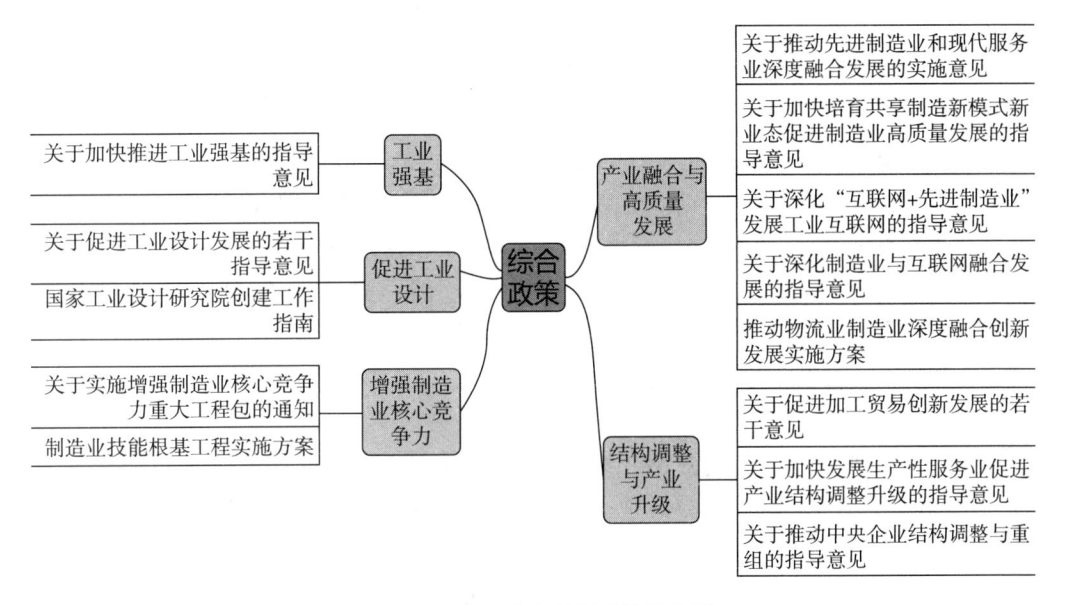

图 5-2 产业综合创新政策结构图

一、产业融合与高质量发展

《关于推动先进制造业和现代服务业深度融合发展的实施意见》（发改产业〔2019〕1762号）：

二、培育融合发展新业态新模式

（一）推进建设智能工厂。大力发展智能化解决方案服务，深化新一代信息技术、人工智能等应用，实现数据跨系统采集、传输、分析、应用，优化生产流程，提高效率和质量。

（二）加快工业互联网创新应用。以建设网络基础设施、发展应用平台体系、提升安全保障能力为支撑，推动制造业全要素、全产业链连接，完善协同应用生态，建设数字化、网络化、智能化制造和服务体系。

（三）推广柔性化定制。通过体验互动、在线设计等方式，增强定制设计能力，加强零件标准化、配件精细化、部件模块化管理，实现以用户为中心的定制和按需灵活生产。

（四）发展共享生产平台。鼓励资源富集企业面向社会开放产品开发、制造、物流配送等资源，提供研发设计、优化控制、设备管理、质量监控等服务，实现资源高效利用和价值共享。

（五）提升总集成总承包水平。支持设计、制造、施工等领域骨干企业整合资源、延伸链条，发展咨询设计、制造采购、施工安装、系统集成、运维管理等一揽子服务，提供整体解决方案。

（六）加强全生命周期管理。引导企业通过建立监测系统、应答中心、追溯体系等方式，提供远程运维、状态预警、故障诊断等在线服务，发展产品再制造、再利用，实现经济、社会生态价值最大化。

（七）优化供应链管理。提升信息、物料、资金、产品等配置流通效率，推动设计、采购、制造、销售、消费信息交互和流程再造，形成高效协同、弹性安全、绿色可持续的智慧供应链网络。

（八）发展服务衍生制造。鼓励电商、研发设计、文化旅游等服务企业，发挥大数据、技术、渠道、创意等要素优势，通过委托制造、品牌授权等方式向制造环节拓展。

（九）发展工业文化旅游。

（十）培育其他新业态新模式。深化研发、生产、流通、消费等环节关联，加快业态模式创新升级，有效防范数据安全、道德风险，实现制造先进精准、服务丰富优质、流程灵活高效、模式互惠多元，提升全产业链价值。

三、探索重点行业重点领域融合发展新路径

（一）加快原材料工业和服务业融合步伐。

（二）推动消费品工业和服务业深度融合。以智能手机、家电、新型终端等为重点，发展"产品+内容+生态"全链式智能生态服务。以家电、消费电子等为重点，落实生产者责任延伸制度，健全废旧产品回收拆解体系，促进更新消费。

（三）提升装备制造业和服务业融合水平。推动装备制造企业向系统集成和整体解决方案提供商转型。支持市场化兼并重组，培育具有总承包能力的大型综合性装备企业。发展辅助设计、系统仿真、智能控制等高端工业软件，建设铸造、锻造、表面处理、热处理等基础工艺中心。

（四）完善汽车制造和服务全链条体系。

（五）深化制造业服务业和互联网融合发展。

（六）促进现代物流和制造业高效融合。鼓励物流、快递企业融入制造业采购、生产、仓储、分销、配送等环节，持续推进降本增效。鼓励物流外包，发展零库存管理、生产线边物流等新型业务。

（七）强化研发设计服务和制造业有机融合。开展制造业设计能力提升专项行动，促进工业设计向高端综合设计服务转型。

（八）加强新能源生产使用和制造业绿色融合。顺应分布式、智能化发展趋势，推进新能源生产服务与设备制造协同发展。

（九）推进消费服务重点领域和制造业创新融合。

（十）提高金融服务制造业转型升级质效。

四、发挥多元化融合发展主体作用

（一）强化产业链龙头企业引领作用。

(二）发挥行业骨干企业示范效应。

(三）激发专精特新中小微企业融合发展活力。发挥中小微企业贴近市场、机制灵活等优势，引导其加快业态模式创新，在细分领域培育一批专精特新"小巨人"和"单项冠军"企业。以国家级新区、产业园区等为重点，完善服务体系，提升服务效能，推动产业集群融合发展。

五、保障措施

(二）强化用地保障。对企业利用原有土地建设物流基础设施，在容积率调整、规划许可等方面给予支持。

(三）加大金融支持。支持符合条件的企业上市融资和发行企业债券、公司债券、非金融企业债务融资工具。建立知识产权质押信息平台，扩大知识产权质押融资规模。

(五）开展两业融合试点。鼓励重点行业和领域代表性企业开展行业、企业融合发展试点，探索可行模式路径，加快行业转型升级，建设世界一流企业。

《关于加快培育共享制造新模式新业态促进制造业高质量发展的指导意见》（工信部产业〔2019〕226号）：

二、主要任务

(一）培育发展共享制造平台

鼓励有条件的企业探索建设跨区域、综合性共享制造平台。引导企业通过联合建设、战略投资等方式推动平台整合，提升制造资源的集聚水平。

支持平台企业围绕制造资源的在线发布、订单匹配、生产管理、支付保障、信用评价等，探索融合行业特点的创新服务。推动平台企业深度整合多样化制造资源，发展"平台接单、按工序分解、多工厂协同"的共享制造模式。

支持平台企业积极应用云计算、大数据、物联网、人工智能等技术，发展智能报价、智能匹配、智能排产、智能监测等功能，不断提升共享制造全流程的智能化水平。鼓励工业互联网平台面向特定行业、特定区域整合开放各类资源，发展共享制造服务。

(二）依托产业集群发展共享制造

探索建设共享工厂。鼓励各类企业围绕产业集群的共性制造环节，建设共享工厂，集中配置通用性强、购置成本高的生产设备，依托线上平台打造分时、计件、按价值计价等灵活服务模式，满足产业集群的共性制造需求。

支持发展公共技术中心。

引导产业集群内企业通过共享物流、仓储、采销、人力等方式，聚焦核心能力建设，提升企业竞争力。

(三）完善共享制造发展生态

鼓励大型企业创新机制，释放闲置资源，推动研发设计、制造能力、物流仓储、专业人才等重点领域开放共享，增加有效供给。创新激励机制，引导利益相关方积极开放生产设备的数据接口，推进数据共享。完善资源共享过程中的知识产权保护机制。

鼓励平台企业针对共享制造应用场景和模式特点，综合利用大数据监测、用户双向评价、第三方认证等手段，构建平台供需双方分级分类信用评价体系，提供企业征信查询、企业质量保证能力认证、企业履约能力评价等服务。

聚焦非标产品标准化、生产流程标准化等领域，鼓励平台企业优化产品标准体系，明确产品属性和生产工艺要求。加快制定共享制造团体标准，推动制造资源的可度量、可交易、可评估。

（四）夯实共享制造发展的数字化基础

提升企业数字化水平。培育发展一批数字化解决方案提供商，……加快推进中小企业上云，……，引导广大中小企业加快实现生产过程的数字化。

推动新型基础设施建设。……，鼓励制造企业通过内网改造升级实现人、机、物互联，为共享制造提供信息网络支撑。

强化安全保障体系。围绕应用程序、平台、数据、网络、控制和设备安全，统筹推进安全技术研发和手段建设，建立健全数据分级分类保护制度，强化共享制造企业的公共网络安全意识，打造共享制造安全保障体系。

三、保障措施

（一）加强组织推进。指导成立共享制造产业联盟，聚集生产制造和互联网领域的骨干企业及相关研究机构，搭建合作与促进平台，建立平台企业资源库。

（三）强化政策支持。积极利用现有资金渠道，支持共性技术研究与开发，开展共享制造平台建设与升级、技术应用创新、制造资源采集系统开发、共享工厂建设等。

《关于深化"互联网+先进制造业"发展工业互联网的指导意见》（2017年11月19日）：

三、主要任务

（一）夯实网络基础。

推动网络改造升级提速降费。推进工业企业内网的IP（互联网协议）化、扁平化、柔性化技术改造和建设部署。推动新型智能网关应用，全面部署IPv6（互联网协议第6版）。继续推进连接中小企业的专线建设。

推进标识解析体系建设。设立国家工业互联网标识解析管理机构，构建标识解析服务体系，……

（三）加强产业支撑。

引导电信运营企业、互联网企业、工业企业等积极转型，强化网络运营、标识解析、安全保障等工业互联网运营服务能力，开展工业电子商务、供应链、相关金融信息等创新型生产性服务。

（四）促进融合应用。

鼓励企业通过工业互联网平台整合资源，构建设计、生产与供应链资源有效组织的协同制造体系，开展用户个性需求与产品设计、生产制造精准对接的规模化定制，推动面向质量追溯、设备健康管理、产品增值服务的服务化转型。

鼓励中小企业充分利用工业互联网平台的云化研发设计、生产管理和运营优化软件，实现业务系统向云端迁移，降低数字化、智能化改造成本。

（五）完善生态体系。

建设工业互联网创新中心，有效整合高校、科研院所、企业创新资源，围绕重大共性需求和重点行业需要，开展工业互联网产学研协同创新，促进技术创新成果产业化。面向关键技术和平台需求，支持建设一批能够融入国际化发展的开源社区，提供良好开发环境，共享开源技术、代码和开发工具。

支持通过举办开发者大会、应用创新竞赛、专业培训及参与国际开源项目等方式，不断提升开发者的应用创新能力，形成良性互动的发展模式。

（七）推动开放合作。

建立政府、产业联盟、企业等多层次

沟通对话机制，针对工业互联网最新发展、全球基础设施建设、数据流动、安全保障、政策法规等重大问题开展交流与合作。加强与国际组织的协同合作，共同制定工业互联网标准规范和国际规则，构建多边、民主、透明的工业互联网国际治理体系。

四、保障支撑

（三）加大财税支持力度。强化财政资金导向作用，加大工业转型升级资金对工业互联网发展的支持力度，重点支持网络体系、平台体系、安全体系能力建设。探索采用首购、订购优惠等支持方式，促进工业互联网创新产品和服务的规模化应用。

（四）创新金融服务方式。鼓励符合条件的企业集团设立财务公司，为集团下属工业互联网企业提供财务管理服务，加强资金集约化管理，提高资金使用效率，降低资金成本。

《关于深化制造业与互联网融合发展的指导意见》（国发〔2016〕28号）：

二、主要任务

（四）打造制造企业互联网"双创"平台。深化国有企业改革和科技体制改革，推动产学研"双创"资源的深度整合和开放共享，支持制造企业联合科研院所、高等院校以及各类创新平台，加快构建支持协同研发和技术扩散的"双创"体系。

（七）培育制造业与互联网融合新模式。支持企业利用互联网采集并对接用户个性化需求，开展基于个性化产品的研发、生产、服务和商业模式创新，促进供给与需求精准匹配。推动企业运用互联网开展在线增值服务，鼓励发展面向智能产品和智能装备的产品全生命周期管理和服务，拓展产品价值空间，实现从制造向"制造+服务"转型升级。积极培育工业电子商务等新业态，支持重点行业骨干企业建立行业在线采购、销售、服务平台，推动建设一批第三方电子商务服务平台。

（九）提升融合发展系统解决方案能力。支持有条件的企业开展系统解决方案业务剥离重组，推动系统解决方案服务专业化、规模化和市场化，充分发挥系统解决方案促进制造业与互联网融合发展的"粘合剂"作用。

三、保障措施

（十二）培育国有企业融合发展机制。鼓励中央企业设立创新投资基金，引导地方产业投资基金和社会资本，支持大企业互联网"双创"平台建设、创新创意孵化、科技成果转化和新兴产业培育。

（十三）加大财政支持融合发展力度。创新财政资金支持方式，鼓励政府采购云计算等专业化第三方服务，支持中小微企业提升信息化能力。

（十四）完善支持融合发展的税收和金融政策。结合全面推开营改增试点，进一步扩大制造企业增值税抵扣范围，落实增值税优惠政策，支持制造企业基于互联网独立开展或与互联网企业合资合作开展新业务。

（十五）强化融合发展用地用房等服务。支持制造企业在不改变用地主体和规划条件的前提下，利用存量房产、土地资源发展制造业与互联网融合的新业务、新业态，实行5年过渡期内保持土地原用途和权利类型不变的政策。

（十六）健全融合发展人才培养体系。在大中型企业推广首席信息官制度，壮大互联网应用人才队伍。

《推动物流业制造业深度融合创新发展实施方案》（发改经贸〔2020〕1315号）：

二、紧扣关键环节，促进物流业制造业融合创新

（三）促进企业主体融合发展。引导制造企业结合实际系统整合其内部分散在采购、制造、销售等环节的物流服务能力，以及铁路专用线、仓储、配送等存量设施资源，向社会提供专业化、高水平的综合物流服务。

（四）促进设施设备融合联动。支持大型工业园区新建或改扩建铁路专用线、仓储、配送等基础设施，吸引第三方物流企业进驻并提供专业化物流服务。

四、加强统筹引导，优化融合发展的政策环境

（十五）加大政策支持力度。充分利用现有政策渠道支持物流标准化设施设备推广、铁路专用线建设、农产品冷链物流发展等。鼓励有条件的制造企业剥离物流资产成立独资或合资物流企业，符合条件的按照有关规定享受财税政策。支持制造企业在不改变用地主体和规划条件的前提下，利用存量厂房、土地资源发展生产性物流服务，其土地用途可暂不变更。

（十六）创新金融支持方式。鼓励供应链核心制造企业或平台企业与金融机构深度合作，整合物流、信息流、资金流等信息，为包括物流、快递企业在内的上下游企业提供增信支持，妥善促进供应链金融发展。支持社会资本设立物流业制造业融合发展产业投资平台，拓宽融资支持渠道。

（十七）发挥示范引领作用。鼓励龙头企业发起成立物流业制造业融合创新发展专业联盟，促进协同联动和跨界融合。

二、结构调整与产业升级

《关于促进加工贸易创新发展的若干意见》（国发〔2016〕4号）：

二、延长产业链，提升加工贸易在全球价值链中的地位

（六）增强企业创新能力。推动加工贸易企业由单纯的贴牌生产（OEM）向委托设计（ODM）、自有品牌（OBM）方式发展。

三、发挥沿海地区示范带动作用，促进转型升级提质增效

（十）加快珠三角加工贸易转型升级示范区和东莞、苏州加工贸易转型升级试点城市以及示范企业建设，培育认定一批新的加工贸易转型升级示范企业。支持一批有实力的加工贸易企业培育区域性、行业性自有品牌，……

（十三）支持梯度转移重点承接地发展。培育和建设一批加工贸易梯度转移重点承接地和示范地。

《关于加快发展生产性服务业促进产业结构调整升级的指导意见》（国发〔2014〕26号）：

四、政策措施

（一）进一步扩大开放。

进一步放开生产性服务业领域市场准入，营造公平竞争环境，不得对社会资本设置歧视性障碍，鼓励社会资本以多种方

式发展生产性服务业。进一步减少生产性服务业重点领域前置审批和资质认定项目,由先证后照改为先照后证,加快落实注册资本认缴登记制。

……,进一步提高生产性服务业境外投资的便利化程度。

(二)完善财税政策。

尽快将营业税改征增值税试点扩大到服务业全领域。根据生产性服务业产业融合度高的特点,完善促进生产性服务业的税收政策。

(三)创新金融服务。

……,支持符合条件的生产性服务业企业上市融资、发行债券。鼓励融资性担保机构扩大生产性服务业企业担保业务规模。

(四)完善土地和价格政策。

鼓励工业企业利用自有工业用地兴办促进企业转型升级的自营生产性服务业,经依法批准,对提高自有工业用地容积率用于自营生产性服务业的工业企业,可按新用途办理相关手续。

《关于推动中央企业结构调整与重组的指导意见》(国办发〔2016〕56号):

三、重点工作

(三)重组整合一批。

稳妥推进装备制造、建筑工程、电力、钢铁、有色金属、航运、建材、旅游和航空服务等领域企业重组,集中资源形成合力,减少无序竞争和同质化经营,有效化解相关行业产能过剩。鼓励煤炭、电力、冶金等产业链上下游中央企业进行重组,打造全产业链竞争优势,更好发挥协同效应。

鼓励通信、电力、汽车、新材料、新能源、油气管道、海工装备、航空货运等领域相关中央企业共同出资组建股份制专业化平台,加大新技术、新产品、新市场联合开发力度,减少无序竞争,提升资源配置效率。

(四)清理退出一批。

大力化解过剩产能。严格按照国家能耗、环保、质量、安全等标准要求,以钢铁、煤炭行业为重点,大力压缩过剩产能,加快淘汰落后产能。对产能严重过剩行业,按照减量置换原则从严控制新项目投资。对高负债企业,以不推高资产负债率为原则严格控制投资规模。

三、工业强基

《关于加快推进工业强基的指导意见》(工信部规〔2014〕67号):

三、主要任务

(一)实施工业强基工程,持续提升产业链整体水平

……,以重大工程和重点装备的关键技术和产品开发为突破口,组织实施一批工业强基示范工程,建设一批产业技术基础示范服务平台,实现关键技术和产品的产业化突破,提升重点行业、关键领域产业链整体水平。

四、保障措施

(一)加强规划和产业政策引导

……,制定发布《工业"四基"发展目录》并适时更新。健全完善工业基础领域技术标准和计量技术规范,引导各类要

素向工业"四基"领域倾斜。

（二）完善财政支持政策

支持工业"四基"产品推广，及时调整《国内投资项目不予免税的进口商品目录》和享受税收优惠的《重大技术装备和产品进口关键零部件、原材料商品清单》。

四、促进工业设计

《关于促进工业设计发展的若干指导意见》（工信部联产业〔2010〕390号）：

三、提高工业设计的自主创新能力

（二）建立工业设计创新体系。国家对符合条件的企业设计中心予以认定。

四、提升工业设计产业发展水平

（三）推动工业设计集聚发展。加强公共服务平台建设，吸引工业设计企业、人才、资金等要素向园区集聚。培育和认定一批国家级工业设计示范园区，发挥辐射和带动作用。

五、加快培养高素质人才

（二）建立健全工业设计人才培训机制。鼓励有条件的企业创建工业设计实训基地。

六、推动对外交流与合作

（一）提高工业设计对外开放水平。鼓励跨国公司和境外著名的工业设计机构来华设立设计中心或分支机构。

七、营造良好的市场环境

（二）建立工业设计评价与奖励制度。建立优秀工业设计评奖制度，鼓励工业设计创新。

（四）加强知识产权应用和保护。鼓励和支持公民及法人以工业设计知识产权作价出资创办企业。鼓励在产品或包装等相关物品上标注设计机构或设计者名称。鼓励权利人充分利用知识产权维护自身的合法权益。

八、加大政策支持力度

（一）加大财政资金投入。中央财政促进服务业发展专项资金、科技型中小企业技术创新基金等，对符合条件的工业设计企业给予支持。有条件的地区可设立工业设计发展专项资金。

《国家工业设计研究院创建工作指南》（工信部产业〔2018〕123号）。

五、增强制造业核心竞争力

《关于实施增强制造业核心竞争力重大工程包的通知》（发改产业〔2015〕1602号）：

二、重大工程实施安排

（二）实施方式

鼓励社会资本参与重大工程建设，充分发挥行业骨干企业、科研院所、行业协会等单位的优势，针对不同类型项目特点，分别依托产业联盟、企业联合体、行业骨干企业组织实施。对检验检测能力建设等具有较强外部性、公益性的项目，采用固定资产投资补助等政策性方式支持；

对产业化能力建设等具有营利性、竞争性的项目，利用产业投资基金注资等市场化方式支持。

（三）重大项目

1. 轨道交通装备关键技术产业化项目

（1）谱系化动车组研发、示范应用及产业化

（2）城市轨道交通车辆研发、示范应用及产业化

（3）轨道交通控制系统研发、示范应用及产业化

2. 高端船舶和海洋工程装备关键技术产业化项目

（1）重大产品示范应用

（2）关键设备和系统产业化

（3）智能船厂建设

（4）重大产品研发和试验检测平台建设

3. 工业机器人关键技术产业化项目

（1）整机系列化产品开发应用及数字化生产方式改造

（2）关键零部件研制及示范应用

（3）第三方检验检测能力建设

4. 新能源（电动）汽车关键技术产业化项目

（1）新能源汽车整车控制系统产业化

（2）新能源汽车车身和结构轻量化

（3）插电式深度混合动力系统产业化

（4）先进动力电池及其系统集成产业化

5. 现代农业机械关键技术产业化项目

（1）重点农机装备产业化及示范应用

（2）关键零部件研发及产业化

（3）研发检测能力建设

6. 高端医疗器械和药品关键技术产业化项目

（1）高端医疗器械研发及产业化

（2）高端药品研发及产业化

三、工作要求

（一）完善市场推广政策

……，鼓励采用首购、订购等非招标采购以及政府购买服务等方式，支持创新产品推广应用。落实首台（套）重大技术装备保险补偿试点政策，逐步扩大应用范围。规范市场秩序，打破新能源汽车、医疗器械和药品等产品市场分割、地方保护，营造统一、公平、有序的市场环境。

（二）优化财政支持方式

创新中央财政资金安排方式，探索奖励引导、资本金注入等方式，推进重点领域突破关键技术实现产业化，加强检验检测认证等公共服务平台建设。

《制造业技能根基工程实施方案》（人社部发〔2022〕33号）。

第 28 章 高技术产业（含高企）政策

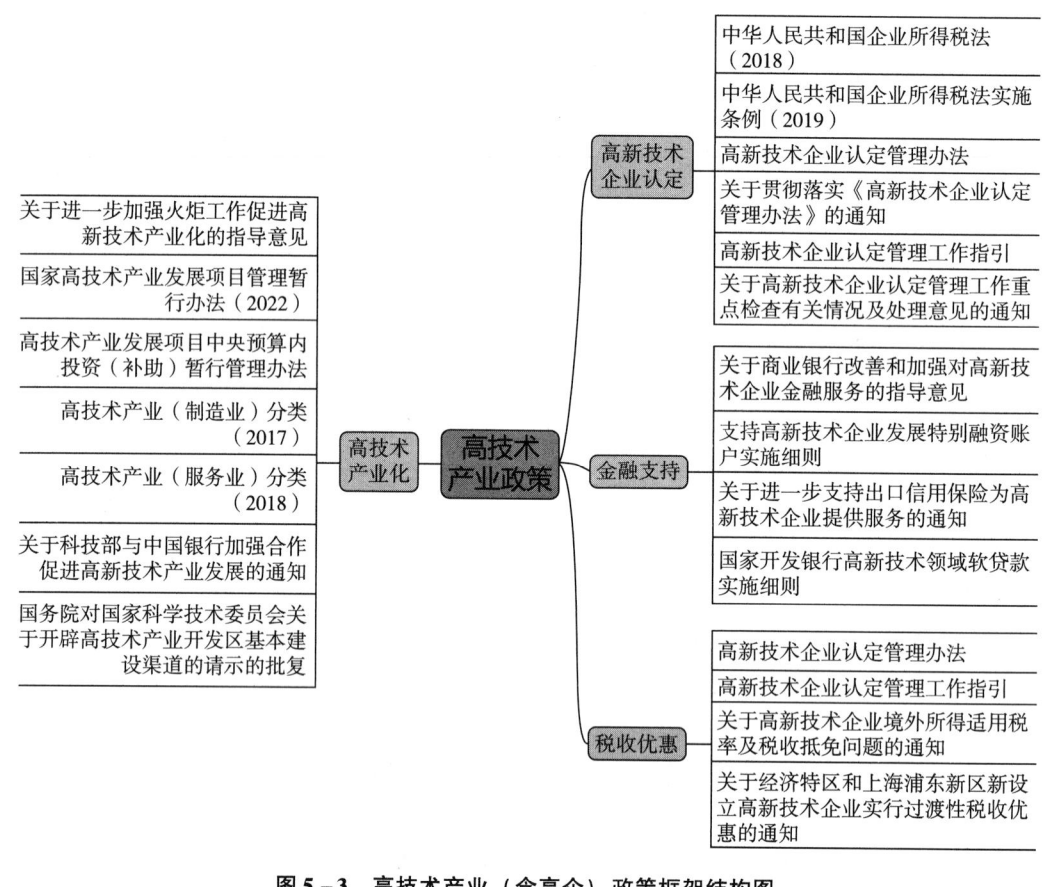

图 5-3 高技术产业（含高企）政策框架结构图

一、高技术产业化

《关于进一步加强火炬工作促进高新技术产业化的指导意见》（国科发火〔2011〕259 号）：

二、突出重点，开创火炬工作的新局面
（一）加强高新技术产业化载体建设

1. 提升国家高新区的发展水平。开展"国家高新区创新发展战略提升行动"，……把培育战略性新兴产业和推动创新型产业集群发展作为国家高新区的重要任务，完善高新区考核评价体系，将高新区纳入所在地区的经济社会发展总体规划。

2. 着力建设和发展战略性新兴产业集群。实施"创新型产业集群建设工程",……以国家高新区为主要载体,以实施国家科技重大专项为重要抓手,推进战略性新兴产业集群化,建设一批具有国际竞争力的产业集群。

(二)加强高新技术产业化主体培育

2. 加快推动高新技术企业发展。进一步发挥高新技术企业税收优惠政策作用,促进企业持续增加研发投入,提高高技术产品的开发能力、市场占有率和盈利能力。

3. 发挥创新型企业的示范作用。深入实施国家技术创新工程,根据国家科技发展的重点领域、产业发展需求和节能减排等政策导向,继续加强创新型企业建设工作,推动企业强化创新战略,……充分发挥创新型企业的龙头作用,……

(三)加速推进先进技术转移和科技成果产业化

1. 完善技术转移和科技成果产业化服务体系。实施"科技服务体系火炬创新工程",……加大力度发展技术转移机构、科技企业孵化器、生产力促进中心、企业国际化发展机构及其他科技服务机构,加强分类指导,实现骨干服务机构在高新区的重点布局。

《**国家高技术产业发展项目管理暂行办法**》(2022年修订)(中华人民共和国国家发展改革委令第51号)。

《**高技术产业发展项目中央预算内投资(补助)暂行管理办法**》(发改高技规〔2016〕2514号)。

《**高技术产业(制造业)分类(2017)**》(国统字〔2017〕200号)。

《**高技术产业(服务业)分类(2018)**》(国统字〔2018〕53号)。

《**关于科技部与中国银行加强合作促进高新技术产业发展的通知**》(国科发财〔2009〕620号)。

《**国务院对国家科学技术委员会关于开辟高技术产业开发区基本建设渠道的请示的批复**》(1991年2月21日)。

二、高新技术企业认定

《**中华人民共和国企业所得税法**》(2018年第二次修正)和《**中华人民共和国企业所得税法实施条例**》(2019年修订)[①]。

《**高新技术企业认定管理办法**》(国科发火〔2016〕32号):

第二章 组织与实施

第九条 通过认定的高新技术企业,其资格自颁发证书之日起有效期为三年。

第三章 认定条件与程序

第十一条 认定为高新技术企业须同时满足以下条件:

(一)企业申请认定时须注册成立一年以上;

(二)企业通过自主研发、受让、受赠、并购等方式,获得对其主要产品(服

---

① 参见第9章财税政策。

务）在技术上发挥核心支持作用的知识产权的所有权；

（三）对企业主要产品（服务）发挥核心支持作用的技术属于《国家重点支持的高新技术领域》规定的范围；

（四）企业从事研发和相关技术创新活动的科技人员占企业当年职工总数的比例不低于10%；

（五）企业近三个会计年度（实际经营期不满三年的按实际经营时间计算，下同）的研究开发费用总额占同期销售收入总额的比例符合如下要求：

1. 最近一年销售收入小于5，000万元（含）的企业，比例不低于5%；

2. 最近一年销售收入在5，000万元至2亿元（含）的企业，比例不低于4%；

3. 最近一年销售收入在2亿元以上的企业，比例不低于3%。

其中，企业在中国境内发生的研究开发费用总额占全部研究开发费用总额的比例不低于60%；

（六）近一年高新技术产品（服务）收入占企业同期总收入的比例不低于60%；

（七）企业创新能力评价应达到相应要求；

（八）企业申请认定前一年内未发生重大安全、重大质量事故或严重环境违法行为。

第十二条 高新技术企业认定程序如下：

（一）企业申请

企业对照本办法进行自我评价。认为符合认定条件的在"高新技术企业认定管理工作网"注册登记，向认定机构提出认定申请。申请时提交下列材料：

1. 高新技术企业认定申请书；

2. 证明企业依法成立的相关注册登记证件；

3. 知识产权相关材料、科研项目立项证明、科技成果转化、研究开发的组织管理等相关材料；

4. 企业高新技术产品（服务）的关键技术和技术指标、生产批文、认证认可和相关资质证书、产品质量检验报告等相关材料；

5. 企业职工和科技人员情况说明材料；

6. 经具有资质的中介机构出具的企业近三个会计年度研究开发费用和近一个会计年度高新技术产品（服务）收入专项审计或鉴证报告，并附研究开发活动说明材料；

7. 经具有资质的中介机构鉴证的企业近三个会计年度的财务会计报告（包括会计报表、会计报表附注和财务情况说明书）；

8. 近三个会计年度企业所得税年度纳税申报表。

（二）专家评审

（三）审查认定

第十四条 对于涉密企业，按照国家有关保密工作规定，在确保涉密信息安全的前提下，按认定工作程序组织认定。

附件：国家重点支持的高新技术领域

《关于贯彻落实〈高新技术企业认定管理办法〉的通知》（税总函〔2016〕74号）。

《高新技术企业认定管理工作指引》（国科发火〔2016〕195号）：

一、组织与实施

（一）领导小组办公室

全国高新技术企业认定管理工作领导小组办公室设在科技部火炬高技术产业开

发中心，由科技部、财政部、税务总局相关人员组成，负责处理日常工作。

（二）认定机构

各省、自治区、直辖市、计划单列市科技行政管理部门同本级财政、税务部门组成本地区高新技术企业认定管理机构（以下称"认定机构"）。

（三）中介机构

专项审计报告或鉴证报告（以下统称"专项报告"）应由符合以下条件的中介机构出具。

（四）享受税收优惠

1. 自认定当年起，企业可持"高新技术企业"证书及其复印件，按照《企业所得税法》及《实施条例》、《中华人民共和国税收征收管理法》（以下称《税收征管法》）、《中华人民共和国税收征收管理法实施细则》（以下称《实施细则》）、《认定办法》和本《工作指引》等有关规定，到主管税务机关办理相关手续，享受税收优惠。

3. 高新技术企业资格期满当年内，在通过重新认定前，其企业所得税暂按15%的税率预缴，在年度汇算清缴前未取得高新技术企业资格的，应按规定补缴税款。

《关于高新技术企业认定管理工作重点检查有关情况及处理意见的通知》（国科发火〔2015〕299号）。

三、税收优惠

《高新技术企业认定管理办法》（国科发火〔2016〕32号）：

第二章 组织与实施

第十条 企业获得高新技术企业资格后，自高新技术企业证书颁发之日所在年度起享受税收优惠，可依照本办法第四条的规定到主管税务机关办理税收优惠手续。

《高新技术企业认定管理工作指引》（国科发火〔2016〕195号）：

一、2016年1月1日前已按《高新技术企业认定管理办法》（国科发火〔2008〕172号，以下称2008版《认定办法》）认定的仍在有效期内的高新技术企业，其资格依然有效，可依照《企业所得税法》及其实施条例等有关规定享受企业所得税优惠政策。

《关于高新技术企业境外所得适用税率及税收抵免问题的通知》（财税〔2011〕47号）：

一、以境内、境外全部生产经营活动有关的研究开发费用总额、总收入、销售收入总额、高新技术产品（服务）收入等指标申请并经认定的高新技术企业，其来源于境外的所得可以享受高新技术企业所得税优惠政策，即对其来源于境外所得可以按照15%的优惠税率缴纳企业所得税，在计算境外抵免限额时，可按照15%的优惠税率计算境内外应纳税总额。

二、上述高新技术企业境外所得税收抵免的其他事项，仍按照财税〔2009〕125号文件的有关规定执行。

《关于经济特区和上海浦东新区新设立高新技术企业实行过渡性税收优惠的通知》（国发〔2007〕40号）：

根据《中华人民共和国企业所得税法》第五十七条的有关规定，国务院决定对法律设置的发展对外经济合作和技术交流的特定地区内,以及国务院已规定执行上述地区特殊政策的地区内新设立的国家需要重点扶持的高新技术企业,实行过渡性税收优惠。

四、经济特区和上海浦东新区内新设高新技术企业在按照本通知的规定享受过渡性税收优惠期间,由于复审或抽查不合格而不再具有高新技术企业资格的,从其不再具有高新技术企业资格年度起,停止享受过渡性税收优惠;以后再次被认定为高新技术企业的,不得继续享受或者重新享受过渡性税收优惠。

四、金融支持

《关于商业银行改善和加强对高新技术企业金融服务的指导意见》(银监发〔2006〕94号):

第四条 商业银行应当重点加强和改善对以下高新技术企业的服务,根据国家产业政策和投资政策,积极给予信贷支持:

(一)承担《国家中长期科学和技术发展规划纲要(2006—2020年)》确定的"重点领域及其优先主题"、"重大专项"和"前沿技术"开发任务的企业;

(二)担负有经国家有权部门批准的国家和省级立项的高新技术项目,拥有自主知识产权、有望形成新兴产业的高新技术成果转化项目和科技成果商品化及产业化较成熟的企业;

(三)属于电子与信息(尤其是软件和集成电路)、现代农业(尤其是农业科技产业化以及农业科研院所技术推广项目)、生物工程和新医药、新材料及应用、先进制造、航空航天、新能源与高效节能、环境保护、海洋工程、核应用技术等高技术含量、高附加值、高成长性行业的企业;

(四)产品技术处于国内领先水平,具备良好的国内外市场前景,市场竞争力较强,经济效益和社会效益较好且信用良好的企业;

(五)符合国家产业政策,科技含量较高、创新性强、成长性好,具有良好产业发展前景的科技型小企业。尤其是国家高新技术产业开发区内,或在高新技术开发区外但经过省级以上科技行政管理部门认定的,从事新技术、新工艺研究、开发、应用的科技型小企业。

第五条 商业银行拟提供授信的高新技术企业,应当同时满足以下条件:

(一)符合国家有关法律法规、产业政策以及国家制定的重点行业规划和《国家中长期科学和技术发展规划纲要(2006—2020年)》等相关要求;

(二)经国家批准的有关项目,其资本金、土地占用标准、环境保护、能源消耗、生产安全等方面符合相关要求;

(三)知识产权归属明晰、无重大知识产权纠纷的企业;

(四)产权清晰,建立了良好的公司治理结构、规范的内部管理制度和健全的财务管理制度,管理层具有较强的市场开拓能力和较高的经营管理水平,并有持续创新意识,具有较强的偿债能力和抗风险能力的企业；

（五）符合商业银行现行授信制度、内部控制和风险管理要求及商业银行认为应当满足的其他条件。

第九条 商业银行应当根据高新技术企业融资需求和现金流量特点，设定合理的授信期限和还款方式，可采取分期定额、利随本清、灵活地附加必要宽限期（期内只付息不还本）等还款方式。

《**支持高新技术企业发展特别融资账户实施细则**》（进出银〔2006〕120号）：

第二章 直接投资要求

第十一条 特别融资账户的投资对象主要是处于种子期、起步期、成长期和扩展期的企业。

第十二条 特别融资账户须遵守以下投资限制：

（一）对创业企业的投资期限一般不超过10年，特殊情况下可以延长；

（二）对单个创业企业投资额原则上不超过特别融资账户总规模的10%，但特殊情况除外；

（三）不得投资于上市公司的股票，但因所投资企业上市而持有的部分及其增资配股增加的部分不受此限；

（四）以直接或间接投资方式拥有的股权资产原则上不低于特别融资账户已投资总资产的70%。实际投资之前或投资过程中的间歇资金可以银行存款、政府债券及其他中国人民银行认可的货币性金融工具的形式持有。

《**关于进一步支持出口信用保险为高新技术企业提供服务的通知**》（财金〔2006〕118号）。

《**国家开发银行高新技术领域软贷款实施细则**》（开行发〔2006〕399号）。

第 29 章 软件和集成电路产业

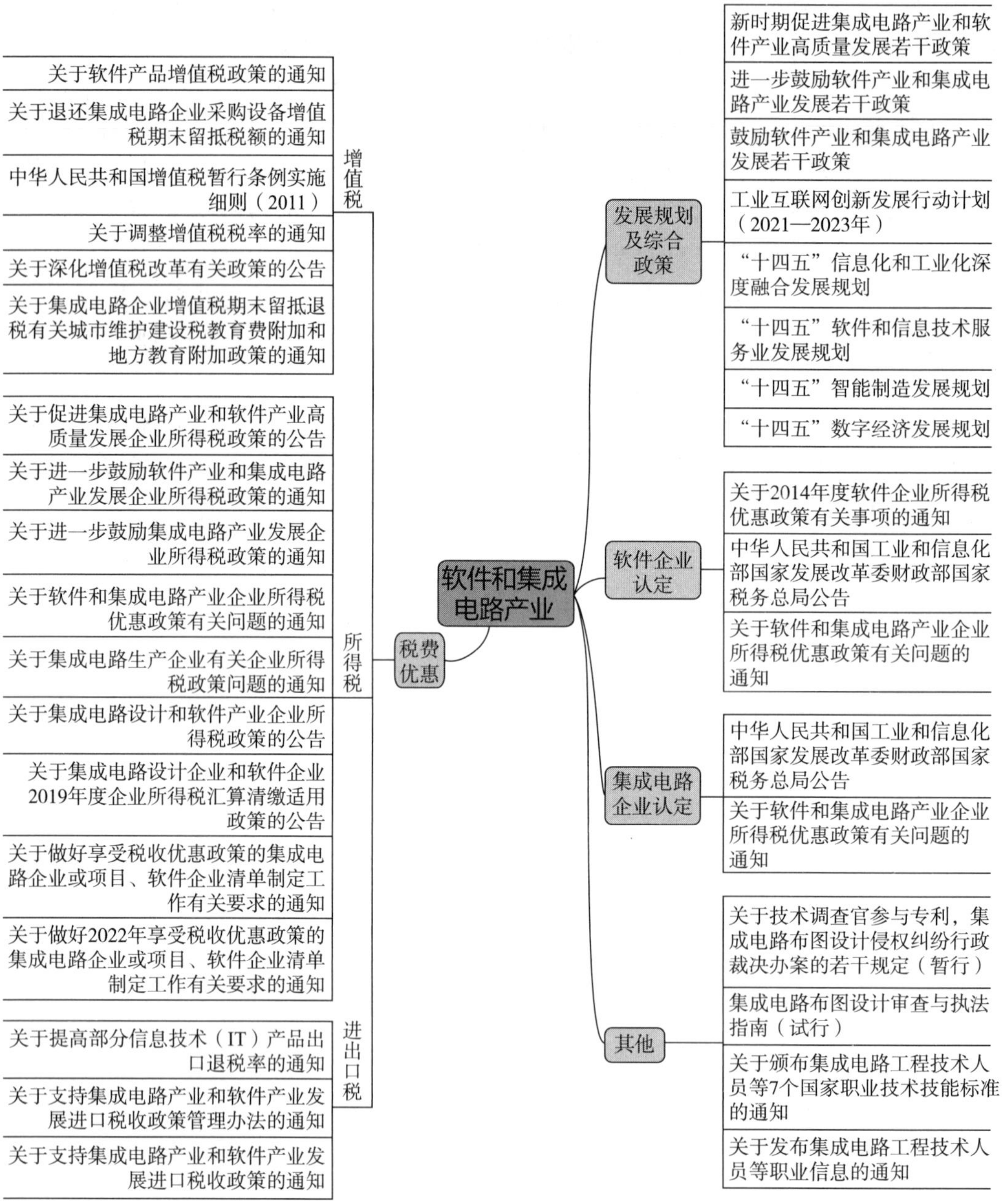

图 5-4 软件和集成电路产业政策框架结构图

软件和集成电路产业

税费优惠

增值税
- 关于软件产品增值税政策的通知
- 关于退还集成电路企业采购设备增值税期末留抵税额的通知
- 中华人民共和国增值税暂行条例实施细则（2011）
- 关于调整增值税税率的通知
- 关于深化增值税改革有关政策的公告
- 关于集成电路企业增值税期末留抵退税有关城市维护建设税教育费附加和地方教育附加政策的通知

所得税
- 关于促进集成电路产业和软件产业高质量发展企业所得税政策的公告
- 关于进一步鼓励软件产业和集成电路产业发展企业所得税政策的通知
- 关于进一步鼓励集成电路产业发展企业所得税政策的通知
- 关于软件和集成电路产业企业所得税优惠政策有关问题的通知
- 关于集成电路生产企业有关企业所得税政策问题的通知
- 关于集成电路设计和软件产业企业所得税政策的公告
- 关于集成电路设计企业和软件企业2019年度企业所得税汇算清缴适用政策的公告
- 关于做好享受税收优惠政策的集成电路企业或项目、软件企业清单制定工作有关要求的通知
- 关于做好2022年享受税收优惠政策的集成电路企业或项目、软件企业清单制定工作有关要求的通知

进出口税
- 关于提高部分信息技术（IT）产品出口退税率的通知
- 关于支持集成电路产业和软件产业发展进口税收政策管理办法的通知
- 关于支持集成电路产业和软件产业发展进口税收政策的通知

发展规划及综合政策
- 新时期促进集成电路产业和软件产业高质量发展若干政策
- 进一步鼓励软件产业和集成电路产业发展若干政策
- 鼓励软件产业和集成电路产业发展若干政策
- 工业互联网创新发展行动计划（2021—2023年）
- "十四五"信息化和工业化深度融合发展规划
- "十四五"软件和信息技术服务业发展规划
- "十四五"智能制造发展规划
- "十四五"数字经济发展规划

软件企业认定
- 关于2014年度软件企业所得税优惠政策有关事项的通知
- 中华人民共和国工业和信息化部国家发展改革委财政部国家税务总局公告
- 关于软件和集成电路产业企业所得税优惠政策有关问题的通知

集成电路企业认定
- 中华人民共和国工业和信息化部国家发展改革委财政部国家税务总局公告
- 关于软件和集成电路产业企业所得税优惠政策有关问题的通知

其他
- 关于技术调查官参与专利，集成电路布图设计侵权纠纷行政裁决办案的若干规定（暂行）
- 集成电路布图设计审查与执法指南（试行）
- 关于颁布集成电路工程技术人员等7个国家职业技术技能标准的通知
- 关于发布集成电路工程技术人员等职业信息的通知

一、发展规划及综合政策

《新时期促进集成电路产业和软件产业高质量发展若干政策》（国发〔2020〕8号）。

《进一步鼓励软件产业和集成电路产业发展若干政策》（国发〔2011〕4号）。

《鼓励软件产业和集成电路产业发展若干政策》（国发〔2000〕18号）。

《工业互联网创新发展行动计划(2021—2023年)》（工信部信管〔2020〕197号）：

二、重点任务

（三）平台体系壮大行动。

11. 发展面向特定技术领域的专业型工业互联网平台。围绕特定工业场景和前沿信息技术，建设技术专业型工业互联网平台，推动前沿技术与工业机理模型融合创新，支撑构建数据驱动、软件定义、平台支撑、服务增值、智能主导的新型制造体系。

12. 提升平台技术供给质量。推动基础工艺、控制方法、运行机理等工业知识的软件化、模型化，加快工业机理模型、知识图谱建设。深化"平台+5G""平台+人工智能""平台+区块链"等技术融合应用能力。

33. 以新技术带动工业短板提升突破。加强5G、智能传感、边缘计算等新技术对工业装备、工业控制系统、工业软件的带动提升，打造智能网联装备，提升工业控制系统实时优化能力，加强工业软件模拟仿真与数据分析能力。

《"十四五"信息化和工业化深度融合发展规划》（工信部规〔2021〕182号）：

三、主要任务

（一）培育新产品新模式新业态

5. 网络化协同

推广云化设计软件（CAX）、云化企业资源计划系统（ERP）、云化制造执行系统（MES）、云化供应链管理系统（SCM）等新型软件工具，共享设计模型、生产数据、用户使用信息、产品数据库等，基于工业互联网提升制造资源配置效率。

（二）推进行业领域数字化转型

2. 装备制造

提升智能制造供给支撑能力，……加速工业技术软件化，……

（三）筑牢融合发展新基础

2. 提升关键核心技术支撑能力

开展人工智能、区块链、数字孪生等前沿关键技术攻关，突破核心电子元器件、基础软件等核心技术瓶颈，加快数字产业化进程。通过产品试验、市场化和产业化引导，加快工业芯片、智能传感器、工业控制系统、工业软件等融合支撑产业培育和发展壮大，增强工业基础支撑能力。

《"十四五"软件和信息技术服务业发展规划》（工信部规〔2021〕180号）。

《"十四五"智能制造发展规划》（工信部联规〔2021〕207号）：

三、重点任务

（三）加强自主供给，壮大产业体系新优势。

依托强大国内市场，加快发展装备、软件和系统解决方案，……

聚力研发工业软件产品。推动装备制造商、高校、科研院所、用户企业、软件企业强化协同，联合开发面向产品全生命周期和制造全过程的核心软件，研发嵌入式工业软件及集成开发环境，研制面向细分行业的集成化工业软件平台。推动工业知识软件化和架构开源化，加快推进工业软件云化部署。依托重大项目和骨干企业，开展安全可控工业软件应用示范。

《"十四五"数字经济发展规划》（国发〔2021〕29号）：

六、加快推动数字产业化

（一）增强关键技术创新能力。瞄准传感器、量子信息、网络通信、集成电路、关键软件、大数据、人工智能、区块链、新材料等战略性前瞻性领域，发挥我国社会主义制度优势、新型举国体制优势、超大规模市场优势，提高数字技术基础研发能力。

（二）提升核心产业竞争力。……实施产业链强链补链行动，加强面向多元化应用场景的技术融合和产品创新，提升产业链关键环节竞争力，完善5G、集成电路、新能源汽车、人工智能、工业互联网等重点产业供应链体系。

二、软件企业认定

《关于2014年度软件企业所得税优惠政策有关事项的通知》（工信部联软函〔2015〕273号）：

一、根据《国务院关于取消和调整一批行政审批项目等事项的决定》（国发〔2015〕11号）的规定，自该决定发布之日起软件企业认定及年审工作停止执行。

二、已认定的软件企业在2014年度企业所得税汇算清缴时，凡符合《财政部 国家税务总局关于进一步鼓励软件产业和集成电路产业发展企业所得税政策的通知》（财税〔2012〕27号）规定的优惠政策适用条件的，可申报享受软件企业税收优惠政策，并向主管税务机关报送相关材料。

《中华人民共和国工业和信息化部 国家发展改革委 财政部 国家税务总局公告》（2021年4月23日）：

一、国家鼓励的软件企业是指同时符合下列条件的企业：

（一）在中国境内（不包括港、澳、台地区）依法设立，以软件产品开发及相关信息技术服务为主营业务并具有独立法人资格的企业；该企业的设立具有合理商业目的，且不以减少、免除或推迟缴纳税款为主要目的；

（二）汇算清缴年度具有劳动合同关系或劳务派遣、聘用关系，其中具有本科及以上学历的月平均职工人数占企业月平均职工总人数的比例不低于40%，研究开发人员月平均数占企业月平均职工总数的比例不低于25%；

（三）拥有核心关键技术，并以此为基础开展经营活动，汇算清缴年度研究开发费用总额占企业销售（营业）收入总额的比例不低于7%，企业在中国境内发生的研究开发费用金额占研究开发费用总额的比例不低于60%；

（四）汇算清缴年度软件产品开发销售及相关信息技术服务（营业）收入占企业收入总额的比例不低于55%［嵌入式软件产品开发销售（营业）收入占企业收入总额的比例不低于45%］，其中软件产品自主开发销售及相关信息技术服务（营业）收入占企业收入总额的比例不低于45%［嵌入式软件产品开发销售（营业）收入占企业收入总额的比例不低于40%］；

（五）主营业务或主要产品具有专利或计算机软件著作权等属于本企业的知识产权；

（六）具有与软件开发相适应的生产经营场所、软硬件设施等开发环境（如合法的开发工具等），建立符合软件工程要求的质量管理体系并持续有效运行；

（七）汇算清缴年度未发生重大安全事故、重大质量事故、知识产权侵权等行为，企业合法经营。

三、本公告自2020年1月1日起执行，……

《关于软件和集成电路产业企业所得税优惠政策有关问题的通知》（财税〔2016〕49号）：

六、财税〔2012〕27号文件所称国家规划布局内重点软件企业是除符合本通知第四条规定，还应至少符合下列条件中的一项：

（一）汇算清缴年度软件产品开发销售（营业）收入不低于2亿元，应纳税所得额不低于1000万元，研究开发人员占企业月平均职工总数的比例不低于25%；

（二）在国家规定的重点软件领域内，汇算清缴年度软件产品开发销售（营业）收入不低于5000万元，应纳税所得额不低于250万元，研究开发人员占企业月平均职工总数的比例不低于25%，企业在中国境内发生的研究开发费用金额占研究开发费用总额的比例不低于70%；

（三）汇算清缴年度软件出口收入总额不低于800万美元，软件出口收入总额占本企业年度收入总额比例不低于50%，研究开发人员占企业月平均职工总数的比例不低于25%。

七、国家规定的重点软件领域及重点集成电路设计领域，由国家发展改革委、工业和信息化部会同财政部、税务总局根据国家产业规划和布局确定，并实行动态调整。

三、集成电路企业认定

《中华人民共和国工业和信息化部国家发展改革委财政部国家税务总局公告》（2021年4月22日）：

一、《若干政策》所称国家鼓励的集成电路设计企业，必须同时满足以下条件：

（一）在中国境内（不包括港、澳、台地区）依法设立，从事集成电路设计、电子设计自动化（EDA）工具开发或知识产权（IP）核设计并具有独立法人资格的企业；

（二）汇算清缴年度具有劳动合同关系或劳务派遣、聘用关系的月平均职工人数不少于20人，其中具有本科及以上学历月平均职工人数占企业月平均职工总人数的比例不低于 50%，研究开发人员月平均数占企业月平均职工总数的比例不低于 40%；

（三）汇算清缴年度研究开发费用总额占企业销售（营业）收入（主营业务收入与其他业务收入之和，下同）总额的比例不低于 6%；

（四）汇算清缴年度集成电路设计（含 EDA 工具、IP 和设计服务，下同）销售（营业）收入占企业收入总额的比例不低于 60%，其中自主设计销售（营业）收入占企业收入总额的比例不低于 50%，且企业收入总额不低于（含）1500 万元；

（五）拥有核心关键技术和属于本企业的知识产权，企业拥有与集成电路产品设计相关的已授权发明专利、布图设计登记、计算机软件著作权合计不少于 8 个；

（六）具有与集成电路设计相适应的软硬件设施等开发环境和经营场所，且必须使用正版的 EDA 等软硬件工具；

（七）汇算清缴年度未发生严重失信行为，重大安全、重大质量事故或严重环境违法行为。

二、《若干政策》所称国家鼓励的集成电路装备企业，必须同时满足以下条件：

（一）在中国境内（不包括港、澳、台地区）依法设立，从事集成电路专用装备或关键零部件研发、制造并具有独立法人资格的企业；

（二）汇算清缴年度具有劳动合同关系或劳务派遣、聘用关系且具有大学专科及以上学历月平均职工人数占企业当年月平均职工总人数的比例不低于 40%，研究开发人员月平均数占企业当年月平均职工总数的比例不低于 20%；

（三）汇算清缴年度用于集成电路装备或关键零部件研究开发费用总额占企业销售（营业）收入总额的比例不低于 5%；

（四）汇算清缴年度集成电路装备或关键零部件销售收入占企业销售（营业）收入总额的比例不低于 30%，且企业销售（营业）收入总额不低于（含）1500 万元；

（五）拥有核心关键技术和属于本企业的知识产权，企业拥有与集成电路装备或关键零部件研发、制造相关的已授权发明专利数量不少于 5 个；

（六）具有与集成电路装备或关键零部件生产相适应的经营场所、软硬件设施等基本条件；

（七）汇算清缴年度未发生严重失信行为，重大安全、重大质量事故或严重环境违法行为。

三、《若干政策》所称国家鼓励的集成电路材料企业，必须同时满足以下条件：

（一）在中国境内（不包括港、澳、台地区）依法设立，从事集成电路专用材料研发、生产并具有独立法人资格的企业；

（二）汇算清缴年度具有劳动合同关系或劳务派遣、聘用关系且具有大学专科及以上学历月平均职工人数占企业当年月平均职工总人数的比例不低于 40%，研究开发人员月平均数占企业当年月平均职工总数的比例不低于 15%；

（三）汇算清缴年度用于集成电路材料研究开发费用总额占企业销售（营业）收入总额的比例不低于 5%；

（四）汇算清缴年度集成电路材料销售收入占企业销售（营业）收入总额的比例不低于 30%，且企业销售（营业）收入总额不低于（含）1000 万元；

（五）拥有核心关键技术和属于本企业的知识产权，且企业拥有与集成电路材料研发、生产相关的已授权发明专利数量不少于5个；

（六）具有与集成电路材料生产相适应的经营场所、软硬件设施等基本条件；

（七）汇算清缴年度未发生严重失信行为，重大安全、重大质量事故或严重环境违法行为。

四、《若干政策》所称国家鼓励的集成电路封装、测试企业，必须同时满足以下条件：

（一）在中国境内（不包括港、澳、台地区）依法设立，从事集成电路封装、测试并具有独立法人资格的企业；

（二）汇算清缴年度具有劳动合同关系或劳务派遣、聘用关系且具有大学专科以上学历月平均职工人数占企业当年月平均职工总人数的比例不低于40%，研究开发人员月平均数占企业当年月平均职工总数的比例不低于15%；

（三）汇算清缴年度研究开发费用总额占企业销售（营业）收入总额的比例不低于3%；

（四）汇算清缴年度集成电路封装、测试销售（营收）收入占企业收入总额的比例不低于60%，且企业收入总额不低于（含）2000万元；

（五）拥有核心关键技术和属于本企业的知识产权，且企业拥有与集成电路封装、测试相关的已授权发明专利、计算机软件著作权合计不少于5个；

（六）具有与集成电路芯片封装、测试相适应的经营场所、软硬件设施等基本条件；

（七）汇算清缴年度未发生严重失信行为，重大安全、重大质量事故或严重环境违法行为。

七、本公告自2020年1月1日起实施，……

《关于软件和集成电路产业企业所得税优惠政策有关问题的通知》（财税〔2016〕49号）：

五、财税〔2012〕27号文件所称国家规划布局内重点集成电路设计企业除符合本通知第三条规定，还应至少符合下列条件中的一项：

（一）汇算清缴年度集成电路设计销售（营业）收入不低于2亿元，年应纳税所得额不低于1000万元，研究开发人员占月平均职工总数的比例不低于25%；

（二）在国家规定的重点集成电路设计领域内，汇算清缴年度集成电路设计销售（营业）收入不低于2000万元，应纳税所得额不低于250万元，研究开发人员占月平均职工总数的比例不低于35%，企业在中国境内发生的研发开发费用金额占研究开发费用总额的比例不低于70%。

四、税费优惠

《关于提高部分信息技术（IT）产品出口退税率的通知》（财税〔2004〕200号）：

一、出口退税率由现行的13%提高到17%的IT产品包括集成电路、分立器件（部分）、移动通讯基地站、以太网络交换机、路由器、手持（车载）无线电话、其他微型数字式自动数据处理机、系统形式的微型机、液晶显示器、阴极射线显示器、硬盘驱动器、未列名数字式自动数据处理机设备、其他存储部件、数控机床（具体产品见附件）。

二、本通知自 2004 年 11 月 1 日起执行［具体实施时间按"出口货物报关单（出口退税联）"上海关注明的出口日期为准］。

《关于软件产品增值税政策的通知》（财税〔2011〕100 号）：

一、软件产品增值税政策

（一）增值税一般纳税人销售其自行开发生产的软件产品，按 17% 税率征收增值税后，对其增值税实际税负超过 3% 的部分实行即征即退政策。

（二）增值税一般纳税人将进口软件产品进行本地化改造后对外销售，其销售的软件产品可享受本条第一款规定的增值税即征即退政策。

（三）纳税人受托开发软件产品，著作权属于受托方的征收增值税，著作权属于委托方或属于双方共同拥有的不征收增值税；对经过国家版权局注册登记，纳税人在销售时一并转让著作权、所有权的，不征收增值税。

三、满足下列条件的软件产品，经主管税务机关审核批准，可以享受本通知规定的增值税政策：1. 取得省级软件产业主管部门认可的软件检测机构出具的检测证明材料；2. 取得软件产业主管部门颁发的《软件产品登记证书》或著作权行政管理部门颁发的《计算机软件著作权登记证书》。

四、软件产品增值税即征即退税额的计算

（一）软件产品增值税即征即退税额的计算方法：

即征即退税额 = 当期软件产品增值税应纳税额 − 当期软件产品销售额 × 3%

当期软件产品增值税应纳税额 = 当期软件产品销项税额 − 当期软件产品可抵扣进项税额

当期软件产品销项税额 = 当期软件产品销售额 × 17%

（二）嵌入式软件产品增值税即征即退税额的计算：

1. 嵌入式软件产品增值税即征即退税额的计算方法

即征即退税额 = 当期嵌入式软件产品增值税应纳税额 − 当期嵌入式软件产品销售额 × 3%

当期嵌入式软件产品增值税应纳税额 = 当期嵌入式软件产品销项税额 − 当期嵌入式软件产品可抵扣进项税额

当期嵌入式软件产品销项税额 = 当期嵌入式软件产品销售额 × 17%

2. 当期嵌入式软件产品销售额的计算公式

当期嵌入式软件产品销售额 = 当期嵌入式软件产品与计算机硬件、机器设备销售额合计 − 当期计算机硬件、机器设备销售额

计算机硬件、机器设备销售额按照下列顺序确定：

①按纳税人最近同期同类货物的平均销售价格计算确定；

②按其他纳税人最近同期同类货物的平均销售价格计算确定；

③按计算机硬件、机器设备组成计税价格计算确定。

计算机硬件、机器设备组成计税价格 = 计算机硬件、机器设备成本 ×（1 + 10%）。

五、按照上述办法计算，即征即退税

额大于零时，税务机关应按规定，及时办理退税手续。

六、增值税一般纳税人在销售软件产品的同时销售其他货物或者应税劳务的，对于无法划分的进项税额，应按照实际成本或销售收入比例确定软件产品应分摊的进项税额；对专用于软件产品开发生产设备及工具的进项税额，不得进行分摊。纳税人应将选定的分摊方式报主管税务机关备案，并自备案之日起一年内不得变更。

七、对增值税一般纳税人随同计算机硬件、机器设备一并销售嵌入式软件产品，如果适用本通知规定按照组成计税价格计算确定计算机硬件、机器设备销售额的，应当分别核算嵌入式软件产品与计算机硬件、机器设备部分的成本。凡未分别核算或者核算不清的，不得享受本通知规定的增值税政策。

《关于退还集成电路企业采购设备增值税期末留抵税额的通知》（财税〔2011〕107号）：

一、对国家批准的集成电路重大项目企业（具体名单见附件）因购进设备形成的增值税期末留抵税额（以下称购进设备留抵税额）准予退还。购进的设备应属于《中华人民共和国增值税暂行条例实施细则》第二十一条第二款规定的固定资产范围。

《中华人民共和国增值税暂行条例实施细则》（2011年修改，财政部、国家税务总局令第50号）。

《关于调整增值税税率的通知》（财税〔2018〕32号）。

《关于深化增值税改革有关政策的公告》（2019年3月20日）。

《关于集成电路企业增值税期末留抵退税有关城市维护建设税教育费附加和地方教育附加政策的通知》（财税〔2017〕17号）。

《关于支持集成电路产业和软件产业发展进口税收政策的通知》（财关税〔2021〕4号）：

一、对下列情形，免征进口关税：

（一）集成电路线宽小于65纳米（含，下同）的逻辑电路、存储器生产企业，以及线宽小于0.25微米的特色工艺（即模拟、数模混合、高压、射频、功率、光电集成、图像传感、微机电系统、绝缘体上硅工艺）集成电路生产企业，进口国内不能生产或性能不能满足需求的自用生产性（含研发用，下同）原材料、消耗品，净化室专用建筑材料、配套系统和集成电路生产设备（包括进口设备和国产设备）零配件。

（二）集成电路线宽小于0.5微米的化合物集成电路生产企业和先进封装测试企业，进口国内不能生产或性能不能满足需求的自用生产性原材料、消耗品。

（三）集成电路产业的关键原材料、零配件（即靶材、光刻胶、掩模版、封装载板、抛光垫、抛光液、8英寸及以上硅单晶、8英寸及以上硅片）生产企业，进口国内不能生产或性能不能满足需求的自用生产性原材料、消耗品。

（四）集成电路用光刻胶、掩模版、8英寸及以上硅片生产企业，进口国内不能生产或性能不能满足需求的净化室专用建筑材料、配套系统和生产设备（包括进口设备和国产设备）零配件。

（五）国家鼓励的重点集成电路设计企业和软件企业，以及符合本条第（一）、（二）项的企业（集成电路生产企业和先进封装测试企业）进口自用设备，及按照合同随设备进口的技术（含软件）及配套件、备件，但《国内投资项目不予免税的进口商品目录》《外商投资项目不予免税的进口商品目录》和《进口不予免税的重大技术装备和产品目录》所列商品除外。上述进口商品不占用投资总额，相关项目不需出具项目确认书。

《关于支持集成电路产业和软件产业发展进口税收政策管理办法的通知》（财关税〔2021〕5 号）。

《关于促进集成电路产业和软件产业高质量发展企业所得税政策的公告》（2020 年 12 月 11 日）：

一、国家鼓励的集成电路线宽小于 28 纳米（含），且经营期在 15 年以上的集成电路生产企业或项目，第一年至第十年免征企业所得税；国家鼓励的集成电路线宽小于 65 纳米（含），且经营期在 15 年以上的集成电路生产企业或项目，第一年至第五年免征企业所得税，第六年至第十年按照 25% 的法定税率减半征收企业所得税；国家鼓励的集成电路线宽小于 130 纳米（含），且经营期在 10 年以上的集成电路生产企业或项目，第一年至第二年免征企业所得税，第三年至第五年按照 25% 的法定税率减半征收企业所得税。

对于按照集成电路生产企业享受税收优惠政策的，优惠期自获利年度起计算；对于按照集成电路生产项目享受税收优惠政策的，优惠期自项目取得第一笔生产经营收入所属纳税年度起计算，集成电路生产项目需单独进行会计核算、计算所得，并合理分摊期间费用。

国家鼓励的集成电路生产企业或项目清单由国家发展改革委、工业和信息化部会同财政部、税务总局等相关部门制定。

二、国家鼓励的线宽小于 130 纳米（含）的集成电路生产企业，属于国家鼓励的集成电路生产企业清单年度之前 5 个纳税年度发生的尚未弥补完的亏损，准予向以后年度结转，总结转年限最长不得超过 10 年。

三、国家鼓励的集成电路设计、装备、材料、封装、测试企业和软件企业，自获利年度起，第一年至第二年免征企业所得税，第三年至第五年按照 25% 的法定税率减半征收企业所得税。

国家鼓励的集成电路设计、装备、材料、封装、测试企业和软件企业条件，由工业和信息化部会同国家发展改革委、财政部、税务总局等相关部门制定。

四、国家鼓励的重点集成电路设计企业和软件企业，自获利年度起，第一年至第五年免征企业所得税，接续年度减按 10% 的税率征收企业所得税。

国家鼓励的重点集成电路设计和软件企业清单由国家发展改革委、工业和信息化部会同财政部、税务总局等相关部门制定。

五、符合原有政策条件且在 2019 年（含）之前已经进入优惠期的企业或项目，2020 年（含）起可按原有政策规定继续享受至期满为止，如也符合本公告第一条至第四条规定，可按本公告规定享受相关优惠，其中定期减免税优惠，可按本公告规定计算优惠期，并就剩余期限享受优惠至期满为止。符合原有政策条件，2019 年（含）之前尚未进入优惠期的企业或项目，2020 年（含）起不再执行原有政策。

十、本公告自 2020 年 1 月 1 日起执行。财税〔2012〕27 号第二条中"经认定后，减按15%的税率征收企业所得税"的规定和第四条"国家规划布局内的重点软件企业和集成电路设计企业，如当年未享受免税优惠的，可减按10%的税率征收企业所得税"同时停止执行。

《关于进一步鼓励软件产业和集成电路产业发展企业所得税政策的通知》（财税〔2012〕27号）[①]。

《关于进一步鼓励集成电路产业发展企业所得税政策的通知》（财税〔2015〕6号）。

《关于软件和集成电路产业企业所得税优惠政策有关问题的通知》（财税〔2016〕49号）。

《关于集成电路生产企业有关企业所得税政策问题的通知》（财税〔2018〕27号）。

《关于集成电路设计和软件产业企业所得税政策的公告》（2019年5月17日）。

《关于集成电路设计企业和软件企业2019年度企业所得税汇算清缴适用政策的公告》（2020年5月29日）。

《关于做好享受税收优惠政策的集成电路企业或项目、软件企业清单制定工作有关要求的通知》（发改高技〔2021〕413号）。

《关于做好2022年享受税收优惠政策的集成电路企业或项目、软件企业清单制定工作有关要求的通知》（发改高技〔2022〕390号）。

五、其他

《关于颁布集成电路工程技术人员等7个国家职业技术技能标准的通知》（人社厅发〔2021〕70号）。

《关于发布集成电路工程技术人员等职业信息的通知》（人社厅发〔2021〕17号）。

《关于技术调查官参与专利、集成电路布图设计侵权纠纷行政裁决办案的若干规定（暂行）》（国知办发保字〔2021〕17号）。

《国家知识产权局公告》（2020年12月23日）。

《集成电路布图设计审查与执法指南（试行）》（国知发保字〔2019〕22号）。

[①] 部分失效。

第 30 章 战略性新兴产业

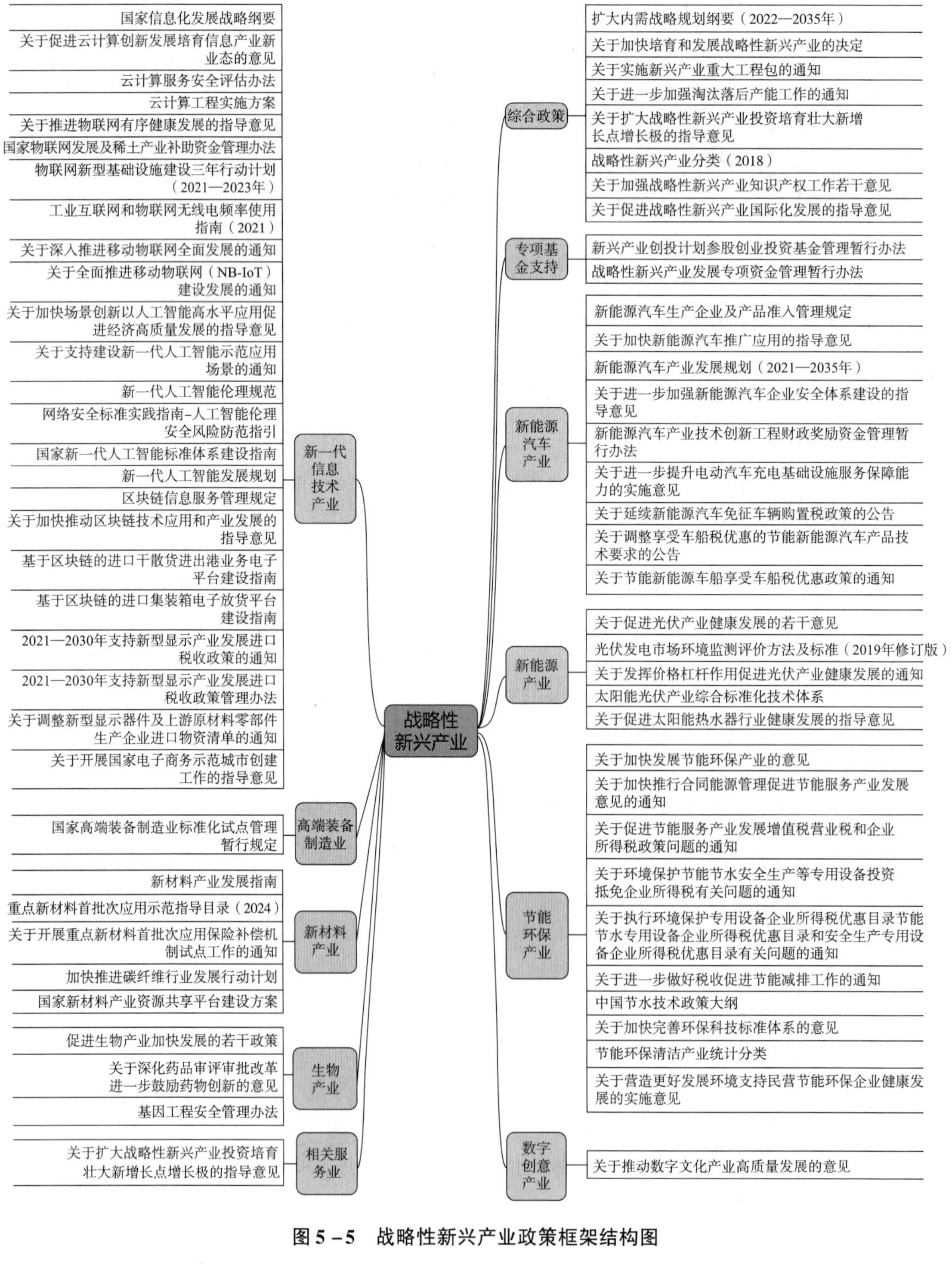

战略性新兴产业

新一代信息技术产业
- 国家信息化发展战略纲要
- 关于促进云计算创新发展培育信息产业新业态的意见
- 云计算服务安全评估办法
- 云计算工程实施方案
- 关于推进物联网有序健康发展的指导意见
- 国家物联网发展及稀土产业补助资金管理办法
- 物联网新型基础设施建设三年行动计划（2021—2023年）
- 工业互联网和物联网无线电频率使用指南（2021）
- 关于深入推进移动物联网全面发展的通知
- 关于全面推进移动物联网（NB-IoT）建设发展的通知
- 关于加快场景创新以人工智能高水平应用促进经济高质量发展的指导意见
- 关于支持建设新一代人工智能示范应用场景的通知
- 新一代人工智能伦理规范
- 网络安全标准实践指南-人工智能伦理安全风险防范指引
- 国家新一代人工智能标准体系建设指南
- 新一代人工智能发展规划
- 区块链信息服务管理规定
- 关于加快推动区块链技术应用和产业发展的指导意见
- 基于区块链的进口干散货进出港业务电子平台建设指南
- 基于区块链的进口集装箱电子放货平台建设指南
- 2021—2030年支持新型显示产业发展进口税收政策的通知
- 2021—2030年支持新型显示产业发展进口税收政策管理办法
- 关于调整新型显示器件及上游原材料零部件生产企业进口物资清单的通知
- 关于开展国家电子商务示范城市创建工作的指导意见

高端装备制造业
- 国家高端装备制造业标准化试点管理暂行规定

新材料产业
- 新材料产业发展指南
- 重点新材料首批次应用示范指导目录（2024）
- 关于开展重点新材料首批次应用保险补偿机制试点工作的通知
- 加快推进碳纤维行业发展行动计划
- 国家新材料产业资源共享平台建设方案

生物产业
- 促进生物产业加快发展的若干政策
- 关于深化药品审评审批改革进一步鼓励药物创新的意见
- 基因工程安全管理办法

相关服务业
- 关于扩大战略性新兴产业投资培育壮大新增长点增长极的指导意见

综合政策
- 扩大内需战略规划纲要（2022—2035年）
- 关于加快培育和发展战略性新兴产业的决定
- 关于实施新兴产业重大工程包的通知
- 关于进一步加强淘汰落后产能工作的通知
- 关于扩大战略性新兴产业投资培育壮大新增长点增长极的指导意见
- 战略性新兴产业分类（2018）
- 关于加强战略性新兴产业知识产权工作若干意见
- 关于促进战略性新兴产业国际化发展的指导意见

专项基金支持
- 新兴产业创投计划参股创业投资基金管理暂行办法
- 战略性新兴产业发展专项资金管理暂行办法

新能源汽车产业
- 新能源汽车生产企业及产品准入管理规定
- 关于加快新能源汽车推广应用的指导意见
- 新能源汽车产业发展规划（2021—2035年）
- 关于进一步加强新能源汽车企业安全体系建设的指导意见
- 新能源汽车产业技术创新工程财政奖励资金管理暂行办法
- 关于进一步提升电动汽车充电基础设施服务保障能力的实施意见
- 关于延续新能源汽车免征车辆购置税政策的公告
- 关于调整享受车船税优惠的节能新能源汽车产品技术要求的公告
- 关于节能新能源车船享受车船税优惠政策的通知

新能源产业
- 关于促进光伏产业健康发展的若干意见
- 光伏发电市场环境监测评价方法及标准（2019年修订版）
- 关于发挥价格杠杆作用促进光伏产业健康发展的通知
- 太阳能光伏产业综合标准化技术体系
- 关于促进太阳能热水器行业健康发展的指导意见

节能环保产业
- 关于加快发展节能环保产业的意见
- 关于加快推行合同能源管理促进节能服务产业发展意见的通知
- 关于促进节能服务产业发展增值税营业税和企业所得税政策问题的通知
- 关于环境保护节能节水安全生产等专用设备投资抵免企业所得税有关问题的通知
- 关于执行环境保护专用设备企业所得税优惠目录节能节水专用设备企业所得税优惠目录和安全生产专用设备企业所得税优惠目录有关问题的通知
- 关于进一步做好税收促进节能减排工作的通知
- 中国节水技术政策大纲
- 关于加快完善环保科技标准体系的意见
- 节能环保清洁产业统计分类
- 关于营造更好发展环境支持民营节能环保企业健康发展的实施意见

数字创意产业
- 关于推动数字文化产业高质量发展的意见

图 5-5 战略性新兴产业政策框架结构图

本章对战略性新兴产业政策进行了全面、系统的梳理,涉及政策种类多样、数量庞大。鉴于此,本章聚焦在几个重要的产业政策上,有助于企业的阅读、理解与实践。在篇章末尾,附上关于战略性新兴产业九大细分产业框架图,以便于对战略性新兴产业全貌的把握。

一、综合政策

《扩大内需战略规划纲要(2022—2035年)》(2022 年 12 月 14 日):

六、提高供给质量,带动需求更好实现

(十八)加快发展新产业新产品

壮大战略性新兴产业。深入推进国家战略性新兴产业集群发展,建设国家级战略性新兴产业基地。全面提升信息技术产业核心竞争力,推动人工智能、先进通信、集成电路、新型显示、先进计算等技术创新和应用。加快生物医药、生物农业、生物制造、基因技术应用服务等产业化发展。发展壮大新能源产业。推进前沿新材料研发应用。促进重大装备工程应用和产业化发展,加快大飞机、航空发动机和机载设备等研发,推进卫星及应用基础设施建设。发展数字创意产业。在前沿科技和产业变革领域,组织实施未来产业孵化与加速计划,前瞻谋划未来产业。推动先进制造业集群发展,建设国家新型工业化产业示范基地,培育世界级先进制造业集群。

《关于加快培育和发展战略性新兴产业的决定》(国发〔2010〕32 号):

五、积极培育市场,营造良好市场环境

(一)组织实施重大应用示范工程。统筹衔接现有试验示范工程,组织实施全民健康、绿色发展、智能制造、材料换代、信息惠民等重大应用示范工程,引导消费模式转变,培育市场,拉动产业发展。

(三)完善标准体系和市场准入制度。完善新能源汽车的项目和产品准入标准。改善转基因农产品的管理。完善并严格执行节能环保法规标准。

七、加大财税金融政策扶持力度,引导和鼓励社会投入

(五)大力发展创业投资和股权投资基金。在风险可控的范围内为保险公司、社保基金、企业年金管理机构和其他机构投资者参与新兴产业创业投资和股权投资基金创造条件。

八、推进体制机制创新,加强组织领导

(一)深化重点领域改革。实施新能源配额制,落实新能源发电全额保障性收购制度。

《关于实施新兴产业重大工程包的通知》(发改高技〔2015〕1303 号):

2015 至 2017 年,重点开展信息消费、新型健康技术惠民、海洋工程装备、高技术服务业培育发展、高性能集成电路及产业创新能力等六大工程建设。

七、总体工作要求

(二)创新支持方式

在资金安排方式上,针对不同工程的特点,采取后补助等形式,提高资金使用

效益。

《关于进一步加强淘汰落后产能工作的通知》（国发〔2010〕7号）：

五、完善政策激励机制

（三）支持企业升级改造。……，统筹安排技术改造资金，落实并完善相关税收优惠和金融支持政策，支持符合国家产业政策和规划布局的企业，运用高新技术和先进适用技术，以质量品种、节能降耗、环境保护、改善装备、安全生产等为重点，对落后产能进行改造。提高生产、技术、安全、能耗、环保、质量等国家标准和行业标准水平，做好标准间的衔接，加强标准贯彻，引导企业技术升级。

《关于扩大战略性新兴产业投资培育壮大新增长点增长极的指导意见》（发改高技〔2020〕1409号）：

（十五）提升金融服务水平。鼓励金融机构创新开发适应战略性新兴产业特点的金融产品和服务，加大对产业链核心企业的支持力度，优化产业链上下游企业金融服务，完善内部考核和风险控制机制。鼓励银行探索建立新兴产业金融服务中心或事业部。推动政银企合作。构建保险等中长期资金投资战略性新兴产业的有效机制。制订战略性新兴产业上市公司分类指引，优化发行上市制度，加大科创板等对战略性新兴产业的支持力度。加大战略性新兴产业企业（公司）债券发行力度。支持创业投资、私募基金等投资战略性新兴产业。（责任部门：人民银行、银保监会、证监会、发展改革委等按职责分工负责）

《战略性新兴产业分类（2018）》（国家统计局令第23号）：

二、分类范围和适用领域

本分类规定的战略性新兴产业是以重大技术突破和重大发展需求为基础，对经济社会全局和长远发展具有重大引领带动作用，知识技术密集、物质资源消耗少、成长潜力大、综合效益好的产业，包括：新一代信息技术产业、高端装备制造产业、新材料产业、生物产业、新能源汽车产业、新能源产业、节能环保产业、数字创意产业、相关服务业等9大领域。

《关于加强战略性新兴产业知识产权工作若干意见》（国办发〔2012〕28号）：

四、促进知识产权市场应用，推动战略性新兴产业实现知识产权价值

（二）创新知识产权转移转化形式。促进战略性新兴产业集聚区知识产权运营综合服务体系建设，培育一批在区域经济发展中发挥重要作用的知识产权运营机构。探索建立知识产权拍卖及相关制度。

五、加强企业知识产权管理运用能力和相关服务体系建设，支撑战略性新兴产业形成竞争优势

（三）提高企业知识产权信息运用水平。建立战略性新兴产业知识产权统计制度，促进知识产权信息的交流与共享，引导企业有效运用海内外知识产权制度信息和战略性新兴产业知识产权状况信息，支持企业实现创新发展。结合战略性新兴产业发展需要，分领域开发公益性专利数据库。

六、完善知识产权保护政策措施，优化战略性新兴产业发展环境

（二）加强有针对性的知识产权保护措施。定期开展有针对性的专项行动，加强战略性新兴产业领域知识产权执法保护。强化战略性新兴产业领域展会知识产权保护，加大战略性新兴产业专业市场和重大技术标准中的知识产权保护力度。将

战略性新兴产业领域的维权援助纳入全国维权援助机构的中心工作，建立由企业、行业组织、研发机构和服务机构共同参与的维权援助体系。

《关于促进战略性新兴产业国际化发展的指导意见》（商产发〔2011〕310号）。

二、专项基金支持

《新兴产业创投计划参股创业投资基金管理暂行办法》（财建〔2011〕668号）：

第二章　投资领域和方向

第七条　每支参股基金应集中投资于以下具体领域：节能环保、信息、生物与新医药、新能源、新材料、航空航天、海洋、先进装备制造、新能源汽车、高技术服务业（包括信息技术、生物技术、研发设计、检验检测、科技成果转化服务等）等战略性新兴产业和高新技术改造提升传统产业领域。

第八条　参股基金重点投向具备原始创新、集成创新或消化吸收再创新属性、且处于初创期、早中期的创新型企业，投资此类企业的资金比例不低于基金注册资本或承诺出资额的60%。

初创期创新型企业是指符合如下条件的企业，即：成立时间不超过5年，职工人数不超过300人，直接从事研究开发的科技人员占职工总数的20%以上，资产总额不超过3000万元人民币，年销售额或营业额不超过3000万元人民币。

早中期创新型企业是指符合如下条件的企业，即：职工人数不超过500人，资产总额不超过2亿元人民币，年销售额或营业额不超过2亿元人民币。

第三章　管理要求

第十三条　参股基金管理机构管理参股基金后，在完成对参股基金的70%资金委托投资之前，不得募集或管理其他创业投资基金。

第四章　申请条件

第十五条　新设立创业投资基金，申请中央财政资金出资的，应符合以下条件：……

第五章　激励机制

第十七条　中央财政出资资金与地方政府资金、其他出资人共同按参股基金章程约定向参股基金管理机构支付管理费用。

管理费用由参股基金企业支付，财政部不再列支管理费用。年度管理费用一般按照参股基金注册资本或承诺出资额的1.5%~2.5%确定，具体比例在委托管理协议中明确。

第十八条　除对参股基金管理机构支付管理费外，参股基金企业还要对参股基金管理机构实施业绩奖励。业绩奖励采取"先回本后分利"的原则，原则上将参股基金增值收益（回收资金扣减参股基金出资）的20%奖励参股基金管理机构，剩余部分由中央财政、地方政府和其他出资人按照出资比例进行分配。

第十九条　对投资于初创期创新型企业的资金比例超过基金注册资本或承诺出资额70%的参股基金，中央财政资金可给予更大的让利幅度。

第六章　受托管理机构

第二十三条　财政部向受托管理机构

支付日常管理费，日常管理费按年支付，当年支付上年，原则上每年按截至上年12月底已批复累计尚未回收中央财政出资额（以托管专户拨付被投资单位的金额和日期计算）的一定比例、按照超额累退方式核定，具体比例如下：

（一）中央财政出资额在20亿元（含）人民币以下的按2%核定；

（二）中央财政出资额在20亿—50亿元（含）人民币之间的部分按1.5%核定；

（三）中央财政出资额超过50亿元人民币的部分按1%核定。

第八章　中央财政出资资金的权益

第二十八条　中央财政对每支参股基金的出资，原则上不超过参股基金注册资本或承诺出资额的20%，且与地方政府资金同进同出。对投资于初创期项目资金比例超过参股基金注册资本或承诺出资额70%的参股基金，可适当放宽中央财政出资资金参股比例限制。

第二十九条　参股基金的存续期限原则上不超过10年，一般通过到期清算、社会股东回购、股权转让等方式实现退出。

《战略性新兴产业发展专项资金管理暂行办法》（财建〔2012〕1111号）：

第三章　资金支持范围

第五条　专项资金支持范围主要包括：

（一）支持新兴产业创业投资计划。支持具备原始创新、集成创新或消化吸收再创新属性、且处于初创期、早中期的创新型企业发展。

（二）支持产学研协同创新。

（三）支持技术创新平台。

（四）支持区域集聚发展。

（五）财政部、国家发展改革委会同有关部门根据《决定》和《规划》要求，以及行业或产业发展需要确定的其他战略性新兴产业重点工作。

第六条　对已通过中央基建投资、节能减排专项资金、可再生能源专项资金等中央财政资金支持的重点工作、工程或项目，专项资金原则上不再予以支持。

第四章　资金支持方式

第七条　专项资金一般采取拨款补助、参股创业投资基金等支持方式，并根据国际国内战略性新兴产业发展形势进行适当调整。

第八条　参股设立新兴产业创业投资基金的管理程序、资金拨付等按照《新兴产业创投计划参股创业投资基金管理暂行办法》（财建〔2011〕668号）执行。

三、新一代信息技术产业

《国家信息化发展战略纲要》（中办发〔2016〕48号）：

三、大力增强信息化发展能力

（一）发展核心技术，做强信息产业

1. 构建先进技术体系。积极争取并巩固新一代移动通信、下一代互联网等领域全球领先地位，着力构筑移动互联网、云计算、大数据、物联网等领域比较优势。

2. 加强前沿和基础研究。实施新一代信息技术创新国际交流项目。

（二）夯实基础设施，强化普遍服务

6. 统筹规划基础设施布局。深化电信

业改革，鼓励多种所有制企业有序参与竞争。

7. 增强空间设施能力。统筹北斗卫星导航系统建设和应用，推进北斗产业化和走出去进程。加强陆地、大气、海洋遥感监测，提升对我国资源环境、生态保护、应急减灾、大众消费以及全球观测的服务保障能力。

8. 优化升级宽带网络。积极开展第五代移动通信（5G）技术的研发、标准和产业化布局。

（三）开发信息资源，释放数字红利

10. 加强信息资源规划、建设和管理。统筹规划建设国家互联网大数据平台。逐步开展社会化交易型数据备份和认证，确保数据可追溯、可恢复。

11. 提高信息资源利用水平。发展信息资源市场，促进信息消费。引导和规范公共信息资源增值开发利用，支持市场主体利用全球信息资源开展业务创新。

12. 建立信息资源基本制度体系。探索建立信息资产权益保护制度，实施分级分类管理，形成重点信息资源全过程管理体系。加强采集管理和标准制定，提高信息资源准确性、可靠性和可用性。依法保护个人隐私、企业商业秘密，确保国家安全。研究制定信息资源跨境流动管理办法。

《关于促进云计算创新发展培育信息产业新业态的意见》（国发〔2015〕5号）：

二、主要任务

（一）增强云计算服务能力。

大力发展公共云计算服务，实施云计算工程，支持信息技术企业加快向云计算产品和服务提供商转型。

（二）提升云计算自主创新能力。

建立产业创新联盟，发挥骨干企业的引领作用，培育一批特色鲜明的创新型中小企业，健全产业生态系统。

（四）加强大数据开发与利用。

开展公共数据开放利用改革试点，出台政府机构数据开放管理规定，在保障信息安全和个人隐私的前提下，积极探索地理、人口、知识产权及其他有关管理机构数据资源向社会开放，推动政府部门间数据共享，提升社会管理和公共服务能力。重点在公共安全、疾病防治、灾害预防、就业和社会保障、交通物流、教育科研、电子商务等领域，开展基于云计算的大数据应用示范，支持政府机构和企业创新大数据服务模式。

（五）统筹布局云计算基础设施。

支持采用可再生能源和节能减排技术建设绿色云计算中心。

三、保障措施

（一）完善市场环境。

对符合布局原则和能耗标准的云计算数据中心，支持其参加直供电试点，满足大工业用电条件的可执行大工业电价，并在网络、市政配套等方面给予保障，优先安排用地。

（三）加大财税政策扶持力度。

继续推进云计算服务创新试点示范工作，……将云计算企业纳入软件企业、国家规划布局内重点软件企业、高新技术企业和技术先进型服务企业的认定范畴，符合条件的按规定享受相关税收优惠政策。

（六）加强人才队伍建设。

对作出突出贡献的云计算人才，可按国家有关规定给予表彰奖励，在职称评定、落户政策等方面予以优先安排。

《云计算服务安全评估办法》（2019年7月2日）：

第三条 云计算服务安全评估重点评估以下内容：

（一）云平台管理运营者（以下简称云服务商）的征信、经营状况等基本情况；

（二）云服务商人员背景及稳定性，特别是能够访问客户数据、能够收集相关元数据的人员；

（三）云平台技术、产品和服务供应链安全情况；

（四）云服务商安全管理能力及云平台安全防护情况；

（五）客户迁移数据的可行性和便捷性；

（六）云服务商的业务连续性；

（七）其他可能影响云服务安全的因素。

第五条 云服务商可申请对面向党政机关、关键信息基础设施提供云计算服务的云平台进行安全评估。

第六条 申请安全评估的云服务商应向办公室提交以下材料：

（一）申报书；

（二）云计算服务系统安全计划；

（三）业务连续性和供应链安全报告；

（四）客户数据可迁移性分析报告；

（五）安全评估工作需要的其他材料。

第十二条 云计算服务安全评估结果有效期3年。有效期届满需要延续保持评估结果的，云服务商应在届满前至少6个月向办公室申请复评。

有效期内，云服务商因股权变更、企业重组等导致实控人或控股权发生变化的，应重新申请安全评估。

第十七条 本办法自2019年9月1日起施行。

《云计算工程实施方案》（发改高技〔2014〕3054号）。

《关于推进物联网有序健康发展的指导意见》（国发〔2013〕7号）：

二、主要任务

（四）突出区域特色，科学有序发展。加快推进无锡国家传感网创新示范区建设。应用物联网等新一代信息技术建设智慧城市，要加强统筹、注重效果、突出特色。

三、保障措施

（二）营造良好发展环境。加快物联网相关标准、检测、认证等公共服务平台建设，完善支撑服务体系。加强知识产权保护，积极开展物联网相关技术的知识产权分析评议，加快推进物联网相关专利布局。

（三）加强财税政策扶持。统筹利用好战略性新兴产业发展专项资金、物联网发展专项资金等支持政策，集中力量推进物联网关键核心技术研发和产业化，大力支持标准体系、创新能力平台、重大应用示范工程等建设。

（四）完善投融资政策。对技术先进、优势明显、带动和支撑作用强的重大物联网项目优先给予信贷支持。鼓励设立物联网股权投资基金，通过国家新兴产业创投计划设立一批物联网创业投资基金。

《国家物联网发展及稀土产业补助资金管理办法》（财企〔2014〕87号）。

《物联网新型基础设施建设三年行动计划（2021—2023年）》（工信部联科〔2021〕130号）。

**《工业互联网和物联网无线电频率使

用指南（2021年版）》（工信部无〔2021〕61号）。

《关于深入推进移动物联网全面发展的通知》（工信厅通信〔2020〕25号）：

一、主要目标

准确把握全球移动物联网技术标准和产业格局的演进趋势，推动2G/3G物联网业务迁移转网，建立NB-IoT（窄带物联网）、4G（含LTE-Cat1，即速率类别1的4G网络）和5G协同发展的移动物联网综合生态体系，在深化4G网络覆盖、加快5G网络建设的基础上，以NB-IoT满足大部分低速率场景需求，以LTE-Cat1（以下简称Cat1）满足中等速率物联需求和话音需求，以5G技术满足更高速率、低时延联网需求。

二、重点任务

（二）加强移动物联网标准和技术研究。

1. 制定移动物联网与垂直行业融合标准。推动NB-IoT标准纳入ITU IMT—2020 5G标准；面向智能家居、智慧农业、工业制造、能源表计、消防烟感、物流跟踪、金融支付等重点领域，推进移动物联网终端、平台等技术标准及互联互通标准的制定与实施，提升行业应用标准化水平。

2. 开展移动物联网关键技术研究。面向不同垂直行业应用环境和业务需求，重点加强网络切片、边缘计算、高精度定位、智能传感、安全芯片、小型化低功耗智能仪表、跨域协同等新兴关键技术研究，并开展相关试验。

（四）构建高质量产业发展体系。

1. 健全移动物联网产业链。鼓励各地设立专项扶持和创新资金，支持NB-IoT和Cat1专用芯片、模组、设备等产品研发工作，提高芯片研发和生产制造能力，满足规模出货需求。

2. 加快云管边端协同的服务平台建设。支持基础电信企业建设移动物联网连接管理平台，加强网络能力开放，支持物联感知设备快速接入，支撑海量并发应用场景；引导行业应用企业搭建设备整合智能化、设备及数据管理智能化、系统运维智能化的垂直行业应用平台，逐步形成移动物联网平台体系，进一步降低移动物联网设备的开发成本和连接复杂度，满足复杂场景应用需求。

3. 规范移动物联网行业发展秩序。支持开展移动物联网网络质量评估测试，……

《关于全面推进移动物联网（NB-IoT）建设发展的通知》（工信厅通信函〔2017〕351号）。

《关于加快场景创新以人工智能高水平应用促进经济高质量发展的指导意见》（国科发规〔2022〕199号）：

二、着力打造人工智能重大场景

4. 围绕高端高效智能经济培育打造重大场景。

制造领域优先探索工业大脑、机器人协助制造、机器视觉工业检测、设备互联管理等智能场景。农业领域优先探索农机卫星导航自动驾驶作业、农业地理信息引擎、网约农机、橡胶树割胶、智能农场、产业链数字化管理、无人机植保、农业生产物联监测、农产品质量安全管控等智能场景。物流领域优先探索机器人分流分拣、物料搬运、智能立体仓储以及追溯终端等智能场景。金融领域优先探索大数据金融风控、企业智能征信、智能反欺诈等智能场景。商务领域优先探索多人在线协同会议、线上会展、盘点结算等智能场景。家居领域优先探索家庭智慧互联、建筑智能监测、产品在线设计等智能场景。消费领域积极探索无人货柜零售、无人超市、智慧导购等新兴场景。交通运输领域优先探索自动驾驶和智能航运技术在园区内运输、摆渡接驳、智能配送、货车编队行驶、港区集装箱运输、港区智能作业、船舶自主航行等方面的智能应用场景。

5. 围绕安全便捷智能社会建设打造重大场景。

城市管理领域探索城市大脑、城市物联感知、政务数据可用不可见、数字采购等场景。交通治理领域探索交通大脑、智慧道路、智慧停车、自动驾驶出行、智慧港口、智慧航道等场景。生态环保领域重点探索环境智能监测、无人机器自主巡检等场景。智慧社区领域探索未来社区、无人配送、社区电商、数字餐厅等场景。医疗领域积极探索医疗影像智能辅助诊断、临床诊疗辅助决策支持、医用机器人、互联网医院、智能医疗设备管理、智慧医院、智能公共卫生服务等场景。教育领域积极探索在线课堂、虚拟课堂、虚拟仿真实训、虚拟教研室、新型教材、教学资源建设、智慧校园等场景。养老领域积极探索居家智能监测、智能可穿戴设备应用等场景。农村领域积极探索乡村智慧治理、数字农房、在线政务服务等场景。

6. 围绕高水平科研活动打造重大场景。

重点围绕新药创制、基因研究、生物育种研发、新材料研发、深空深海等领域，以需求为牵引谋划人工智能技术应用场景，……

7. 围绕国家重大活动和重大工程打造重大场景。

在亚运会、全运会、进博会、服贸会等重大活动和重要会议举办中，拓展人工智能应用场景，为人工智能技术和产品应用提供测试、验证机会。鼓励在战略骨干通道、高速铁路、港航设施、现代化机场建设等重大建设工程中运用人工智能技术，提升重大工程建设效率。

《关于支持建设新一代人工智能示范应用场景的通知》（国科发规〔2022〕228号）：

二、首批示范应用场景

（一）智慧农场。

（二）智能港口。

（三）智能矿山。

针对我国矿山高质量安全发展需求，聚焦井工矿和露天矿，运用人工智能、5G通信、基础软件等新一代自主可控信息技术，建成井工矿"数字网联、无人操作、智能巡视、远程干预"的常态化运行示范采掘工作面，开展露天矿矿车无人驾驶、铲运装协同自主作业示范应用，通过智能化技术减人换人，全面提升我国矿山行业本质安全水平。

（四）智能工厂。

针对流程制造业、离散制造业工厂中生产调度、参数控制、设备健康管理等关键业务环节，综合运用工厂数字孪生、智能控制、优化决策等技术，在生产过程智能决策、柔性化制造、大型设备能耗优化、设备智能诊断与维护等方面形成具有行业特色、可复制推广的智能工厂解决方案，在化工、钢铁、电力、装备制造等重点行业进行示范应用。

（五）智慧家居。

（六）智能教育。

（七）自动驾驶。

（八）智能诊疗。

重点面向县级医院，提升基层医疗服务水平。

（九）智慧法院。

（十）智能供应链。

《新一代人工智能伦理规范》（2021年9月25日）。

《网络安全标准实践指南－人工智能伦理安全风险防范指引》（信安秘字〔2021〕2号）。

《国家新一代人工智能标准体系建设指南》（国标委联〔2020〕35号）。

《新一代人工智能发展规划》（国发〔2017〕35号）。

《区块链信息服务管理规定》（国家互联网信息办公室令第3号）。

《关于加快推动区块链技术应用和产业发展的指导意见》（工信部联信发〔2021〕62号）：

二、重点任务

（二）提升公共服务

1. 推动应用创新。推动区块链技术应用于数字身份、数据存证、城市治理等公共服务领域，支撑公共服务透明化、平等化、精准化，提升人民群众生活质量。

3. 存证取证。利用区块链建立数字化可信证明，在司法存证、不动产登记、行政执法等领域建立新型存证取证机制。发挥区块链在版权保护领域的优势，完善数字版权的确权、授权和维权管理。

（三）夯实产业基础

1. 坚持标准引领。推动区块链标准化组织建设，建立区块链标准体系。加快重点和急需标准制定，鼓励制定团体标准，……积极参加区块链全球标准化活动和国际标准制定。

（四）打造现代产业链

1. 研发区块链"名品"。面向防伪溯源、数据共享、供应链管理、存证取证等领域，建设一批行业级联盟链，加大应用推广力度，打造一批技术先进、带动效应强的区块链"名品"。

三、保障措施

（二）加大政策支持力度。

支持符合条件的区块链企业享受软件税收优惠政策。探索利用首版次保险补偿、政府采购等政策，促进区块链研发成果的规模化应用。

《基于区块链的进口干散货进出港业务电子平台建设指南》（交办水函〔2022〕827号）。

《基于区块链的进口集装箱电子放货平台建设指南》（交办水函〔2021〕1525号）。

《2021—2030年支持新型显示产业发展进口税收政策的通知》（财关税〔2021〕19号）：

二、承建新型显示器件重大项目的企业自2021年1月1日至2030年12月31日期间进口新设备，除《国内投资项目不予免税的进口商品目录》、《外商投资项目不予免税的进口商品目录》和《进口不予免税的重大技术装备和产品目录》所列商品外，对未缴纳的税款提供海关认可的税款担保，准予在首台设备进口之后的6年（连续72个月）期限内分期缴纳进口环节增值税，6年内每年（连续12个月）依次缴纳进口环节增值税总额的0%、20%、20%、20%、20%、20%，自首台设备进口之日起已经缴纳的税款不予退还。在分期纳税期间，海关对准予分期缴纳的税款不予征收滞纳金。

《2021—2030年支持新型显示产业发展进口税收政策管理办法》（财关税〔2021〕20号）。

《关于调整新型显示器件及上游原材料零部件生产企业进口物资清单的通知》（财关税〔2018〕60号）：

根据国内新型显示器件产业及相关产业发展情况，现对《财政部 海关总署 国家税务总局关于扶持新型显示器件产业发展有关进口税收政策的通知》（财关税〔2016〕62号）附件《关于新型显示器件及上游关键原材料、零部件生产企业进口物资税收政策的暂行规定》附1、2、4、5所列进口物资清单进行调整。

调整后的进口物资清单见附件，自2019年1月1日起执行。财关税〔2016〕62号附件中附1、2、4、5所列进口物资清单同时停止执行。

《关于开展国家电子商务示范城市创建工作的指导意见》（发改高技〔2011〕463号）：

规范发展网上银行、网上支付平台等在线支付资源，满足电子商务对在线支付服务通用、安全、便捷的要求。

四、节能环保产业

《关于加快发展节能环保产业的意见》（国发〔2013〕30号）：

二、围绕重点领域，促进节能环保产业发展水平全面提升

（三）发展资源循环利用技术装备，提高资源产出率。

重点支持建立10-15个国家级再制造产业聚集区和一批重大示范项目，大幅度提高基于表面工程技术的装备应用率。

支持建设50个"城市矿产"示范基地，加快再生资源回收体系建设，形成再生资源加工利用能力8000万吨以上。

三、发挥政府带动作用，引领社会资金投入节能环保工程建设

（一）加强节能技术改造。发挥财政资金的引导带动作用，采取补助、奖励、贴息等方式，推动企业实施锅炉（窑炉）和换热设备等重点用能装备节能改造，……

开展数据中心节能改造，降低数据中心、超算中心服务器、大型计算机冷却耗能。

五、加强技术创新，提高节能环保产业市场竞争力

（一）支持企业技术创新能力建设。支持企业牵头承担节能环保国家科技计划项目。国家重点建设的节能环保技术研究中心和实验室优先在骨干企业布局。支持区域节能环保科技服务平台建设。

六、强化约束激励，营造有利的市场和政策环境

（三）加大财政投入。加大中央预算内投资和中央财政节能减排专项资金对节能环保产业的投入，继续安排国有资本经营预算支出支持重点企业实施节能环保项目。

（七）支持节能环保产业"走出去"和"引进来"。培育建设一批国家科技兴贸创新基地。国家支持节能环保产业发展

的政策同等适用于符合条件的外商投资企业。

《关于加快推行合同能源管理促进节能服务产业发展意见的通知》（国办发〔2010〕25号）：

三、完善促进节能服务产业发展的政策措施

（一）加大资金支持力度。

将合同能源管理项目纳入中央预算内投资和中央财政节能减排专项资金支持范围，对节能服务公司采用合同能源管理方式实施的节能改造项目，符合相关规定的，给予资金补助或奖励。

《关于促进节能服务产业发展增值税营业税和企业所得税政策问题的通知》（财税〔2010〕110号）：

一、关于增值税、营业税政策问题

（一）对符合条件的节能服务公司实施合同能源管理项目，取得的营业税应税收入，暂免征收营业税。

（二）节能服务公司实施符合条件的合同能源管理项目，将项目中的增值税应税货物转让给用能企业，暂免征收增值税。

二、关于企业所得税政策问题

（一）对符合条件的节能服务公司实施合同能源管理项目，符合企业所得税税法有关规定的，自项目取得第一笔生产经营收入所属纳税年度起，第一年至第三年免征企业所得税，第四年至第六年按照25%的法定税率减半征收企业所得税。

（二）对符合条件的节能服务公司，以及与其签订节能效益分享型合同的用能企业，实施合同能源管理项目有关资产的企业所得税税务处理按以下规定执行：

1. 用能企业按照能源管理合同实际支付给节能服务公司的合理支出，均可以在计算当期应纳税所得额时扣除，不再区分服务费用和资产价款进行税务处理；

2. 能源管理合同期满后，节能服务公司转让给用能企业的因实施合同能源管理项目形成的资产，按折旧或摊销期满的资产进行税务处理，用能企业从节能服务公司接受有关资产的计税基础也应按折旧或摊销期满的资产进行税务处理；

3. 能源管理合同期满后，节能服务公司与用能企业办理有关资产的权属转移时，用能企业已支付的资产价款，不再另行计入节能服务公司的收入。

《关于环境保护节能节水安全生产等专用设备投资抵免企业所得税有关问题的通知》（国税函〔2010〕256号）。

《关于执行环境保护专用设备企业所得税优惠目录节能节水专用设备企业所得税优惠目录和安全生产专用设备企业所得税优惠目录有关问题的通知》（财税〔2008〕48号）：

一、企业自2008年1月1日起购置并实际使用列入《目录》范围内的环境保护、节能节水和安全生产专用设备，可以按专用设备投资额的10%抵免当年企业所得税应纳税额；企业当年应纳税额不足抵免的，可以向以后年度结转，但结转期不得超过5个纳税年度。

四、企业利用自筹资金和银行贷款购置专用设备的投资额，可以按企业所得税法的规定抵免企业应纳所得税额；企业利用财政拨款购置专用设备的投资额，不得抵免企业应纳所得税额。

五、企业购置并实际投入适用、已开始享受税收优惠的专用设备，如从购置之日起5个纳税年度内转让、出租的，应在该专用设备停止使用当月停止享受企业所得税优惠,并补缴已经抵免的企业所得税税款。转让的受让方可以按照该专用设备投资额的10%抵免当年企业所得税应纳税额;当年应纳税额不足抵免的,可以在以后5个纳税年度结转抵免。

《关于进一步做好税收促进节能减排工作的通知》(国税函〔2010〕180号)。

《中国节水技术政策大纲》(发改委公告2005年第17号)。

《关于加快完善环保科技标准体系的意见》(环发〔2012〕20号):

六、加快完善新兴环保产业培育体系

(十八)实施环保产业示范工程。鼓励多渠道建立环保产业发展基金,拓宽环保产业发展融资渠道。实施重大环保技术装备及产品产业化示范工程。制定环保系统推进产学研联盟管理办法,组建5~10个战略性新兴环保产业联盟。

《节能环保清洁产业统计分类》(国家统计局令第34号)。

《关于营造更好发展环境支持民营节能环保企业健康发展的实施意见》(发改环资〔2020〕790号)。

五、新能源产业

《关于促进光伏产业健康发展的若干意见》(国发〔2013〕24号):

四、加快产业结构调整和技术进步

(一)抑制光伏产能盲目扩张。光伏制造企业应拥有先进技术和较强的自主研发能力,新上光伏制造项目应满足单晶硅光伏电池转换效率不低于20%、多晶硅光伏电池转换效率不低于18%、薄膜光伏电池转换效率不低于12%,多晶硅生产综合电耗不高于100千瓦时/千克。

(三)加快提高技术和装备水平。通过实施新能源集成应用工程,支持高效率晶硅电池及新型薄膜电池、电子级多晶硅、四氯化硅闭环循环装置、高端切割机、全自动丝网印刷机、平板式镀膜工艺、高纯度关键材料等的研发和产业化。

五、规范产业发展秩序

(二)推进标准化体系和检测认证体系建设。制定完善适合不同气候区及建筑类型的建筑光伏应用标准体系,在城市规划、建筑设计和旧建筑改造中统筹考虑光伏发电应用。

七、完善支持政策

(二)完善电价和补贴政策。对分布式光伏发电实行按照电量补贴的政策。根据资源条件和建设成本,制定光伏电站分区域上网标杆电价,通过招标等竞争方式发现价格和补贴标准。根据光伏发电成本变化等因素,合理调减光伏电站上网电价和分布式光伏发电补贴标准。上网电价及补贴的执行期限原则上为20年。

(三)改进补贴资金管理。完善补贴资金支付方式和程序,对光伏电站,由电网企业按照国家规定或招标确定的光伏发电上网电价与发电企业按月全额结算;对分布式光伏发电,建立由电网企业按月转付补贴资金的制度。中央财政按季度向电网企业预拨补贴资金,确保补贴资金及时足额到位。

(六)完善土地支持政策和建设管理。

对利用戈壁荒滩等未利用土地建设光伏发电项目的，在土地规划、计划安排时予以适度倾斜，不涉及转用的，可不占用土地年度计划指标。探索采用租赁国有未利用土地的供地方式，降低工程的前期投入成本。光伏发电项目使用未利用土地的，依法办理用地审批手续后，可采取划拨方式供地。

《光伏发电市场环境监测评价方法及标准（2019年修订版）》（国能发新能〔2020〕1号）：

一、评价方法

约束性指标为弃光程度，弃光率10%以上的直接判定为红色。

《关于发挥价格杠杆作用促进光伏产业健康发展的通知》（发改价格〔2013〕1638号）。

《太阳能光伏产业综合标准化技术体系》（工信厅科〔2017〕45号）。

《关于促进太阳能热水器行业健康发展的指导意见》（工信部消费〔2013〕170号）：

四、促进措施

（一）大力推广太阳能热水器应用

充分利用可再生能源发展专项资金，对各地推广太阳能热水系统及产品给予支持，并纳入"太阳能屋顶计划"统一管理，对纳入示范的城市，由中央财政予以专项补助。

（三）加强标准化建设

推动产品安全标准和安装标准制订，在条件成熟时，促进整机产品纳入国家"CCC"认证管理目录。

六、生物产业

《促进生物产业加快发展若干政策》（国办发〔2009〕45号）：

三、发展壮大生物企业

（十一）鼓励和促进中小生物企业发展。对新创办的生物企业，在人员聘任、借贷融资、土地等方面给予优先支持。支持建立一批生物企业孵化器和留学生创业服务中心。

（十二）大力推进生物产业基地发展。在基础条件好、创业环境优良的区域，逐步建立若干个国家级生物产业基地。国家在创新能力基础设施、公共服务平台建设以及实施科技计划、高技术产业计划等方面按规定给予重点支持。

六、加大财税政策支持力度

（二十）加大对生物技术研发与产业化的投入。对完全可降解生物材料和经批准生产的非粮燃料乙醇、生物柴油、生物质热电等重要生物能源产品，国家给予适当支持。

（二十一）建立财政性资金优先采购自主创新生物产品制度。

八、创造良好市场环境

（二十五）培育生物产品市场。稳步推进非粮燃料乙醇应用试点，有序开展生物柴油应用试点。

《关于深化药品审评审批改革进一步鼓励药物创新的意见》（国食药监注〔2013〕37号）：

一、进一步加快创新药物审评

（一）鼓励以临床价值为导向的药物创新。对重大疾病、罕见病、老年人和儿童疾病具有更好治疗作用、具有自主知识产权和列入国家科技计划重大专项的创新药物注册申请等，给予加快审评。

（三）优化创新药物审评流程。遵循创新药物研发规律，允许申请人根据其研发进展阶段性增补申报资料。

四、鼓励研制儿童用药

（十二）鼓励研发儿童专用剂型和规格。鼓励企业积极研发儿童专用剂型和规格，对立题依据充分且具有临床试验数据支持的注册申请，给予加快审评。

（十七）鼓励国内企业开展境外注册。对于国内企业在境内外同步开展研发和注册的，接受其提交的境外试验资料。鼓励支持中药境外注册申请。

《基因工程安全管理办法》（国家科委令第17号）：

第三章　申报与审批

第十三条　从事基因工程工作的单位，应当依据遗传工程产品适用性质和安全等级，分类分级进行申报，经审批同意后方能进行。

第十四条　基因工程实验研究，属于安全等级Ⅰ和Ⅱ的工作，由本单位行政负责人批准；属于安全等级Ⅲ的工作，由本单位行政负责人审查，报国务院有关行政主管部门批准；属于安全等级Ⅳ的工作，经国务院有关行政主管部门审查，报全国基因工程安全委员会批准。

第十五条　基因工程中间试验，属于安全等级Ⅰ的工作，由本单位行政负责人批准；属于安全等级Ⅱ的工作，报国务院有关行政主管部门批准；属于安全等级Ⅲ的工作，由国务院有关行政主管部门审批，并报全国基因工程安全委员会备案；属于安全等级Ⅳ的工作，由国务院有关行政主管部门审查，报全国基因工程安全委员会批准。

第十六条　基因工程工业化生产、遗传工程体释放和遗传工程产品使用，属于安全等级Ⅰ至Ⅲ的工作，由国务院有关行政主管部门审批，并报全国基因工程安全委员会备案；属于安全等级Ⅳ的工作，由国务院有关行政主管部门审查，报全国基因工程安全委员会批准。

第十七条　从事基因工程工作的单位应当履行下列申报手续：

（一）项目负责人对从事的基因工程工作进行安全性评价，并填报申请书；

（二）本单位学术委员会对申报资料进行技术审查；

（三）上报申请书及提交有关技术资料。

第十八条　凡符合下列各项条件的基因工程工作，应当予以批准，并签发证明文件：

（一）不存在对申报的基因工程工作安全性评价的可靠性产生怀疑的事实；

（二）保证所申报的基因工程工作按照安全等级的要求，采取与现有科学技术水平相适应的安全控制措施，判断不会对公众健康和生态环境造成严重危害；

（三）项目负责人和工作人员具备从事基因工程工作所必需的专业知识和安全操作知识，能承担本办法规定的义务；

（四）符合国家有关法律、法规规定。

第四章　安全控制措施

第十九条　从事基因工程工作的单位，应当根据安全等级，确定安全控制方法，制定安全操作规则。

第二十条　从事基因工程工作的单位，应当根据安全等级，制定相应治理废弃物的安全措施。排放之前应当采取措施使残留遗传工程体灭活，以防止扩散和污染环境。

第二十一条 从事基因工程工作的单位，应当制定预防事故的应急措施，并将其列入安全操作规则。

第二十四条 从事基因工程工作的单位和个人必须认真做好安全监督记录。安全监督记录保存期不得少于十年，以备核查。

七、新材料产业

《新材料产业发展指南》（工信部联规〔2016〕454号）。

《重点新材料首批次应用示范指导目录（2024年版）》（工信部原函〔2023〕367号）。

《关于开展重点新材料首批次应用保险补偿机制试点工作的通知》（工信部联原〔2017〕222号）：

二、新材料首批次保险机制的主要内容

（一）试点对象和范围

生产首批次新材料的企业，是保险补偿政策的支持对象。使用首批次新材料的企业，是保险的受益方。《目录》将根据新材料产业发展和试点工作情况作动态调整。用于享受过保险补偿政策的首台套装备的材料不在本政策支持范围。

（二）保险险种及保障范围

新材料首批次保险机制的责任限额将根据采购合同金额以及产品可能造成的责任损失额来综合确定。原则上政府补贴的责任限额不超过合同金额的5倍、且最高不超过5亿元人民币，投保费率最高不超过3%。

三、试点工作安排

（一）申请保费补贴资金的企业应具备以下条件：

1. 在中华人民共和国境内注册、具有独立法人资格。

2. 从事《目录》所列新材料产品生产。

3. 具备申请保费补贴资金的产品的核心技术和知识产权。

4. 具备较强的开发和产业化能力以及技术团队。

《加快推进碳纤维行业发展行动计划》（工信部原〔2013〕426号）：

三、主要行动

（三）产业转型升级行动

原则上不鼓励新建高强型GQ3522级碳纤维生产线，新建高强型GQ4522级碳纤维产业化生产装置单套能力应不低于1000吨/年。吨聚丙烯腈原丝产品消耗丙烯腈不高于1.1吨，吨碳纤维产品消耗聚丙烯腈原丝不高于2.1吨。原丝生产装置应配备单体、溶剂回收系统；预氧化炉、碳化炉等碳化生产装置应配备热能回收综合利用。

四、保障措施

（三）加强投融资政策引导。鼓励有条件的地区设立碳纤维产业发展专项资金。

《国家新材料产业资源共享平台建设方案》（工信部联原〔2018〕78号）。

八、新能源汽车产业

《新能源汽车生产企业及产品准入管理规定》（2020年修订，工业和信息化部令第54号）：

第三条 本规定所称汽车，是指《汽车和挂车类型的术语和定义》国家标准（GB/T3730.1—2001）第2.1款所规定的汽车整车（完整车辆）及底盘（非完整车辆），不包括整车整备质量超过400千克的三轮车辆。

本规定所称新能源汽车，是指采用新型动力系统，完全或者主要依靠新型能源驱动的汽车，包括插电式混合动力（含增程式）汽车、纯电动汽车和燃料电池汽车等。

《关于加快新能源汽车推广应用的指导意见》（国办发〔2014〕35号）。

《新能源汽车产业发展规划（2021—2035年）》（国办发〔2020〕39号）。

《关于进一步加强新能源汽车企业安全体系建设的指导意见》（工信厅联通装〔2022〕10号）：

三、保障产品质量安全

（三）规范产品安全性设计。企业要制定产品安全性设计指导文件，并根据已销售车辆暴露的安全问题持续修订完善。安全性设计指导文件可细分为整车级、系统级、零部件级，包含但不限于整车功能安全、动力电池安全、使用操控安全、充换电安全、消防安全、网络安全等。

（五）严格生产质量管控。企业要建立完备的生产信息化管理系统，合理设置安全质量监控节点，积极提高在线检测能力。产品下线时按照标准要求开展涉水抽检、路试抽检，并重点开展整车绝缘、充放电、淋雨等测试，检测数据存档期限不低于产品预期生命周期。

（六）提高动力电池安全水平。企业要积极与动力电池供应商开展设计协同，持续优化整车与动力电池的安全性匹配以及热管理策略，明确动力电池使用安全边界，提高动力电池在碰撞、振动、挤压、浸水、充放电异常等状态下的安全防护能力。鼓励企业研究应用热失控实时监测预警装置和早期抑制及灭火措施。

《新能源汽车产业技术创新工程财政奖励资金管理暂行办法》（财建〔2012〕780号）：

第二章 支持对象与条件

第四条 奖励资金支持对象包括新能源汽车整车项目（包括纯电动、插电式混合动力、燃料电池汽车）和动力电池项目两大类。

第五条 申请奖励资金的企业应当具有较强的研发能力和产业化基础。其中，整车企业必须具备新能源汽车整车设计集成和持续开发能力，研发投入占主营业务收入不低于一定比例；动力电池企业应掌握核心技术，并具有较强的研发、生产和售后服务保障能力，拥有电池单体的知识产权。鼓励开展产学研联合技术攻关。

第四章 奖励资金拨付与绩效考评

第十条 财政部会同工业和信息化部、科技部根据技术研发和产业化投入等情况核定支持项目奖励资金数额。

第十二条 财政部将根据项目进展情况及有关评估意见分期分批拨付奖励资金,其中:实施方案启动后拨付40%,中期评估通过后再拨付50%,完成实施方案并通过验收后再拨付剩余10%资金。对进度较慢的项目,将视情况缓拨或停拨奖励资金;对未达到预计目标的项目,将相应扣减奖励资金。

《关于进一步提升电动汽车充电基础设施服务保障能力的实施意见》(发改能源规〔2022〕53号):

五、做好配套电网建设与供电服务

(十六)加强配套电网建设保障。电网企业要做好电网规划与充电设施规划的衔接,加大配套电网建设投入,合理预留高压、大功率充电保障能力。各地自然资源、住房和城乡建设部门要对充电设施配套电网建设用地、廊道空间等资源予以保障,加大工程建设协调推进力度。

《关于延续新能源汽车免征车辆购置税政策的公告》(财政部、税务总局、工业和信息化部公告2022年第27号):

一、对购置日期在2023年1月1日至2023年12月31日期间内的新能源汽车,免征车辆购置税。

《关于调整享受车船税优惠的节能新能源汽车产品技术要求的公告》(中华人民共和国工业和信息化部、财政部、税务总局公告2022年第2号):

二、对财税〔2018〕74号文中插电式混合动力(含增程式)乘用车有关技术要求调整如下:

(一)插电式混合动力(含增程式)乘用车纯电动续驶里程应满足有条件的等效全电里程不低于43公里。

(二)插电式混合动力(含增程式)乘用车电量保持模式试验的燃料消耗量(不含电能转化的燃料消耗量)与《乘用车燃料消耗量限值》(GB 19578—2021)中车型对应的燃料消耗量限值相比应当小于70%;电量消耗模式试验的电能消耗量应小于电能消耗量目标值的135%。按整备质量(m,kg)不同,百公里电能消耗量目标值(Y)应满足以下要求:m≤1000 时,Y = 0.0112 × m + 0.4;1000<m≤1600 时,Y = 0.0078 × m + 3.80;m>1600 时,Y = 0.0048 × m + 8.60。

三、享受车船税优惠节能、新能源汽车产品的其他技术要求继续按照财税〔2018〕74号文有关规定执行。

《关于节能新能源车船享受车船税优惠政策的通知》(财税〔2018〕74号)。

附：战略性新兴产业九大领域细分产业框架图

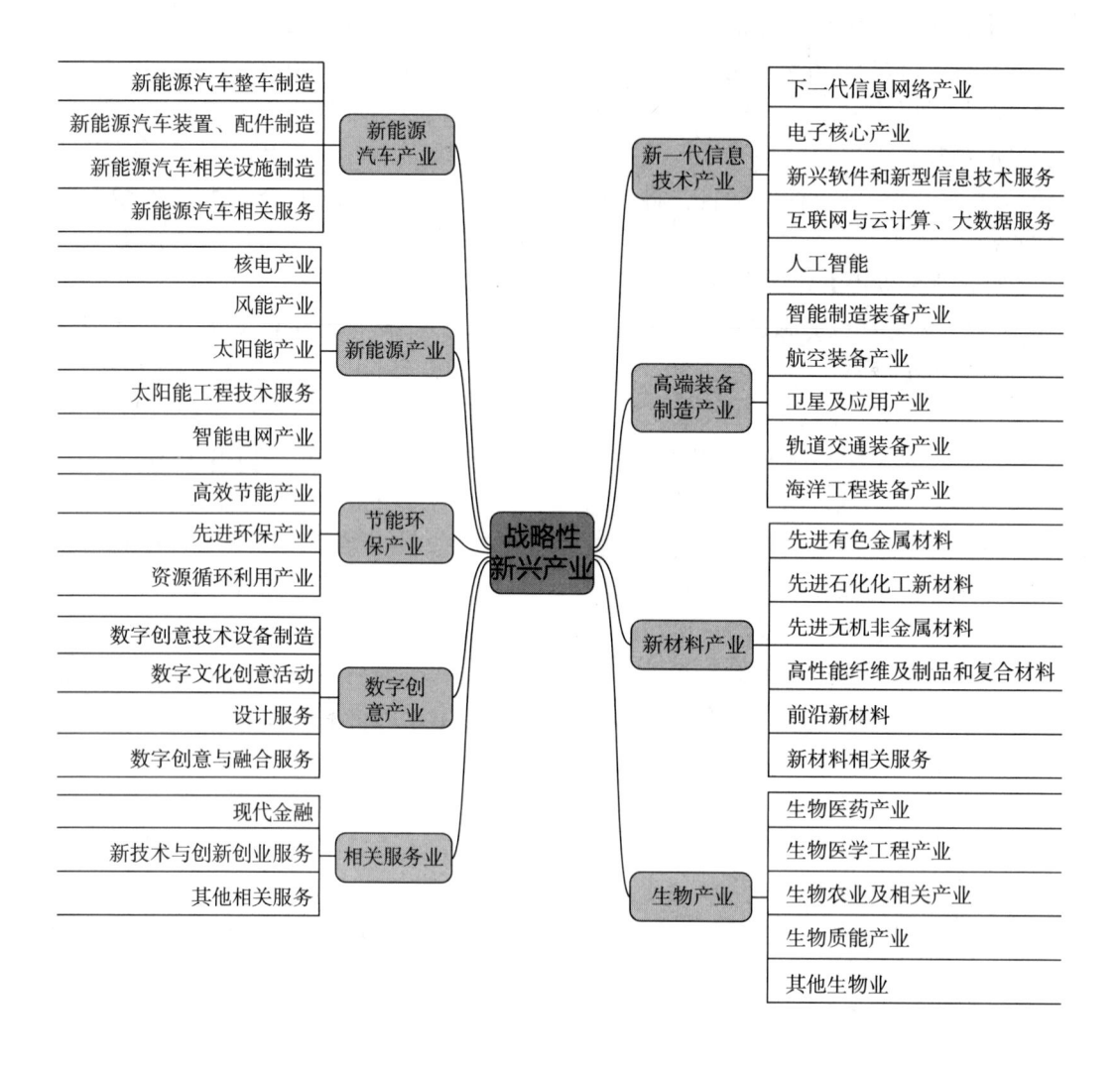

战略性新兴产业

- **新能源汽车产业**
  - 新能源汽车整车制造
  - 新能源汽车装置、配件制造
  - 新能源汽车相关设施制造
  - 新能源汽车相关服务

- **新能源产业**
  - 核电产业
  - 风能产业
  - 太阳能产业
  - 太阳能工程技术服务
  - 智能电网产业

- **节能环保产业**
  - 高效节能产业
  - 先进环保产业
  - 资源循环利用产业

- **数字创意产业**
  - 数字创意技术设备制造
  - 数字文化创意活动
  - 设计服务
  - 数字创意与融合服务

- **相关服务业**
  - 现代金融
  - 新技术与创新创业服务
  - 其他相关服务

- **新一代信息技术产业**
  - 下一代信息网络产业
  - 电子核心产业
  - 新兴软件和新型信息技术服务
  - 互联网与云计算、大数据服务
  - 人工智能

- **高端装备制造产业**
  - 智能制造装备产业
  - 航空装备产业
  - 卫星及应用产业
  - 轨道交通装备产业
  - 海洋工程装备产业

- **新材料产业**
  - 先进有色金属材料
  - 先进石化化工新材料
  - 先进无机非金属材料
  - 高性能纤维及制品和复合材料
  - 前沿新材料
  - 新材料相关服务

- **生物产业**
  - 生物医药产业
  - 生物医学工程产业
  - 生物农业及相关产业
  - 生物质能产业
  - 其他生物业

第 31 章　数字产业

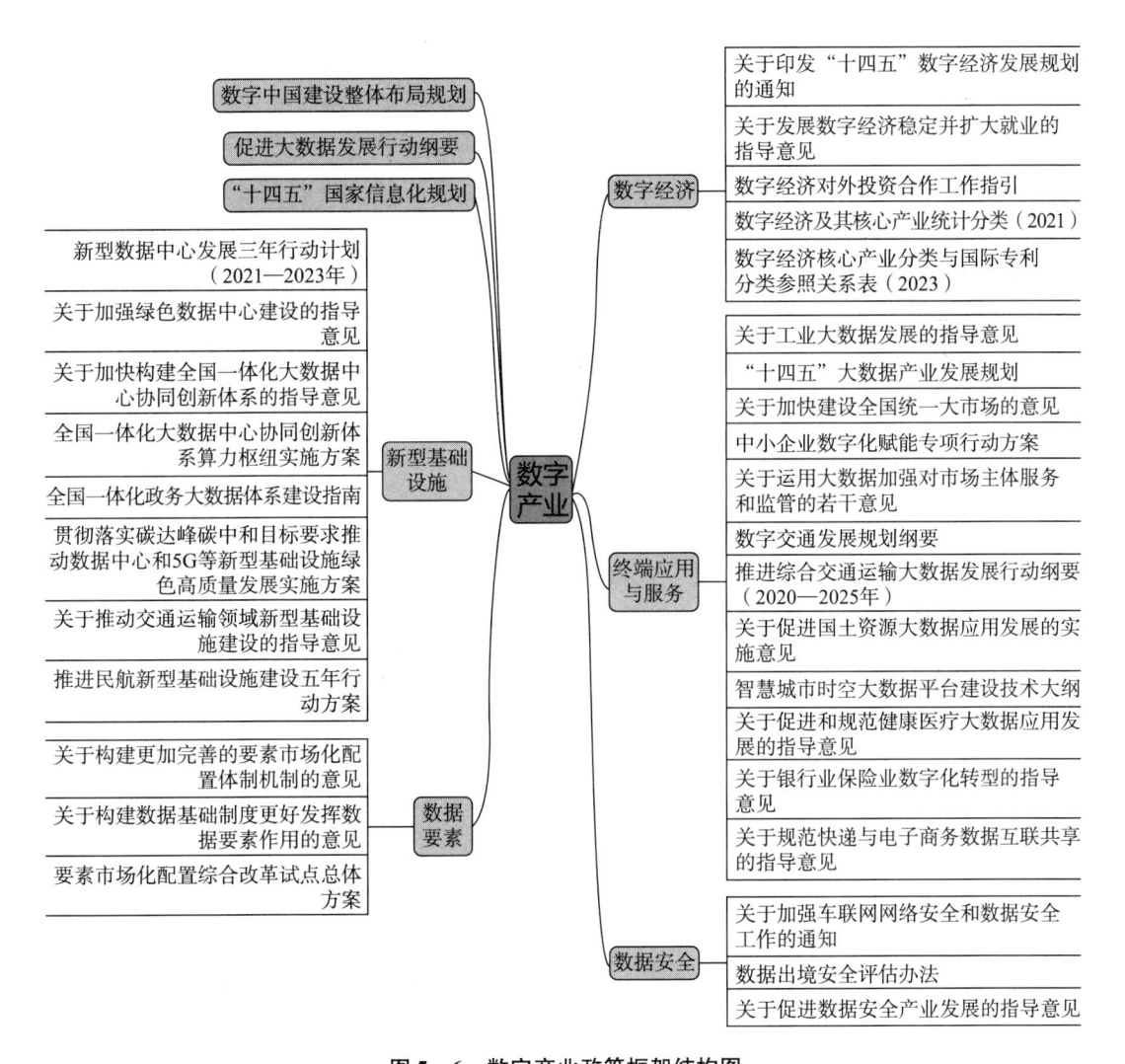

图 5-6　数字产业政策框架结构图

《数字中国建设整体布局规划》（2023年2月27日）：

数字中国建设按照"2522"的整体框架进行布局，即夯实数字基础设施和数据资源体系"两大基础"，推进数字技术与经济、政治、文化、社会、生态文明建设"五位一体"深度融合，强化数字技术创新体系和数字安全屏障"两大能力"，优化数字化发展国内国际"两个环境"。

加快 5G 网络与千兆光网协同建设，深入推进 IPv6 规模部署和应用，推进移动物联网全面发展，大力推进北斗规模应用。系统优化算力基础设施布局，促进东西部算力高效互补和协同联动，引导通用数据中心、超算中心、智能计算中心、边缘数据中心等合理梯次布局。

支持数字企业发展壮大，健全大中小企业融通创新工作机制，发挥"绿灯"投资案例引导作用，推动平台企业规范健康发展。

《促进大数据发展行动纲要》（国发〔2015〕50 号）：

三、主要任务

（一）加快政府数据开放共享，推动资源整合，提升治理能力。

专栏3　政府治理大数据工程

……，鼓励互联网企业运用大数据技术建立市场化的第三方信用信息共享平台，……

（二）推动产业创新发展，培育新兴业态，助力经济转型。

7. 完善大数据产业链。

支持企业开展基于大数据的第三方数据分析发掘服务、技术外包服务和知识流程外包服务。鼓励企业根据数据资源基础和业务特色，积极发展互联网金融和移动金融等新业态。推动大数据与移动互联网、物联网、云计算的深度融合，……

《"十四五"国家信息化规划》（2021年12月）。

一、新型基础设施

《新型数据中心发展三年行动计划 (2021—2023 年)》（工信部通信〔2021〕76 号）：

二、重点任务

（四）产业链稳固增强行动。

1. 加强核心技术研发。鼓励企业加大技术研发投入，开展新型数据中心预制化、液冷等设施层，专用服务器、存储阵列等 IT 层，总线级超融合网络等网络层的技术研发。

（五）绿色低碳发展行动。

2. 持续提升能源高效清洁利用水平。鼓励企业探索建设分布式光伏发电、燃气分布式供能等配套系统，引导新型数据中心向新能源发电侧建设，就地消纳新能源，推动新型数据中心高效利用清洁能源和可再生能源、优化用能结构，……

《关于加强绿色数据中心建设的指导意见》（工信部联节〔2019〕24 号）：

二、重点任务

（二）加强在用数据中心绿色运维和改造

3. 加强废旧电器电子产品处理

……，指导数据中心科学制定老旧设备更新方案，建立规范化、可追溯的产品应用档案，并与产品生产企业、有相应资质的回收企业共同建立废旧电器电子产品回收体系。推动产品生产、回收企业加快废旧电器电子产品资源化利用，……

（五）探索与创新市场推动机制

鼓励数据中心和节能服务公司拓展合同能源管理，研究节能量交易机制，探索绿色数据中心融资租赁等金融服务模式。鼓励数据中心直接与可再生能源发电企业开展电力交易，购买可再生能源绿色电力证书。

《关于加快构建全国一体化大数据中心协同创新体系的指导意见》（发改高技〔2020〕1922号）：

四、优化数据中心布局

（二）推进网络互联互通。推进新型互联网交换中心建设，提升电信运营商和互联网企业互联互通质量，优化数据中心跨网、跨地域数据交互，实现更高质量数据传输服务。

《全国一体化大数据中心协同创新体系算力枢纽实施方案》（发改高技〔2021〕709号）。

《全国一体化政务大数据体系建设指南》（国办函〔2022〕102号）。

《贯彻落实碳达峰碳中和目标要求 推动数据中心和5G等新型基础设施绿色高质量发展实施方案》（发改高技〔2021〕1742号）：

二、主要任务

（二）提高算力能效。支持基础电信运营企业开展5G网络共建共享和异网漫游，强化资源复用。新建大型、超大型数据中心电能利用效率不高于1.3，逐步对电能利用效率超过1.5的数据中心进行节能降碳改造。对于区域内数据中心整体上架率（建成投用1年以上）低于50%的，不支持规划新的数据中心集群，不支持新建大型和超大型数据中心项目。

《关于推动交通运输领域新型基础设施建设的指导意见》（交规划发〔2020〕75号）。

《推进民航新型基础设施建设五年行动方案》（民航发〔2020〕63号）。

二、数据要素

《关于构建更加完善的要素市场化配置体制机制的意见》（2020年3月30日）：

六、加快培育数据要素市场

（二十）推进政府数据开放共享。研究建立促进企业登记、交通运输、气象等公共数据开放和数据资源有效流动的制度规范。

（二十一）提升社会数据资源价值。培育数字经济新产业、新业态和新模式，支持构建农业、工业、交通、教育、安防、城市管理、公共资源交易等领域规范化数据开发利用的场景。发挥行业协会商会作用，推动人工智能、可穿戴设备、车联网、物联网等领域数据采集标准化。

（二十二）加强数据资源整合和安全保护。研究根据数据性质完善产权性质。制定数据隐私保护制度和安全审查制度。推动完善适用于大数据环境下的数据分类分级安全保护制度，加强对政务数据、企业商业秘密和个人数据的保护。

八、健全要素市场运行机制

（二十六）健全要素市场化交易平台。引导培育大数据交易市场，依法合规开展数据交易。支持各类所有制企业参与要素交易平台建设，……健全要素交易信息披露制度。

《关于构建数据基础制度更好发挥数据要素作用的意见》（2022年12月2日）：

二、建立保障权益、合规使用的数据产权制度

（五）推动建立企业数据确权授权机制。鼓励探索企业数据授权使用新模式，发挥国有企业带头作用，引导行业龙头企业、互联网平台企业发挥带动作用，促进与中小微企业双向公平授权，共同合理使用数据，赋能中小微企业数字化转型。

三、建立合规高效、场内外结合的数据要素流通和交易制度

（八）完善数据全流程合规与监管规则体系。推动用于数字化发展的公共数据按政府指导定价有偿使用，企业与个人信息数据市场自主定价。

（十一）构建数据安全合规有序跨境流通机制。推动数据跨境双向有序流动，鼓励国内外企业及组织依法依规开展数据跨境流动业务合作，……

六、保障措施

（十八）加大政策支持力度。提升金融服务水平，引导创业投资企业加大对数据要素型企业的投入力度，鼓励征信机构提供基于企业运营数据等多种数据要素的多样化征信服务，支持实体经济企业特别是中小微企业数字化转型赋能开展信用融资。

（十九）积极鼓励试验探索。支持浙江等地区和有条件的行业、企业先行先试，……

《要素市场化配置综合改革试点总体方案》（国办发〔2021〕51号）：

六、探索建立数据要素流通规则

（十九）完善公共数据开放共享机制。优先推进企业登记监管、卫生健康、交通运输、气象等高价值数据集向社会开放。

（二十一）拓展规范化数据开发利用场景。发挥领军企业和行业组织作用，推动人工智能、区块链、车联网、物联网等领域数据采集标准化。在金融、卫生健康、电力、物流等重点领域，……支持打造统一的技术标准和开放的创新生态，促进商业数据流通、跨区域数据互联、政企数据融合应用。

八、健全要素市场治理

（二十五）完善要素市场化交易平台。规范发展大数据交易平台。支持企业参与要素交易平台建设，规范要素交易平台运行。

（二十六）加强要素交易市场监管。建立健全要素交易风险分析、预警防范和分类处置机制。推进破产制度改革，建立健全自然人破产制度。

三、数字经济

《关于印发"十四五"数字经济发展规划的通知》（国发〔2021〕29号）：

五、大力推进产业数字化转型

（一）加快企业数字化转型升级。实施中小企业数字化赋能专项行动，支持中小企业从数字化转型需求迫切的环节入手，……，由点及面向全业务全流程数字化转型延伸拓展。推行普惠性"上云用数赋智"服务，推动企业上云、上平台，降低技术和资金壁垒，加快企业数字化转型。

（四）培育转型支撑服务生态。建设数字化转型促进中心，……提供数字化转型公共服务，打造区域产业数字化创新综合体，带动传统产业数字化转型。

十、有效拓展数字经济国际合作

（一）加快贸易数字化发展。引进全球服务业跨国公司在华设立运营总部、研发设计中心、采购物流中心、结算中心，积极引进优质外资企业和创业团队，加强国际创新资源"引进来"。大力发展跨境电商，扎实推进跨境电商综合试验区建设。

《关于发展数字经济稳定并扩大就业的指导意见》（发改就业〔2018〕1363号）：

二、加快培育数字经济新兴就业机会

（六）激发数字经济创新创业活力，厚植就业增长沃土。进一步深化新三板改革，稳步扩大创新创业公司债试点规模，支持私募股权和创业投资基金投资数字经济领域。

六、着力健全保障措施

（十九）注重市场驱动。支持市场资源设立发展数字经济促进就业产业基金，……建立健全数字经济企业融资信息平台，……

《数字经济对外投资合作工作指引》（商合函〔2021〕355号）：

三、重点工作

（二）加快推进数字基础设施建设。鼓励企业抓住海外数字基础设施市场机遇，投资建设陆海光缆、宽带网络、卫星通信等通信网络基础设施，大数据中心、云计算等算力基础设施，人工智能、5G网络等智慧基础设施，在全球范围内提供数字服务。

（四）优化数字经济走出去布局。鼓励企业在条件成熟的"一带一路"共建国家开展技术创新合作和电子政务、远程医疗等应用场景合作。

《数字经济及其核心产业统计分类(2021)》（国家统计局令第33号）。

《数字经济核心产业分类与国际专利分类参照关系表（2023）》（国知办函规字〔2023〕203号）。

四、终端应用与服务

《关于工业大数据发展的指导意见》（工信部信发〔2020〕67号）：

二、加快数据汇聚

（一）推动工业数据全面采集。支持重点企业研制工业数控系统，引导工业设备企业开放数据接口，实现数据全面采集。

（三）推动工业数据高质量汇聚。支持企业建设数据汇聚平台，实现多源异构数据的融合和汇聚。

（四）统筹建设国家工业大数据平台。建设国家工业互联网大数据中心，汇聚工业数据，支撑产业监测分析，赋能企业创新发展，提升行业安全运行水平。建立多级联动的国家工业基础大数据库，研制产业链图谱和供应链地图，服务制造业高质量发展。

五、完善数据治理

（十三）加强工业数据分类分级管理。落实《工业数据分类分级指南（试行）》，……推动构建以企业为主体的工业数据分类分级管理体系。

六、强化数据安全

（十五）加强工业数据安全产品研发。开展加密传输、访问控制、数据脱敏等安全技术攻关，提升防篡改、防窃取、防泄漏能力。加快培育安全骨干企业，增强数据安全服务，培育良好安全产业生态。

七、促进产业发展

（十六）突破工业数据关键共性技术。加快数据汇聚、建模分析、应用开发、资源调度和监测管理等共性技术的研发和应用，推动人工智能、区块链和边缘计算等前沿技术的部署和融合。

（十七）打造工业数据产品和服务体系。推动工业大数据采集、存储、加工、分析和服务等环节相关产品开发，构建大数据基础性、通用性产品体系。培育一批数据资源服务提供商和数据服务龙头企业，发展一批聚焦数据标准制定、测试评估、研究咨询等领域的第三方服务机构。

《"十四五"大数据产业发展规划》（工信部规〔2021〕179号）。

《关于加快建设全国统一大市场的意见》（2022年3月25日）：

三、推进市场设施高标准联通

（八）建设现代流通网络。支持数字化第三方物流交付平台建设，……培育一批有全球影响力的数字化平台企业和供应链企业，促进全社会物流降本增效。

七、进一步规范不当市场竞争和市场干预行为

（二十二）着力强化反垄断。破除平台企业数据垄断等问题，防止利用数据、算法、技术手段等方式排除、限制竞争。

《中小企业数字化赋能专项行动方案》（工信厅企业〔2020〕10号）：

二、重点任务

（十）促进产业集群数字化发展。支持小型微型企业创业创新基地、创客空间等中小企业产业集聚区加快数字基础设施改造升级，建设中小企业数字化公共技术服务平台，创建中小企业数字化创新示范园。支持产业集群内中小企业以网络化协作弥补单个企业资源和能力不足，通过协同制造平台整合分散的制造能力，实现技术、产能、订单与员工共享。

三、推进措施

（二）完善激励机制。将中小企业数字化改造升级纳入"专精特新"中小企业培育体系和小型微型企业创业创新示范基地建设，予以重点支持。……，鼓励各地将中小企业数字化列入中小企业发展专项资金等资金重点支持范围。对流动性遇到暂时困难、发展前景良好的中小企业，通过数字化改造升级推进复工复产和转型发展的，金融机构在优惠利率贷款中给予优先支持。

（四）加强培训推广。在工业和信息化部门户网站开设专栏，提供"一站式"综合服务。

《关于运用大数据加强对市场主体服务和监管的若干意见》（国办发〔2015〕51号）。

《数字交通发展规划纲要》（交规划发〔2019〕89号）：

六、构建智能化的应用体系

（一）打造数字化出行助手。

促进交通、旅游等各类信息充分开放共享，……鼓励平台型企业深化多源数据融合，……鼓励各类交通运输客票系统充分开放接入，……为旅客提供"门到门"的全程出行定制服务。推动"互联网+"

便捷交通发展，鼓励和规范发展定制公交、智能停车、智能公交、汽车维修、网络预约出租车、互联网租赁自行车、小微型客车分时租赁等城市出行服务新业态。

《推进综合交通运输大数据发展行动纲要（2020—2025年）》（交科技发〔2019〕161号）。

《关于促进国土资源大数据应用发展的实施意见》（国土资发〔2016〕72号）。

《智慧城市时空大数据平台建设技术大纲》（自然资办函〔2019〕125号）。

《关于促进和规范健康医疗大数据应用发展的指导意见》（国办发〔2016〕47号）。

《关于银行业保险业数字化转型的指导意见》（银保监办发〔2022〕2号）。

《关于规范快递与电子商务数据互联共享的指导意见》（国邮发〔2019〕54号）：

三、加强电子商务与快递数据互联共享管理

（五）建立完善的数据互联共享机制

……，鼓励电子商务经营者与经营快递业务的企业之间依据相关标准开展数据互联共享，……支持电子商务经营者与经营快递业务的企业加强系统互联和业务联动，推动作业流程、数据交换有效衔接。

四、建立电子商务与快递数据中断通知报告制度

（六）建立数据中断风险评估制度

鼓励电子商务经营者和经营快递业务的企业建立数据中断风险评估制度，实现数据互联自动检查、全程监控。电子商务经营者、经营快递业务的企业不得恶意中断数据传输。

五、数据安全

《关于加强车联网网络安全和数据安全工作的通知》（工信部网安〔2021〕134号）：

二、加强智能网联汽车安全防护

（三）保障车辆网络安全。智能网联汽车生产企业要加强整车网络安全架构设计。加强车内系统通信安全保障，强化安全认证、分域隔离、访问控制等措施，防范伪装、重放、注入、拒绝服务等攻击。加强车载信息交互系统、汽车网关、电子控制单元等关键设备和部件安全防护和安全检测。加强诊断接口（OBD）、通用串行总线（USB）端口、充电端口等的访问和权限管理。

（四）落实安全漏洞管理责任。智能网联汽车生产企业要落实《网络产品安全漏洞管理规定》有关要求，明确本企业漏洞发现、验证、分析、修补、报告等工作程序。发现或获知汽车产品存在漏洞后，应立即采取补救措施，并向工业和信息化部网络安全威胁和漏洞信息共享平台报送漏洞信息。对需要用户采取软件、固件升级等措施修补漏洞的，应当及时将漏洞风险及修补方式告知可能受影响的用户，并提供必要技术支持。

三、加强车联网网络安全防护

（六）保障车联网通信安全。各相关企业要建立车联网身份认证和安全信任机制，强化车载通信设备、路侧通信设备、服务平台等安全通信能力，采取身份认证、加密传输等必要的技术措施，防范通

信信息伪造、数据篡改、重放攻击等安全风险，保障车与车、车与路、车与云、车与设备等场景通信安全。鼓励相关企业、机构接入工业和信息化部车联网安全信任根管理平台，协同推动跨车型、跨设施、跨企业互联互认互通。

（七）开展车联网安全监测预警。各相关企业要建立网络安全监测预警机制和技术手段，对智能网联汽车、车联网服务平台及联网系统开展网络安全相关监测，及时发现网络安全事件或异常行为，并按照规定留存相关的网络日志不少于6个月。

（八）做好车联网安全应急处置。智能网联汽车生产企业、车联网服务平台运营企业要建立网络安全应急响应机制，制定网络安全事件应急预案，定期开展应急演练，及时处置安全威胁、网络攻击、网络侵入等网络安全风险。在发生危害网络安全的事件时，立即启动应急预案，采取相应的补救措施，并按照《公共互联网网络安全突发事件应急预案》等规定向有关主管部门报告。

《**数据出境安全评估办法**》（国家互联网信息办公室令第11号）：

第四条　数据处理者向境外提供数据，有下列情形之一的，应当通过所在地省级网信部门向国家网信部门申报数据出境安全评估：

（一）数据处理者向境外提供重要数据；

（二）关键信息基础设施运营者和处理100万人以上个人信息的数据处理者向境外提供个人信息；

（三）自上年1月1日起累计向境外提供10万人个人信息或者1万人敏感个人信息的数据处理者向境外提供个人信息；

（四）国家网信部门规定的其他需要申报数据出境安全评估的情形。

《**关于促进数据安全产业发展的指导意见**》（工信部联网安〔2022〕182号）：

九、保障措施

（十八）加大政策支持。支持符合条件的数据安全企业享受软件和集成电路企业、高新技术企业等优惠政策。支持数据安全企业参与"科技产业金融一体化"专项，通过国家产融合作平台获得便捷高效的金融服务。

第32章 动漫产业

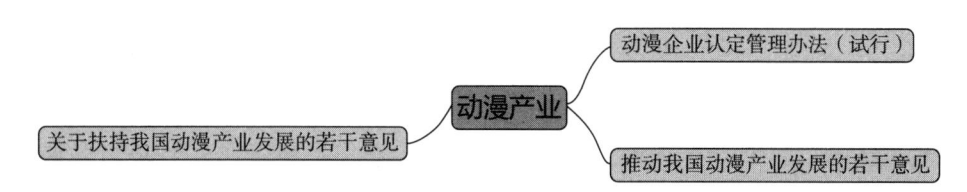

图5-7 动漫产业政策框架结构图

一、鼓励动漫创新

《关于扶持我国动漫产业发展的若干意见》（2008年8月13日）：

二、扶持民族原创，完善产业链条

（四）实施国产动漫振兴工程。

一是评选国家原创动漫大奖，奖励内容健康、艺术性强、创新度高、深受群众喜爱的原创动漫产品；二是扶持原创动漫作品，每年评估、遴选出若干优秀原创漫画、网络动漫、手机动漫作品、动漫舞台剧进行重点扶持。

三、完善支撑体系，加快平台建设

（九）加强理论研究。文化部文化"创新奖"加大对动漫理论和实践创新的奖励力度。

（十三）促进国际交流与合作，支持动漫企业"走出去"。设立国产动漫产品出口奖励和补贴专项资金，促进我国动漫产业国际化。

四、改进管理服务，优化发展环境

（十四）加强市场监管，保护动漫知识产权。以国产原创动漫形象、动漫品牌及其衍生产品为重点，加大知识产权保护力度。对保护动漫知识产权业绩突出的单位和个人给予表彰和奖励。

《推动我国动漫产业发展若干意见》（国办发〔2006〕32号）：

三、支持动漫企业发展，增强市场竞争能力

（九）加大投融资支持力度，鼓励动漫企业建立现代企业制度。政策性银行对符合条件的动漫企业要提供融资支持。将具备条件的动漫中小企业纳入"科技型中小企业技术创新基金"资助范围。优先安排符合条件的动漫企业境内上市融资。

八、支持动漫产品"走出去"，拓展动漫产业发展空间

（二十一）建立健全动漫产业海外服务支撑体系。支持我国动漫企业开拓海外市场，适当补助动漫产品出口译制经费。通过"中小企业国际市场开拓资金"渠道，积极鼓励和支持优秀国产动漫作品和产品到海外参展。

二、动漫企业认定

《动漫企业认定管理办法（试行）》
（文市发〔2008〕51号）：

第三章　认定标准

第十条　申请认定为动漫企业的应同时符合以下标准：

（一）在我国境内依法设立的企业；

（二）动漫企业经营动漫产品的主营收入占企业当年总收入的60%以上；

（三）自主开发生产的动漫产品收入占主营收入的50%以上；

（四）具有大学专科以上学历的或通过国家动漫人才专业认证的、从事动漫产品开发或技术服务的专业人员占企业当年职工总数的30%以上，其中研发人员占企业当年职工总数的10%以上；

（五）具有从事动漫产品开发或相应服务等业务所需的技术装备和工作场所；

（六）动漫产品的研究开发经费占企业当年营业收入8%以上；

（七）动漫产品内容积极健康，无法律法规禁止的内容；

（八）企业产权明晰，管理规范，守法经营。

第十二条　申请认定为重点动漫产品的应符合以下标准之一：

（一）漫画产品销售年收入在100万元（报刊300万元）人民币以上或年销售10万册（报纸1000万份、期刊100万册）以上的，动画产品销售年收入在1000万元人民币以上的，网络动漫（含手机动漫）产品销售年收入在100万元人民币以上的，动漫舞台剧（节）目演出年收入在100万元人民币以上或年演出场次50场以上的；

（二）动漫产品版权出口年收入100万元人民币以上的；

（三）获得国际、国家级专业奖项的；

（四）经省级认定机构、全国性动漫行业协会、国家动漫产业基地等推荐的在思想内涵、艺术风格、技术应用、市场营销、社会影响等方面具有示范意义的动漫产品。

第十三条　符合本办法第十条标准的动漫企业申请认定为重点动漫企业的，应在申报前开发生产出1部以上重点动漫产品，并符合以下标准之一：

（一）注册资本1000万元人民币以上的；

（二）动漫企业年营业收入500万元人民币以上，且连续2年不亏损的；

（三）动漫企业的动漫产品版权出口和对外贸易年收入200万元人民币以上，且自主知识产权动漫产品出口收入占总收入30%以上的；

（四）经省级认定机构、全国性动漫行业协会、国家动漫产业基地等推荐的在资金、人员规模、艺术创意、技术应用、市场营销、品牌价值、社会影响等方面具有示范意义的动漫企业。

第四章 认定程序

第十七条 动漫企业认定实行年审制度。

第二十条 经认定的动漫企业、重点动漫企业，凭本年度有效的"动漫企业证书"、"重点动漫企业证书"，以及本年度自主开发生产的动漫产品列表、"重点动漫产品文书"，向主管税务机关申请享受《通知》规定的有关税收优惠政策。

三、税收优惠

《推动我国动漫产业发展若干意见》（国办发〔2006〕32号）：

三、支持动漫企业发展，增强市场竞争能力

（十）经国务院有关部门认定的动漫企业自主开发、生产动漫产品，可申请享受国家现行鼓励软件产业发展的有关增值税、所得税优惠政策；动漫企业自主开发、生产动漫产品涉及营业税应税劳务的（除广告业、娱乐业外），暂减按3%的税率征收营业税。

（十一）经国务院有关部门认定的动漫企业自主开发、生产动漫直接产品，确需进口的商品可享受免征进口关税及进口环节增值税的优惠政策。

八、支持动漫产品"走出去"，拓展动漫产业发展空间

（二十二）企业出口动漫产品享受国家统一规定的出口退（免）税政策。企业出口动漫版权可适当予以奖励。对动漫企业在境外提供劳务获得的境外收入不征营业税，境外已缴纳的所得税款可按规定予以抵扣。

第 33 章　服务业

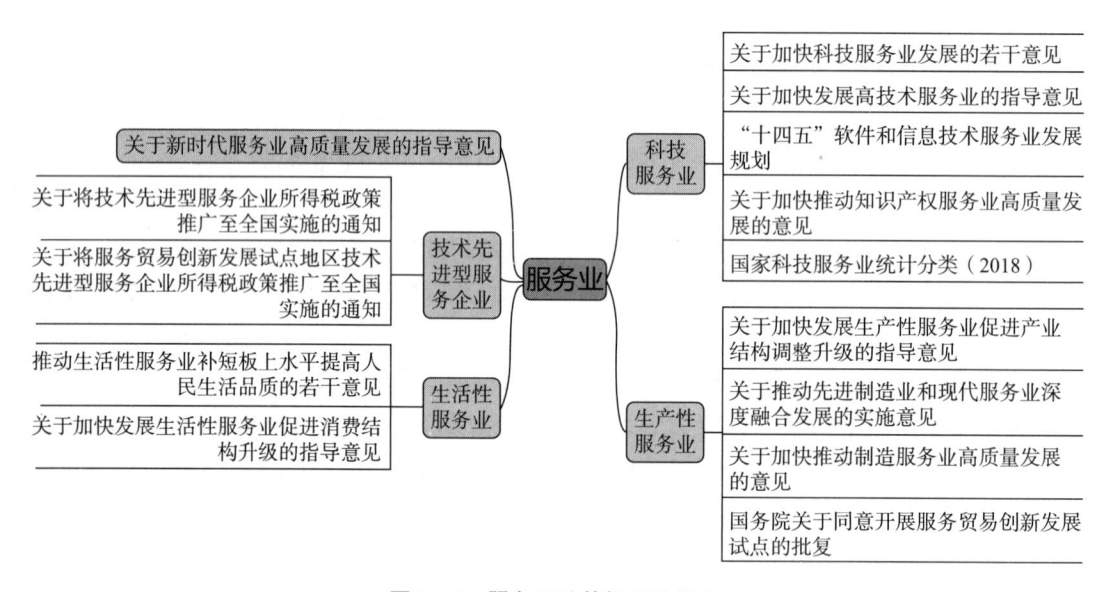

图 5-8　服务业政策框架结构图

《关于新时代服务业高质量发展的指导意见》（发改产业〔2019〕1602 号）：

二、重点任务

（二）深化产业融合。

……，推动制造业龙头企业技术研发、工业设计、采购分销、生产控制、营运管理、售后服务等环节向专业化、高端化跃升；大力发展服务型制造，鼓励有条件的制造业企业向一体化服务总集成总承包商转变。以大型服务平台为基础，以大数据和信息技术为支撑，推动生产、服务、消费深度融合；引导各地服务业集聚区升级发展，丰富服务功能，提升产业能级；推进港口、产业、城市融合发展；深入开展服务业综合改革试点。

（四）优化空间布局。

完善海洋服务基础设施，积极发展海洋物流、海洋旅游、海洋信息服务、海洋工程咨询、涉海金融、涉海商务等，构建具有国际竞争力的海洋服务体系。

（五）提升就业能力。

支持企业和社会力量兴办职业教育，鼓励发展股份制、混合所有制等多元化职业教育集团（联盟），完善职业教育和培训体系。

一、生产性服务业

《关于加快发展生产性服务业促进产业结构调整升级的指导意见》（国发〔2014〕26号）：

四、政策措施

（一）进一步扩大开放。

进一步减少生产性服务业重点领域前置审批和资质认定项目，由先证后照改为先照后证，加快落实注册资本认缴登记制。统一内外资法律法规，推进生产性服务业领域有序开放，放开建筑设计、会计审计、商贸物流、电子商务等服务业领域外资准入限制。

（二）完善财税政策。

研发设计、检验检测认证、节能环保等科技型、创新型生产性服务业企业，可申请认定为高新技术企业，享受15%的企业所得税优惠税率。完善政府采购办法，逐步加大政府向社会力量购买服务的力度，凡适合社会力量承担的，都可以通过委托、承包、采购等方式交给社会力量承担。

（三）创新金融服务。

建立生产性服务业重点领域企业信贷风险补偿机制。支持商业银行发行专项金融债券，服务小微企业。对符合条件的中小企业信用担保机构提供担保服务实行免征营业税政策。

（四）完善土地和价格政策。

鼓励工业企业利用自有工业用地兴办促进企业转型升级的自营生产性服务业，经依法批准，对提高自有工业用地容积率用于自营生产性服务业的工业企业，可按新用途办理相关手续。

《关于推动先进制造业和现代服务业深度融合发展的实施意见》（发改产业〔2019〕1762号）：

三、探索重点行业重点领域融合发展新路径

（一）加快原材料工业和服务业融合步伐。鼓励有条件的企业提供社会化能源管理、安全环保、信息化等服务。推动具备区位、技术等优势的钢铁、水泥等企业发展废弃物协同处置、资源循环利用、污水处理、热力供应等服务。

（七）强化研发设计服务和制造业有机融合。引导研发设计企业与制造企业嵌入式合作，提供需求分析、创新试验、原型开发等服务。

《关于加快推动制造服务业高质量发展的意见》（发改产业〔2021〕372号）：

二、制造服务业发展方向

（四）优化制造业供给质量。加快检验检测认证服务业市场化、国际化、专业化、集约化、规范化改革和发展，提高服务水平和公信力，推进国家检验检测认证公共服务平台建设，推动提升制造业产品和服务质量。

（六）支撑制造业绿色发展。发展回收与利用服务，完善再生资源回收利用体系，畅通汽车、纺织、家电等产品生产、消费、回收、处理、再利用全链条，实现产品经济价值和社会价值最大化。

《国务院关于同意开展服务贸易创新发展试点的批复》（国函〔2016〕40号）：

三、政策保障

（一）加大中央财政支持力度。对试点地区进口国内急需的研发设计、节能环保和环境服务等给予贴息支持。

（四）设立服务贸易创新发展引导基金。

二、科技服务业

《关于加快科技服务业发展的若干意见》（国发〔2014〕49号）：

二、重点任务

重点发展研究开发、技术转移、检验检测认证、创业孵化、知识产权、科技咨询、科技金融、科学技术普及等专业科技服务和综合科技服务，……

三、政策措施

（三）加大财税支持。

将科技服务内容及其支撑技术纳入国家重点支持的高新技术领域，对认定为高新技术企业的科技服务企业，减按15%的税率征收企业所得税。符合条件的科技服务企业发生的职工教育经费支出，不超过工资薪金总额8%的部分，准予在计算应纳税所得额时据实扣除。

《关于加快发展高技术服务业的指导意见》（国办发〔2011〕58号）：

四、政策措施

（一）加大财税支持。鼓励有条件的地区设立高技术服务业发展专项资金。发展改革委会同有关部门组织实施高技术服务产业化专项。

（二）拓展融资渠道。继续推动高技术服务产业基地发行中小企业集合债和集合票据。

《"十四五"软件和信息技术服务业发展规划》（工信部规〔2021〕180号）。

《关于加快推动知识产权服务业高质量发展的意见》（国知发运字〔2022〕47号）。

《国家科技服务业统计分类（2018）》（国统字〔2018〕215号）。

三、生活性服务业

《推动生活性服务业补短板上水平提高人民生活品质的若干意见》（国办函〔2021〕103号）：

八、完善支持政策

（二十三）加强财税和投资支持。各地安排的相关资金要优先用于支持普惠性生活服务。落实支持生活性服务业发展的税收政策。对价格普惠且具有一定收益的公共服务设施项目，符合条件的纳入地方政府专项债券支持范围。

（二十四）加大金融支持力度。积极运用再贷款再贴现等工具支持包括生活性服务业企业在内的涉农领域、小微企业、民营企业发展。引导商业银行扩大信用贷款、增加首贷户，推广"信易贷"，使资金更多流向小微企业、个体工商户。鼓励保险机构开展生活性服务业保险产品和服务创新。

《关于加快发展生活性服务业促进消费结构升级的指导意见》（国办发〔2015〕85号）：

三、政策措施

（五）加大财税、金融、价格、土地政策引导支持。

适时推进"营改增"改革，研究将尚未试点的生活性服务行业纳入改革范围。科学设计生活性服务业"营改增"改革方案，合理设置生活性服务业增值税税率。发挥财政资金引导作用，创新财政资金使用方式，大力推广政府和社会资本合作（PPP）模式，运用股权投资、产业基金等市场化融资手段支持生活性服务业发展。对免费或低收费向社会开放的公共体育设施按照有关规定给予财政补贴。推进政府购买服务，鼓励有条件的地区购买养老、健康、体育、文化、社区等服务，扩大市场需求。

四、技术先进型服务企业

《关于将技术先进型服务企业所得税政策推广至全国实施的通知》（财税〔2017〕79号）：

一、自2017年1月1日起，在全国范围内实行以下企业所得税优惠政策：

1. 对经认定的技术先进型服务企业，减按15%的税率征收企业所得税。

2. 经认定的技术先进型服务企业发生的职工教育经费支出，不超过工资薪金总额8%的部分，准予在计算应纳税所得额时扣除；超过部分，准予在以后纳税年度结转扣除。

二、享受本通知第一条规定的企业所得税优惠政策的技术先进型服务企业必须同时符合以下条件：

1. 在中国境内（不包括港、澳、台地区）注册的法人企业；

2. 从事《技术先进型服务业务认定范围（试行）》（详见附件）中的一种或多种技术先进型服务业务，采用先进技术或具备较强的研发能力；

3. 具有大专以上学历的员工占企业职工总数的50%以上；

4. 从事《技术先进型服务业务认定范围（试行）》中的技术先进型服务业务取得的收入占企业当年总收入的50%以上；

5. 从事离岸服务外包业务取得的收入不低于企业当年总收入的35%。

从事离岸服务外包业务取得的收入，是指企业根据境外单位与其签订的委托合同，由本企业或其直接转包的企业为境外单位提供《技术先进型服务业务认定范围（试行）》中所规定的信息技术外包服务（ITO）、技术性业务流程外包服务（BPO）和技术性知识流程外包服务（KPO），而从上述境外单位取得的收入。

《关于将服务贸易创新发展试点地区技术先进型服务企业所得税政策推广至全国实施的通知》（财税〔2018〕44号）：

一、自2018年1月1日起，对经认定的技术先进型服务企业（服务贸易类），减按15%的税率征收企业所得税。

二、本通知所称技术先进型服务企业（服务贸易类）须符合的条件及认定管理事项，按照《财政部　税务总局　商务部　科技部　国家发展改革委关于将技术先进型服务企业所得税政策推广至全国实施的通知》（财税〔2017〕79号）的相关规定执行。其中，企业须满足的技术先进型服务业务领域范围按照本通知所附《技术先进型服务业务领域范围（服务贸易类）》执行。

第 34 章　文体产业

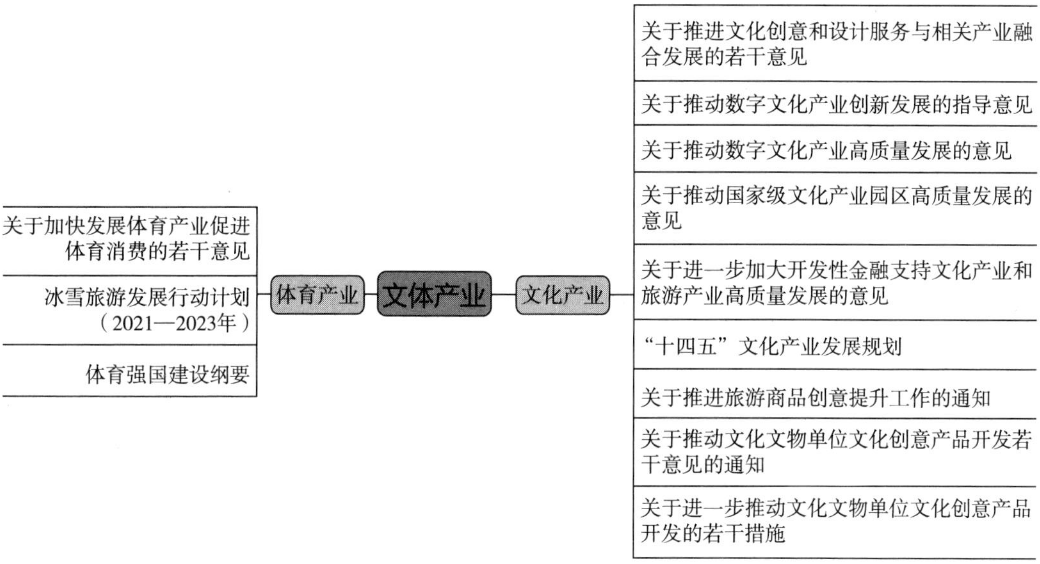

图 5-9　文体产业政策框架结构图

体育产业：
- 关于加快发展体育产业促进体育消费的若干意见
- 冰雪旅游发展行动计划（2021—2023年）
- 体育强国建设纲要

文化产业：
- 关于推进文化创意和设计服务与相关产业融合发展的若干意见
- 关于推动数字文化产业创新发展的指导意见
- 关于推动数字文化产业高质量发展的意见
- 关于推动国家级文化产业园区高质量发展的意见
- 关于进一步加大开发性金融支持文化产业和旅游产业高质量发展的意见
- "十四五"文化产业发展规划
- 关于推进旅游商品创意提升工作的通知
- 关于推动文化文物单位文化创意产品开发若干意见的通知
- 关于进一步推动文化文物单位文化创意产品开发的若干措施

一、文化产业

《关于推进文化创意和设计服务与相关产业融合发展的若干意见》（国发〔2014〕10号）：

二、重点任务

（二）加快数字内容产业发展。深入实施国家文化科技创新工程，支持利用数字技术、互联网、软件等高新技术支撑文化内容、装备、材料、工艺、系统的开发和利用，加快文化企业技术改造步伐。

三、政策措施

（二）强化人才培养。加强创业孵化，加大对创意和设计人才创业创新的扶持力度。支持符合条件的设立博士后科研工作站，探索学历教育与职业培训并举、创意和设计与经营管理结合的人才培养新模式，加快培养高层次、复合型人才。

（六）加大财税支持。增加文化产业发展专项资金规模，加大对文化创意和设计服务企业支持力度。将文化创意和设计服务内容纳入文化产业支撑技术等领域，对经认定为高新技术企业的文化创意和设计服务企业，减按15%的税率征收企业所得税。文化创意和设计服务企业发生的职工教育经费支出，不超过工资薪金总额8%的部分，准予在计算应纳税所得额时扣除。企业发生的符合条件的创意和设计费用，执行税前加计扣除政策。对国家重点鼓励的文化创意和设计服务出口实行营业税免税。对纳入增值税征收范围的国家重点鼓励的文化创意和设计服务出口实行增值税零税率或免税，对国家重点鼓励的创意和设计产品出口实行增值税零税率。

《关于推动数字文化产业创新发展的指导意见》（文产发〔2017〕8号）：

四、建设数字文化产业创新生态体系

（十五）推进数字文化产业创新创业。支持在数字文化产业领域开展众创、众包、众扶、众筹。促进产业协同创新，推动建设文化内容数字资源平台，建设以企业为主体、产学研用联合的数字文化产业创新中心，建设创新与创业结合、孵化与投资结合、线上与线下结合的数字文化双创服务平台。

五、加大数字文化产业政策保障力度

（二十）落实相关财税金融政策。支持符合条件的数字文化企业申报高新技术企业认定，享受减按15%的税率征收企业所得税等政策。对企业发生的符合条件的创意和设计费用执行税前加计扣除政策。加大直接融资力度，鼓励符合条件的数字文化企业通过各类资本市场融资，积极运用债券融资，支持设立数字文化产业创业投资引导基金和各类型相关股权投资基金。做好数字文化产品和服务纳入《战略性新兴产业重点产品和服务目录》的落实工作，支持享受有关优惠政策。

（二十一）强化创新服务和人才支撑。引导数字文化产业创新中心建设，对技术创新能力较强、创新业绩显著、具有重要示范作用的数字文化产业创新中心予以扶持，鼓励和引导企业不断提高自主创新能力。评定一批数字文化方向的文化部重点实验室。依托数字文化产业创新中心、重点实验室、重点高校、科研机构和龙头企业，系统性开展数字文化产业理论研究和创新实践，通过国家社科基金、国家文化科技创新工程等支持一批数字文化领域重大课题和创新项目。

《关于推动数字文化产业高质量发展的意见》（文旅产业发〔2020〕78号）：

二、夯实数字文化产业发展基础

（六）推动技术创新和应用。支持5G、大数据、云计算、人工智能、物联网、区块链等在文化产业领域的集成应用和创新，建设一批文化产业数字化应用场景。

三、培育数字文化产业新型业态

（十一）深化融合发展。促进数字文化与社交电商、网络直播、短视频等在线新经济结合，发展旅游直播、旅游带货等线上内容生产新模式。推动数字文化产品和服务在公共文化场馆的应用，丰富公共文化空间体验形式和内容。

（十二）发展平台经济。鼓励各类电子商务平台开发文化服务功能和产品、举办文化消费活动，支持互联网企业打造数字精品内容创作和新兴数字文化资源传播平台，支持具备条件的文化企业平台化拓展，培育一批具有引领示范效应的平台企业。鼓励互联网平台企业与文化文物单位、旅游景区度假区合作，探索流量转化、体验付费、服务运营等新模式。引导"宅经济"健康发展，鼓励线上直播、有声产品、地理信息等服务新方式，发展基于知识传播、经验分享的创新平台。

（十四）丰富云展览业态。支持文化文物单位与融媒体平台、数字文化企业合作，运用5G、VR/AR、人工智能、多媒体等数字技术开发馆藏资源，发展"互联网＋展陈"新模式，打造一批博物馆、美术馆数字化展示示范项目，开展虚拟讲解、艺术普及和交互体验等数字化服务，……支持展品数字化采集、图像呈现、信息共享、按需传播、智慧服务等云展览共性、关键技术研究与应用。

《关于推动国家级文化产业园区高质量发展的意见》（文旅产业发〔2021〕131号）。

《关于进一步加大开发性金融支持文化产业和旅游产业高质量发展的意见》（2021年4月15日）：

二、主要任务

（三）支持产业创新发展。支持金融机构开发适应数字文化产业特点的融资新产品。

（五）支持产业国际合作。加大对"一带一路"文化产业和旅游产业国际合作重点项目的开发性金融支持，共同支持中外文化和旅游企业在产品开发、技术研发和传播渠道建设方面持续深入合作。

《"十四五"文化产业发展规划》（文旅产业发〔2021〕42号）。

《关于推进旅游商品创意提升工作的通知》（办资源发〔2021〕124号）：

二、坚持市场导向，培育市场主体、丰富产品种类

（一）深入推进创意产品开发信息名录建设。各地文化和旅游行政部门要择优收录实力强、信誉好、潜力大的创意设计机构、制造类企业、金融投资机构、渠道平台类企业等机构信息，建立本地区创意产品开发信息名录。文化和旅游部将定期更新完善《全国文化和旅游创意产品开发信息名录》，明确市场主体、畅通信息渠道，营造更加公平、透明、高效的市场环境。

《关于推动文化文物单位文化创意产品开发若干意见的通知》（国办发〔2016〕36号）。

《关于进一步推动文化文物单位文化创意产品开发的若干措施》（文旅资源发〔2021〕85号）：

四、用好税收优惠政策

落实研究开发费用税前加计扣除有关政策，企业为获得创新性、创意性、突破性产品进行创意设计活动而发生的相关费用，可按照规定进行税前加计扣除。落实事业单位转制为企业有关税收政策，经营性文化事业单位转制为企业，符合条件的自转制注册之日起五年内免征企业所得税。

二、体育产业

《关于加快发展体育产业促进体育消费的若干意见》（国发〔2014〕46号）：

二、主要任务
（一）创新体制机制。
取消商业性和群众性体育赛事活动审

批，加快全国综合性和单项体育赛事管理制度改革，公开赛事举办目录，通过市场机制积极引入社会资本承办赛事。有关政府部门要积极为各类赛事活动举办提供服务。

三、政策措施

（三）完善税费价格政策。

……，将体育服务、用品制造等内容及其支撑技术纳入国家重点支持的高新技术领域，对经认定为高新技术企业的体育企业，减按15%的税率征收企业所得税。……，经认定取得非营利组织企业所得税免税优惠资格的，依法享受相关优惠政策。落实符合条件的体育企业创意和设计费用税前加计扣除政策。落实企业从事文化体育业按3%的税率计征营业税。鼓励企业捐赠体育服装、器材装备，支持贫困和农村地区体育事业发展，对符合税收法律法规规定条件向体育事业的捐赠，按照相关规定在计算应纳税所得额时扣除。体育场馆自用的房产和土地，可享受有关房产税和城镇土地使用税优惠。体育场馆等健身场所的水、电、气、热价格按不高于一般工业标准执行。

（六）完善无形资产开发保护和创新驱动政策。

支持符合条件的体育企业牵头承担各类科技计划（专项、基金）等科研项目。

《冰雪旅游发展行动计划（2021—2023年)》（文旅资源发〔2021〕12号）。

《体育强国建设纲要》（国办发〔2019〕40号）：

二、战略任务

（三）加快发展体育产业，培育经济发展新动能。

支持体育用品研发设计、生产制造和示范应用，引导企业加大自主研发和科技成果转化力度，开发科技含量高、拥有自主知识产权的产品，支持可穿戴运动设备和智能运动装备的研发与制造，显著提升体育用品供给能力。打造一批具有国际竞争力的知名体育企业和具有国际影响力的自主体育品牌，支持优势企业、优势品牌和优势项目"走出去"。

第 35 章　农林业

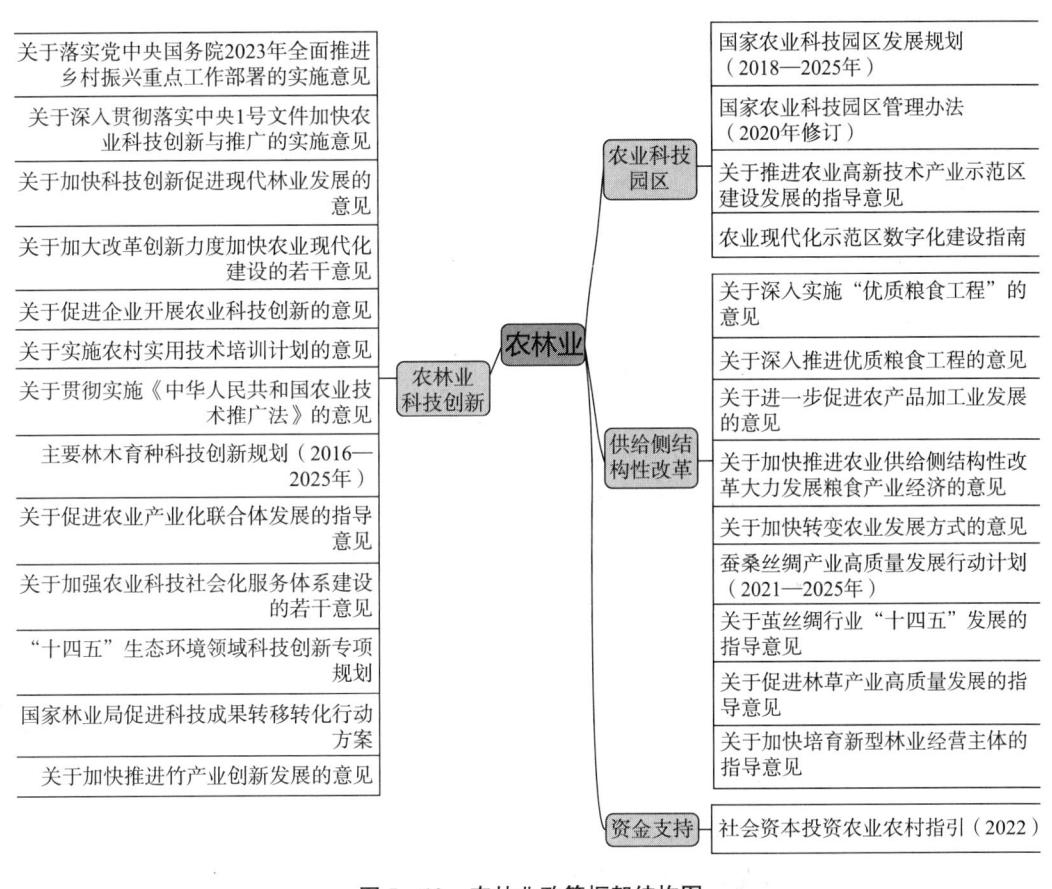

图 5-10　农林业政策框架结构图

一、农林业科技创新

《关于落实党中央国务院 2023 年全面推进乡村振兴重点工作部署的实施意见》（农发〔2023〕1 号）：

二、加强农业科技和装备支撑，奠定农业强国建设基础

（十）加快推进农业关键核心技术攻

关。推进国家现代农业产业科技创新中心、农业科技创新联盟建设，加快培育农业科技引领型企业。支持农业领域重大创新平台建设，布局一批国际农业联合研究中心、区域技术公共研发中心、农业农村部重点实验室、农业基础性长期性观测实验站（点）。

《关于深入贯彻落实中央1号文件加快农业科技创新与推广的实施意见》（农科教发〔2012〕4号）：

六、突出抓好种业创新。建立种业发展基金，在转基因生物新品种培育重大专项、农业行业科研专项、种子工程、农业综合开发等项目中，加大对"育繁推一体化"种子企业投入力度，支持企业建立商业化育种体系。

七、积极培育现代生物农业产业等战略性新兴产业。根据转基因产品的研发进程、技术成熟度和社会接受程度，在科学评估、依法管理基础上，加快解决转基因生物产业发展的重大战略问题，积极稳妥地推进农业转基因技术研究与应用。

十五、加快建设农业科技队伍。实施农业科研杰出人才培养计划，大力培养农业科技领军人才和优秀创新团队，……

《关于加快科技创新促进现代林业发展的意见》（林科发〔2012〕231号）：

四、加强标准建设，提高质量效益

15. 强化林业生物遗传资源保护。强化林业遗传资源保护，研究建立林业遗传资源获取与惠益分享制度，推动遗传资源共享与创新，促进遗传资源开发利用。

六、加强平台建设，提升创新能力

17. 改善科技创新条件平台。实施林业条件平台建设专项，加强林业重点实验室、工程实验室、工程（技术）研究中心、质检中心、新品种测试基地等创新平台建设，构建层次清晰、分工明确、布局合理、管理规范的林业科技创新平台体系，增强开放运行效能。鼓励企业建立研发中心，建成一批林业科技创新型企业，增强林业企业自主创新能力。

七、加强国际合作，提升国际影响

19. 增强国际（区域）科技合作能力。组织实施国际合作项目，加大国际先进林业技术引进力度，开展合作研究，提高消化吸收再创新能力。

《关于加大改革创新力度加快农业现代化建设的若干意见》（2015年中央一号文件）：

二、围绕促进农民增收，加大惠农政策力度

9. 提高农业补贴政策效能。继续实施种粮农民直接补贴、良种补贴、农机具购置补贴、农资综合补贴等政策。完善农机具购置补贴政策，向主产区和新型农业经营主体倾斜，扩大节水灌溉设备购置补贴范围。实施农业生产重大技术措施推广补助政策。

四、围绕增添农村发展活力，全面深化农村改革

21. 加快构建新型农业经营体系。推进农业产业化示范基地建设和龙头企业转型升级。

《关于促进企业开展农业科技创新的意见》（农科教发〔2013〕2号）：

支持企业参与或主持科技重大专项、公益性行业（农业）科研专项、高新技术

产业化项目、农业科技成果转化等项目，对于产业化特征突出的重大科技项目，可由有条件的企业牵头组织实施。

现代农业产业技术试验站、农作物育种创新基地等布局，要兼顾有条件的企业作为建设或参与建设依托单位。

《关于实施农村实用技术培训计划的意见》（教职成〔2005〕2号）。

《关于贯彻实施〈中华人民共和国农业技术推广法〉》的意见（2013年1月4日）。

《主要林木育种科技创新规划（2016—2025年）》（国科发农〔2016〕248号）：

五、保障措施

（二）完善体制机制，推进科技创新

优化企业参与育种创新的政策环境，鼓励支持大中型骨干企业建立研发中心，培育以高新技术为主体的创新型林业科技企业，支持企业加强育繁推一体化经营，适时推进林木种苗政府采购政策和后补助。鼓励良种基地向企业开放，允许科研单位和科技人员以技术入股企业。

（三）加大资金投入，强化稳定支持

充分发挥市场投融资机制作用，对符合高新技术企业要求的林木育种企业给予必要的财政补贴和税收优惠，探索建立林木育种基金，鼓励林木种业发行种业债券，加强政策性保险，引导和鼓励各类社会资金参与林木育种产业。

（四）鼓励协同创新，促进产学研结合

积极建立产业技术创新战略联盟、产业技术创新服务平台等产学研合作组织；鼓励企业出资到高校、科研机构建立研发平台，引导高校、科研机构到重点企业共建研发中心，促进多方利益主体在研发、示范、商业化等创新链各个环节的深度合作；鼓励以项目为纽带，以委托研发、技术转让、产学研联合攻关等形式开展技术合作等；加强科技成果转化服务与共享平台建设，为科技成果转化提供系列的政策咨询、项目立项、动态跟踪和督查管理等服务，实现种业科技创新服务的链式整合。

《关于促进农业产业化联合体发展的指导意见》（农经发〔2017〕9号）。

《关于加强农业科技社会化服务体系建设的若干意见》（国科发农〔2020〕192号）。

《"十四五"生态环境领域科技创新专项规划》（国科发社〔2022〕238号）：

五、保障措施

（一）创新组织实施机制。

改进科技项目组织管理方式，征集有意愿有条件的地方政府和骨干企业作为工程建设组织和依托单位，采取"揭榜挂帅"等方式激发创新活力，遴选有实力、有优势的研发单位，通过国家重点研发计划、科技创新2030—重大项目等予以分批支持。

（二）构建绿色技术创新体系。

发展一批由骨干企业主导、多主体共同参与的专业绿色技术创新战略联盟，构建跨学科、开放式、引领性的绿色技术创新基地平台和智库服务中心。

《国家林业局促进科技成果转移转化行动方案》（林科发〔2017〕46号）。

《关于加快推进竹产业创新发展的意见》（林改发〔2021〕104号）。

二、农业科技园区

《国家农业科技园区发展规划（2018—2025年）》（国科发农〔2018〕30号）：

四、重点任务

（二）集聚优势科教资源，提升创新服务能力。

支持园区企业和科研机构结合区域实际，自主承担或联合参与国家科研项目，开展特色优势产业关键共性技术研发和推广。

（三）培育科技创新主体，发展高新技术产业。

打造科技创业苗圃、企业孵化器、星创天地、现代农业产业科技创新中心等"双创"载体，培育一批技术水平高、成长潜力大的科技型企业，形成农业高新技术企业群。

《国家农业科技园区管理办法》（2020年修订，国科发农〔2020〕173号）。

《关于推进农业高新技术产业示范区建设发展的指导意见》（国办发〔2018〕4号）：

二、重点任务

（一）培育创新主体。研究制定农业创新型企业评价标准，培育一批研发投入大、技术水平高、综合效益好的农业创新型企业。以"星创天地"为载体，推进大众创业、万众创新，鼓励新型职业农民、大学生、返乡农民工、留学归国人员、科技特派员等成为农业创业创新的生力军。

《农业现代化示范区数字化建设指南》农办市〔2022〕12号）：

二、重点任务

（一）推进信息基础设施建设

鼓励企业开发一批信息终端、技术产品、移动端应用软件（App）等，服务农业生产经营、产品销售流通、农技知识获取和涉农政策咨询。

三、供给侧结构性改革

《关于深入实施"优质粮食工程"的意见》（财建〔2019〕287号）：

创新示范引领。围绕延伸粮食产业链、提升价值链、打造供应链，培育壮大一批龙头骨干企业，促进粮食"产购储加销"体系建设和一二三产融合发展。选树推广一批先进典型，在全国形成百个典型示范县、千个先进示范企业（合作社）、万个样板店和一大批知名品牌的"百千万"典型引领示范格局。

强化创新驱动。实施"科技兴粮"和"人才兴粮"，推进产学研深度融合，鼓励企业加强技术改造和产品研发，加大烘干环保、快速检验、精深加工等新技术研发与推广力度，创新经营业态和服务方式。

《关于深入推进优质粮食工程的意见》（财建〔2021〕177号）。

**《关于进一步促进农产品加工业发展

的意见》（国办发〔2016〕93号）：

四、加快产业转型升级

（十三）提升科技创新能力。强化协同创新机制，依托企业建设研发基地和平台。

（十四）加速科技成果转化推广。筛选一批成熟适用加工技术、工艺和关键装备，搭建科企技术对接平台，鼓励建设科技成果转化交易中心，支持科技人员以科技成果入股加工企业，实行股权分红等激励措施。

《关于加快推进农业供给侧结构性改革大力发展粮食产业经济的意见》（国办发〔2017〕78号）：

二、培育壮大粮食产业主体

（五）培育壮大粮食产业化龙头企业。支持符合条件的龙头企业参与承担政策性粮食收储业务；在确保区域粮食安全的前提下，探索创新龙头企业参与地方粮食储备机制。

（六）支持多元主体协同发展。支持符合条件的多元主体积极参与粮食仓储物流设施建设、产后服务体系建设等。鼓励龙头企业与产业链上下游各类市场主体成立粮食产业联盟，共同制订标准、创建品牌、开发市场、攻关技术、扩大融资等，实现优势互补。鼓励通过产权置换、股权转让、品牌整合、兼并重组等方式，实现粮食产业资源优化配置。

《关于加快转变农业发展方式的意见》（国办发〔2015〕59号）。

《蚕桑丝绸产业高质量发展行动计划(2021—2025年)》（工信部联消费〔2020〕151号）。

《关于茧丝绸行业"十四五"发展的指导意见》（2021年9月15日）：

二、重点任务

（一）实施创新驱动战略，增强核心竞争力。

2. 提升产业智能制造水平。充分发挥国家级工程研究中心、重点实验室和企业技术中心的作用，集中财政资金实施一批具有前瞻性、战略性的重大科技项目。提升桑、柞蚕茧丝绸加工自动化水平，加快推动自动化养蚕、机器选茧、智能化缫丝机、功能性后整理等关键技术装备的攻关，积极探索"机器换人"。加强高效短流程制丝、数字化高速织造、在线监测、低浴比生态染色、机可洗整理、高性能纤维材料等工艺技术的研发与应用，提高丝绸产品质量和科技附加值。

3. 增强企业自主创新能力。实施行业技改专项行动，鼓励企业改造升级落后技术设备，建设一批智能化车间、智慧型工厂。

《关于促进林草产业高质量发展的指导意见》（林改发〔2019〕14号）。

《关于加快培育新型林业经营主体的指导意见》（林改发〔2017〕77号）：

二、大力培育适度规模经营主体

（八）培育壮大林业龙头企业。建立林业龙头企业主导的研发创新机制，推动龙头企业成为技术创新和成果转化的主体。鼓励林业龙头企业通过"公司+合作社+农户+基地"、"公司+农户+基地"等经营模式与农户构建紧密利益联结机制，发挥龙头企业带动作用。

四、资金支持

《社会资本投资农业农村指引（2022年）》（农办计财〔2020〕11号）：

二、鼓励投资的重点产业和领域

（二）现代种业。鼓励社会资本投资创新型种业企业，……提升商业化育种创新能力，提升我国种业国际竞争力。引导参与现代种业自主创新能力提升，……加强种质资源保存与利用、育种创新、品种检测测试与展示示范、良种繁育等能力建设，……建立现代种业体系。

（七）农业科技创新。鼓励社会资本创办农业科技创新型企业，参与农业关键核心技术攻关，开展全产业链协同攻关。鼓励聚焦生物育种、耕地质量、智慧农业、农业机械设备、农业绿色投入品等关键领域，加快研发与创新一批关键核心技术及产品，开展生物育种、高端智能农机、丘陵山区农机、大型复合农机和产业急需农民急用的短板机具、渔业装备、绿色投入品、环保渔具和玻璃钢等新材料渔船等的研发创新、成果转化与技术服务，提升装备研发应用水平。鼓励参与农业领域国家重点实验室等科技创新平台基地建设，参与农业科技创新联盟、国家现代农业产业科技创新中心等建设，促进科技与产业深度融合。支持农业企业牵头建设农业科技创新联合体或新型研发机构，加强农业科技社会化服务体系建设，完善农业科技推广服务云平台。引导发展技术交易市场和科技服务机构，提供科技成果转化服务，加快先进实用技术集成创新与推广应用。

第36章 绿色产业

绿色产业政策框架

发展规划和产业指导
- "十四五"工业绿色发展规划
- 关于加强产融合作推动工业绿色发展的指导意见
- 生态文明体制改革总体方案
- "十四五"节能减排综合工作方案
- 关于加快建立健全绿色低碳循环发展经济体系的指导意见
- 关于完整准确全面贯彻新发展理念做好碳达峰碳中和工作的意见
- 工业领域碳达峰实施方案
- 2030年前碳达峰行动方案
- 关于组织开展绿色产业示范基地建设的通知
- 绿色产业指导目录（2019）

典型产业
- 关于完善能源绿色低碳转型体制机制和政策措施的意见
- 智能光伏产业创新发展行动计划（2021—2025年）
- 高耗能行业重点领域节能降碳改造升级实施指南（2022年版）
- 环保装备制造业高质量发展行动计划（2022—2025年）
- 关于加快废旧物资循环利用体系建设的指导意见

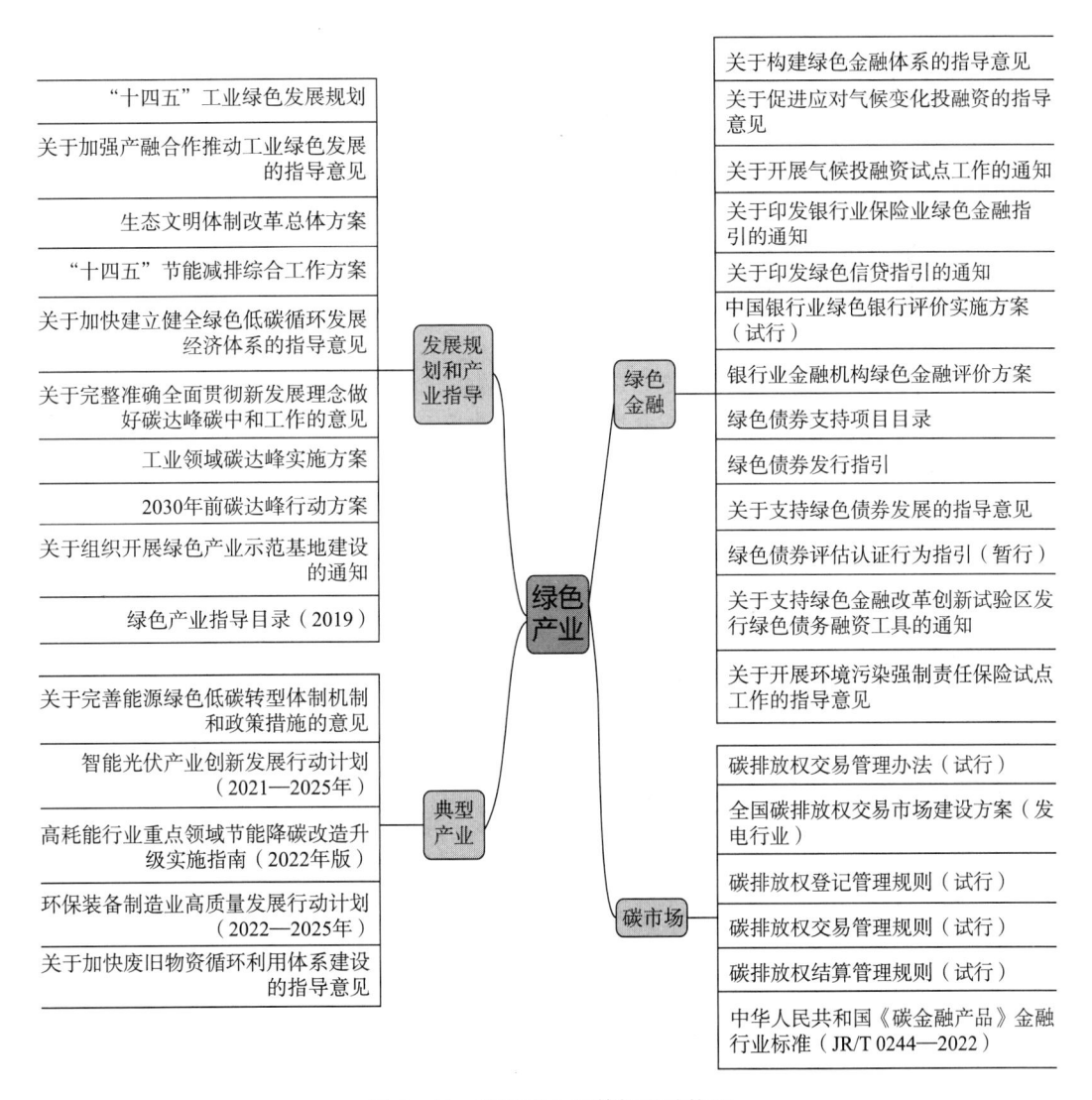

绿色金融
- 关于构建绿色金融体系的指导意见
- 关于促进应对气候变化投融资的指导意见
- 关于开展气候投融资试点工作的通知
- 关于印发银行业保险业绿色金融指引的通知
- 关于印发绿色信贷指引的通知
- 中国银行业绿色银行评价实施方案（试行）
- 银行业金融机构绿色金融评价方案
- 绿色债券支持项目目录
- 绿色债券发行指引
- 关于支持绿色债券发展的指导意见
- 绿色债券评估认证行为指引（暂行）
- 关于支持绿色金融改革创新试验区发行绿色债务融资工具的通知
- 关于开展环境污染强制责任保险试点工作的指导意见

碳市场
- 碳排放权交易管理办法（试行）
- 全国碳排放权交易市场建设方案（发电行业）
- 碳排放权登记管理规则（试行）
- 碳排放权交易管理规则（试行）
- 碳排放权结算管理规则（试行）
- 中华人民共和国《碳金融产品》金融行业标准（JR/T 0244—2022）

图 5-11 绿色产业政策框架结构图

一、发展规划和产业指导

《"十四五"工业绿色发展规划》（工信部规〔2021〕178号）：

四、保障措施

（二）健全法律法规政策

建立企业绿色信用等级评定机制，加大评定结果在财政、信贷、试点示范等方面的应用。完善企业信息披露制度，促进企业更好履行节能节水、减污降碳和职工责任关怀等社会责任。

（三）加大财税金融支持

扩大环境保护、节能节水等企业所得税优惠目录范围。支持绿色企业上市融资和再融资，降低融资费用，研究建立绿色科创属性判定机制。

《关于加强产融合作推动工业绿色发展的指导意见》（工信部联财〔2021〕159号）。

《生态文明体制改革总体方案》（中发〔2015〕25号）。

《"十四五"节能减排综合工作方案》（国发〔2021〕33号）。

《关于加快建立健全绿色低碳循环发展经济体系的指导意见》（国发〔2021〕4号）：

二、健全绿色低碳循环发展的生产体系

（四）推进工业绿色升级。

完善"散乱污"企业认定办法，分类实施关停取缔、整合搬迁、整改提升等措施。加快实施排污许可制度。

（九）构建绿色供应链。选择100家左右积极性高、社会影响大、带动作用强的企业开展绿色供应链试点，探索建立绿色供应链制度体系。

六、构建市场导向的绿色技术创新体系

（二十）加速科技成果转化。支持企业、高校、科研机构等建立绿色技术创新项目孵化器、创新创业基地。及时发布绿色技术推广目录，加快先进成熟技术推广应用。深入推进绿色技术交易中心建设。

七、完善法律法规政策体系

（二十四）大力发展绿色金融。支持符合条件的绿色产业企业上市融资。支持金融机构和相关企业在国际市场开展绿色融资。

《关于完整准确全面贯彻新发展理念做好碳达峰碳中和工作的意见》（2021年9月22日）：

十二、完善政策机制

（三十一）积极发展绿色金融。支持符合条件的企业上市融资和再融资用于绿色低碳项目建设运营，扩大绿色债券规模。

《工业领域碳达峰实施方案》（工信部联节〔2022〕88号）。

《2030年前碳达峰行动方案》（国发〔2021〕23号）：

三、重点任务

（二）节能降碳增效行动。

1. 全面提升节能管理能力。……，推动高耗能企业建立能源管理中心。

（三）工业领域碳达峰行动。

2. 推动钢铁行业碳达峰。推进钢铁企业跨地区、跨所有制兼并重组，提高行业集中度。

4. 推动建材行业碳达峰。鼓励建材企业使用粉煤灰、工业废渣、尾矿渣等作为原料或水泥混合材。

5. 推动石化化工行业碳达峰。引导企业转变用能方式，鼓励以电力、天然气等替代煤炭。鼓励企业节能升级改造，推动能量梯级利用、物料循环利用。到 2025 年，国内原油一次加工能力控制在 10 亿吨以内，主要产品产能利用率提升至 80%以上。

《关于组织开展绿色产业示范基地建设的通知》（发改办环资〔2020〕519号）。

《绿色产业指导目录（2019年版）》（发改环资〔2019〕293号）。

二、典型产业

《关于完善能源绿色低碳转型体制机制和政策措施的意见》（发改能源〔2022〕206号）。

《智能光伏产业创新发展行动计划（2021—2025年）》（工信部联电子〔2021〕226号）：

三、组织实施

（三）支持试点示范和行业特色应用。开展多元化智能光伏试点示范，培育若干国家级智能光伏示范企业和示范项目。引导光伏企业与系统集成、软件开发、信息管理和物联网、大数据、5G通信、先进计算、人工智能等企业共同参与试点示范建设，鼓励光伏企业与信息、交通、建筑、农业、能源、乡村振兴等领域企业探索可推广可复制的智能光伏建设模式。

《高耗能行业重点领域节能降碳改造升级实施指南（2022年版）》（发改产业〔2022〕200号）：

附件：

1. 炼油行业节能降碳改造升级实施指南

2. 乙烯行业节能降碳改造升级实施指南

3. 对二甲苯行业节能降碳改造升级实施指南

4. 现代煤化工行业节能降碳改造升级实施指南

5. 合成氨行业节能降碳改造升级实施指南

6. 电石行业节能降碳改造升级实施指南

7. 烧碱行业节能降碳改造升级实施指南

8. 纯碱行业节能降碳改造升级实施指南

9. 磷铵行业节能降碳改造升级实施指南

10. 黄磷行业节能降碳改造升级实施指南

11. 水泥行业节能降碳改造升级实施指南

12. 平板玻璃行业节能降碳改造升级实施指南

13. 建筑、卫生陶瓷行业节能降碳改造升级实施指南

14. 钢铁行业节能降碳改造升级实施指南

15. 焦化行业节能降碳改造升级实施指南

16. 铁合金行业节能降碳改造升级实施指南

17. 有色金属冶炼行业节能降碳改造升级实施指南

《环保装备制造业高质量发展行动计划（2022—2025 年）》（工信部联节〔2021〕237 号）。

《关于加快废旧物资循环利用体系建设的指导意见》（发改环资〔2022〕109 号）。

三、绿色金融

《关于构建绿色金融体系的指导意见》（银发〔2016〕228 号）。

《关于促进应对气候变化投融资的指导意见》（环气候〔2020〕57 号）。

《关于开展气候投融资试点工作的通知》（环办气候〔2021〕27 号）。

《关于印发银行业保险业绿色金融指引的通知》（银保监发〔2022〕15 号）。

《关于印发绿色信贷指引的通知》（银监发〔2012〕4 号）。

《中国银行业绿色银行评价实施方案（试行）》（银协发〔2017〕171 号）。

《银行业金融机构绿色金融评价方案》（银发〔2021〕142 号）。

《绿色债券支持项目目录（2021 年版）》（银发〔2021〕96 号）。

《绿色债券发行指引》（发改办财金〔2015〕3504 号）。

《关于支持绿色债券发展的指导意见》（2017 年 3 月 2 日公开发布）。

《绿色债券评估认证行为指引（暂行）》（中国人民银行中国证券监督管理委员会公告〔2017〕第 20 号）。

《关于支持绿色金融改革创新试验区发行绿色债务融资工具的通知》（银发〔2019〕116 号）。

《关于开展环境污染强制责任保险试点工作的指导意见》（环发〔2013〕10 号）：

二、明确环境污染强制责任保险的试点企业范围

（一）涉重金属企业

按照国务院有关规定，重点防控的重金属污染物是：铅、汞、镉、铬和类金属砷等，兼顾镍、铜、锌、银、钒、锰、钴、铊、锑等其他重金属污染物。

重金属污染防控的重点行业是：

1. 重有色金属矿（含伴生矿）采选业：铜矿采选、铅锌矿采选、镍钴矿采选、锡矿采选、锑矿采选和汞矿采选业等。

2. 重有色金属冶炼业：铜冶炼、铅锌冶炼、镍钴冶炼、锡冶炼、锑冶炼和汞冶炼等。

3. 铅蓄电池制造业。

4. 皮革及其制品业：皮革鞣制加工等。

5. 化学原料及化学制品制造业：基础化学原料制造和涂料、油墨、颜料及类似产品制造等。

上述行业内涉及重金属污染物产生和排放的企业，应当按照国务院有关规定，投保环境污染责任保险。

（二）按地方有关规定已被纳入投保范围的企业

地方性法规、地方人民政府制定的规章或者规范性文件规定应当投保环境污染责任保险的企业，应当按照地方有关规定，投保环境污染责任保险。

（三）其他高环境风险企业

鼓励下列高环境风险企业投保环境污染责任保险：

1. 石油天然气开采、石化、化工等行业企业。

2. 生产、储存、使用、经营和运输危险化学品的企业。

3. 产生、收集、贮存、运输、利用和处置危险废物的企业，以及存在较大环境风险的二噁英排放企业。

4. 环保部门确定的其他高环境风险企业。

四、碳市场

《碳排放权交易管理办法（试行）》（生态环境部令第 19 号）。

《全国碳排放权交易市场建设方案（发电行业）》（发改气候规〔2017〕2191 号）。

《关于发布〈碳排放权登记管理规则（试行）〉〈碳排放权交易管理规则（试行）〉和〈碳排放权结算管理规则（试行）〉的公告》（生态环境部公告 2021 年第 21 号）。

《中华人民共和国金融行业标准〈碳金融产品〉》（JR/T 0244—2022）。

第37章 其他产业政策摘选

一、装备制造业

《关于推进再制造产业发展的意见》（发改环资〔2010〕991号）：

四、推进再制造产业发展的重点领域

（一）深化汽车零部件再制造试点。

（二）推动工程机械、机床等再制造。

五、加强再制造技术创新

（二）加强再制造技术研发能力建设。依托国内有基础的技术研发单位和企业，加快建立再制造国家工程研究（技术）中心和再制造产品质量检验检测中心，鼓励科研院所和企业开展联合攻关和产业化示范。

七、完善再制造产业发展的政策保障措施

（三）完善促进再制造产业发展的经济政策。循环经济专项资金要将再制造技术研发、示范和推广项目作为支持重点，推动再制造产业发展。鼓励政府机关、事业单位优先采用再制造产品。

二、稀土产业

《关于促进稀土行业持续健康发展的若干意见》（国发〔2011〕12号）：

二、建立健全行业监管体系，加强和改善行业管理

（五）完善稀土指令性生产计划管理。对稀土冶炼分离企业实行生产许可。建立稀土开采、冶炼分离和产品流通台账和专用发票管理制度。

（六）提高稀土出口企业资质门槛。进一步提高稀土出口企业资质标准。……，对存在从非法渠道采购产品出口及其他严重扰乱出口经营秩序等违法行为的企业，依法追究相应法律责任。

（八）健全税收、价格等调控措施。落实矿山生态环境治理和生态恢复保证金制度，严格企业生态环境保护与恢复的经济责任。

（十一）坚决打击违法生产和超计划生产。工业和信息化部要会同有关部门立即开展稀土生产专项整治行动，向社会公

布合法生产企业名单，加强对国家稀土指令性生产计划执行情况的监督检查。对无计划、超计划生产企业要责令停止国家指令性计划管理产品的生产，追查矿产品来源，对违法收购和销售的企业依法予以处罚，取消生产许可和销售资质，并由工商行政管理部门限期办理变更登记、注销登记或者依法吊销营业执照。

（十二）坚决打击破坏生态和污染环境行为。环境保护部要立即对稀土开采及冶炼分离企业开展环境保护专项整治行动，严格执行国家和地方污染物排放标准。对未经环评审批的建设项目，一律停止建设和生产；对没有污染防治设施及污染防治设施运行不正常、超标排放或超过重点污染物排放总量控制指标的企业，依法责令立即停产，限期治理，逾期未完成治理任务的，依法注（吊）销相关证照。

（十三）坚决打击稀土非法出口和走私行为。海关总署要会同商务部等有关部门立即开展稀土出口秩序专项整治行动，加大审单、查验力度，依法严惩伪报、瞒报品名，以及分批次、多口岸以"货样广告品"、"快件"等方式非法出口和走私稀土行为。

三、流通产业

《关于促进内贸流通健康发展的若干意见》（国办发〔2014〕51号）：

一、推进现代流通方式发展

（二）加快发展物流配送。支持商贸物流园区、仓储企业转型升级，经认定为高新技术企业的第三方物流和物流信息平台企业，依法享受高新技术企业相关优惠政策。

《关于促进物流业健康发展政策措施的意见》（国办发〔2011〕38号）：

五、鼓励整合物流设施资源

制造企业剥离物流资产和业务，可根据《财政部国家税务总局关于企业重组业务企业所得税处理若干问题的通知》（财税〔2009〕59号）、《财政部国家税务总局关于企业改制重组若干契税政策的通知》（财税〔2008〕175号）和《财政部关于企业重组有关职工安置费用财务管理问题的通知》（财企〔2009〕117号）等文件规定，享受税收、资产处置、人员安置等相关扶持政策。

六、推进物流技术创新和应用

加强物流新技术的自主研发，重点支持货物跟踪定位、无线射频识别、物流信息平台、智能交通、物流管理软件、移动物流信息服务等关键技术攻关。适时启动物联网在物流领域的应用示范。调整完善物流企业申请高新技术企业的认定标准，具备条件的物流企业可以享受高新技术企业的相关政策。

《关于深化流通体制改革加快流通产业发展的意见》（国发〔2012〕39号）。

《深化流通体制改革加快流通产业发展重点工作部门分工方案》（国办函〔2013〕69号）。

第六篇　重点区域政策

区域创新政策是促进企业创新活动的最为直接的调控手段。中国区域创新政策可以分为四类：第一是超越省、自治区、直辖市的大区域政策，如京津冀、长三角、粤港澳大湾区（珠三角乃至泛珠三角）、长江经济带以及"一带一路"政策；第二是省、自治区和直辖市的地方创新政策；第三是某一城市（如广州、武汉、成都等）的城市创新政策；第四是位于城市中特定范围内的园区创新政策，如自主创新示范区政策、高新区政策、经开区等。

当前，中国区域创新政策快速发展，数量亦已较为庞大。从对企业创新活动的直接影响上看，后二者为企业创新营造了更为直接有效的微观创新政策环境，因此，本书以园区创新政策和城市创新政策为主要案例（如中关村国家自主创新示范区），展示重点区域创新政策的基本内容（见图6-1）。

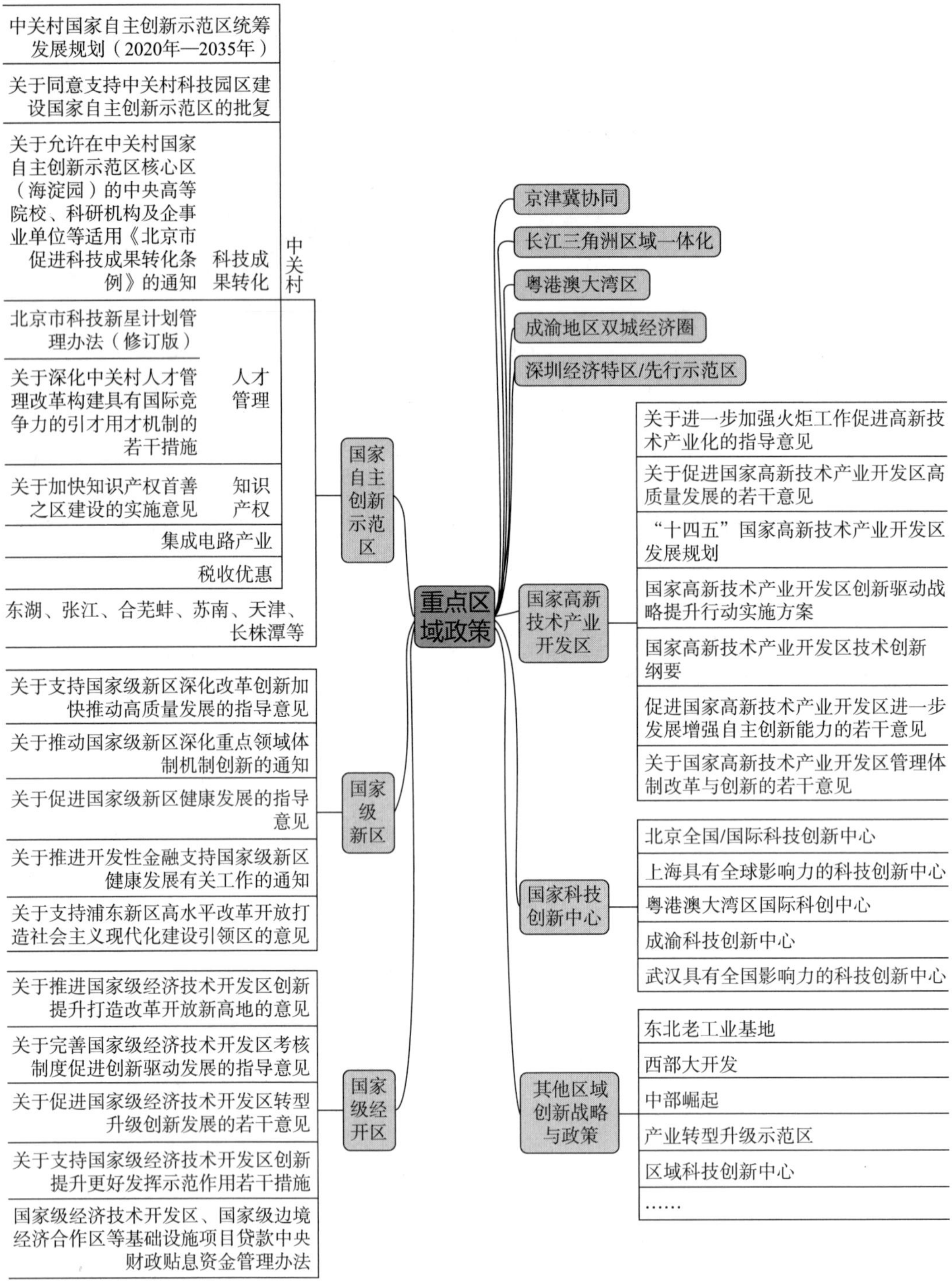

图 6–1 重点区域政策框架结构图

重点区域政策

国家自主创新示范区

中关村

科技成果转化
- 中关村国家自主创新示范区统筹发展规划（2020年—2035年）
- 关于同意支持中关村科技园区建设国家自主创新示范区的批复
- 关于允许在中关村国家自主创新示范区核心区（海淀园）的中央高等院校、科研机构及企事业单位等适用《北京市促进科技成果转化条例》的通知

人才管理
- 北京市科技新星计划管理办法（修订版）
- 关于深化中关村人才管理改革构建具有国际竞争力的引才用才机制的若干措施

知识产权
- 关于加快知识产权首善之区建设的实施意见

- 集成电路产业
- 税收优惠

东湖、张江、合芜蚌、苏南、天津、长株潭等

国家级新区
- 关于支持国家级新区深化改革创新加快推动高质量发展的指导意见
- 关于推动国家级新区深化重点领域体制机制创新的通知
- 关于促进国家级新区健康发展的指导意见
- 关于推进开发性金融支持国家级新区健康发展有关工作的通知
- 关于支持浦东新区高水平改革开放打造社会主义现代化建设引领区的意见

国家级经开区
- 关于推进国家级经济技术开发区创新提升打造改革开放新高地的意见
- 关于完善国家级经济技术开发区考核制度促进创新驱动发展的指导意见
- 关于促进国家级经济技术开发区转型升级创新发展的若干意见
- 关于支持国家级经济技术开发区创新提升更好发挥示范作用若干措施
- 国家级经济技术开发区、国家级边境经济合作区等基础设施项目贷款中央财政贴息资金管理办法

- 京津冀协同
- 长江三角洲区域一体化
- 粤港澳大湾区
- 成渝地区双城经济圈
- 深圳经济特区/先行示范区

国家高新技术产业开发区
- 关于进一步加强火炬工作促进高新技术产业化的指导意见
- 关于促进国家高新技术产业开发区高质量发展的若干意见
- "十四五"国家高新技术产业开发区发展规划
- 国家高新技术产业开发区创新驱动战略提升行动实施方案
- 国家高新技术产业开发区技术创新纲要
- 促进国家高新技术产业开发区进一步发展增强自主创新能力的若干意见
- 关于国家高新技术产业开发区管理体制改革与创新的若干意见

国家科技创新中心
- 北京全国/国际科技创新中心
- 上海具有全球影响力的科技创新中心
- 粤港澳大湾区国际科创中心
- 成渝科技创新中心
- 武汉具有全国影响力的科技创新中心

其他区域创新战略与政策
- 东北老工业基地
- 西部大开发
- 中部崛起
- 产业转型升级示范区
- 区域科技创新中心
- ……

第38章　中关村国家自主创新示范区

一、宏观综合政策

《关于同意支持中关村科技园区建设国家自主创新示范区的批复》（国函〔2009〕28号）：

（一）开展股权激励试点。在中关村科技园区范围内的院所转制企业以及国有高新技术企业中进行股权和分红权激励改革，对做出突出贡献的科技人员和经营管理人员实施期权、技术入股、股权奖励、分红权等多种形式的激励。

（二）深化科技金融改革创新试点。完善中关村科技园区范围内非上市公司进入证券公司待办股份转让系统的相关制度；逐步建立和完善各层次市场间的转板制度，建立具有有机联系的多层次资本市场体系。

（三）国家科技重大专项项目（课题）经费中按规定核定间接费用。

（四）支持新型产业组织参与国家重大科技项目。在电子信息、生物医药、航空航天、新材料、清洁能源、现代农业、先进制造、节能减排等重点领域，支持中关村科技园区的产业技术创新战略联盟等新型产业组织和民营科技企业参与国家科技重大专项、科技基础设施建设以及有关科技计划项目。

《中关村国家自主创新示范区统筹发展规划（2020年—2035年）》（中示区组发〔2020〕1号）：

第二章　优化产业结构布局

第一节　发挥两个主导产业引擎作用

1. 新一代信息技术

新一代信息技术产业以海淀园为核心，向东城园、西城园、朝阳园、石景山园、昌平园等周边分园渗透，辐射联动通州园、亦庄园等分园。

2. 生物与健康

生物与健康产业形成以海淀园、昌平园为核心的北部发展区，以研发为主；大兴园、亦庄园为核心的南部发展区，以制造和产业化为主。生物农业重点在通州国际种业园、平谷园、延庆园布局。

第二节　提升四个重点产业发展质量

1. 先进制造

先进制造业主要在顺义园、亦庄园、房山园等分园布局，带动大兴园、丰台园、昌平园、门头沟园、怀柔园、平谷园等分园共同发展。其中，新能源汽车重点在顺义园、亦庄园、房山园布局。

2. 现代交通

现代交通产业在海淀园、丰台园以研发为主，通过技术成果转移转化，辐射带动顺义园、亦庄园发展。

3. 新能源与节能环保

新能源与节能环保产业在昌平园以研发为主，亦庄园、密云园、延庆园以产业化为主。

4. 新材料

新材料产业依托海淀园进行新材料研发创新、怀柔园进行新材料研发创新及产业化，带动顺义园、房山园的新材料产业化。

第三节　大力发展现代服务业

现代服务业在各分园根据分园的产业特色定位均有相应布局，其中研发服务主要在海淀园、怀柔园、大兴园等区域布局，创业孵化服务主要在海淀园布局，科技咨询服务主要在海淀园、朝阳园布局，金融科技主要在西城园、海淀园、石景山园、房山园布局，文化科技主要在东城园、西城园、朝阳园、海淀园、大兴园、房山园、延庆园布局，消费科技主要在海淀园、朝阳园布局，城市科技主要在通州园布局。

第五节　明确分园产业定位

各分园根据产业发展实际，从项目投资强度、地均产出、人均产出、研发经费投入强度等方面，定期动态制定产业项目用地准入标准，做好企业项目落地一站式服务，探索建立完善项目退出机制，提高产业用地集约利用水平，促进分园产业高起点、高质量发展。

第四章　提升组团发展质量

第三节　打造高成长企业发展梯队

持续支持和培育中关村示范区前沿技术企业和初创企业，打造梯度合理的高质量发展生力军，构建大中小企业融通发展新生态。

第六章　组织实施

第一节　加强组织领导

建立中关村示范区高校院所、科技企业、服务机构常态化沟通机制，进一步发挥企业家顾问委员会等协会联盟作用。

二、税收优惠

《关于支持外资研发中心设立和发展的规定》（京政办发〔2022〕11号）：

第七条　支持在中关村国家自主创新示范区特定区域内注册的外资研发中心，按照相关规定享受技术转让所得税收优惠，在一个纳税年度内不超过2000万元的部分，免征企业所得税；超过2000万元的部分，减半征收企业所得税。鼓励企业类外资研发中心申请高新技术企业认定，并按照有关政策享受相应税收优惠。对符合免税条件的外资研发中心，其所需的国内不能生产或性能不能满足需求的科学研究、科技开发和教学用品，免征进口关税和进口环节增值税、消费税；对符合退税条件的外资研发中心，其采购国产设备全额退还增值税。

《关于中关村国家自主创新示范区核心区（海淀园）股权激励分期纳税政策的通知》（财税〔2022〕16号）：

一、自2022年1月1日起，对在中关

村国家自主创新示范区核心区（海淀园）注册的上市高新技术企业授予个人的股票期权、限制性股票、股权奖励，可自股票期权行权、限制性股票解禁或取得股权奖励之日起，3 年内分期缴纳个人所得税。

《关于在中关村国家自主创新示范区核心区（海淀园）开展基础研究税收政策试点的通知》（财税〔2022〕17 号）：

一、对在中关村国家自主创新示范区核心区（海淀园）注册的居民企业，出资与国家或北京自然科学基金联合设立开展基础研究、关键核心技术攻关的公益性基金的支出，允许享受研发费用加计扣除政策。

二、研发费用加计扣除比例按企业适用的现行研发费用加计扣除政策规定执行。

三、本通知自 2022 年 1 月 1 日起实施。

《关于中关村国家自主创新示范区公司型创业投资企业有关企业所得税试点政策的通知》（财税〔2020〕63 号）：

一、对示范区内公司型创业投资企业，转让持有 3 年以上股权的所得占年度股权转让所得总额的比例超过 50% 的，按照年末个人股东持股比例减半征收当年企业所得税；转让持有 5 年以上股权的所得占年度股权转让所得总额的比例超过 50% 的，按照年末个人股东持股比例免征当年企业所得税。

上述两种情形下，应分别适用以下公式计算当年企业所得税免征额：

（一）转让持有 3 年以上股权的所得占年度股权转让所得总额的比例超过 50% 的：

企业所得税免征额 = 年末个人股东持股比例 × 本年度企业所得税应纳税额 ÷ 2

（二）转让持有 5 年以上股权的所得占年度股权转让所得总额的比例超过 50% 的：

企业所得税免征额 = 年末个人股东持股比例 × 本年度企业所得税应纳税额

《关于中关村国家自主创新示范区特定区域技术转让企业所得税试点政策的通知》（财税〔2020〕61 号）：

一、在中关村国家自主创新示范区特定区域内注册的居民企业，符合条件的技术转让所得，在一个纳税年度内不超过 2000 万元的部分，免征企业所得税；超过 2000 万元部分，减半征收企业所得税。

五、居民企业从直接或间接持有股权之和达到 100% 的关联方取得的技术转让所得，可享受本通知规定的优惠政策。

《关于中关村国家自主创新示范区企业转增股本个人所得税试点政策的通知》（财税〔2013〕73 号）：

一、企业以未分配利润、盈余公积、资本公积向个人股东转增股本时，应按照"利息、股息、红利所得"项目，适用 20% 税率征收个人所得税。对示范区中小高新技术企业以未分配利润、盈余公积、资本公积向个人股东转增股本时，个人股东一次缴纳个人所得税确有困难的，经主管税务机关审核，可分期缴纳，但最长不得超过 5 年。

三、股东转让股权时，尚未缴纳的分期缴纳税款，应在转让时一次性缴纳。

四、在股东转让该部分股权之前，企业依法宣告破产，股东进行相关权益处置后没有取得收益或收益小于初始投资额的，经主管税务机关审核，尚未缴纳的个人所得税可不予追征。

五、在 2013 年 1 月 1 日至 2015 年 12 月 31 日期间经有关部门批准获得转增股本的股东，可享受上述延期纳税的优惠。文发之日前转增股本且已完税的，不再按本通知规定分期纳税。

《关于中关村、东湖、张江国家自主创新示范区和合芜蚌自主创新综合试验区有关股权奖励个人所得税试点政策的通知》（财税〔2013〕15 号）：

一、对试验地区内的高新技术企业转化科技成果，以股份或出资比例等股权形式给予本企业相关技术人员的奖励，技术人员一次缴纳税款有困难的，经主管税务机关审核，可分期缴纳个人所得税，但最长不得超过 5 年。

四、对技术人员的股权奖励，应按照现行有关政策规定计算征收个人所得税。股权奖励的计税价格参照获得股权时的公平市场价格确定。

五、技术人员获得股权后再转让时，对转让的差价收入，即转让收入高于获得时的公平市场价格的部分，应按照"财产转让所得"适用的征免规定计算缴纳个人所得税。

六、在 2012 年 1 月 1 日至 2012 年 12 月 31 日期间经有关部门批准获得股权奖励的技术人员，可享受上述分期纳税的优惠。

三、人才管理

《北京市科技新星计划管理办法（修订版）》（京科发〔2022〕10 号）：

第五章 支持

第十四条 市科委、中关村管委会对入选的青年科技人才及项目给予经费支持，鼓励依托单位进行经费匹配。创新新星培养期不超过 3 年，一次性给予每人不超过 50 万元经费支持；创业新星培养期不超过 2 年，一次性给予每人不超过 60 万元经费支持；交叉合作课题资助期不超过 2 年，一次性给予每个课题不超过 50 万元经费支持。

第十五条 新星计划经费实行"包干制"管理，不再编制项目预算、实行经费负面清单管理、经费使用过程充分放权、建立结果导向评价机制、实施项目负责人承诺制。主要用于资助入选人员在培养期内开展应用基础研究、技术创新和成果转化等科研活动。

《关于深化中关村人才管理改革，构建具有国际竞争力的引才用才机制的若干措施》（京发〔2018〕2 号）。

四、科技成果转化

《关于允许在中关村国家自主创新示范区核心区（海淀园）的中央高等院校、科研机构及企事业单位等适用〈北京市促进科技成果转化条例〉的通知》（国科办区〔2022〕116 号）：

一、允许注册地址在中关村国家自主

创新示范区核心区（海淀园）的中央高等院校、科研机构及企事业单位等（以下简称在园中央单位）适用《北京市促进科技成果转化条例》（以下简称《条例》）。在园中央单位可以根据《条例》内容，结合本单位实际，完善本单位科技成果转化相关管理制度、工作流程等，在适用《条例》过程中要及时总结经验和典型案例。

二、北京市科委、中关村管委会等北京市相关部门应与在园中央单位建立对接机制，指导在园中央单位落实《条例》，及时发现并协调解决落实过程中遇到的困难和障碍，加强对在园中央单位的服务。

《促进在京高校科技成果转化实施方案》（教技司〔2018〕115号）：

一、重点任务

（五）建立中关村各分园与在京高校合作机制

11. 支持分园为在京高校科技成果转化提供配套条件。支持中关村分园盘活空间资源，中关村管委会按照支持一区多园协同发展相关政策，给予分园各创新主体存量土地或空间资源盘活改造项目100—300万元支持。鼓励在京高校在中关村分园建设科技成果转化平台、实训基地及硬科技孵化器，中关村管委会将符合条件的科技成果转化平台、实训基地等纳入中关村专业化公共服务平台支持体系，给予不超过200万元建设费补贴；将符合条件的硬科技孵化器纳入中关村创业服务支持体系，给予不超过100万元开办费支持。支持分园通过建设、收购、租赁、改建等方式筹集人才住房，用于保障高新技术人才住房需求，中关村管委会按照人才住房支持相关政策，对纳入人才公租房体系的项目给予不高于实际房租40%的补贴，最高不超过500万元。（主责单位：中关村管委会、在京高校；完成时限：长期）

五、知识产权

《关于加快知识产权首善之区建设的实施意见》（京政发〔2017〕4号）：

二、重点任务

（四）发展知识产权服务业。

14. 深入推进中关村知识产权服务业联盟建设，打造知识产权和标准化一条街，鼓励国内外优秀知识产权服务机构落户中关村国家自主创新示范区核心区。培育"互联网+知识产权"服务新模式，鼓励知识产权服务机构借助互联网平台依法依规开展知识产权代理、信息、运营等服务。

（五）实施知识产权重点发展工程。

21. 建设中关村专利导航产业发展实验区，开展专利导航产业发展试点。制定中关村创新创业企业知识产权帮扶计划，组织知识产权服务机构开展"一对一"帮扶活动。

六、集成电路产业

《关于促进中关村国家自主创新示范区集成电路设计产业发展的若干措施》（中科园发〔2016〕37号）：

三、支持以集成电路设计为重点的创新型孵化器建设，根据服务企业的数量、服务效果、人才吸引、产业集聚等情况，给予最高不超过100万元的一次性资金支持。对首次获得创业投资机构投资的集成电路设计企业，给予不超过获得投资总额10%、最高不超过100万元的资金支持。

七、支持企业吸引和培育全球集成电路设计领军人才。优先推荐掌握国际最尖端集成电路技术、并在中关村实现成果转化的高端领军人才申报参评"千人计划""海聚工程""高聚工程"，对入选者提供100万元资金支持。

八、鼓励设立集成电路产业成果转化基金。推动融资租赁公司针对集成电路设计企业开展以知识产权、软件等无形资产为标的物的租赁服务。

《中关村国家自主创新示范区集成电路设计产业发展资金管理办法》（中科园发〔2016〕38号）：

第二章 支持内容

第四条 支持集成电路设计企业加大新产品研发力度。重点支持集成电路设计企业开展新产品批量验证的流片和掩膜版制作。

（一）按照集成电路设计企业签署的当年度该产品批量验证流片合同金额的20%或掩膜版制作合同金额的20%予以研发资金支持，且合同须已执行。

（二）对单个企业支持资金最高不超过200万元。

第五条 经认定的具有重大战略意义、拥有自主知识产权、处于国际先进水平的重大产业化项目，海淀区政府优先给予政府股权投资或者研发资金支持。

第六条 支持集成电路设计企业不断加大研发投入。

（一）对年收入超过100亿元（含）且研发投入占收入的比例达5%、年收入50亿元（含）至100亿元且研发投入占收入的比例达6%、年收入10亿元（含）至50亿元且研发投入占收入的比例达7%、年收入5亿元（含）至10亿元且研发投入占收入的比例达10%的集成电路设计企业，分别一次性给予最高不超过300万元、200万元、100万元、50万元的资金支持。

（二）申请企业在上述每个阶段只能获得一次资金支持，且收入和研发投入必须是当年度首次达到上述标准。

第七条 对集成电路设计领域的创新型孵化器，按照中关村管委会有关支持创新型孵化器的资金管理办法给予资金支持。

第八条 对年度首次获得创业投资机构投资的集成电路设计企业，按照中关村管委会产业发展有关资金管理办法给予资金支持。

第九条 支持集成电路企业、产业技术联盟、专业机构联合产业链上下游企业或用户单位，共同搭建共性技术服务平台和产业促进服务平台。

（一）根据上述平台当年设备购置等

资金投入情况，按照不超过设备购置费等平台建设费用的 50%、给予最高不超过 500 万元的一次性资金支持。

（二）对平台提供的服务按照不超过实际投入或总合同金额 30% 的比例，给予最高不超过 300 万元的资金支持，支持期限为三年。

第十条 支持集成电路设计企业与整机企业联动发展。

（一）对于经营规模达到 10 亿元（含）以上的北京地区系统整机企业，采购中关村集成电路设计企业新产品的，经被采购方即中关村集成电路设计公司推荐，按实际采购金额的 20% 给予整机企业资金支持。

（二）对单个企业的支持资金最高不超过 500 万元。

第十一条 对于承接研发军方预研项目的集成电路设计企业，海淀区政府通过海淀区军民融合专项资金给予项目协议金额 30% 的资金支持，最高支持资金 200 万元。对于集成电路设计企业参与国防和军队建设所进行技术改造的固定资产投资贷款，海淀区政府给予贷款贴息，最高金额不超过 300 万元。

第十三条 本办法第十二条中人才自动入选"海英人才"，海淀区政府给予"海英人才"入选者或团队连续三年、每年最高 30 万元（团队 50 万元）的资金支持，并优先落实居留与出入境、子女入学、职称评审、公租房等中关村人才特区支持政策，在公租房方面给予最高额房租支持和最长使用期限的支持。

第十四条 推动集成电路设计企业形成产业集聚。

（二）对园区入驻企业，按照企业实际租用面积的 50%、每家企业支持面积不超过 1000 平方米、每天最高 3 元/平方米的标准，连续三年给予房租支持。

第十五条 企业或单位的同一项目不得通过多种方式重复支持；同一企业或单位同一年度最多申请上述三项中关村集成电路设计产业发展资金，累计获得支持额度不得超过 1000 万元。

第十六条 当年度已申请获得本办法资金支持的企业，不得再申请中关村管委会同类型支持资金。

第39章　国家高新技术产业开发区

《关于促进国家高新技术产业开发区高质量发展的若干意见》（国发〔2020〕7号）：

二、着力提升自主创新能力

（四）大力集聚高端创新资源。支持国家高新区以骨干企业为主体，联合高等学校、科研院所建设市场化运行的高水平实验设施、创新基地。积极培育新型研发机构等产业技术创新组织。对符合条件纳入国家重点实验室、国家技术创新中心的，给予优先支持。

（五）吸引培育一流创新人才。在国家高新区内企业工作的境外高端人才，经市级以上人民政府科技行政部门（外国人来华工作管理部门）批准，申请工作许可的年龄可放宽至65岁。国家高新区内企业邀请的外籍高层次管理和专业技术人才，可按规定申办多年多次的相应签证；在园区内企业工作的外国人才，可按规定申办5年以内的居留许可。对在国内重点高等学校获得本科以上学历的优秀留学生以及国际知名高校毕业的外国学生，在国家高新区从事创新创业活动的，提供办理居留许可便利。

三、进一步激发企业创新发展活力

（七）支持高新技术企业发展壮大。建立健全政策协调联动机制，落实好研发费用加计扣除、高新技术企业所得税减免、小微企业普惠性税收减免等政策。持续扩大高新技术企业数量，培育一批具有国际竞争力的创新型企业。

（八）积极培育科技型中小企业。将科技型中小企业培育孵化情况列入国家高新区高质量发展评价指标体系。

六、营造高质量发展环境

（十七）加强金融服务。支持国家高新区内高成长企业利用科创板等多层次资本市场挂牌上市。支持符合条件的国家高新区开发建设主体上市融资。

《"十四五"国家高新技术产业开发区发展规划》（国科发区〔2022〕264号）：

三、重点任务

（一）增强科技创新策源能力

3. 提升基础研究和应用基础研究水平。

引导园区落实企业基础研究投入税收优惠政策，探索建立多渠道基础研究和应用基础研究投入的长效机制。

（四）壮大创新型企业群体。

2. 提升高新技术企业核心竞争力。

引导园区建立健全政策协调联动机制，落实好研发费用加计扣除、高新技术企业所得税减免等政策。

（五）推动高水平创新创业。

3. 促进科技与金融深度融合。

支持园区创新国有资本创投管理机

制，允许符合条件的国有创投企业建立跟投机制。

（八）深化园区开放合作。

1. 集聚国际高端创新资源。

支持外资企业在园区设立研发中心和参与承担科技计划项目。

《国家高新技术产业开发区创新驱动战略提升行动实施方案》（国科发火〔2013〕388号）：

三、国家高新区战略提升行动的重点任务

（二）率先建立以企业为主体的技术创新体系。

2. 深化产学研合作。支持企业联合高校、科研机构规划建设一批产业技术研究院、产业技术创新战略联盟等创新机构和组织。

（四）进一步完善科技创新服务体系建设。

2. 深化技术转移。进一步落实技术交易营业税、技术转让所得税等税收优惠政策。

四、国家高新区战略提升行动的组织实施

（二）重点实施"创新型产业集群建设工程"和"科技服务体系火炬创新工程"。

《关于进一步加强火炬工作促进高新技术产业化的指导意见》（国科发火〔2011〕259号）。

《促进国家高新技术产业开发区进一步发展增强自主创新能力的若干意见》（国科发高字〔2007〕152号）：

二、重点工作

（五）加强创新创业服务体系建设。推动生产力促进中心、技术产权交易等机构增强服务能力。

（七）进一步完善支持国家高新区增强自主创新能力的财税金融政策。逐步扩大国家高新区内的未上市高新技术企业的股权进入证券公司代办股份转让系统流通的试点范围。

《国家高新技术产业开发区技术创新纲要》（国科发火字〔2005〕16号）：

四、重点任务

（三）以国家高新区环境为依托，建设城市创新创业的核心基地——火炬创新创业园

五、主要措施

（二）增加科技投入、完善风险投资机制

1. 科技部设立公共技术创新平台建设专项资金，重点支持地处国家高新区内的大学、研究机构和国家级科技企业孵化机构；

2. 科技型中小企业技术创新基金，重点支持国家高新区内的科技型中小企业技术创新活动；

4. 科技部设立专项资金，引导国家高新区完善包括生产力促进中心、科技企业孵化机构、技术产权交易市场等内容的科技中介服务体系建设；

6. 高新技术企业R&D经费，不能低于年产品销售额的5%。

（三）适当扩大和调整国家高新区的区域与面积

国家批准的高新区范围内，研发机构、科技企业孵化器和高新技术企业用地不能低于总面积的60%。

《关于国家高新技术产业开发区管理体制改革与创新的若干意见》（国科发政字〔2002〕61号）。

第40章　国家级新区与经开区

一、国家级新区

《关于支持国家级新区深化改革创新加快推动高质量发展的指导意见》（国办发〔2019〕58号）：

二、着力提升关键领域科技创新能力

（三）打造若干竞争力强的创新平台。高水平建设上海张江综合性国家科学中心、天津国家自主创新示范区，进一步释放天津滨海—中关村科技园、成都科学城等创新平台活力。鼓励由优秀创新型企业牵头，与高校、科研院所和产业链上下游企业联合组建创新共同体，建设制造业创新中心，围绕优势产业、主导产业，瞄准国际前沿技术强化攻关，力争在重大"卡脖子"技术和产品上取得突破。

（五）积极吸纳和集聚创新要素。允许高校、科研院所和国有企业的科技人才按规定在新区兼职兼薪、按劳取酬。支持有条件的新区开展优化非标准就业形式下劳动用工服务试点。

三、加快推动实体经济高质量发展

（六）做精做强主导产业。引导新区大力改造提升传统产业，培育壮大优质企业，加快引进先进制造业企业和产业链龙头企业。深入实施新一轮重大技术改造升级工程，完善企业技改服务体系，支持制造业企业运用新技术新工艺新材料新模式，加速向智能、绿色、服务型制造转型升级，推动制造业迈向中高端。

（七）培育新产业新业态新模式。支持新区加快发展战略性新兴产业，培育发展一批特色产业集群，提高专业化和创新发展水平，培育一批具有全球竞争力的"瞪羚"企业、新领军者企业、专精特新"小巨人"企业和细分领域"单项冠军"企业。加快推动区块链技术和产业创新发展，探索"区块链+"模式，促进区块链和实体经济深度融合。

《关于推动国家级新区深化重点领域体制机制创新的通知》（发改地区〔2015〕1573号）：

一、上海浦东新区。重点围绕深化自由贸易试验区制度创新，在金融、贸易、航运等方面加快构建开放型经济新体制开展探索。

二、天津滨海新区。重点围绕京津协同创新体系建设和港区协调联动开展探索。

三、重庆两江新区。重点围绕打造丝绸之路经济带和长江经济带重要交汇点，推动建立内陆通关和口岸监管新模式开展探索。

四、浙江舟山群岛新区。重点围绕打造江海联运中心，推动建立高效便捷的通关和口岸监管模式开展探索。

五、甘肃兰州新区。重点围绕深化政府服务创新，在建立促进产业集聚和科技创新新机制方面开展探索。

六、广州南沙新区。重点围绕推动自由贸易试验区制度创新，构建与国际投资贸易通行规则相衔接的基本制度框架开展探索。

七、陕西西咸新区。重点围绕推进"一带一路"建设，创新城市发展方式和以文化促发展的有效途径开展探索。

八、贵州贵安新区。重点围绕构建产城融合发展的新机制，以产业集聚促进新型城镇化发展开展探索。

九、青岛西海岸新区。重点围绕提升深远海资源开发能力，形成以海洋科技创新促进海洋产业发展的有效途径开展探索。

十、大连金普新区。重点围绕深化面向东北亚区域开放合作，推动构建现代产业体系开展探索。

十一、四川天府新区。重点围绕深化土地管理制度改革，构建有利于产业集聚发展和城乡一体化发展的体制机制开展探索。

十二、湖南湘江新区。重点围绕创新生态文明建设体制，推动建立综合性生态补偿机制，走绿色低碳循环发展道路开展探索。

十三、南京江北新区。重点围绕实施创新驱动发展战略，以自主创新引领产业转型升级、以制度创新促进区域协同发展开展探索。

《关于支持浦东新区高水平改革开放打造社会主义现代化建设引领区的意见》（2021年4月23日）：

二、全力做强创新引擎，打造自主创新新高地

（四）加快关键技术研发。建立企业研发进口微量耗材管理服务平台，在进口许可、通关便利、允许分销等方面研究予以支持。允许浦东认定的研发机构享受进口自用设备免征进口环节税、采购国产设备自用的给予退税政策。

（五）打造世界级创新产业集群。在总结中国（上海）自由贸易试验区临港新片区实施经验基础上，研究在浦东特定区域对符合条件的从事集成电路、人工智能、生物医药、民用航空等关键领域核心环节生产研发的企业，自设立之日起5年内减按15%的税率征收企业所得税。在浦东特定区域开展公司型创业投资企业所得税优惠政策试点，在试点期内，对符合条件的公司型创业投资企业按照企业年末个人股东持股比例免征企业所得税，鼓励长期投资，个人股东从该企业取得的股息红利按照规定缴纳个人所得税。发展更高能级的总部经济，统筹发展在岸业务和离岸业务，成为全球产业链供应链价值链的重要枢纽。依托长三角产业集群优势，建立一批科技成果转化中试孵化基地。

（六）深化科技创新体制改革。支持浦东设立科创板拟上市企业知识产权服务站。允许将科研工艺设备设计费纳入项目总投资，项目建设单位自行承担相关设计工作支出可列支设计费。

四、深入推进高水平制度型开放，增创国际合作和竞争新优势

（十）推进中国（上海）自由贸易试验区及临港新片区先行先试。围绕战略性新兴产业领域并根据企业实际需要，在中国（上海）自由贸易试验区临港新片区探

索创新监管安排，具备条件的可享受洋山特殊综合保税区的通关便利化相关政策。

《关于促进国家级新区健康发展的指导意见》（发改地区〔2015〕778号）：

二、优化发展环境

（六）强化金融支持。支持新区符合条件的企业通过发行企业债券、中期票据、保险信托计划等多种融资方式筹集建设资金。鼓励开发性金融机构通过提供投融资综合服务等方式支持新区发展。

《关于推进开发性金融支持国家级新区健康发展有关工作的通知》（发改地区〔2015〕1584号）。

二、国家级经开区

《关于推进国家级经济技术开发区创新提升打造改革开放新高地的意见》（国发〔2019〕11号）：

二、提升开放型经济质量

（四）优化外商投资导向。对在中西部和东北地区国家级经开区内从事鼓励类项目且在完善产业链等方面发挥重要作用的外商投资企业，可按规定予以支持。

四、打造现代产业体系

（十二）实施先进制造业集群培育行动。支持国家级经开区创建国家新型工业化产业示范基地，坚持市场化运作、内外资企业一视同仁，培育先进制造业集群。加快引进先进制造业企业、专业化"小巨人"企业、关键零部件和中间品制造企业，支持企业建设新兴产业发展联盟和产业技术创新战略联盟。鼓励国家级经开区内企业承担智能制造试点示范项目，鼓励企业研发、采购先进设备、引进人才、国际化发展等。

（十五）推动发展数字经济。支持国家级经开区内企业创建数字产业创新中心、智能工厂、智能车间等。

（十六）提升产业创新能力。支持符合条件的国家级经开区打造特色创新创业载体，推动中小企业创新创业升级。鼓励国家级经开区对区内企业开展专利导航、知识产权运营、知识产权维权援助等给予支持。

六、加强要素保障和资源集约利用

（二十一）强化集约用地导向。积极落实产业用地政策，支持国家级经开区内企业利用现有存量土地发展医疗、教育、科研等项目。

（二十二）降低能源资源成本。支持省级人民政府在国家级经开区开展电力市场化交易，支持国家级经开区内企业集体与发电企业直接交易，支持区内电力用户优先参与电力市场化交易。

（二十三）完善人才政策保障。支持国家级经开区引进急需的各类人才，提供户籍办理、出入境、子女入学、医疗保险、创业投资等方面"一站式"服务。允许具有硕士及以上学位的优秀外国留学生毕业后直接在国家级经开区工作。对国家级经开区内企业急需的外国专业人才，按照规定适当放宽申请工作许可的年龄限制。

（二十四）促进就业创业。鼓励地方人民政府提高国家级经开区内企业培养重点行业紧缺高技能人才补助标准，对国家级经开区与职业院校（含技工院校）共建人才培养基地、创业孵化基地等按规定给予支持。

《关于完善国家级经济技术开发区考核制度促进创新驱动发展的指导意见》（国办发〔2016〕14号）：

四、夯实产业基础

（九）提升产业核心竞争力。……，积极创建国家新型工业化产业示范基地，同时培育制造业创新中心，推动制造业由生产型向生产服务型转变，引导制造企业延伸服务链条、增加服务环节，引领中国制造业核心竞争力和国际分工地位跃升。

五、激发创新活力

（十二）用好用足创新创业扶持政策。鼓励国家级经开区综合运用政府购买服务、无偿资助、业务奖励等方式，对众创空间等新型孵化机构的房租、宽带接入和用于创业服务的公共软件、开发工具等费用给予适当财政补贴。

《关于促进国家级经济技术开发区转型升级创新发展的若干意见》（国办发〔2014〕54号）：

四、推动产业转型升级

（十二）加快人才体系建设。支持国家级经开区通过设立创业投资引导基金、创业投资贴息资金、知识产权作价入股等方式，搭建科技人才与产业对接平台。

（十三）创新投融资体制。允许符合条件的国家级经开区开发、运营企业依照国家有关规定上市和发行中期票据、短期融资券等债券产品筹集资金。

《关于支持国家级经济技术开发区创新提升更好发挥示范作用若干措施》（商资函〔2022〕549号）：

一、加大招商引资支持力度

（三）扩大开放平台叠加优势。鼓励国家级经开区内符合条件的企业用好自由贸易试验区、综合保税区平台政策，按规定开展"两头在外"的保税维修、跨境电商贸易便利化等创新业务。

三、着力推动制造业提质增效

（七）提升产业创新能力。……，对于国家级经开区智能制造优秀企业，优先支持其申报"智能制造标准应用试点""高新技术产业标准化试点示范"。支持鼓励设立外资研发中心。

（八）积极培育产业集群。支持国家级经开区积极参与先进制造业集群发展专项行动。

（九）推进绿色低碳循环发展。支持国家级经开区内制造业企业积极创建绿色制造标杆。支持国家级经开区创建生态文明建设示范区（生态工业园区）。

《国家级经济技术开发区、国家级边境经济合作区等基础设施项目贷款中央财政贴息资金管理办法》（财建〔2014〕81号）。

第 41 章　国家科技创新中心

一、北京全国/国际科技创新中心

《北京加强全国科技创新中心建设总体方案》（国发〔2016〕52号）：

三、重点任务

（一）强化原始创新，打造世界知名科学中心。

1. 推进三大科技城建设。

未来科技城着重集聚一批高水平企业研发中心，集成中央在京科技资源，引进国际创新创业人才，强化重点领域核心技术创新能力，打造大型企业集团技术创新集聚区。

（二）实施技术创新跨越工程，加快构建"高精尖"经济结构。

5. 夯实重点产业技术创新能力。

以智能制造、生物医药、集成电路、新型显示、现代种业、移动互联、航空航天、绿色制造等领域为重点，依托优势企业、高等学校和科研院所，建设一批对重点领域技术创新发挥核心引领作用的国家技术创新中心，……

（五）推进全面创新改革，优化创新创业环境。

14. 完善创新创业服务体系。

……，推广创新券等科技资源开放共享的市场化机制，促进重大科研基础设施、大型科研仪器和专利基础信息资源向社会开放。

四、保障措施

（二）加强资金保障。

北京市设立战略性新兴产业技术跨越工程引导资金，加大对产业关键共性技术和贯穿创新链科技创新项目的支持力度。

《北京市"十四五"时期国际科技创新中心建设规划》（2021年11月24日）：

三、强化战略科技力量，加速提升创新体系整体效能

（一）构建国家实验室体系

推进在京国家重点实验室体系化发展。支持科技领军企业在京牵头建设国家重点实验室。

（二）加速北京怀柔综合性国家科学中心建设

建立重大科技基础设施与国家实验室、新型研发机构、高新技术企业等对接服务资源共享机制。建立科技信息公共服务平台，发布科研成果、技术指标、运行计划、共享机时等信息，最大限度实现科学数据共享。

（五）积极构建科技领军企业牵头的创新联合体

鼓励支持国有、民营企业构建科技领军企业牵头、高校院所支撑、各创新主体相互协同的创新联合体。鼓励科技领军企业主导国际标准、国家标准和行业标准制定。支持科技领军企业联合高校院所组建联合实验室、新型共性技术平台等，解决跨行业、跨领域关键共性技术难题。健全市属国有企业技术创新经营业绩考核制度，鼓励国有企业对标全球同行标杆企业，打造成为科技领军企业。

四、加强原创性引领性科技攻关，勇担关键核心技术攻坚重任

（二）推动重点领域前沿技术引领

建设国家新一代人工智能创新发展试验区和北京国家人工智能创新应用先导区，吸引人工智能顶尖人才与创新企业在京聚集，打造国际人工智能产业发展高地。

七、优化提升重点区域创新格局，辐射带动全国高质量发展

（二）加快建设中关村国家自主创新示范区主阵地

在特定领域按规定开展高新技术企业认定"报备即批准"政策试点，推动研发费用加计扣除、高新技术企业所得税减免以及中关村小微企业研发经费支持等政策的落实。

（三）推进京津冀协同创新共同体建设

结合北三县传统产业转型升级技术需求，鼓励中关村企业与北三县重点产业园区开展技术对接，推动中关村新技术新产品在智能制造、大气污染防治、水处理、固废处置、高效节能等领域开展示范应用。

《关于新时代深化科技体制改革加快推进全国科技创新中心建设的若干政策措施》（京政发〔2019〕18号）：

五、优化创新创业生态

22. 完善科技型国有企业创新激励机制

扩大市属科技型国有企业员工持股实施范围，激发核心技术骨干的积极性和创造性。鼓励市属国有企业引进市场化、专业化创新服务机构运营管理，推动存量产业空间转型发展。支持中央企业在京设立具有独立法人资格的研发中心，鼓励开展市场化改革。

23. 完善创新创业服务机制

支持符合首都城市战略定位的科技型企业根据市场需求和经营需要在各区之间合理流动，推进工商税务登记迁移一体化办理，市场监管、税务和行业主管部门可直接为其办理相关登记、备案手续。完善高新技术企业培育库制度，加强对入库企业的服务和支持。健全科技型企业"一企一策"服务机制，实施世界级领军企业培育计划。支持技术研发、概念验证、工业设计、测试检验、中试熟化、规模化试生产等公共科技服务平台建设，为中小企业提供专业化服务。加强生命科学、人工智能、集成电路、5G等领域专业化孵化器建设，开展项目深度孵化。发挥北京市科技创新基金引导作用，探索设立孵化接力基金，专门投资孵化器自有基金退出投资的优质项目。

26. 完善创新创业金融服务

针对科技型企业的信用状况和发展阶段，试行银行信贷业务的差异化风险补偿机制。利用风险补偿、贷款贴息等手段，提升科技型企业首次融资成功率。支持科技租赁公司开展"租赁+投资""租赁+

保理"等创新业务。

27. 提升科研条件通关便利化水平

简化本市创制性新药临床试验所需进口样品通关程序，允许以临床试验（项目）或年度为单位发放批件，每次进口只需备案即可。对于符合条件的科技型企业暂时进口的非必检的研发测试车辆，根据测试需要，允许暂时进口期限延长至2年。

《北京市产业创新中心实施方案》（京经信委发〔2016〕48号）。

二、上海具有全球影响力的科技创新中心

《上海系统推进全面创新改革试验加快建设具有全球影响力科技创新中心方案》（国发〔2016〕23号）：

三、主要任务

（一）建设上海张江综合性国家科学中心。

1. 打造高度集聚的重大科技基础设施群。

……，加快上海光源线站工程、蛋白质科学设施、软X射线自由电子激光、转化医学等大设施建设。

（二）建设关键共性技术研发和转化平台。

建设上海微技术工业研究院，……建设微电子示范学院和微纳电子混合集成技术研发中心，……发展数字电视国家工程研究中心，……

建设创新药物综合研发平台，……建设精准医疗研发与示范应用平台。

建设智能型新能源汽车协同创新中心，……建设微小卫星创新平台。开展海上小型核能海水淡化和供电平台研究。建设嵌入式控制系统开发服务平台，……

（三）实施引领产业发展的重大战略项目和基础工程。

（四）推进建设张江国家自主创新示范区，加快形成大众创业、万众创新的局面。

实施"双创"示范基地三年行动计划，……

四、改革措施

（一）建立符合创新规律的政府管理制度。

1. 最大限度减少政府对企业创新创业活动的干预。

根据新兴产业特点，完善企业行业归类规则和经营范围的管理方式。

主动探索药品审评审批管理制度改革，试点开展创新药物临床试验审批制度改革。试点推进药品上市许可和生产许可分离的创新药物上市许可持有人制度。

（三）实施激发市场创新动力的收益分配制度。

3. 完善创新导向的国企经营业绩考核制度。

在国有企业领导人员任期考核中加大科技创新指标权重。对竞争类企业，实施以创新体系建设和重点项目为主要内容的任期创新转型专项评价，评价结果与任期激励挂钩。落实创新投入视同于利润的鼓励政策，对主动承接国家和上海市重大专项、科技计划、战略性新兴产业领域产业化项目，收购创新资源和境外研发中心，服务业企业加快模式创新和业态转型所发生的相关费用，经认定可视同考核利润。

4. 创新国资创投管理机制。

允许符合条件的国有创投企业建立跟投机制，并按市场化方式确定考核目标及相应的薪酬水平。探索符合条件的国有创投企业在国有资产评估中使用估值报告，实行事后备案。

5. 实施管理、技术"双通道"的国企晋升制度。

改革国有企业技术人员主要依靠职务提升的单一晋升模式，拓宽技术条线晋升渠道，鼓励设立首席研究员、首席科学家等高级技术岗位，给予其与同级别管理岗位相一致的地位和薪酬待遇。

（六）推动形成跨境融合的开放合作新局面。

4. 加强国内外创新交流服务平台建设。

探索允许国外企业、机构、合伙人或个人参照《民办非企业单位登记管理暂行条例》在自贸试验区内设立提供科技成果转化、科技成果输入或输出以及其他相关科技服务的非企业机构。

《上海市建设具有全球影响力的科技创新中心"十四五"规划》（2021年9月29日）：

八、营造开放协同的创新空间，构建更高水平的全球创新网络

（三）构建高水平国际创新网络

1、提升全球创新资源配置能力

（4）支持外国投资者在沪设立研发中心，引导外资更多投向高端、智能、绿色等重点产业，鼓励外资企业与本地研发机构组建研发联盟或联合研发机构。

十、构建更具活力的创新生态，推进创新治理体系和治理能力现代化

（一）强化企业技术创新主体地位

1、支持创新型企业发展壮大。支持众创空间、孵化器按规定享受有关税收优惠政策，加快培育科技型中小企业，实施高新技术企业培育工程和科技小巨人（培育）工程，推动科创企业上市培育。

3、促进外资企业发挥创新溢出效应。支持外资企业参与政府科研项目，鼓励外资企业与高校、科研院所等共建协同创新平台，联合开展技术攻关和人才培养。

《关于进一步深化科技体制机制改革增强科技创新中心策源能力的意见》（2019年3月20日）：

（一）促进各类主体创新发展

2. 壮大企业技术创新主体

扩大"科技创新券""四新券"使用范围。加大对重大创新产品和服务、核心关键技术的政府采购力度，扩大首购、订购等非招标方式的应用，加快推进装备首台套、材料首批次、软件首版次的示范应用，支持医疗创新产品优先进入三级医疗机构使用。市级部门年度采购项目预算总额中，专门面向中小微企业的比例不低于30%，其中预留给小微企业的比例不低于60%。

（五）融入全球创新网络

21. 支持外资机构在沪开展科技创新活动

对创新资源全球配置方面起关键节点作用的外资全球研发中心和具有独立法人资格的研发中心，给予跨国公司地区总部同等政策支持。支持外资机构参与我市研发公共服务平台、众创空间等建设，支持外商投资企业承担政府科研项目。

《关于进一步加大财政支持力度加快建设具有全球影响力的科技创新中心的若干配套政策》（沪府办〔2015〕84号）：

三、落实国家税收政策，发挥财政政策引导效应

（七）落实国家支持科技创新的税收政策。积极落实国家关于高新技术企业和科技型中小企业科研人员通过科技成果转化取得股权奖励收入时，可在5年内分期缴纳个人所得税的税收优惠政策；完善高新技术企业认定管理有关办法，对认定为高新技术企业的科技服务企业，减按15%的税率征收企业所得税。

（九）加大对天使投资的政府支持力度。扩大政府天使投资引导基金规模，强化对创新成果在种子期、初创期的投入，引导社会资本加大投入力度，对引导基金参股天使投资形成的股权，5年内可原值向天使投资其他股东转让。政府建立对天使投资的风险补偿机制，对创业投资机构投资种子期、初创期科技型企业发生的实际投资损失，分档给予60%以内的风险补偿。

《关于进一步支持外资研发中心参与上海具有全球影响力的科技创新中心建设的若干意见》（沪府发〔2017〕79号）。

《关于服务自贸试验区和科技创新中心建设的若干意见》（沪工商注〔2017〕111号）。

《上海市加快推进具有全球影响力科技创新中心建设的规划土地政策实施办法》（沪府办〔2017〕69号）。

《关于上海加快发展智能制造助推全球科技创新中心建设的实施意见》（沪府办发〔2015〕36号）。

《关于加快建设具有全球影响力的科技创新中心的意见》（2015年5月25日）。

《关于服务具有全球影响力的科技创新中心建设实施更加开放的国内人才引进政策的实施办法》（沪人社力发〔2015〕41号）。

《关于促进金融服务创新支持上海科技创新中心建设的实施意见》（沪府办〔2015〕76号）。

《关于深化标准化改革促进标准化服务科技创新中心建设工作方案》（沪府办发〔2015〕45号）。

《关于加强知识产权运用和保护支撑科技创新中心建设的实施意见》（沪委办发〔2015〕49号）。

《上海市推进科技创新中心建设条例》（上海市人民代表大会公告第十三号）。

三、粤港澳大湾区国际科创中心

《粤港澳大湾区发展规划纲要》（2019年2月18日）：

第四章　建设国际科技创新中心

第一节　构建开放型区域协同创新共同体

推进"广州－深圳－香港－澳门"科技创新走廊建设，探索有利于人才、资本、信息、技术等创新要素跨境流动和区域融通的政策举措，共建粤港澳大湾区大数据中心和国际化创新平台。

……，支持粤港澳企业、高校、科研院所共建高水平的协同创新平台，推动科技成果转化。实施粤港澳科技创新合作发展计划和粤港联合创新资助计划，支持设

立粤港澳产学研创新联盟。

第二节 打造高水平科技创新载体和平台

优化创新资源配置，建设培育一批产业技术创新平台、制造业创新中心和企业技术中心。

第三节 优化区域创新环境

支持香港私募基金参与大湾区创新型科技企业融资，允许符合条件的创新型科技企业进入香港上市集资平台，将香港发展成为大湾区高新技术产业融资中心。

四、成渝科技创新中心

《关于进一步支持西部科学城加快建设的意见》（国科发规〔2023〕31号）：

……，支持成渝地区以"一城多园"模式加快建设西部科学城，打造具有全国影响力的科技创新中心，……

二、打造战略科技力量，合作共建国家级创新平台

（四）集中布局重大科技基础设施集群。筹备论证汽车软件虚拟孪生开发云、健康医疗大数据中心等创新平台。

（五）联合共建重大创新平台。培育建设一批国家产业创新中心、国家工程研究中心、国家技术创新中心、临床医学研究中心、国家医学中心、国家野外科学观测研究站等国家级创新平台。布局建设制造业创新中心，支持建设国家技术转移成渝中心，打造国家科技成果转移转化枢纽平台。鼓励科技领军企业牵头组建创新联合体和共性技术研发基地，承担国家重大科技项目。加大国家级双创示范基地、孵化器、大学科技园、众创空间布局力度。

三、聚焦关键核心技术，增强战略性产业竞争优势

（九）协力塑造产业竞争新优势。成渝地区携手打造世界级汽车、电子信息、装备制造产业集群及相关检验检测高技术服务产业集聚区，培育建设氢能、高端口腔设备器材、军工智能装备、医用同位素及放射性药物等国家级高新技术产业化基地。推进国家新一代人工智能创新发展试验区、国家人工智能创新应用先导区、国家数字经济创新发展试验区建设，支持打造新一代人工智能示范应用场景，成为大数据智能化创新发展样板。

四、深化科技体制机制改革，持续优化创新生态

（十一）推动科技与金融深度融合。支持成渝地区发展"数据驱动"的科技金融模式，探索建立跨省（市）联合授信机制，放开基金工商注册落地限制。

五、武汉具有全国影响力的科技创新中心

《武汉具有全国影响力的国家科技创新中心建设总体规划（2022—2035年）》（2022年4月14日）[1]。

---

[1] 陈洁，谭芳. 重磅！国家布局建设武汉具有全国影响力的科技创新中心[EB/OL]. 长江网. [2022-06-25]. http://news.cjn.cn.

支持强化原始创新策源地功能。聚焦光电、生物、量子等战略前沿领域关键核心技术攻关，支持湖北优势科研力量参与国家实验室建设，承担重大科技项目，加快世界一流研究型大学和高水平科研机构建设，培育科技领军企业，打造一批具有国际影响力的战略科技力量。

支持建设制造业创新高地。支持高标准建设国家技术创新中心等重大创新平台，推进建设世界一流的科技和产业园区，促进创新链产业链深度融合，建设先进制造、大健康、现代农业等万亿级创新型产业集群，打造全球领先的光电子信息产业高地。

支持打造创新型城市群第一方阵。支持建设长江中游城市群协同创新共同体，促进武汉与长沙、南昌等国家创新型城市协同创新，深化与共建"一带一路"国家科技合作，构筑面向中部地区、链接全球的开放创新高地。

支持打造绿色发展中国样板。支持开展长江经济带共保联治科技攻关，强化农业农村现代化科技供给，加快民生领域科技成果转移转化，建设碳达峰碳中和先行区。

支持湖北深化科技体制改革。支持湖北推进东湖国家自主创新示范区改革先行先试，探索构建多元主体共同参与的科技治理体系，深化科技成果转化体制机制改革，健全金融支持科技创新体系，建设汇聚天下英才的高地。

《2024年武汉具有全国影响力的科技创新中心建设重点工作安排》（2024年2月20日）①：

四个方面的工作目标具体包括：（一）创新策源功能持续提升。东湖科学城建设提质提效，汉江实验室及8个重大科技基础设施建设和预研预制加快推进，应用基础研究和关键核心技术攻关取得重大突破。（二）产业创新能力显著增强。以颠覆性技术和前沿技术催生新产业、新模式、新动能，高新技术企业突破15500家，新增专精特新企业500家，新增境内外科技上市公司10家，力争高新技术产业增加值增速达到8%以上、数字经济增加值占地区生产总值比重提升到50%。（三）科技创新成果加速转化。建成投用"武创通"科创服务平台，每万人口高价值发明专利拥有量达到37件，技术合同成交额突破2400亿元。（四）科技创新生态不断优化。新建创新街区（园区、楼宇）110万平方米以上，认定支持战略科技人才、产业领军人才、优秀青年人才等1000人以上，培育高技能人才8000人以上，全市科技型企业贷款余额突破5000亿元，力争成为全球创新网络重要节点城市。

七个方面重点建设任务包括：加快建设东湖科学城、加快形成创新型产业集群、加快转化科技成果、加快创建高水平吸引和集聚人才平台、加快推动开放融合创新、加快推进科技赋能绿色发展、加快构建一流创新创业生态。

---

① 《2024年武汉具有全国影响力的科技创新中心建设重点工作安排》发布［EB/OL］. 武汉市人民政府网. ［2024－02－20］. https：//www.wuhan.gov.cn/.

第42章　京津冀协同

《关于〈京津冀系统推进全面创新改革试验方案〉的批复》（国函〔2016〕109号）：

二、要全面贯彻党的十八大和十八届三中、四中、五中全会以及全国科技创新大会精神，……，依托中关村国家自主创新示范区、北京市服务业扩大开放综合试点、天津国家自主创新示范区、中国（天津）自由贸易试验区和石（家庄）保（定）廊（坊）地区的国家级高新技术产业开发区及国家级经济技术开发区发展基础和政策先行先试经验，进一步促进京津冀三地创新链、产业链、资金链、政策链深度融合，建立健全区域创新体系，推动形成京津冀协同创新共同体，打造中国经济发展新的支撑带。

《京津冀农产品流通体系创新行动方案》（发改经贸〔2016〕1361号）：

二、主要任务

（一）加强京津冀农产品流通的统筹协调，增强协同发展能力。……，扶植引导一批线上线下融合发展、高效物流加工配送、绿色消费优质品牌的现代农产品流通企业，……

（二）鼓励支持企业开展流通创新探索，提高农产品流通现代化水平。鼓励骨干流通企业建立从生产基地到居民餐桌的农产品供应链体系，支持发展"中央大厨房"，引导大中城市农产品流通由供应原料为主向供应成品、半成品为主转变，促进绿色消费、低碳生活。

（三）加快农产品批发市场转型升级，拓展物流配送等服务功能。鼓励利用互联网、物联网等先进信息技术，拓展线上交易和线下物流终端配送增值服务，培育一批专业化农产品交易物流服务企业。

（四）大力发展全程冷链，保障食品安全和促进消费升级。支持京津冀农产品流通企业改造或建设一批适应现代流通和消费需求的冷冻、冷藏和保鲜仓库等设施，……，大力培育发展第三方农产品冷链物流企业。

三、组织实施

（三）充分发挥行业协会、研究机构、骨干企业作用。加快培育大型农产品流通企业集团，鼓励骨干企业制定严于国家标准的企业标准，打造具有较强影响力的农产品优质品牌。

《京津冀工业节水行动计划》（工信部联节〔2019〕197号）：

二、主要任务

（四）强化企业用水管理

8. 对规模以上工业企业进行用水统计监测，2020年实现年用水量1万立方米及以上的工业企业用水计划管理全覆盖。鼓励年用水量超过10万立方米的企业，设立水务经理，接受节水管理培训。推动年用水量 20 万立方米以上企业自愿开展管网漏损自查，对漏损供水管网进行升级改造。

9. 推动一批大中型高用水企业、园区（年用水量 20 万立方米以上）建设智慧用水管理系统。

11. 重点培育一批水效领跑者企业和一批节水标杆企业，发挥示范引领效应，推进行业企业开展水效对标达标，构建节水协同推进机制。

三、保障措施

（二）加大政策支持。落实好节能节水环保专用设备企业所得税优惠政策以及《首台（套）重大技术装备推广应用指导目录》，调动企业节水积极性。

《关于做好京津冀电力市场建设有关工作的通知》（国能综监管〔2016〕445号）。

《京津冀保险公司分支机构高级管理人员任职资格备案管理试点办法》（保监发〔2016〕94号）。

《关于开展火电、造纸行业和京津冀试点城市高架源排污许可证管理工作的通知》（环水体〔2016〕189号）。

第43章　成渝地区双城经济圈

《成渝地区双城经济圈建设规划纲要》（2021年10月20日）：

第五章　协同建设现代产业体系

第三节　培育发展现代服务业

依托优势企业培育发展工业设计中心，支持食品药品检测基地、重庆工业设计产业城等建设。

支持跨境人民币业务创新，探索开展跨国企业集团本外币合一跨境资金池等试点业务，支持在自由贸易试验区设立人民币海外投贷基金。支持开展合格境内投资企业（QDIE）和合格境内有限合伙人（QDLP）试点。

第六章　共建具有全国影响力的科技创新中心

第一节　建设成渝综合性科学中心

聚焦核能、航空航天、智能制造和电子信息等领域的战略性产品开发，在四川天府新区、重庆高新区集中布局建设若干重大科技基础设施和一批科教基础设施，引导地方、科研机构和企业建设系列交叉研究平台和科技创新基地，打造学科内涵关联、空间分布集聚的原始创新集群。

第三节　提升协同创新能力

鼓励有条件的企业组建面向行业共性基础技术、前沿引领技术开发的研究院，支持创新型领军企业联合行业上下游组建创新联合体。

第四节　营造鼓励创新的政策环境

……，依法运用技术、能耗、环保等方面的标准促进企业技术改造和新技术应用。支持通过股权与债权相结合等方式，为企业创新活动提供融资服务。支持符合条件的创新型企业上市融资。

第七章　打造富有巴蜀特色的国际消费目的地

第三节　塑造安全友好的消费环境

推动服务标准化建设，发布行业优质企业名录，鼓励企业开展消费体验评价并公开评价结果。

第八章　共筑长江上游生态屏障

第三节　探索绿色转型发展新路径

推行企业循环式生产、产业循环式组合、园区循环化改造，开展工业园区清洁生产试点。

第九章　联手打造内陆改革开放高地

第四节　营造一流营商环境

推行企业简易注销登记，开展企业投资项目承诺制改革，深化工程建设项目审批制度改革。优化综合监管体系，建立健全行政执法联动响应和协作机制。

第六节　探索经济区与行政区适度分离改革

支持在合作园区共同组建平台公司，协作开发建设运营，建立跨行政区财政协同投入机制，允许合作园区内企业自由选择注册地。

《成渝经济区区域规划》（发改地区〔2011〕1124号）：

第五章 构建现代产业体系
第三节 大力发展现代服务业

物流业。加快物流企业重组兼并，支持第三方物流企业发展，培育一批服务水平高、国际竞争力强的大型现代物流企业。

金融业。设立中小企业创新基金。扶持发展创业投资企业，支持开展股权投资企业备案制度试点。

科技服务业。扶持和培育工业设计、节能环保、信息咨询、成果转化等技术创新型服务企业。

第八章 加强生态环境保护和资源利用
第三节 强化资源节约和管理

加强资源综合利用。加强科研院所和企业联合攻关，积极开发和推广先进技术，加强煤炭、黑色和有色金属共伴生矿资源、工业固体废物综合利用，合理回收和利用工业废水、废气，节约资源和减少污染。

《成渝共建西部金融中心规划》（银发〔2021〕312号）

二、主要任务

（二）构建具有区域辐射力的金融市场体系，增强金融资源配置能力和影响力。

7. 优化区域多层次资本市场服务。支持上海证券交易所、深圳证券交易所和全国中小企业股份转让系统在成渝地区打造面向中西部的综合性服务窗口，……大力推动中西部中小创新企业在新三板挂牌。支持重庆开展区域性股权市场制度和业务创新，同步探索与新三板市场对接机制。支持成渝地区股权交易平台依法开展登记托管、交易品种等业务创新，研究探索创业投资和私募股权投资基金份额转让的可行性。探索联合建设成渝银行间债券发行辅导平台，为共建"一带一路"国家和地区、中欧班列和西部陆海新通道相关企业和项目提供融资服务。支持符合要求的地方法人金融机构取得国内债券市场主承销商资格，支持符合条件的基金、证券公司等机构依法申请基金投资顾问资格。支持符合要求的地方法人银行业金融机构依法依规为各类主体参与柜台债券市场提供债券托管和结算服务。

（三）构建支持高质量发展的现代金融服务体系，助推国家重大发展战略实施。

11. 推进绿色金融改革创新。鼓励金融机构将环境、社会和公司治理（ESG）及企事业单位的环保信用等级与环境信用信息纳入投融资决策。推动金融机构、上市公司、发债企业按要求做好环境信息强制性披露。推动金融机构支持碳捕获、利用与封存（CCUS）等技术研发和实践应用，打造绿色技术创新高地。

（四）建设服务高质量发展的金融创新体系，打造创新驱动发展新引擎。

15. 拓宽科创企业融资渠道。鼓励符合条件的金融机构和企业在债券市场发行创业投资基金类债券、双创债务融资工具、双创金融债券和创新创业公司债。探索科技型中小企业定向发行高收益债券。支持境外私募基金参与成渝地区科创企业融资。支持创业投资基金跨境资本流动，便利科技创新行业收入跨境汇兑。

（五）建设支持全球资本配置的内陆金融开放体系，提高服务国内国际双循环能力。

18. 稳妥创新跨境资本流动管理。在符合监管规定条件下，推动在成渝地区取消企业异地开立外债账户事前核准。试点企业境外上市外汇登记直接到银行办理。支持跨国企业在成渝地区设立全球资金管理中心或服务国际陆海贸易新通道的资金管理中心并依法成立财务公司，鼓励相关机构经批准进入银行间外汇市场交易。支持符合条件的财务公司、证券公司等非银行金融机构获得结售汇业务资格，依法合规开展外汇即期及衍生品交易。放宽外商投资设立投资性公司的要求。

《成渝共建西部金融中心规划》（川办发〔2023〕2号）。

《成渝地区双城经济圈生态环境保护规划》（环综合〔2022〕12号）：

第三章　推进绿色低碳转型发展
第一节　推动产业结构绿色转型

促进传统产业绿色升级。加快30万千瓦以下燃煤机组淘汰。禁止在长江干支流岸线1公里范围内新建、扩建化工园区和化工项目，实施沱江、岷江、涪江、嘉陵江等沿江危险化学品生产企业搬迁改造。促进废钢资源回收利用，提高电炉短流程炼钢比例。

第五章　深化环境污染同防共治
第二节　深化大气污染联防联控

推进区域工业污染协同治理。实施"散乱污"企业动态清理整治。

第三节　加强土壤污染协同治理

强化土壤污染源协同监管。共持续开展耕地周边涉镉等重金属重点行业企业排查整治，切断农田土壤污染链条。持续推进重金属减排，鼓励涉重金属企业开展绿色化提标改造。

第七章　协同推进环境治理体系现代化
第一节　建立区域统筹管理体制机制

落实区域排污许可统一管理。统一制修订两地排污许可自行监测指南等，落实排污许可"一证式"管理，覆盖全部排污许可发证行业和重点管理企业。推动区域排污许可证管理数据共享，建立排污许可证核发企业共享清单，持续做好排污许可证换证或登记延续动态更新。

第四节　全面提升生态环境治理能力

提升生态环境监管信息化水平。试点推行一般工业固体废物电子台账，鼓励相关企业联合建设"固体废物虚拟产业园"，定期更新排污许可证管理相关数据和行政处罚信息。

《成渝地区双城经济圈综合交通运输发展规划》（发改基础〔2021〕829号）：

三、构建高品质对外运输网络

（二）建设高水平国际枢纽集群。

组建长江上游港口联盟，推进港口企业间加强合资合作，加强与上海国际航运中心对接合作。

《关于印发支持成渝地区双城经济圈市场主体健康发展若干政策措施的通知》（川办发〔2022〕62号）。

《成渝现代高效特色农业带建设规划》（川办发〔2021〕67号）。

第44章 粤港澳大湾区

《关于在粤港澳大湾区实行有关增值税政策的通知》（财税〔2020〕48号）：

一、自2020年10月1日至2023年12月31日，对注册在广州市的保险企业向注册在南沙自贸片区的企业提供国际航运保险业务取得的收入，免征增值税。

二、自2020年10月1日起，对符合条件的出口企业从启运地口岸（以下称启运港，见附件）启运报关出口，由符合条件的运输企业承运，从水路转关直航，自广州南沙保税港区、深圳前海保税港区（以下称离境港）离境的集装箱货物，实行启运港退税政策。

《粤港澳大湾区发展规划纲要》（2019年2月18日）：

第五章 加快基础设施互联互通

第一节 构建现代化的综合交通运输体系

提升珠三角港口群国际竞争力。……，支持香港发展船舶管理及租赁、船舶融资、海事保险、海事法律及争议解决等高端航运服务业，并为内地和澳门企业提供服务。

第二节 优化提升信息基础设施

推进电子签名证书互认工作，推广电子签名互认证书在公共服务、金融、商贸等领域应用。共同推动大湾区电子支付系统互联互通。

《关于金融支持粤港澳大湾区建设的意见》（银发〔2020〕95号）：

二、促进粤港澳大湾区跨境贸易和投融资便利化，提升本外币兑换和跨境流通使用便利度

（七）推进资本项目便利化改革。在粤港澳大湾区内地统一实施资本项目收入支付便利化试点，……，允许粤港澳大湾区内地符合条件的非银行债务人直接在银行办理外债注销登记，取消粤港澳大湾区内地企业办理外债注销登记时间限制。支持粤港澳大湾区内地银行为粤港澳大湾区内地企业办理直接投资、外债和境外上市等资本项目跨境人民币资金境内支付使用时，在"了解客户、了解业务、尽职审查"三原则基础上，凭企业提交的收付款指令直接办理。

四、推进粤港澳资金融通渠道多元化，促进金融市场和金融基础设施互联互通

（二十一）支持非投资性企业开展股权投资试点。允许粤港澳大湾区内地非投资性企业资本项目收入或结汇所得人民币资金用于符合生产经营目标的境内股权投资。试点企业在真实、合规前提下，可以按照实际投资规模将资金直接划入被投资企业。

《广州南沙深化面向世界的粤港澳全面合作总体方案》（国发〔2022〕13号）：

二、建设科技创新产业合作基地

（六）培育发展高新技术产业。对南沙有关高新技术重点行业企业进一步延长亏损结转年限。对先行启动区鼓励类产业企业减按15%税率征收企业所得税，并按程序制定优惠产业目录。

（七）推动国际化高端人才集聚。……，允许符合条件的取得内地永久居留资格的国际人才创办科技型企业、担任科研机构法人代表。

六、建立高质量城市发展标杆

（十八）加强城市规划建设领域合作。……，允许港澳企业在南沙独资或控股的开发建设项目采用港澳工程建设管理模式，推进建筑师负责制和全过程工程咨询项目试点，允许取得建筑及相关工程咨询等香港相应资质的企业和专业人士经备案后直接提供服务。

《关于珠江水运助力粤港澳大湾区建设的实施意见》（交办水〔2020〕29号）。

《深化粤港澳合作　推进大湾区建设框架协议》（2017年7月1日）。

第45章 其他区域创新战略与政策

一、东北老工业基地

《关于深入推进实施新一轮东北振兴战略加快推动东北地区经济企稳向好若干重要举措的意见》（国发〔2016〕62号）：

二、推进创新转型，培育发展动力

（四）加快传统产业转型升级。建设一批产业转型升级示范区和示范园区。加大先进制造产业投资基金在东北地区投资力度，抓紧设立东北振兴产业投资基金。

（六）大力培育新动能。支持东北地区建设国家大数据综合试验区。

（七）加强创新载体和平台建设。中央预算内投资设立东北地区创新链整合专项。

《关于促进东北老工业基地创新创业发展打造竞争新优势的实施意见》（发改振兴〔2015〕1488号）：

二、完善促进创新创业发展的体制机制

（五）完善科技创新资金分配机制。探索采用创新券、创业券等方式，支持企业购买高校和科研院所科技成果和科技服务。

（八）支持民营企业提高创新能力。鼓励有条件的民营企业设立院士专家工作站，加强科研基地建设。

三、建立市场导向的技术创新体系

（十）以企业为主体推进创新链整合。组织实施东北振兴重大创新工程，打通基础研究、应用开发、中试和产业化之间的创新链条。支持机器人、轨道交通、石墨等东北现有国家级产业与技术创新联盟开展协同创新，突破产业发展技术瓶颈。加强航空装备、半导体装备、生物制药等东北现有省级产业与技术创新联盟能力建设。在现代农牧业机械装备、碳纤维、光电晶体材料装备、生物育种、云计算等领域积极培育发展一批产业与技术创新联盟。实施企业创新百强工程，开展区域骨干企业创新转型试点。深入实施国家技术创新工程。

（十二）建设创新基础平台。鼓励中科院院级技术创新与转化平台、黑龙江省工业技术研究院、沈鼓-大工研究院、远大科技园和长春中俄科技园等探索支持创新创业发展的新模式。

（十四）加强对外创新合作。加强哈尔滨、长春、呼伦贝尔、丹东、延边等地国家国际科技合作基地建设。支持沈阳中德高端装备制造产业园、大连中日韩循环经济示范基地、大连中以高技术产业合作重点区域建设。

四、促进大众创业

（十六）加快构建众创空间。支持沈阳、哈尔滨开展小微企业创业创新基地城市示范工作。

《关于近期支持东北振兴若干重大政策举措的意见》（国发〔2014〕28号）：

十一、强化政策保障和组织实施

（三十二）金融政策

优先支持东北地区符合条件企业发行企业债券，允许符合条件的金融机构和企业到境外市场发行人民币债券。

《关于支持东北老工业基地全面振兴深入实施东北地区知识产权战略的若干意见》（2017年2月27日）。

二、西部大开发

《关于新时代推进西部大开发形成新格局的指导意见》（2020年5月17日）：

三、以共建"一带一路"为引领，加大西部开放力度

（十二）发展高水平开放型经济。支持西部地区按程序申请设立海关特殊监管区域，支持区域内企业开展委内加工业务。支持建设一批优势明显的外贸转型升级基地。建立东中西部开放平台对接机制，共建项目孵化、人才培养、市场拓展等服务平台，在西部地区打造若干产业转移示范区。对向西部地区梯度转移企业，按原所在地区已取得的海关信用等级实施监督。

七、加强政策支持和组织保障

（三十）财税支持。对设在西部地区的鼓励类产业企业所得税优惠等政策到期后继续执行。赋予西部地区具备条件且有需求的海关特殊监管区域内企业增值税一般纳税人资格。对西部地区鼓励类产业项目在投资总额内进口的自用设备，在政策规定范围内免征关税。

（三十二）产业政策。在执行全国统一的市场准入负面清单基础上，对西部地区鼓励类产业目录进行动态调整，与分类考核政策相适应。鼓励新设在西部地区的中央企业及其分支机构在当地注册。适当降低社会保险费率，确保总体上不增加企业负担。

（三十四）人才政策。鼓励符合条件的企业实施股权激励、分红等中长期激励。允许国有企事业单位专业技术和管理人才按有关规定在西部地区兼职并取得合法报酬。允许退休公职人员按有关规定在西部地区创业。

《关于延续西部大开发企业所得税政策的公告》（财政部公告2020年第23号）：

一、自2021年1月1日至2030年12月31日，对设在西部地区的鼓励类产业企业减按15%的税率征收企业所得税。本条所称鼓励类产业企业是指以《西部地区鼓励类产业目录》中规定的产业项目为主营业务，且其主营业务收入占企业收入总额60%以上的企业。

三、中部崛起

《关于大力实施促进中部地区崛起战略的若干意见》(国发〔2012〕43号):

二、稳步提升"三基地、一枢纽"地位,增强发展的整体实力和竞争力

(七)提高能源原材料基地发展水平。继续推进晋北、晋东、晋中、淮南、淮北和河南大型煤炭基地建设,积极淘汰煤炭落后产能,加快实施煤炭资源整合和兼并重组,培育大型煤炭企业集团。支持在长江沿岸规划建设大型煤炭储备中心。

(八)壮大现代装备制造及高技术产业基地实力。依托骨干企业,加强技术改造和关键技术研发,推动汽车、大型机械、特高压输变电设备、轨道交通设备、船舶等装备制造业升级和发展。以掌握核心技术为突破口,培育发展电子信息、生物医药、新能源、新材料等战略性新兴产业,大力实施重大产业发展创新工程和战略性新兴产业创新成果应用示范工程。充分发挥劳动力、资源等优势,有序承接国内外产业转移,重点发展家用电器、纺织服装、农产品加工、能源资源开发与加工等劳动密集型产业,以高新技术和先进适用技术改造提升传统制造业,促进产业结构优化升级,推进新型工业化进程。

八、加强政策支持

(三十四)完善生态补偿相关政策。对资源型企业依照法律、行政法规有关规定提取用于环境保护、生态恢复等方面的专项资金,准予税前扣除。

《关于落实中共中央国务院关于促进中部地区崛起若干意见有关政策措施的通知》(国办函〔2006〕38号):

一、加快建设全国重要粮食生产基地,扎实稳步推进社会主义新农村建设

(十)大力发展农业产业化经营,推进农业结构调整。加大对农业产业化龙头企业和农民专业合作经济组织的支持力度,落实对内资重点龙头企业从事种植业、养殖业和农林产品初加工业所得暂免征收企业所得税政策。(农业部、发展改革委、财政部、税务总局、林业局等部门负责)

二、加强能源原材料基地和现代装备制造及高技术产业基地建设,推进工业结构优化升级

(二十二)在有优势的领域建设和完善国家工程中心、国家工程实验室、国家重点实验室和企业技术中心,支持建设若干科技基础平台,实施一批重大科技项目,加大关键技术的攻关力度。(发展改革委、科技部牵头)

四、长江三角洲区域一体化

《长三角科技创新共同体建设发展规划》(国科发规〔2020〕352号):

二、协同提升自主创新能力

(二)联合开展重大科技攻关。

聚焦集成电路、新型显示、人工智能、先进材料、生物医药、高端装备、生物育种等重点领域，联合突破一批关键核心技术，形成一批关键标准，解决产业核心难题。共同打造集成电路共性技术研发、工业控制系统安全、多中心协同的生物医学智能信息技术等公共平台。

（三）协力提升现代化产业技术创新水平。

在电子信息、生物医药、航空航天、高端装备、新材料、节能环保、海洋工程装备及高技术船舶等重点领域，建立跨区域、多模式的产业技术创新联盟，支持以企业为主体建立一批长三角产学研协同创新中心。

三、构建开放融合的创新生态环境

（一）共塑一体化科技创新制度框架。

完善高新技术企业跨区域认定制度，鼓励长三角地区高新技术企业跨区域合作和有序流动。鼓励三省一市共同设立长三角科技创新券，支持科技创新券通用通兑，实现企业异地购买科技服务。建立科技创新人员柔性流动制度，深化区域科技交流与创新。

（五）完善区域知识产权战略实施体系。

加快大数据确权立法探索与实践，建立健全数据交易机制，鼓励基于公共数据和社会数据的场景开发利用，促进数据要素市场化配置。在长三角跨省（市）联合授信机制下，推进跨区域的知识产权投融资服务。

《长三角科技创新共同体联合攻关合作机制》（国科发规〔2022〕201号）。

《三省一市共建长三角科技创新共同体行动方案（2022—2025年）》（沪科合〔2022〕18号）。